当代中国口述史
Oral History in

陈海儒 李巧宁 编

倾听乡土的声音
——陕西农村妇女日常生活访谈实录
(1949—1965)

当代中国出版社
Contemporary China Publishing House

2018年·北京

图书在版编目(CIP)数据

倾听乡土的声音：陕西农村妇女日常生活访谈实录：1949—1965 / 陈海儒，李巧宁编 . -- 北京：当代中国出版社，2018.12
（当代中国口述史系列）
ISBN 978-7-5154-0879-8

Ⅰ. ①倾… Ⅱ. ①陈… ②李… Ⅲ. ①农村—妇女—日常生活社会学—研究—陕西—1949-1965 Ⅳ. ① D442.7

中国版本图书馆 CIP 数据核字（2018）第 231728 号

出 版 人	曹宏举
策划编辑	王延新
责任编辑	王延新
责任校对	康 莹
封面设计	信宏博
出版发行	当代中国出版社
地　　址	北京市地安门西大街旌勇里 8 号
网　　址	http://www.ddzg.net　邮箱：ddzgcbs@sina.com
邮政编码	100009
编辑部	（010）66572264　66572154　66572132　66572180
市场部	（010）66572281　66572161　66572157　83221785
印　　刷	北京润田金辉印刷有限公司
开　　本	787 毫米 ×1092 毫米　1/16
印　　张	32.75 印张　1 插页　530 千字
版　　次	2018 年 12 月第 1 版
印　　次	2018 年 12 月第 1 次印刷
定　　价	89.00 元

版权所有，翻版必究；如有印装质量问题，请拨打（010）66572159 转出版部。

陕西理工大学　"汉水文化研究中心"
　　　　　　　"汉水文化"省级重点学科　　**资助出版**
　　　　　　　"中国史"校级重点学科

出版说明

现代史学越来越不满足于文献资料，而求索于人们的记忆。于是，口述史于20世纪40年代在西方勃然兴起，20世纪80—90年代引起中国史学界的关注。口述史让历史的参与者直接对"历史"说话，不仅可以弥补文献资料的不足，而且使历史更加鲜活、生动。口述方法更是当代史研究的重要方法之一，因为许多事件的当事人健在，他们能从不同方面、不同角度生动地诉说自己参与的那段历史。

新中国的诞生、发展、强盛，谱写了中华民族五千年文明史中最为壮丽辉煌的篇章，对当代中国史的研究是一项应大力加强的工作。毫无疑问，参与共和国重大事件决策的老同志的记忆对于国史研究具有特别重大的意义，他们年事已高，自己动手困难，访谈并整理他们的口述，成为十分紧迫而带有抢救性的工作。作为国史研究专门机构的当代中国研究所建立伊始，就十分重视口述史料的搜集和整理，并由《当代中国史研究》杂志陆续发表了一些口述史方面的成果。我们意在将这些成果汇集出版，并由此进一步萌发出版《当代中国口述史》丛书的想法，以此汇集和整理亲历者记述当代中国史的资料。在酝酿这套丛书过程中，我们发现：有些亲历者可以自己动手撰写，有些亲历者生前对其亲人讲述过自己所亲历的事件或与一些要人交往的情形，其亲人以回忆的形式述出。很显然，这些记述都是十分宝贵的当代中国史资料，因此，我们也将它们收入这套丛书中。

《当代中国口述史》丛书的首要宗旨是存史，为当代中国史研究者提供可信的史料。而史料的生命在于真实性。因此，丛书所收以亲历者的叙述为主体，无论是口述、自述，还是回忆录，都必须是亲历者作为事件的当事人、决策者或参与者对事件的叙述；而且必须是以严肃、认真、实事求是的态度来叙述。当然，完全避免情感的因素不仅不可能，而且会使之失去鲜活性。但情感的倾诉应限制在合理的范围。如果是对口述的整理，整理者应对事件背景有必要的了解，要对关键的情节、关键的人物以及时间、地点作必要的查证。同时，要理顺叙事逻辑。文采不求飞扬，但必须成诵。

　　这项工作既已开始，就要扎扎实实做下去。亲历的内容十分丰富，政治、经济、文化、社会、军事、外交及个人生活史、家族史都可涵盖；亲历者可以是党政各级领导干部和工作人员，也可以是普通老百姓，总之，工、农、兵、学、商都可以成为本丛书的作者。他们从不同层次、不同角度叙述当代中国的历史，可以记录下一个比较真实的当代，对于丰富国史内容，弄清历史真相，总结历史经验，资政育人，都是大有裨益的。

　　我们希望本丛书能够成为当代中国史研究者的资料库，成为各级领导干部增益智慧的智囊团，成为关心共和国成长和命运的中国公民的图书馆。

当代中国出版社编辑部

前　言

对于在农村长大的我,那些被某些现代城市人描述为"土、肥、圆"的农村妇女一直是我深深的牵挂。在心里,我一直是她们中的一分子,是她们的孙女、女儿和姐妹,我不由自主地关注她们,就如关注自己的生活。

课题有幸得到国家社科基金的资助,使我能静下心来把关注农村妇女当作一件非业余的事情来做。为了研究的便利,尤其为了抓住稍纵即逝的研究时机,我把研究对象确定为陕西农村妇女1949—1965年间的生活。对这段生活实实在在经历过的妇女至少出生于1945年以前,长期的物质匮乏、高强度劳动加上多子女,使她们过早地衰老,许多人不到60岁全身的关节就没有一处不痛。如今,她们中最年轻的也已年近古稀,生命之光虽在闪烁,却因病痛而闪得那么艰难,那么沉重。

关于1945年之前出生的农村妇女的生活,关于她们的生命体验,有文字记录的不多。当年的档案更多的是以工作汇报的形式浮泛地记录了她们劳动、学文化、匆忙做家务的点滴,以及她们不积极参与政治运动、不主动上扫盲班、只顾着一家人生活、不请"新法接生婆"种种"觉悟低"的表现。

要把经历过1949—1965年农村生活的妇女的生命体验尽可能详实地展示出来,非对她们和她们的亲人进行访谈不可。她们一生不间断的劳作,其中点点滴滴的情感流淌以及在心里回味过无数遍、反刍过千百次的酸甜苦辣,多么需要倾诉,需要有人真诚地倾听。

我有幸动员了陕西理工大学的一部分学生,和我分头去访谈自己的亲人、邻里,记录了几百位农村妇女的生活:她们默默无闻地劳作,不说参加社会劳动的艰辛,仅仅是家务——做饭、缝补、浆洗、看护儿女……,就够她们从早到晚马不停蹄地忙活了。她们也会叫苦,会抱怨,但从没想到放弃;至于生育的疼痛,她们早已习以为常,把它看得仿佛和吃饭、上厕所一样天经地义；她们把为丈夫、为儿孙、为家庭付出看作自己的天职，把"劳作"当作"活着"的孪生姊妹，一日又一日，终其一生；她们根本不会想到青史留名，不会想到需要多少报答，只是顺天而生、随命而死。

我们的访谈原则，是"不评论，只用心去倾听，用心去感受"，尽自己所能为这些平凡的女性留下一点痕迹，一点曾经在天地之间行走的痕迹，让后人不要忘记曾有这样一群人，平凡却不能不让人肃然起敬！

对每一个访谈对象，我们的访谈都是无偿的；然而，她们那么热情地和我们交谈，耐心地给我们说起过去生活的点滴。看到她们唯恐自己说不好而流露出的歉疚神情，我们除了安慰与鼓励，留下的只有感动，感动于她们在艰辛中一步步跋涉的坚韧与顽强，感动于她们的善良与憨厚。

在写这篇"前言"的时候，一位位老人接受访谈的情景依然在我眼前浮现：

商南县李翠英老人已经74岁，身体状况不好，只能点点滴滴、断断续续地回忆过往的生活。她的侄孙女段瑞、她当过几十年中学教师的丈夫段存才，在了解了我们的访谈目的、提纲之后，在日常生活中一点一点地和李翠英交谈，并执笔整理成较为系统的回忆材料寄给我们。我们提出补充的建议，回寄过去，段存才和段瑞再就我们提出的问题与李翠英反复交谈、详细了解、修改材料……，如此反复，段存才和李翠英两位老人付出的耐心与辛劳可想而知。

城固县陈素芳老人虽已过古稀之年，她的言谈举止仍流露着年轻时当妇女干部的泼辣与干练，坐在自家新修过水泥地面的院子里，一口气和我们谈了近三个小时，其间只是偶尔抿一口茶水。半个世纪前的往事，一幕幕、一桩桩，她如数家珍，时而兴奋之情溢于言表，时而遗憾地轻声长叹。

商洛市商州区的任兴华老人，不愿说起妻子跟着他这样一个被划为地主的人所过的艰辛生活、所忍受的委屈，他说，每一次看着已被生活的苦难折磨得满身病痛的妻子，忆起那些往事，心里都有太多的不忍和酸楚。

眉县裹脚妇女张凤仙老人，从33岁开始守寡，独自一人抚养四个孩子长大成人。为孩子们撑起一片片蓝天的她，如今耳朵背了、眼睛花了，但热情地应邀讲述了一些过往生活的片断。她缓缓地、时断时续吐出的字句中，流淌着一个看似柔弱的女性在岁月的河流中坚韧跋涉的点点滴滴。

另一位眉县老人麻雪，说起令孙辈难以置信的经历好像吃饭、睡觉一样稀松平常，说起婆婆早年守寡养育儿子的艰辛和一辈子为了儿孙自己舍不得多吃一口的情景，却泣不成声。

蒲城县刘秀云老人很多时候是一边抹着眼泪，一边哽咽着聊起自己年轻时的岁月。

凤翔县欧玉芬老人，在接受采访的时候仍闲不住劳累一生的双手，拿着抹布，说到伤心处就轻轻站起来掩饰性也是习惯性地擦拭着衣柜，但眼角的泪水怎么也遮不住她曾经超乎寻常的承受。

大荔县的孙玉霞和华县的白改秀两位老人，回忆的闸门一旦打开，就如滔滔流水，仿佛只有一泻而下才够尽情尽性。她们兴致勃勃地一谈数小时，顾不上吃饭，顾不上去地里干活，似乎有说不完的话。白改秀甚至忘情地哼起年轻时唱过的流行歌曲，一首接一首。

……

访谈人的辛劳也让我久久难忘。多数参与访谈的同学家在农村，没有自己的电脑，只好利用假期待在网吧一遍遍地回放访谈录音，一点一点地完成文字稿。已过古稀之年的段存才老人不会用电脑，就用钢笔一笔一画把妻子的经历整理出来。访谈人和他们的访谈对象一样没有怨言，只有执着。

我们从700余份访谈中选择了一部分，编辑在一起。有以下几点需要说明：

1. 访谈记录几乎完全是按照采访录音整理的，只是对一些重复性的内容进行了删减。

2. 为了便于理解访谈，我们把话语中间省略的字词用括号做了补充，如："我（从地里）回来（做饭）吃了赶紧去（地里再干活）。"一些比较独特的方言，我们加了下划线，并在括号里做了注解，如："我们邻居忠喜她阿家（注：指丈夫的母亲）在大炼钢铁那里做饭哩。"

3. 访谈对象所谈的一些明显的常识性错误我们在括号里注明并做了纠正。

4. 有些访谈内容超出1949—1965年这个时间范围，这不仅不会影响访谈史料的价值，反而会使之更有价值，信息更加丰富。

5. 需要说明的是，汇编中有一个短篇《张玉梅的婚姻悲剧》虽不符合本汇编收录直接访谈的体例，可是细心的访谈人和我们一样不忍心老人曲折的经历化为烟云随风而去。张玉梅年事已高，再加上生活波折，思维已经不再清晰，和她交流十分困难，侯乐只好辗转访谈老人的亲邻，搜集老人过去的点点滴滴，把它们缀连为一篇小记录。

邓腾飞在访谈了同村两位祖辈后的感言也是大多数访谈者的内心感受，录于此，作为结尾：

> 访谈后我感触最深的有四点。其一，从20世纪50、60年代走过来的人们受了太多的苦。在精神上，虽然新中国的成立给了农民对未来的憧憬，但是各种运动使老老实实、拖家带口的农民常常得谨小慎微，唯恐一不小心影响到自己的生活。在物质上，这些普普通通的农民常常为了吃一口饭而披星戴月、加班加点，甚至为了多挣几个工分而扛起超体力的活计。以前，我只知道他们穷，却从来没想到他们会穷到这个程度；我只知道他们苦，却根本没料到他们会苦到这步田地。经常，我们会抱怨我们的爷爷奶奶吝啬、小气，好东西舍不得吃、舍不得用，放坏了也舍不得扔。其实，他们是穷怕了，饿怕了，他们浪费不起来，大方不起来。其二，当我听他们回忆往事的时候，他们是那样激动，那样热情澎湃，似乎总有说不完的话。很多时候，他们会不知不觉把话题扯得很远很远，滔滔不绝，直到我竭力抢过话头，他们还是意犹未尽。他们太想倾诉了，他们有很多话想说，但不知从何说起，一旦有人打开了他们回忆的闸门，他们的经历就一下子拦也拦不住地涌出来，苦涩的、艰辛的、甜美的、温暖的……仿佛只有一泻而下才够尽情尽性。其三，奶奶和她同辈的妇女是幸运的，她们在政治上获得了前所未有的解放，她们在家庭中的地位和权利得到法律的保护，在社会上得到和男子平起平坐的机会，她们的空间更大了，自由更多了，心里更亮堂了。虽然她们要想尽办法多挣工分、分担养家糊口的责任，要在极原始的医疗条件下生养几个孩子，要一针一钱缝补全家老老少少的衣物，要用极紧缺的一点粮食维持一日三餐……虽然她们总是没有睡足过觉，没有吃饱过肚子，总有忙不完的事，总是风风火火，但在艰辛和劳累面前，她们的精神有了更多的自由。其四，五六十年代是新中国艰苦创业的时代，当时的人们虽然又苦又累，但他们内心充实，对未来充满希望。相比之下，今天的年轻人吃穿不愁，内心却常感空虚，缺少了对未来的激情。其实，人是有局限性的，不可能每个人都能活得鲜亮无比，只要我们能尽自己所能去做好手头的每一件事，我们就应该感到充实，就如我们的祖辈虽然缺衣少

食,但他们尽力了,他们的每一天就是实实在在的。

我知道,要是没有祖辈的讲述,我不可能了解到那些在书本上不曾读到的鲜活的历史,不可能触摸到那些我不曾真切感受过的对历史的亲近,不可能对经历过那段历史的老人有这么多的理解。

感谢每一位创造过和创造着生活的农村妇女,感谢每一位访谈对象,感谢每一位付出辛劳记录农村妇女生活的访谈人,是他们和她们的共同努力使我们能有这样一册沉甸甸的访谈汇编。当然,它仅是一个起点,一个激励着我们把对农村妇女的访谈做下去的起点。

编　者

2017 年 8 月

目　录

华县白改秀口述 / 001

　　人太困苦，没办法，想上（学）上不起。/ 我爸那人爱听毛主席的话，所以有啥号召他是第一个响应的。/ 太忙啦，到黑了把人就乏得不行了。你想，做了一天活，回来娃哭呀、闹呀的，还得哄娃，还要做饭、喂猪、做家务。/ 后来土地分到户了，也不用看队长的脸色了，我看家家还过得好。/ 那时人做那么重的活还吃不饱。经常是不到时候就饿了。/（困难时期）只要是绿的都挖回来吃，都快把山吃秃了。/ 有的女的用《婚姻法》和父母斗，自己给自己争取幸福。/ 那时（结婚）就不准请客，一请就说你是铺张浪费，要批判哩。/ 有多少人为了生娃把命都送了，但那个年代也只有听天由命了……/（有了娃）紧做慢做都当缺粮户哩，能做尽量都不歇。/ "共产党来了晴了天，从此秀女把身翻。"

大荔县孙玉霞口述 / 012

　　那你不抱娃不叫你念，你就这样一个胳膊夹的娃，抱到身子旁边，那刻苦地念书。/ 就是这个我知道解放军来了。/ 我大就是教识字班的。/ 忙得一天到黑都是忙的。/（我妈）那个时候（女）人恓惶太。/（坐月子期间）屋里的啥活你都要做哩。/ 那个时候结婚，一人一个棉袄一个棉裤，一个被子一个褥子，就准你结婚。/ 他一料不爱叫娃娃念书，你舅是光抓农业……/ 你请假的话不给你记工分，吃饭就没你的饭……/ 那就是叫你吃不够也饿不死，饿死的是个别的。/（男的）在韩城澄县炼焦……，村上男的都走完了……，全村女的黑喽都睡到一块，白天到地里去干活。/ 能离开的妇女也让去修渠修坝，我有我娃哩（没去）。/ 你舅干活积极，一料精身子，就被评为党员了……/ 那你宣传（婚姻法），那个时候（不够年龄的）在村里偷偷摸摸地结婚哩……/（解放后婚姻）那就自由一点了，那强得多了，比原来强得多啦，自由恋爱可谈不上。/那歌里唱的"谁来搭救咱"，一解放（妇女）就获得搭救了。/（宣传妇女解放的歌谣我）有的都忘了，不完满咧！

大荔县史家成访谈 / 029

（你姥姥）九岁就开始卖咸豆哩。/（生娃）叫门上人接生哩，农村有喔老娘婆，就是接生婆。/那个时候（时）兴小脚，大脚嫁不出去。/妇女干的体力劳动比较轻，挣的工分比较低……/戏台子上演的喔《梁秋燕》就是讲妇女解放哩，讲婚姻解放，自由恋爱哩。/农村这是分为大人和小娃，大人喽（食堂）给你多舀点，小娃给你少舀点……/那大炼钢铁学生都把课停了，我（们）那个时候都不上课炼哩，弄几个月……/分了以后可以重新买哩，买一牛，买个拉车。/那民校就是扫盲班。……那时候干什么都没有钱，都是义务劳动，没报酬。/（你婆）那个时候女娃都念书哩，不念书的娃少。/那你把人家（大队里经过培训的接生员）叫来就要掏钱哩，农村这（没经过培训的）可不要钱。/（妇女）那忙得很，要种地还要管娃，还要做饭，忙得很。/（平梁、挖塣、修渠）你能慢一点，你可不敢太过分，太偷懒喽队长到跟前连说带骂。

大荔县李永欣访谈 / 042

党的政策使妇女地位提高了。/当时我家成分高，想入社还不要，一直到开始组织高级社时才批准入社的。/组织了食堂，说是解放了妇女，家务减轻了，但下地劳动加重了，没有理由不下地。/咱们这里的扫盲班连一个月都没持续下来。/附近的野菜挖完了，还必须到渭河对面去，每天早晨，河岸上等船（过河）的人排好长的队。/我们这一代人，结婚时正处于困难时期，一般情况下，要几十块钱、两身衣服、两床铺盖、老式箱柜各一个就行了。/妇女一产，细粮加些粗粮蒸些馍让月婆子吃。/妇女整天劳动、搞家务、带孩子，哪谈得上娱乐？/（我母亲）整天照顾孩子、做饭、洗衣服、纺线、织布、做针线等。/解放后一直宣传解放妇女……/在咱们这儿，（集体化时期）可以说女的比男的的劳动还重……

大荔县李海娃访谈 / 052

（我妈）那个时候啥活都干。/ 解放之后颁布了《婚姻法》，……年龄不够就不能结婚。/ 扫盲班是晚上，下地回来了，过去识字。/（19）59、60、61三年暂时困难，有"暂时"二字，难道中国永远困难下去？

大荔县王淑芳访谈 / 056

解放咧，文明了，叫够年龄的去识字。/（解放初）有的女娃没有满18就结婚，这如果有人一反映，就有人叫你回（娘家）去，够年龄再回（婆家）来。/（坐月子）在屋里就是有了吃好一点，没有了吃烂一点，只要有一碗做模糊的面就不错了……/ 咱这边人去人家澄城县那边炼钢，男的去，女的不去，女的要做屋里活，拉犁、拉耙……/ 妇女能到地里去了，开会的时候能待到人面前了。这就算解放了。

商县—眉县张氏访谈 / 061

我妈给我包（脚），我大打我妈。/（在商县）饿得到底招架不住了，我说，走，到眉县去。/ 叫我在人面前说（自己要节育的）话我办不到，我嫌sheng很，没去。/ 简直叫娃把我一辈子缠得，我都害怕了！/ 中间歇一点气，撒脚就跑回来，给娃吃点奶，赶紧可往地里跑……/（针线活）黑了做哩么。/ 我坐月的时候，你今黑了生下娃，明天你起来烙馍、做饭……/ 那活咋恁多，人还没啥吃。

眉县麻雪访谈 / 071

你问我啥时候要下的，我不知道么。/ 吃完晌午饭去念一下下，念完还要给人家上工。/ 织布的时候经常点着黑煤油灯灯，到前头碎黑房底下，人眼睛都老早就不行了。/ 我妈给我说下的（对象），我啥都不知道。/ 那阵缠着脚睡觉时都不能放，疼得在地下爬，连路都走不了……/（结婚时）我是红袄，底下是碳青的裙子往腰上一系；你爷是一身黑长袍，大襟衣服。/（从娘家）回来就跟到地里头干活呢，到家里做饭，啥都干呢……/ 那时人都那样，把生娃娃不当啥，娃娃都不值钱，命都贱得很。/ 没听过有计划生育，光听人家队上人开会说少要点娃娃。/（来月经了用）

"骑马布"么。/ 生活苦么，人都可怜得不像啥，一天吃不饱，命苦得！/ 有娃娃的（妇女）都让人家派去近处去（参加工程）了。/ 人家说过（妇女解放），光说哩，我们还是一样。/ 你老老婆为养活你爷，……啥都给人家弄，像要饭的一样。/ 人家有卖的，那时候有人还在河滩地里头种（鸦）片烟。

眉县张凤仙访谈 / 085

我这脚在地里拐不成么，我思量在屋里挣点工对咧。/（识字班）闲了黑了去学一下，忙了就不去了。

眉县肖喜雀访谈 / 088

刚吃食堂那阵吃饭不要钱，做活不记工么。/ 碎脚也到地里去做活，人家做啥她们就做啥。/ 你婆急得说："……只要给我儿把婚结了，我以后剜野菜吃都行……"/ 我这屋没劳动力，你舅家婆经常赶着叫我（们）做活挣工分，只怕饿下了。/ 把我生下时……正打仗呢，我妈成天逃荒呢。/ 单干的时候过一点光景也难得很。/ 女娃都从地里偷着往学校跑呢。/ 你舅家婆把我们抓得紧的，我们就一直没停过（劳动），她也没停过。/ 她们黑了学的字，白天顾了做活、顾了家务，可又忘了。/ 平时穿的是自己屋里织下的棉布做的衣服，结婚的时候才（上街）扯一身咔叽、条绒。/ 你像我结婚来咱这以后，（农历）四月生娃，我一冬还在生产队拉碌碡。/ 天黑了把娃夹到怀里一边哄娃一边纺线。/ 大炼钢铁时，（渭）河滩人满着呢，其他地方的人都来住河滩浪铁呢。/ 那几年都是土厕所，人上了厕所就到偏坝（注：旁边）土厕所里随便寻个干净胡几就擦了么……/（女的来月经了）布里面缝点烂套（注：旧棉花），缝成马形，两头缝上带带，系腰上。/ 人生娃的时候，……身底垫的是灰包，就是用烂布缝个大包包，里面装的是锅底掏下的灰。/ 生你姐呀是（19）67年4月，到屋生嘞。那阵"文革"呢，成天发传单呢，……我生你姐就用攒下的传单纸。……（1969年）生你哥呀用的是麻纸。是到医院生嘞，医院就给给一沓麻纸。/ 上往年人把作难受扎了。/（如果到屋里生孩子）农村有会接生的人，就叫来，叫人家帮忙呢，你像铰脐带呀啥。

眉县李金海访谈 / 113

　　1964年把咱划成"漏划富农"……/ 转社以前，咱这的女的基本不到地里做活。1954年冬转了初级社以后，人家说起是解放妇女呢，叫妇女到地里去做活。/ 那阵活路太多，只显劳动力欠，没有剩余劳动力么。/ 寡妇再嫁要的彩礼比姑娘还贵。/ 生产经营方式变得多啦。/（分配办法）确实是变化多！/ 1959、1960，以后好几年都是一个劳动日值三四毛钱，分得好的年份也只六七毛钱，六七毛钱是偶尔的。/ 我1962年（从学校）回来以后到队里当的是记工员、出纳。/ 咱这好像是（19）68年开始宣传（计划生育）的。/ 咱们这里就是你来贤伯结婚的时候把事省了，他是1958年办食堂的时候结的婚。

吴旗县苏万英访谈 / 125

　　扫盲就像学生娃一样……/ 我是被童引到婆家的，……结婚啥都没有。/（坐月子）一上40天该干啥都干啥。/（男女）在一搭（劳动）呢，人家做啥你做啥。/ 我的苦一直都没有变轻。

吴旗县许青珍访谈 / 135

　　（我家）离学校近，才能上上学了。/（我的对象是）自己谈的。/ 你大娘娘上了几天学，没啥吃，……连学校也不去了。/（扫盲班）就教些农村用的字。/ 人家干啥我们（孕妇）干啥，有的怀娃娃还抱的粪斗子抓粪呢、揭地了。/ 都在自己家里养（娃娃），谁去卫生院了？/ 男的一天十个工分，女的八个工分。/ 转合作化、生产队，男的和女的都能在一搭了。/ 腊月二十几，婆姨女子三四个、五六个几个一块走着到陕西省这边要饭去了。/ 有吃有穿就对了，还要求啥呢？

横山县高占莲访谈 / 148

　　解放以后就男女平等了，女娃娃念书的也就多了。/ 扫盲：晚上给你教了，白天忘得光光的。/ 找对象：我们那时就见见，还是娘老子包办着了。/ 你老奶那时还没解放，说是要小脚了，说大脚人家就没人要了。/ 有水地了，还擦擦（饭）不断，有的连擦擦饭也吃不上。/ 你还要欢欢地，一吃就快快（往地里）跑。/（怀孕）不休息，那时候临养着还要拿个羊粪簸箕抓粪了。/一天苦那么重，没好吃喝，娃娃瘦瘦的，（生孩子会）有什么（危险）？/那看你（妇女个人）的本事了么，有本事的了就跟男人拿一样的（工分），没本事的了就挣六分七分。/炼钢铁给人家捡石炮，人家叫拉摇杆，就那么用手拉着炼铁。/（妇女解放了）就是说妇女提高了，男人能说的解下的咱们也能说了。/不要骂不要打的夫妻就是好夫妻。/那时候的互助组哦，就是咱们种地就像变工的一样，今天给你种，明天给他种，就这样在一块了；然后又到了农业合作社，又合作到一块，再就入了农业社。/（公社化）那就把地都收到一块，不说你的、我的，咱就都是一块了。/咱这川畔畔上人家还一直给吃救济粮，但还饿得爬不动。

略阳邓素莲访谈 / 164

那天梁家河村的伍元花扭了秧歌，还唱了一首歌："解放区呀嘛呼儿嗨，大生产呀嘛呼儿嗨，军队和人民亲哩哩刷啦啦索罗罗呔，解放区呀嘛呼儿嗨……" /哪有不想上（学）的？不过条件有限也就白想了。/我的四个孩子都是高中毕业，大的上的是兽医班，其余三个上的是蚕桑班。/那时我们的班主任是赵老师，来家里吃饭时还要帮忙（做家务）。/那时我正在上学，晚上就去（扫盲班）给别人教，觉得自己很了不起呢！/（姑娘找对象）只要政治上没啥问题就行，再就是门户要清，尽量嫁得近。/记得（出嫁）我那天早上哥哥嫂嫂把我送过去时，男方家里人还没起床，哥哥就在门外喊，等着人家起床、开门、接人。/我初八干完活，有点腰疼，十二（日）就生下了你大哥。/（在家里生孩子）怕也没用。/当时好多甘肃那边的人因生活困难，逃荒到这。/如果农活干完了，就会把劳力拉出去修路……/我们这有铁矿石，就采矿炼铁，在地上挖个大坑，一层柴一层矿石来炼铁，把它叫"闷炉"。/当时工地上的铁匠只有杨铁匠一个人，他就唱："八百多人修渠（哩），一千多人送饭（哩），全靠我杨铁匠一人。" /当时有"多吃菜，少国债"的口号。/（讲的"妇女解放"）就是不用再裹脚，在婚姻上有了自由，可以自己选对象，在家庭中男女平等，女的可以当家作主，可以出远门。/太忙了，根本没空（耍）。过年时，荡秋千耍一下而已。

洋县张秀兰访谈 / 177

法院老于说："我就是来贯彻《婚姻法》的，你要来离我就给你离么，不然我就成违法的了。" / 好的定得多，坏的定得少，这是为社会主义打基础哩么。/ 我是在铁炉子上工作嘞。/ 一类妇女最高七分，二类是六分。/ 去干有工分，（自己）不去心里慌，而且年轻人爱热闹。/ "马梅英，年十八，有人给她找婆家，就是男子懒沓沓。那样的男子我不要，劳动英雄才爱他。"这是一课书么。/ 我结婚那天就是抬的轿，摆的酒席。/（脐带）自己就剪了么，都提前准备好的，剪子、线线，准备好，一满（用）草，把月娃肚上的脐带剪了，扎住。/ 娘呀，吃啥哩？有啥吃的哩？（冬学的）具体情形我也不大清楚，只记了一些顺口溜："太阳落，娃子交给她婆婆，背上书包上冬学。" / 单偏有宣传政策，（讲）男的能干啥工作，强女的就能干啥工作。

洋县周昌彦、罗平珍访谈 / 187

（洋县）那时候乱死了。/（国民党）那时候就是要捐要税哩，要款哩，什么税都要哩。那个儿"拉兵""拉夫"。/（土改）那时候，咱们家就你巴和巴爷，分了一间房，你爷在解放军里当兵。不是你爷当兵的话，就没事。/ 那时候就才俩钱都还上不起，穷得都念不起，穷得吃饭都打怵哩。/（人）家（扫盲班）是农民识字，有个农民识字书哩，写的是《农民识字》，上头啥字都有哩。/ 一解放，那时候有歌谣口号："男二十，女十八，卫生院里去检查，只要双方没有病，就给发个结婚证。" / 当时的歌谣口号："结婚证，两面红，两个名字站当中，你看光荣不光荣？" /（我）头一天结婚，第二天就下厨房做饭。/ 有哩，少。没的现在这就像换锄头把儿哩似的，早上结婚下午就离。/ 我那有你大爹呀，还天天下地做活。/ 我每一次一出月就去挣工分。/（住在村）后面的文学他大，眼看死呀，他女子莲娥跟她弟弟往回抬了一桶饭，走路上给淹了，他大大问："淹哪里了？那我可不得够吃了？"（孩子们）说（淹）在路上。（他大）赶紧就出去找到淹饭的地方，趴在路上，用舌头舔。/（人吃的）红苕、稀汤苞谷糁糁，倒了狗都撑不上的饭。/ 先是评成分，成分评了才斗（地主恶霸）。/ 一般都是争先抢后地做。做得多，工分高，"多劳多得，少劳少得"。/ 在北山铁河炼钢铁嘞。/ 那时候嘛，人家能给你啥？就是挣点工分。/ 白天做一天活挣工分，黑了回来了做一会儿（针线活）。/（妇女）翻了身了么，（可是）你不做活不得行，不挣工分不得行。

洋县路珠琴访谈 / 202

　　（即将解放）喔时候都把共产党叫的"红头"。/ 我还是十岁的时候，人家有"民校"哩嘛，下午家上，我上了两年就上小学了。/ 都一块比一块穷，（找对象）能有啥条件？身体好、能做活就行了。/ 不要（彩礼），那都穷得（很），有啥哩？有的人结婚会儿喔铺盖、（床）单都还是借人家的。/（怀孕期间）一样抢活做，有你二大时，晌午还在地里呢，黑了回来就坐下了。/ 那1960年前后闹饥荒时我还吃过糠蛋蛋、榆树皮、芋头秆秆……，苦得很。/（女的干一天活）说的是七分工，其实都是给六块多工分。/ 外头做活整哉，一心一意地，该做啥做啥。/ 有块说梅花的（歌谣）我记着哩，梅花是块新媳妇的名。

城固县陈素芳访谈 / 210

　　（土改）那时候，（穷）人积极得很，一分代价不给，跑得快得很。/（扫盲）那阵会儿像人家那20来岁的，30岁以下的，像我们这些半桩女女，都积极。/（我没有上学）关键不是学费的问题，是屋里这些事情不得行，得经管弟弟妹妹。/（19）58年到（19）61年，吃食堂那会儿，生活那么困难，没人（愿意）出去工作，出去的还有回来的。/ 寻婆家光说成分好、这家人不做坏事，就行了。/ 那都是人情关系了，帮忙。……出工资的少得很。/（食堂吃饭）有限制，记的有册册。/（妇女队长）带领妇女下田干活，下水呀。妇女有特殊原因给妇女队长请假，妇女队长给安排干活，不叫人家去动水嘛，就是这些事。/（当脱产妇女干部）给你一个大队，你和人家大队的干部不协调搞好（关系），人家就要歧视你哩。/ 完全饿死我没见过，那都是连饿带病。那阵会儿也照顾哩……/（五六十年代）是政府呀、干部呀，都把妇女捧得高。可是妇女成天就是干活、吃饭、养娃，就是这么一回事。/ 那时候发展女干部，人家都说那跑跑就跑飞了，不准出去，多少都被拉回去了！/ 我总觉得现在这社会好得很。那时候（难产的）少。……（生的时候）快得很。/（解放以后）

虽然叫你（妇女）干活了做啥了，你自由么，不受家庭（太多）约束么，不受丈夫约束。/（国棉）三厂恢复了以后，人家公函来调他，调他那时候我屋里困难得很。/（你姑父）就是这样换回来的。/那边你太爷死得早，……（你太）向大户人家赁块马骑上就走了，告状去了。/我爸爸也是当下大队干部的。/那时候大部分男的都去炼钢铁去了，都是些女的在屋做活哩。/像我们小娃，过年了给你缝块红布衫么，就是那粗布，缝块绿裤么。/解放了土改了以后，女女也好，男的也好，女老的、男老的都知道政策了，婚姻自由了啥的。/现在这政策你看好得！

城固县熊景宣访谈 / 237

（她）忙得很呐，哪有那么多时间和心情，肚子都吃不饱还有啥心情去上扫盲班？/（妇女要）带小孩、洗衣服、做饭、缝衣裳、做鞋、纺线织布、喂猪，等等，很多很多，最主要的还是织布纺线。/男女挣的工分不一样，男的一天能挣十个工分，可女的只有七个，那已经是最高的了，有些只有五六个工分。/对她们而言那都是无所谓的，干啥都一样，没有喜欢不喜欢、愿意不愿意。/土改的时候，妇女都很少出门，公婆都不允许儿媳妇出门，管得很严。/只有父母都不在了，女娃家年龄又小，没办法才会去当人家的童养媳。/1956年后，就经人介绍，双方年轻人还可以见一面，相互了解一下。/有些孕妇在田里正干活哩，就把孩子生在田里了。/接生婆也只是凭经验处理罢了，实在难产的只能等死了。当时咱们一个县才一所医院，又那么远，也没钱，只有等死了。/（坐月子）刚开始几天家里还有人照顾，过几天后就自己照顾自己，屋里能劳动的人基本上都就出去劳动了。/（农活）多得很，男的能干的，女的基本都干。/1956年以前上学的基本上是男娃。1956年以后，女娃逐渐地上开学了。/1958年转公社后，村里的妇女，有少数觉悟高的，入了党还参了政，在队里还会担任公职，有文化的可以在学校教书。

周至县张秀花访谈 / 248

害怕很，成天打仗，有的部队来了把人能吓死，跟土匪一样……有的部队来了就好很，不拿百姓的东西。/那时也没有几个娃念书，把人一天能忙死，连活都做不完。/那时谁有钱给娃看病嘛？硬把娃作践死了。/

我13咧（嫁过来），我家穷很……穷汉家女子给出去换个口粮。/ 婆如今这一身病都是月子里落下的病根子。/ 把人能挣死，……把人一天都忙疯了……/ 多亏咱这南山给咱出产了不少东西，开春咧，树芽子都能吃，总得把肚子垫（一）下么，不然就饿死了。

乾县辛月新访谈 / 254

妇女在地里劳动，男的在外面劳动。/ 我女子为要钱买本子和笔，没少挨（家长的）打。/ 扫盲班里人边看娃边听课，能学的字少得很！有些妇女边听课边纺线、纳鞋底……/ 家里成分稍微不好点的娃不好找对象。/ 解放后，虽然也要媒人说呢，但两个娃还要见面谈一谈。/ 结婚前还没见过你爷的面，那时候就不兴遇个面啥，就那样跟你爷把婚结了。/（生孩子时）躺在半截炕上，炕的一头倒的是灰，上面盖一块席片，用灰来渗血。/ 那时候一天三晌干活，晚上才加工织布、纺线、纳鞋底。/ 解放后妇女就没有那么约束了……

凤翔县欧玉芬访谈 / 261

那会儿娶新人的时候抬的有轿，有专门赁的新人穿的裙子。/ 我上速成班认识下的字不少，临后有了你姑，（学下的字都）忘光了，顾了操心经管娃娃了。/（女娃娃）可怎么能不想上（学）哩？想上没钱。/ 我怀送给人家的那个你碎爸的时候，都快生娃了还帮着翻地哩。/ 当时咱们这附近两个队合在一搭，下地做活的时候女人多得很！/ 当时把罪受扎了，就没时间休息。/ 人家说（妇女）解放了就解放了么。经常开会，不住劲地开会！

凤翔县罗氏访谈 / 269

要是人家说起这个女娃伙勤劳，会给人家做饭、做家务，针线活好，身体没麻达，这个女娃伙就好找对象！/ 当时去上速成班基本上是粗识字，能认识100到200字。/（修水库的）工地上女人多很，主要是用架子车在大坝上拉土。/ 女人们除参加生产队劳动外，就看管孩子、照顾老人、做饭、磨面，屋里一家子人穿的衣服都是自己用纺车纺的线，自己织的布。

佳县郭子珍访谈 / 272

　　我小时候没吃过多少苦，生活条件也好一点。/ 当时办扫盲班的时候，我还算老师给他们上课呢。/ 一般找人家的标准是"一军二干三工人，至死不找受苦人"，对军人特别崇拜。/ 我娘家不要彩礼，是婆家自愿送的，送了二斗米、二斗面、400元钱。/ 我生完娃三天后就开始自己干家务了，40天后就下地干活了，苦得很。/ 吃大锅饭时，每家只能留一口锅，其他都不能留，全部炼钢了；每家每天晚上的尿也要收集起来制作火药。/ 当时我特别羡慕别人家的女人，心想我男人要是个小队长我该有多享福，也不用受苦了。/ 我家主要是没有劳力，我老伴在外面工作，所以说家里门外都要我一个人干，大娃娃还能帮点忙……/ 现在回过头来看看，以前就一个字，"苦"。

佳县崔领珍访谈 / 280

　　该就那种可厉害的婆姨才跟着了么！/（集体化时期）一群人就做营生就拉话，说嘞笑嘞，可红火了！/（1960年前后的饥荒时期，咱们这里）则该就吃两颗救济（粮），再推的吃玉米芯芯，蒸的吃苦菜窝窝那些。/（我找对象那阵）也没甚条件，一般就是有粮食，人老实则行嘞么。有的就看大人了，大人愿意的话没东西也行。/ 养你二姑姑那天，早起吃罢饭我到沟里灌了两回水回来，刚把水倒下噻，则肚子疼起嘞，我裤子一脱，就养娃娃。/ 一群人在一起做营生了，一个队还跟一个队比赛，看谁家先做完，可红火了。/ 就是那阵白天可忙了，（家务）都要黑夜做了，还没电。/ 我们家那阵是全崔家圪最有东西的，不是说没钱，我爸爸们该是说女娃娃念书没用，则该没让我们念么。/ 那时候也看娃娃们了，各自不想念了则该没法念了么。/ 该就是女的结婚不用光听娘老子的嘞，还要看个人愿不愿意了；女的不用缠脚；女娃娃们也能念书；女的跟男的一样样地可地里那些么。/（五六十年代）就可忙了。

蒲城徐秀珍访谈 / 290

　　解放了以后，我还在青年队给引队（扭秧歌）哩，腰里系着红（布），手里拿一个帕帕，切面刀腰里别着。/ 老早那就是的，老封建么，说"女娃十二三,都不离娘的裙边"。/ 娃大了(自然)叫念(书),那念得好坏是自己的事,你再有钱供,(娃)不念也不行。/ 那不贵,(但是)那没有的,那挣不来钱,光是种庄稼哩,这锄地呀弄啥呀的。/(我)不得(经常)去(扫盲班),有娃哩。/(解放后找对象)那都要同意哩,那还叫见哩么……/ 那我这是先说了一个(对象)是17(岁时),(改嫁)到这时28(岁)。/ 老早那不是在地里,就是在屋里纺线织布。/ 怎样是好婚姻,那就是在这屋里畅快了好,这家子人都待咱好,那这就是好。/ 哎,(怀孕了)老常都是小跑,还跑得跟不上。/(在家里生娃)那害怕那咋?那说婆娘都是铜心铁胆。还能有啥办法?/ 坐月子这段时间,我跟你爷俩个互管哩……/ 那就是你到啥时候了做啥……/ 那我屋里(走)不得开,不然娃都给谁搁呀?(我)老汉去(炼铁)该。/(修水渠、水库、铁路、公路)那可能回回都没把他漏过。/(妇女解放)就是慷慨了么。/ 人说老早(女)人那脚(可以放)在醋碟里。/ 记不起(当时对妇女有啥宣传了),那时屋里负担重很。

蒲城县刘秀云访谈 / 307

我是因为我妹子比我小七岁,要看她,没上学。/ 女子夜校,全女的,都积极得很;不想上的就在屋里做针线活。/ 像我那时候,订婚,就是看上(男方)屋里的案(板)还大大的。/ 我结婚的时候都解放了,也把辫子铰了,也没有盖头,戴的是蓬头纱。/ 就算怀孕也要下地干活,凭工分吃饭,不得不去,挣的(工分)多,分的(粮食)多。/ 有啥吃啥,20个鸡蛋,也没有个挂面,把人能穷死……/ 那时候就不怕干活,新社会自由,旧社会不自由。/ 不愿意(吃食堂)也没办法,生产队不分粮食,没啥吃!/ 出去干活美么,能吃上馍,喝些稀饭。在屋里吃不上,穷得跟啥一样!/ 忙得跟啥一样的,还娱乐哩?解放后(妇女)就自由了,可以出门。以前见了陌生男的不准说话,解放后,可以出去,(可以)做地里活。/ 退了食堂,(食堂)散了,自己屋里做,改革开放了(就好了)。/ ……屋里二层梯住下了,太阳能、手机、电动车、摩托车啥都有了。

蒲城县武东霞、惠尧登访谈 / 316

我今年77(岁)了,你问我几时出生的,我就不懂。/ 不愿意让她们去(上学),那只想做的卖布,纺的卖线哩!/叫他上该,咱这几个(娃)都上该。/我学的那期(冬学),每天下午,我独自一个人去学,我妈给我看门哩、管娃哩,我还写的那字、买下的本子什么的。/家里情况(如果)不好,为了钱的把娃不管咋样,只要人家给钱(就嫁)。/解放后虽然提倡婚姻自主,但还要钱哩。/那国家提倡(婚姻自由)哩么,随解放就提倡哩。/都寻的啥(对)象?一时期也一时期的。/咱东街一些个都是的,家里情况好的,媳妇都大。/在旧社会,这块的家庭不算好,也是算差不多的,(彩礼)过于贵了(我们家)还不要(那女子)。/一般的、大多数的(新娘)都坐那(马)车!坐轿的是那情况好的。/(好婚姻)那就是忍人任劳,一辈子没打架、没骂仗。/那今去娘家、明去娘家,娘家也肯叫。/解放以后,有些男的到外面干活去了,生产队就靠妇女,有时候男的走完了。/(怀孕期间)那队长就安排轻点的活,重活叫(别)人家做哩。/(生孩子前我心里)害怕,那黑来还哭该。/我今(娃)满月了住娘家待十天,40天就开始下了活了。/总的说,妇女啥活都做哩。/(大炼钢铁)那去的人不少哩,我妹子也去该。/喜欢做那个工程,做饭换工分哩。/在地里去都拿的活。/封建家长不压迫你了,那就强得太了。/给你唱两句,给你唱那土地改革。/(国民党时)她先后两个,她年龄大,那个上(妇女班)的时间长,那把妇女的一、二、三、四册书,这么长的把那上完,现在起码那完小毕业都认不下那些字。/……病下了,差点把命要了。/那谁照顾,谁给你照顾哩?没人管。/那过去的妇女,黑来纺线是一定的。/那反正是,那几十年反正是顾了嘴了,光顾了嘴了。

商洛市商州区任兴华访谈/337

土改前有40多亩地,当时我家里人少地多,没有劳力,我当时在学校里(上学),土地是广种薄收。土改时土地按人口分配,我家的土地就减少了。/合作化时,农民有的积极,有的消极……/妇女和男的一样,担、挖、收、种,可以说是男的干啥、女的就干啥,所以说,妇女太苦了,要生娃管娃、做家务,到地里去还要跟男人一样地干活。/扫盲的时候,男的、女的都扫,女的也多。一般是青年女的、没有碎娃拖累的,比较积极,来了学认字。/总之一句话,不管它是苦的、臭的,只要无毒,都弄来吃。/女的看男的,一是看长得暂丑,二是看家里成分,看你家里成分高不高。再一个，干部的后代好找对象。/ 五六十年代的妇女实在是太可怜啦……/（妇女）白天为了挣工分、多分粮，就和男子一样地干活，一天最多挣八个工分。一切家务都在晚上做……/ 土改合作化人民公社那阵子，妇女是获得了解放，是在政治上获得了解放，妇女能够参加社会活动，如参加识字速成班、秧歌队等。/ 她没有上过扫盲班，主要是因为她年龄大、家庭成分是地主、缠了小脚、孩子多、家务忙。/ 第一个孩子是1949年出生的。以后每隔两三年就生一个孩子。一连三个孩子都是男孩子。……结果三个孩子都得了"四六风"病夭折了。/ 借下的粮食她经常给我多吃，她自己就吃代食品，像野菜、蓖麻叶等，可以说是吃糠咽菜。

商南县李翠英回忆 / 346

担忧婚姻 / 重建家业 / 承担公务 / 参加劳动 / 养育孩子 / 时来运转

高陵县马凤琴访谈 / 354

我上学时已经都十几岁了，……班里还有个18岁结了婚的姑娘来上学。/ 我是1967年结的婚。……他用自行车把我带到他家，我们那会儿都兴这样。/ 我们那的村里，有政府专门培养的接生婆，也叫农村接生员，比较专业。/ 女的活相对重些，如拉架子车、割麦、捣鼓"三类苗"、拔（棉）花苗等活。/ 五六十年代，国家当时推行的政策好，妇女确实得到了解放。

高陵县胡清贤访谈 / 360

最后（1962年）赶上了"年龄限制的政策"，……就不能继续上学。/（找对象）一般都是介绍人介绍，两个人见面，要是同意就算订婚了。/ 过去婆婆对媳妇要求特严，……等我结婚时都好多了，婆婆对我很好。/ 我们那会儿怀孕了照样工作，那会儿的人非常泼辣，在生产队什么活都做。/ 那会儿好像人们一年四季都在地里干活。/ 女的能当干部管理男的，这也说明男女是平等的。

高陵县韩卫东访谈 / 368

母亲每天干完地里的活还要干家里的，妇女可怜，活多。/（大概1961年）我母亲饿得整个人浮肿，脸特别黄。/五六十年代通过宣传，……妇女有了很大程度上的自由。/我们夫妻之间还是互相信任、互相尊重的。/我那会儿工作离家太远，妻子是一头沉，……家里家外的事她都担着。/在我上学问题上，母亲特支持，宁愿缩衣节食供我上学……

镇安县赵光强访谈 / 375

那土改对人来说可是翻天覆地的事。/集体劳动那就是自己督促自己，想办法完成自己的工分，才能分到杂粮。/我们这食堂办得不好。/咱这扫盲那就是黑的去么，劳动一天，晚上拿个本，一晚认30个字，学会、认会。男的女的都一样。/没的彩礼，只要要彩礼，就说是买卖婚姻，（所以）都不要彩礼。/那跟现在就没法比，（现在）生活翻了不知多少倍，那还不拿百分比来说，真的，生活改善得都不知道有多强了。/我记得当时我母亲就说，有了共产党就是好，以前都没想到会过上这种日子，往年吧被打着骂着就觉得过得昏天暗地的，现在身上有了劲，倒觉得年轻了些。

镇安县章荣珍访谈 / 385

（扫盲班）一般都是白天下地做活，晚上上课识字。/我跟你爷是（19）54年结的婚，……也没有啥子彩礼，就是领个结婚证结个婚么，没要彩礼。/平时没得糊汤饭吃的，坐月子有糊汤饭吃，就是那。/（大炼钢铁运动时）我们（妇女）也跟着砍柴烧炉子，找各种铁器，啥都干过。/（五六十年代）妇女干的是跟男的一样的活路，自己屋还有家务活要干，比男的还辛苦。/（土改）就是解放以后多少人没有地就按人口分。/搞合作化就是反正同意参加合作化就吃饭，做啥也都有保证。/那个时候那一阵（吃食堂）就是政策么，……必须吃食堂，不存在愿意不愿意的情况。/（闹饥荒那一阵）找野菜、野草么，不闹人的东西就吃。个人吃树皮，啥都挖回来吃，能吃的都吃了。/（五六十年代）那一阵的生活都是一样的么，那都是受罪。

镇安县王邦庆访谈 / 395

你奶还没过门在娘家就参加（田间劳动）了。/ 你奶怀孕的时候照样啥事都干，挺个大肚子照样下地干活，一直到马上要生了才回家生娃。/ 生产队的活不能耽误，还有一大堆家务要干，到田里干活，还要把娃带上，你奶很辛苦的。

镇巴县刘文兰访谈 / 398

上学的女娃娃也多，那些嘛，因为男女平等，社会好。/ 我们当时在（娘）家，才十四五岁，我也参加过，上了半季扫盲班。我还认字，写字写得很好呢。现在因为活苦，忘完了。/（20世纪50年代）时兴自己找对象，不过（我）还是由父母做主，我妈很凶的。/（怀孕期间）照样地干，没得人体贴，硬干，大家都一样，有的时候晚上还要夜战。/（在家自己生孩子）不担心，（危险）那些不考虑，人是恍的，生就生了，死就死了，条件也不好，几十里路才有医院。/（妇女）啥都干，挖地、挑梯田、修堰塘，那些在李家坡搞大会战，挖梯地、栽茶……/ 忙啊，我们当时地又远、活又多，每晚十一二点才睡，早上五点多、六点多就要起来，苦啊。/（妇女解放）就是妇女有权，男女平等，男人能做的女人也能做，轻活重活都得干。/ 五几年、六几年苦得伤脑筋，又要顾吃又要顾穿，苦恼得哭呀，掉眼泪呀！

镇巴县张德厚访谈 / 406

妇女要做家务、要干（田地里的）活、养小孩，所以没有时间参加扫盲班的。/ 解放后她参加田间劳动，大家都下地干活，她也要去砍柴、种菜、锄草……，水田一般不去。/ 生完孩子一般（被）照顾十来天就要出来煮饭、做家务的。农村家里穷，只要不提重东西、不碰冷水就行了。/ 母亲的生活是比较忙碌和艰苦的，无论在啥时候她都很苦的。/ 五十年代，《婚姻法》强调婚姻自由、解放妇女，女子有权提出离婚。/ 蒋介石时代就是没有结婚证，50年代才有的。/ 解放后谁不参加劳动，那是（被）说思想不端正的。/ 我结婚在1964年，新郎穿干净的衣服，身上结个大红花，女的穿红衣服，有头盖，有花冠，坐轿子到我们家。/ 那时候没有钱，也没有条件的，就想（在家生孩子）顺其自然，就这么一回事。／妇女有参加炼钢的，烧火、砍柴、挖土都要妇女干的，还要负责送饭的。

宝鸡金台区强月梅访谈 / 413

那时候好得很，给女的一分地，在家里就能说起话了，也就敢串门子了。／合作化好得很，当时地里产量比私人种时高得多，一亩地产100多斤，生活就不愁吃了，分的粮还有剩余。／我很想那时候的集体劳动，热闹得很，队长把铃一打，我就去了，积极得很，队长分配做啥就做啥。／（要）不是扫盲嚩，我（们）这些女人没上过学，咋认得字呢？／（三年困难时期）人饿很，但没饿死人。国家好很，还给救济粮呢。／记得（社教时）对大队小队干部进行清理，看有没有贪污。有时候晚上还开批斗会，斗争"四不清"干部，男的女的都在会上发言。／找个工人就好得很。／（三个孩子）都是在家里生的，村里有卫生员呢。／那时候生活好着呢，家家户户都一样。

富平县刘氏访谈 / 419

我咋知道我啥时候要下的？／（我）都十六七岁了，上了几天民校。／（问男方要东西）我都不会要啥，我妈给我要。四身衣服……，几长头布，几斤棉花。／你想挣人家工分呢。干活的时候就用绳子（把"骑马布"）拴在裤带上，掉不了，湿的！重的！／女的也去。有娃的，去不成的，让你在近处去；没有娃的就派到远处去了，就不得回来（吃饭），在那吃的大锅饭。／那时候期盼啥时候能吃个白面馍……

合阳县赵雪花访谈 / 425

（土改分地）像咱这就是按人头分呢，你家的人多，分的地也就多。也就是平均每人四亩来地。不过这还是要看地方的，有的地方人就平均得多，并不是那么绝对的。／我八岁就上学了。咱们这有个雷庄小学，我们村的孩子基本上都在那上学，不管男女都上，大家都是跟风看样子呢，你去我也去，反正也不用交学费。／只要男的家里成分好，没啥不良嗜好，为人厚道老实，勤勤恳恳，能过日子就行咧。／我结婚是在腊月，就快过年了，你说地里还有啥农活可干？／像年轻人就上的"民校"，一天来两次，学习程度稍高；成年妇女们就上个识字班，会点字就行了。／那时女的劳动一天才给八个工分，男的给十个……。我们（妇女）是锄地、摘棉花、拉土拉粪的，跟男的干的差不多，因为男劳都被调去修路、修渠什么的了。／那时人穷，谁有钱上医院去生产啊？那时每个村都有一两个接生员，谁家要是生小孩就去请接生员。／……所以我（坐月子期间）还得做饭。家里还养着猪和鸡，我还要喂猪喂鸡，并不很轻松的。另外，还得给孩子做衣服鞋帽。／劳动没有积极性，公社生活一年不如一年，只得解散了。／我们那时候比我妈她们那辈子好得多了，你们现在又比我们幸福得多。

礼泉县田清珍访谈 / 433

记得，饿得很，一天到晚为吃发愁，为嘴劳计，苏联逼债紧得很。／只有地主、富农家女娃能上得起学，当时社会就没有让女娃上学的意识，如果有，还要被人笑话。／都抱的娃上扫盲班，走形式，没心思上，家里活多很，地里的、还有许多人的吃喝穿都要靠手来做，人忙得没有时间上。／在旧社会，打死的、糟蹋的媳妇多很！解放后，打媳妇的现象没那么严重了，但刚解放的时候还是那样的。／当时是套个牛车娶的。……在从娘家走时候，头发要梳成扎角，头戴花冠、盖头，披纱。……中午新娘拆头后梳成泡泡型……第二天回门去娘家……／我是1951年开始当接生婆的，……以前的接生婆接得粗糙，所以死的人较多；我接生时，剪脐带有技巧，大约有三指这么长吧，挽一下就好。／我在我的两个孩子的月子里，刚刚出月就劳动。／干的活杂得很，锄麦子、挖地、挖沟坡，还有就是平地，这个是主活；还有吆车、拉土、拉粪……，什么活都干。／织布、纺布、喂牛、看娃……，全部家务（妇女）都干。

礼泉县邓素芹访谈 / 440

以前妇女在家只是织布纺线，不能下地劳动，没有说话权；土改后，女的开会、学习、念速成班。／以前我屋老都是短钱户，贫得很。合作化以后给我（按劳动）分粮，生活当然比以前好。／食堂人根本就吃不饱，都不生娃了。／你想，我到钢铁上做饭，想吃多少就吃多少；到生产队还有人管，吃的就那么一点点，到底没有外面好。我那年轻时还爱往外面跑。/（饥荒时咱这里）严重很，我记得咱村都没有怀孕的。许多人都拉不下（大便）来。/刚解放女娃上学不多，后来慢慢比旧社会多了，像大女子上民校、速成班，碎娃就叫你上学。/刚解放（找对象）双方还不谈话，还是包办，不见面，那是刚一解放；后来还谈话、见面。我跟你爷就没见面，我是（19）58年结的婚。/要么，你一天都在地里干，不晚上加班加点做这些（家务活），人家谁给你做？都是要熬夜做呢。/（五六十年代）妇女能劳动，能和男的到一块去么，开会弄啥的妇女都能到人前去么。老早那谁叫你去？

礼泉县强彩云、杨胭脂访谈 / 448

（我）上了一两年（学），1961、1962年粮食紧张，就弃学了。1962年来的陕西，那时甘肃的饥荒要比陕西严重。/（找对象）条件讲究女方向男方要一成礼、二成礼、三成礼；还有就是扯衣服、送棉花之类的。/（结婚时）一般的，套个拉拉车，用席子给罩个棚子，半夜就去娶（新娘），赶路呢，要赶天明到婆家。讲究新娘车先走，娘家的客人再自己备套个车随后。新娘子戴凤披纱，中午后挨家挨户地拜礼，全村家家户户都得拜。/人提起坐月子都害怕……/有的媳妇没有婆婆，背着娃娃劳动，更累。/有的女的在家里耕地干男人的活，有的女的被派出去打坝，带的娃去。/加班做衣服、纺线，因为（白天）没有时间（做家务），只得加夜班。/解放妇女的目的是让妇女有发言权，有掌握权，可以当家，地位提高，说一句（话）能算一句，男女平等，女人顶半边天。

礼泉县刑粉莲、罗淑玉访谈 / 454

记得有一年大年三十过年，我妹夫给我家十斤肉，我们没有吃，偷偷地卖了，给娃当学费。/上了扫盲班大概就能认得钱了，还有粮票上的数字，1、2、3、4等都能认得了。/现在大约60岁以上的人（结婚时）没有结婚证，也没有《婚姻法》，现在大约60岁以下的结婚时就有（结婚证和《婚姻法》）了。/若人家门关着、没有起床来开门，那就趁机会多敲几家门就算拜过了。（新娘拜礼时）手帕上拴个五铃，拜人的时候叮叮当当的。/娘家有"叫"有"送"，从娘家回来，婆婆交给一个围裙，就标志着正式成为媳妇了,就要干家务了。/(孕期)不休息,不停地干活,有的生孩子时还烙馍着呢。/我参加过修水利,当时左小腿底部摔坏了,最后集聚了腰带扎住、固定后才被送回家。/晚上服侍老妈、照顾娃,还要加班抽空做衣服,准备春夏秋冬的衣服,做饭,第二天上地劳动,忙得不得了。

白水县王海荣访谈 / 460

那种年代,女的地位低下,谁还舍得为女娃花钱?/那时人结婚,新媳妇下轿光看脚,不管你身体好坏,相貌美丑,只要脚小,人就说是好媳妇。"脚小手巧",那时候人就是这么说的。/妖精要发怪哩,你有啥办法?/(怀娃和坐月子)谁照顾你,看把你美得!过去那人都没人管。……生娃都不管,还坐月子呢!/那一天忙得,一下下都不敢停。/(妇女解放了就)自由了么,能和男人同时管家庭,说话起大作用哩。男的干啥也和女的商商量量,能更好地解决问题。后来还让女的跳舞哩。这一来,她们整天可以心情欢畅呀……/(扫盲班)上过是上过,不过就上了几天。后来咱这办过冬季的夜校,一直在那里面上了一二年。/都是在屋里,用土办法接生,用炕灰(渗血),用自己的剪子(剪脐带)。/(活)多么。你想,娃多,还都小。做饭、洗衣服、经管娃,都是她在忙。对了,还要织布哩。/人家说"共产党来了变了天",我看真是天变了,而且还是阴转晴……

白水县梁云霞访谈 / 467

当时就有顺口溜说"婆婆替媳妇去支差,点罢名字跑回来"。/你舅、你妈和你姨,我这三个孩子都上过学。/到新社会,妇女比旧社会的妇女好多了,不缠脚了,也没有过去那些旧规矩了,结婚、说对象这些都自由了。/那时候的活也不是多重的,就是时间长,有时间规定,活多活少都要去。大多数人也不太好好干,只是熬时间、挣工分,混口饭吃。/不过有的人就愿意去"跃进渠"干活,还说在"跃进渠"干活的"十大好":不用拾柴、不用烧火、不用做饭……/那时去地里干活,路上边走边纳鞋底;在地里干活歇气的工夫,手里都拿的是针线活。/(旧社会)给孩子介绍对象都是包办的,那时候的人,都是人骗人。/到五六十年代介绍对象，那基本上都叫娃们见一见。自己只要愿意就能成，不愿意了可另给介绍。/ 那会儿嫁到男方只要不受婆婆压迫，不受太多的苦就不错了，也不说什么好夫妻，只要日子能顺顺当当过就好了。/ 那时候说那"做一女子做一官，做一媳妇哭皇天，做一阿家嘴磨干"。/ 那天天都在地里，一年到头都是干活。当时家里只有我和你外公两个人干活，晚上也加班，当时叫"夜战"……/ 那时候，坐月子的时候，能干的活就自己干。有的情况好的出了满月才下地干活；有的家里缺人，满月里头啥事都得自己干。

西乡县周清国访谈 / 477

（土改后）舀水不上锅，饿着肚子干活。相比以前地主成分的（生活）条件，越来越苦，日子难过。/（入社）乐意也得去，不乐意也得去。不乐意的就算入反动派，最终都必须入社。/ 那时候天天都饿着肚子干活，又苦又累。……热闹是热闹，生产队人多嘛，饿着也能闹起来。/（妇女对扫盲班）也不太积极，主要一天要干的活太多了。/（饥荒时期）没粮食吃，现在好多喂猪吃的东西在那时候都是宝贝呀。/（1951年前后找对象）没有啥条件，自己不做主的，全由家长说了算。/ 下地劳动也得等坐完月子才可以。生产队的人没事就会来催人，让下地劳动，但一般没到时间不会强迫你劳动。/ 那时候有什么休闲娱乐呀？天天活都干不完，还娱乐？

西乡县吴业荣访谈 / 482

字我认识几个，都是当时在庙里头那个夜班认识了几个。/（找对象的）条件是能做活路就好，屋里缺劳力可不得行啦，过不下去。/ 在家里请的接生婆来，过了留人家吃顿饭都够了。/ 当时细娃都小得很，没人管，都跟到一起耍，每天全身都是灰和水，有时候身上长疤。

张玉梅的悲剧婚姻 / 486

后记 / 488

华县白改秀口述

采访对象：白改秀，女，1943年4月27日生。独生女。20世纪50、60年代居住在陕西省渭南市华县金堆镇罗监大队二组。1951年上学，1957年完小毕业，1961年在扫盲班任教，1964年至1968年担任生产队记工员。20世纪50、60年代的家庭成分为中农。1960年结婚。1961、1963、1967、1970、1975、1982年先后生育六个子女。

采 访 人：王亚妮，女，1988年生，陕西理工大学2007级历史学专业学生。

采访时间：2009年8月5日；2010年2月15日。

说　　明：采访对象为采访人的外婆。

1. 人太困苦，没办法，想上（学）上不起。

王亚妮（以下简称"王"）：外婆，你还记得你生日吧？

白改秀（以下简称"白"）：肯定哩么，人家忘了我都不会忘，我是（19）43年4月的。

王：那新中国成立的时候你还记得不？

白：哎呀，这个太记不得了，我那时还小，再说时间也长了。

王：噢，没事，能记下啥就说啥。那新中国成立了，咱这儿的人让女娃上学不？

白：让上是让上，但是不多。

王：为啥？难道是嫌是女娃？

白：那倒不是，新中国成立后，男女都平等么。关键是人没钱，穷，一年一块钱的学费人还嫌贵。也有的是因为忙，要帮助父母做家务、挣工分、照顾弟妹。你想么，人要吃饭穿衣，那时那布才两毛八一尺，一封洋火才五分钱，一块钱要给屋里置办多少东西哩，过日子那柴米油盐的，哪个不要钱啊？人太困苦，没办法，想上上不起。

王：那如果有钱，人们都愿意把娃送到学校吗？

白：当然愿意，只要屋里有条件。那叫娃学知识是好事情么，咋会不愿意？

王：那你识字不？

白：识字，但是不多。

王：你念书念到几年级？最后为啥不念了？

白：我是完小毕业，也就是小学六年级。最后不念了，也是因为劳动负担重，家庭经济落后，父母身体不好。还有就是我是女娃，那种年代，老人的思想毕竟没有多么开放，所以也就算了。

王：那我妈姊妹六个哩，你让她们上过学没？

白：都上过，但都没念彻底。一是娃多，供不了；二是你大姨那几个都不好好念，就让回来了。

王：那我小姨听说是只上到小学二年级，你咋不叫她念了？

白：还是没钱。咱屋那时才从华县搬迁到白水（县），人生地不熟，白手起家，哪儿有那种条件嘛，所以把你小姨给耽搁了。

王：噢。五六十年代咱这儿办过扫盲班没？

白：办过，我还去了哩。

王：你不是念过书么，怎么还去？

白：念没念过都让参加哩。

王：那女的多还是男的多？

白：一样，差不多，两口子都去。不过，女的一般比男的去得早，都愿意学习，有的还抱着娃，全家都去；有的娃睡着了，把娃放到炕上就去了。

王：那你对这兴趣大不？

白：大，那有劲头。我后来被选定当老师，他们"1、2、3"都不知道咋写，我就给教。一看人来了，我就把小黑板给墙上一挂，就开始教了。

王：你都给教些啥呀？

白：教1、2、3、4、5……，让他们学写自己的名字，学认钱。因为我那时年轻，声音好听，社里人都爱听我讲，比你外爷（在扫盲班）当老师受欢迎多了。

王：呵呵，那办了多长时间？

白：40多天吧。

王：为啥这么短？

白：后来下连阴雨，路远，一下雨也不好走，条件不好，走不来，人集中不起来，就办不了了。

王：扫盲班有效果没？是不是实实在在地搞？

白：效果还是有的。一些人都不认得字，也不会花钱，听说教书哩，又不用交学费，都来学了。那阵子都在扫盲，各个公社都在搞，上边给公社下达的有任务，社里还有驻队干部，完不成任务大会上要批评哩。后来撤了，也是因为农活忙，人也就忙忘了，就不提那事了。

2. 我爸那人爱听毛主席的话，所以有啥号召他是第一个响应的。

王：新中国刚成立时搞的土改，你有啥印象没？

白：土改好像就是搞平均，要把地主的地呀、牛呀、劳动工具呀分给穷人。毛主席那时说穷富要一般。大家都响应毛主席号召么。

王：分人家的东西，地主们愿意？

白：那肯定不愿意，谁愿意把自己的东西白白送给人家呀？那些地主富惯了，给穷人把东西分了，他就不能当地主了，穷人都跟他一样了，他心里不服气呀！

王：那你屋当时还可以，你屋人愿意让穷人拿你家的东西不？

白：那我爸还是非常愿意的，因为他是党员，还是支部书记，要起带头作用哩。我爸那人爱听毛主席的话，所以有啥号召他是第一个响应的。

王：后来又入（农业）社了，咱屋几个人挣工分？

白：两个么，我爸跟我妈。我那时还小，做不了活。

王：那家务是你做还是你妈做？

白：家务还是我妈回来做，我小么，连锅台都够不着。

3. 太忙啦，到黑了把人就乏得不行了。你想，做了一天活，回来娃哭呀、闹呀的，还得哄娃，还要做饭、喂猪、做家务。

王：那后来不久人民公社了么，你吃过大锅饭没？

白：吃么。那个时候人都吃过大锅饭。我跟你外爷结婚的时候还吃的大锅饭呢。

王：你觉得大锅饭咋样？

白：哎呀，那个大锅饭呀，把人<u>给扎</u>（注：指折腾得不得了，让人难受不已）咧！那就吃不饱么，成天都是稀溜溜的包谷糁儿，又没有馍。当时做活，一直做到大天黑，管灶的才打开饭铃。过一下下，人人都抱着个碗跑来啦。人家管灶的看见人乱，不给舀饭，非要叫人把队排好才给舀饭。你想，人都饿了，哪还顾得上排队？为排队还打过架呢。那阵是没啥吃，只有挣工分的人才能吃到菜子根，把那蒸熟，当馍吃；还吃过<u>玉米芯子</u>（注：指玉米棒去掉玉米粒之后剩下的东西），把人吃得牙都黑完了，苦得咽不下去，那也是<u>挤着</u>（注：指闭着）眼硬往下咽。都是为了填肚子，受罪呀！学生娃还不叫吃，把老师饿得上不了课。

王：女的那时不用做饭了，还用不用去地里做活？

白：做活。不做活年底分不到粮，一家子喝西北风呀？

王：都做些啥活？

白：担粪、拉车车、锄地……，只要是活都干。

王：那工分是咋算的？

白：女的一天8分工，早上2分，晌午3分，后晌3分。男的一天10分工，早上3分，晌午4分，后晌3分。

王：女的跟男的做一样的活，为啥工分少？

白：女的的活没有男的的活重么。还有就是后来散了食堂，女的得回来早些给娃做饭吃。

王：一天肯定很忙吧？

白：忙，太忙啦，到黑了把人就乏得不行了。你想，做了一天活，回来娃哭呀、闹呀的，还得哄娃，还要做饭、喂猪、做家务。

王：那我外爷管家务不？

白：那他也没工夫管，因为他是干部，要开会，处理社里的事，也忙。

王：你怨他不管家务不？

白：怨啥呀，那时男的基本都不管家务，他们手笨脚笨，也做不了这繁琐活儿。

王：那有娃的女的（到地里）做活去了，娃谁管？

白：有婆家的家婆家管，没有的把娃绑到炕上，娃最后一直就哭睡着了；有的娃小，就用被子一盖，两个胳膊旁边（的被子上）各压一块砖；还有的把娃用箩筐担到地里，娃睡着了放在箩筐里。收工了又担回去。唉，老人受罪，娃也可怜哟！

4. 后来土地分到户了，也不用看队长的脸色了，我看家家还过得好。

王：那时的集体劳动，你觉得热闹不？

白：热闹倒是热闹，记得还有个歌唱的就是集体劳动，歌词大概是这样的："太阳出来红满天，农业生产搞得欢，你挑战，我迎战，姑娘小伙儿带头干，认真学习新技术，互相交流好经验。"

王：看把你高兴的，是不是很怀念呀？

白：我不怀念，死都不怀念！

王：怎么跟我外爷一样，为啥不怀念呀？

白：给队上干活，去迟了队长骂，说是不要脸，来混工分来了。再加上吃不饱，年底分不到粮，老两口你说我吃的多，我说你吃的多，最后有的都喝了药、上了吊……。干活热闹对着，人多么，但把人养成了个坏习惯：队长来了才干，都是混，只见做，不见活完，磨洋工。生产队上越来越不像样了，队长不敢张嘴，一开口就有人和他干起来了。队长的话也太难听了，人都听不下去才和他干上的。后来土地分到户了，也不用看队长的脸色了，我看家家还过得好。

王：看来分地分到户还是分对了。那咱这儿大炼钢铁搞过没？

白：搞过是搞过，但是我不太知道，我那时还在学校哩。不知道我也不能胡说，历史这东西么，就是要讲实话哩。

5. 那时人做那么重的活还吃不饱。经常是不到时候就饿了。

王：那你修过啥工程没？

白：那我修过。你知道从金堆到华县那条路吧，就老爷岭那段，我就参加过。当时那块全是石头，那条路就是从石头里刨出来的路。那整天都是放炮，打石头，拉石头，用钢钎钻眼，用大锤砸，把炸药放进打的那个眼里，炸石头，炸开了就往开一块一块搬石头。

王：那可够苦的了。那是哪一年的事？

白：苦，当然苦了。（19）62年修的么，那时人做那么重的活还吃不饱。经常是不到时候就饿了。我们那时为了给自己鼓劲，还喊口号呢。有人喊："同志们加油干呐！"大家就喊："哎哟！"还有："石头翻了身哟！——哎哟！""怎么不鼓劲儿哟！——哎哟！""石头不动弹哟！——哎哟！""勒紧裤腰带哟！——哎哟！""肚子都饿了哟！——哎哟！"……大家是想到啥就喊啥，还有些笑话也喊出来了，都是为了加油干。

王：你当时干活了，娃谁管？

白：娃有我妈看。

王：那能请假不？你觉得在哪儿做活好些？生产队还是外面的工地上？

白：人家队长就不给你批假么。我觉得还是在生产队好些，离屋里近，能经管娃。

6.（困难时期）只要是绿的都挖回来吃，都快把山吃秃了。

王：（19）59年到（19）62年是困难时期，你当时也赶上了，那有多困难呀？人都吃些啥过活？

白：吃玉米芯子，吃柿子树叶。地上、坡上，只要是绿的都挖回来吃，都快把山吃秃了。多少人都饿得出去讨要了，有的出了山，人乱跑，农业社分不下粮，还饿死人了哩。学生娃饿得念不成书，到处去要饭、刮树皮、摘树叶。人受大罪了！

王：那一直这样下去也不是办法呀，有没有情况好转的时候？

白：好转大概就是土地分到户以后吧，一下子好转了，一年比一年富了，讨要的少了，老人、学生、娃娃有的吃（注：指有东西吃），劳力也有心劲干活。你干活干得好，我要比你还好，劲头厉害得很！当时还有个人唱了这么一首歌："社会主义好，社会主义好，社会主义国家人民地位高。反动派，被打倒，帝国主义夹着尾巴逃跑了，社会主义社会已经胜利，资本主义已经被打倒！"

王：有的吃就是社会主义胜利了？

白：当时的人么，社会主义让他们填饱了肚子了，就认为这是胜利。人都饿呀，猛一下不饿了，那是感恩戴德哩！

王：（19）60年时都解放了，为啥突然就困难了呢？

白：毛主席要全国人民勒紧裤腰带，给人家还债，再加上大炼钢铁。那时啥都缺，想做一件衣裳都没有布，因为年底才给一人发一个布证。一年是三尺七寸，要补、要纳，咋够呀？有小娃了，要吃红糖，一个月只有四两，奶粉也买不到，只能给娃灌面糊糊，把娃饿得直叫唤。

王：你知道社会主义教育运动不？

白：那我不懂，我也没听过。

7. 有的女的用《婚姻法》和父母斗，自己给自己争取幸福。

王：你们年轻时咱们这里没有宣传过《婚姻法》吗？

白：宣传过，我和你外爷结了婚才开始宣传的。大概是（19）61年吧，鼓励人婚姻自主。还有个小快板是这么说的："贼媒人，把媒说，他在两头偷吃喝。进馆子，吃的酥肉炸丸子，喝的辣酒甜盘子。秀女哭得泪汪汪，枉在世上受屈枉。想着跳江去死了，死了死后不甘心。自有毛主席领导好，秀女心里开了花。婚姻自己做主张，如今嫁了一夫男，热热闹闹搞生产。"

王：人受《婚姻法》的影响大不？

白：大么，有的女的用《婚姻法》和父母斗，自己给自己争取幸福。

王：那时候咱这儿的女娃多大就开始寻婆家了？

白：有的十三四岁就开始寻了。

王：太早了吧，人家《婚姻法》是男20（岁）女18（岁）呀。

白：13、14开始寻，但是18岁才结婚呀。那时人就想着，早早给女子寻下婆家，娘家早早就会得到婆家的帮扶。还是人太困苦，才想的这一出。

王：那时有人自己给自己寻婆家没？

白：没有，没有，少见得很。都是老人做主，包办的多。

王：那要是不愿意咋办？

白：能咋办呀？娃们不愿意，但老人接了人家的彩礼，有的老人嫌贫爱富，把女子都逼得跳了河。

王：你觉得解放前后寻婆家有啥不一样没？

白：有么，大不一样哩。没解放前，许多都是父母包办，娃不愿意，但当爸妈的爱钱，受了人家的彩礼，害的娃投井的多得是。解放后，《婚姻法》一颁布，妇女得解放，那可以婚姻自由了，死人的事也少了很多。

王：解放后，女娃寻婆家是不是自由多了？

白：肯定么，有《婚姻法》给女娃做主，谁敢包办？包办立马告到政府，政府出面解决，严厉惩罚。女娃自由多了，也就有发言权了，可以到人前说话了。旧社会不准女的挺身说话，建国后，没人敢说不让妇女怎么样，除非他是皮厚了，想挨抽。毕竟男女平等了么。

王：那时候啥样的女娃好寻婆家？

白：那时候，只要女娃听父母话，脚底下勤快，吃苦耐劳，尊敬父母，知道过日子，在村里她们口碑好，争着抢着有人要呢。

王：那她们会给自己找怎么样的小伙子？

白：一般都是有知识、有才干、人和气、知道尊敬老人、心底憨实的小伙子，跟这种人肯定日子会过得红火。当然能评上劳模最好。

王：那时怎么样的婚姻就是好婚姻？

白：两口子是自由恋爱，父母不包办，就是好婚姻。

王：那咋评判好夫妻哩？

白：两口子互相帮助，互相热爱、体谅，互敬互让，这就是好夫妻。

王：当时有没有穷人嫁给富人的？

白：有，一般不多，怕受委屈。基本上都是农民找农民，门当户对。

王：要彩礼不？多不多？

白：要的都少，一般就是240（元）。不过后来慢慢把彩礼都打倒了，只要两个娃愿意，就成啦！

8. 那时（结婚）就不准请客，一请就说你是铺张浪费，要批判哩。

王：你啥时结婚的？你从我外爷要了多少彩礼？

白：我20岁结的。还要彩礼？我从你外爷啥都没要。你外爷是我招上门的，啥都没从他要，一人扯了两身衣裳，还是我爸给置办的。

王：那我外爷看来是占大便宜啦，呵呵。那你们婚礼咋样？你俩当时穿的啥？热闹不？

白：啥婚礼嘛，就在毛主席像前鞠了三个躬，买了几个水果糖完事了。

衣服还是那粗布弄的，算是新的吧。一人用红纸给扎了个红花花，别到胸口，算是结婚见红了。

王：都没有请客吃饭？

白：那时就不准请客，一请就说你是铺张浪费，要批判哩。因为国家当时困难，大家都响应毛主席号召勤俭节约，浪费那就是犯罪了。

王：你结婚了几天才开始干活的？

白：我那时享福，有我妈哩。我10天后才搞的（注：指稍微地）做一点。当时是因为农业开工要做活，我才开始做的。

王：人家不是说新媳妇可以不做活么？

白：咋不干？只是有的屋里有大人，就可以不做。再加上那时要求打倒迷信，要破四旧，不准敬神、烧香，要立四新，搞集体化。新媳妇不做活，那属于四旧里边的，打倒了，就要做。

王：那你都做些啥活啊？

白：我不太做啥，也不会。我是独生女，连个饭那时也不会做。有我爸我妈哩，我不做也没人说我，没人管。

9.有多少人为了生娃把命都送了，但那个年代也只有听天由命了……

王：那你怀娃了，队上都照顾不？

白：那不管，你不来就没工分，那是肯定的。

王：那你生娃在哪儿生的？

白：在自己屋里生。

王：没叫接生婆？没去医院？

白：医院没有（去），接生婆倒是叫了。

王：那其他人生娃也和你一样？

白：那时候大家都一个水平，谁都不说谁，都一样。

王：那都不怕出啥事情？

白：怕。谁不怕？人命关天的事当然怕。有多少人为了生娃把命都送了，但那个年代也只有听天由命了，真要是有啥事，也是看哈，没办法，看着送命哩。

王：你月子里吃得好不？

白：吃得一般。吃一点麦面，还有就是吃玉米糁儿，买上个30个鸡蛋，只有月子里吃，出了月就没有了。

王：那富人家都吃啥？

白：都差不多，那时即便是富也没有过于富的。

王：你坐月子生产队给照顾不？

白：生产队上不照顾，公社上给一斤红糖、二斤鸡蛋就对了。

10.（有了娃）紧做慢做都当缺粮户哩，能做尽量都不歇。

王：生娃了能休息几天？

白：一般都是一个月、40多天就下地了，时间长了你也坐不住，有时候心一急就下地了。因为娃多，你不做活，拿不到工分，过年分不下粮，娃们吃啥呀？你外爷一个人的工分肯定不够全家人吃。刚结婚啥不做行，有了娃就不行了。紧做慢做都当缺粮户哩，能做尽量都不歇。娃要喝奶粉，你不吃，娃总得吃吧，所以你不得不往地里走。再加上那时缺粮户就要给生产队交钱，那时屋里没钱，就自动去地里挣工分，争取不当缺粮户。不去或者去迟了队长都要骂。有时候饭吃了，碗不洗、锅不洗，就赶紧给地里跑。

王：女的下地一般是挣几分工？都做些啥活？

白：8分么，都是8分。就像修大寨田、整修地，都干过。

王：你年轻那时女的家务都干啥活？

白：女的么，都是一样，家务，喂猪，经管娃，缝缝补补的一类，也没啥。

11."共产党来了晴了天，从此秀女把身翻。"

王：那你听过"妇女解放"没？

白：听过么，那时宣传《婚姻法》，就是为了解放妇女么。后来妇女还有了选举权，男女平等了。毛主席领导么，妇女解放，大翻身了。

王：那时有解放妇女的口号或者标语没？歌或快板也行。

白：快板好像有一个，我想想：

旧社会，制度瞎，婚姻不能由自家。秀女年长十七八，她妈她大给娃寻婆家。别的啥话他不说，把娃要卖两千花。叫媒人，把媒说，她在两头讲吃喝。进馆子，吃啥呀，吃的腊肉甜盘子，吃的蒸鸡炸丸子。到了婆家她说姑娘长得好，人有力气手又巧，又能扎又能铰，又会 lan（注：二声，指一种烹饪方法）又会炒；清早起来不用你二老说，她就会给你把尿盆倒，虽然家穷她还会给你把烟烧。说得公公婆婆呵呵笑，媒人大姐说得好，我就怕小娃难指教。媒人一听呵呵笑，笨人一脚踢不响，灵人就不用你教。到了娘家她又说家世好，人有力气又能干，他爸还在兰州坐知县，还有两个金货店，借钱借人都能办；又说女婿长得漂，还在西安住学院。烧酒壶壶轮着转，媒人喝得脚底乱。瞎子算卦把命掐，日子合到腊月二十八。她妈她大笑哈哈，看给我娃陪啥呀，红油箱子带匣匣。拉大牛，套大车，亲戚邻友都坐下。还有秀女她干大，乐儿吹的嘀嘀呐。不觉一时到婆家，婆家门前把轿落。娃娃围了一大圈，叫个娃娃把狗抱，先看媳妇嚛不嚛。提金斗，撒金条，一撒麸子二撒料，三撒媳妇下了轿。一撒金，二撒银，三撒媳妇进了门。媳妇出轿把头低，二位牵娘站两边，扶着媳妇到上房。一拜天地二拜郎，女婿引着进秀房。进了秀房先上炕，揭开盖头先把女婿望。黄表脸，猴娃相，电光 sa（注，二声，陕西方言对"脑袋"的称呼），光光亮。秀女低头泪汪汪，一怨爹，二怨娘，只怪二老爱彩礼，把我寻下这下家（注：陕西方言，指对象）。过了门，没一年，受的折磨说不完。公公婆婆爱吃烟，一天睡下不动弹。清早起，秀女给他把茶端，不对就拿耳巴扇；笤帚疙瘩弹子靶，打得秀女真害怕。贼女婿，爱浪荡，推牌九，打麻将，一天他把暗门逛；起五更，睡半晚，家里啥事他不管。秀女身上伤不断，有心跳井或河淹，死了总想心不甘。共产党来了晴了天，从此秀女把身翻。日后嫁给一农民，你也别嫌我家穷，我也不嫌你没啥；男的耕田女纺线，一家日子过得馋（注：陕西方言，意思为"好""令人羡慕"）……

王：噢。你觉得今天吃的喝的跟过去比，能好到哪个地步？

白：说老实话呀，当时真没有想到会有今天，也没想到我还能赶上。现在看看，过去那人都没有现在的牲口吃得好哇！你这往后的娃都算是掉到福窝里了……

大荔县孙玉霞口述

采访对象：孙玉霞，女，1941年1月生。1957年结婚。婚前居住地为今陕西省大荔县八鱼乡阿寿村中心队，婚后居住地为今陕西省大荔县八鱼乡南庄村五组。20世纪50、60年代娘家家庭成分为雇农，夫家家庭成分为贫农。生育过五个子女：陶青亚，女儿，1959年出生；陶亚莉，女儿；陶新远，儿子；陶新强，儿子；陶聪莉，女儿。长期患有心脏病，近年心态平和，心脏病基本上没有复发，身体还算康健。

采 访 人：史歌，女，1988年生，陕西理工大学2008级历史学专业学生。

采访时间：2010年8月1日、2日、9日。

说　　明：采访对象为采访人的表舅妈、同村村民。

1.那你不抱娃不叫你念，你就这样一个胳膊夹的娃，抱到身子旁边，那刻苦地念书。

史歌（以下简称"史"）：亲的（注：大荔方言对舅妈的称呼），你今年多大了？

孙玉霞（以下简称"孙"）：我平70（岁）。

史：那就是1941年的。你那个时候念过书吗？

孙：念了不到三年书，我还要抱我妹妹，还要念书，不抱娃屋里人不叫你念书，穷得念不起书。

史：不抱娃不叫你念？

孙：噢，那你不抱娃不叫你念，你就这样一个胳膊夹的娃，抱到身子旁边，那刻苦地念书。我妹妹好像比我小三岁，我七岁念书，我妈不叫我去，我硬要去，屋里贫穷，那你念书就要努力。学校还选模范，那有学习模范、有劳动模范、音乐模范……。我一向爱给学校抬水、扫地,把我评上劳动模范,给我奖笔墨纸砚。我念了不到三年书,没花一分钱。(等)到我不念书,又在那农业社干活,苦恼地,做了一天三晌活,黑了回来还要纺线哩,你要度你的生活哩么。

史:当时念书学费是不是不贵哦?

孙:那一点点学费,我就没要过学费,就是人念不起,给那看娃哩。

2. 就是这个我知道解放军来了。

史:你能记得新中国成立不?

孙:解放、新中国成立,我才九岁么,我可知道这解放军到我娘家来,我一黑不是纺线么,明(天)解放呀,今晚上来了咱这解放军,解放军穿的便衣到我娘家来了,叫我大:"老乡,你给咱买个鸡子。"我大那老好人就给那买了个鸡,买了那说那你把我送到王马村,送到后,解放军说:"老乡,咱们都是一家子人,我是解放军。"到第二天,<u>大大呀</u>(注:表示惊叹),洋鼓洋炮,在城上吹哩,站岗着哩,那上操把人吓得,喊:"大大呀,解放军来咧!"就是这个我知道解放军来了。

史:(解放军)打蒋介石你知道不?

孙:那不知道,那我小,不懂得,我知道那个时候在学校念书哩。一人装扮的蒋介石,一人装的杜鲁门,杜鲁门戴个高帽子,蒋介石拿个盒盒枪,杜鲁门在蒋后面哩。我现在都记着哩,在咱<u>南庄</u>(注:地名)完小扭秧歌,边走边说,说杜鲁门:"杜鲁门,真坏蛋,一心想把台湾占。"说蒋介石:"你蒋介石龟孙子,借枪借炮借金子,你给美国当干孙子。"

史:那扭秧歌是村上组织的,不是学校组织的?

孙:哎,学校组织的,咱南庄完小么,那我<u>阿寿</u>(注:地名,指大荔县羌白镇阿寿村)小学不是十月一(日)、七月一(日)共产党的生日扭秧歌哩么,那不是在一块都能见?

史:你当时没扭?

孙:扭咧么,怎么没扭?<u>打花棍</u>(注:是一种民间游艺方式)哩还,那个时候念那二年书刚赶上扭秧歌、打花棍、跳舞就干那号事哩。

史:呵呵,那你们是啥时候练习哪?

孙：那这有这下午游戏时间。

3. 我大就是教识字班的。

史：那你年轻时候咱这里是不是还办识字班咧？

孙：速成识字班，我没上速成识字班。

史：咱们村办过？

孙：办过，那速成识字班我还没嫁过来哩！我给你说，我大就是教识字班的，在<u>西布</u>（注：地名）的给那些中年人教识字哩，那些人在速成班学的歌："咱们村办了个速成识字班，我也上了一月半，学会了生字三千三，从今后写字看报不为难；咱村办了个托儿所，娘领导咱全村老婆婆，老妈妈替咱们抱娃娃，年轻的妇女种庄稼"么！

史：那你大识字？

孙：啊，我大识字，要是搁到现在都是有文化人，我大一肚里的字，他是贫农代表。

史：那是贫农代表教书哩？

孙：不是，你谁有文化叫谁教哩。

史：那个时候你大都不给你教？

孙：那一天就穷得念不起书，他不给我教写字，有时给我讲个故事。

史：那等于识字班不是学校的老师教？

孙：不是老师，你像这村上这人能教这识字班的你就教，村上这人都是文盲么，那也不请老师。

史：那些人能识多少字嘛？都是二三十岁的人去哩？

孙：啊，二三十（岁的人）去，那这学校里有两间房子或是几间房子叫你坐下，就给你教哩。

史：那像十几岁没念过书的娃不要吗？

孙：那只要这些婆娘们，不要小娃娃。你像我大女都没念过书，不识字，那个时候我叫娃看她妹子哩，我娃一直埋怨我："妈，我都不如你，你还能认得电视上那字，我都认不得。"那没办法，没人看娃，把我大女害得没识字。老二女子可识字。

史：速成识字班光要妇女哩？不要男的？

孙：不要，一个都不要，只要妇女，那不是说妇女就解放了么。

史：解放妇女？

孙：解放妇女，叫你要翻身哩，妇女那个时候恓惶。

史：那些人在识字班不知道能识多少字？

孙：有的人识得多，有的人识得少，有笨人，有聪明人。聪明的都能学几千字，笨的就识不了几个字。

4. 忙得一天到黑都是忙的。

史：在农业社干活你恐怕都十几岁咧哦？

孙：噢，我那个时候十三四那就叫你干活哩，一黑了回来喽还要纺线哩。纺下线后到会上（注：指集市）一卖，回来称点线可（注：又）纺，那要度生活哩，没办法。那你过不前去（注：指生活过不富裕），到我长大，17（岁）都结了婚了！

史：那是（19）57年结的婚？

孙：噢。17（岁）结了婚了，我有我（大）女的时候19（岁）咧，有了娃娃咧还苦愁地，还要给农业社干活，一天三晌做活，黑了给娃娃做衣服、做鞋帮子、纳底哩，这就是妇女的苦恼么。

史：一天到晚都是忙的？

孙：忙得一天到黑都是忙的！那个时候我给你说，一黑了，月亮底里纺线，我们就坐到门上（注：指家门外）。

史：点着蜡？

孙：哪来的蜡？煤油灯灯子，煤油灯省很。那个时候旧社会熟油灯，弄下一个灯台，铁灯，把油往里面一倒，捻子往里面一按，黑了就那个照上个明，谝谝闲事。哪像（这）阵电视看上？那个时节人就苦得太太，我去年冬里，我坐到床上想起我那个时候，我还哭哩，吃食堂饭，饥一顿饱一顿，把人都能劳死喽。（有一年，）我跟我妈都到腊月二十七（日）咧，人家都蒸年馍哩，我还没有一点面，我妈给人家衲了个褃褃（人家）给了五升麦。五升麦还要过年，还要给我姐蒸鹅（注：有的也称为"鹅鹅"，是一种用面做成的花馍，多为动物形象——大荔民俗，每年正月初五之后、十五之前，娘家要给出嫁第一年的女儿送鹅，寓祝愿夫妻幸福融洽之意）。我大给那财的家

（注：指有钱人家）熬活，（日子）过不前去，<u>一天</u>（注：指成天，整天，经常）我妈给人家纺线织布。我妈缠棉花，我搓捻子，我那个时候在我娘家的时候都苦很，苦得太，真正是苦得太。哎呀，我说一辈子都是这么苦。苦命人，真正的。

史：那你一晚上纺线能纺到几点？

孙：就是十点多，刚黑就纺哩，从地里回来。我那天给你说的（快板）一天干了三晌活回来："打扫车子纺棉花，要生产，要节约，要抗美，要援朝，要把祖国建设嘹！"现在这娃娃要看电视看电视，要打麻将打麻将，好么！原来人可就是过得不好，旧社会那个歌，把妇女没解放喽，把妇女的脚一缠，走不成！

5. （我妈）那个时候（女）人恓惶太。

史：啊，你那个时候没缠脚？

孙：我没有，我妈那个时候缠过，我妈的脚像<u>这么长一点</u>（注：采访对象比划约三寸长）。

史：三寸金莲。

孙：那就是人说的"受不完的累，受不尽的苦"么。

史：你妈那个时候都是女娃七八岁缠脚？

孙：哪能有七八岁嘛？四五岁就缠哩，缠得把你的脚就那样一割，你把那一扭，拿布布一包，拿砖石头给你一压，叫你走不动路，就受那么大的苦。就我给你说的"看不见太阳，看不见天"么，"数不清的日月，数不清的年"，那都不知道那月历，不知道那是一月还是半月，"做不完的牛马，数不清的苦，谁来搭救咱"。

史：那走路可能都困难得？

孙：那走路就是那咯摇咯摇走哩，我妈那都不知道缠了多少年，反正那脚短得像这么一点点，那个时候人恓惶太。

史：那缠的脚是害怕媳妇跑了还是咋哩嘛？

孙：那个时候旧社会人就爱看你那脚小，不看你的模样<u>暂丑</u>（注：指美丑）。不管喔事，只要你会干活，只要你的脚小（就好）。

史：那脚小得都走不动路么？

孙：那个时候妇女又不干啥活、不劳动么，不到地里去。看你有上个娃娃，一天光在屋里看娃哩、织布哩、弄什哩，一月四十都出不了门，叫你待在屋里干活哩。她娘家叫她来了才叫她出门哩,她娘家的牛车车不来、牛铃铃不响,不叫她来她连门都出不了。那个时候家法重很么,一早上起来,给那(公婆)倒尿盆啊、给阿公(注:指丈夫的父亲)涮烟袋啊、扫地啊……,就那有的女婿还把媳妇老是打哩。阿家(注:指丈夫的母亲)把舌一和(注:读 huo 音,二声,意思为搅动、动弹),看你媳妇这呀那呀,女婿回来就鼓劲打哩。那现在你看(媳妇)是翻了身了。

史:那就是那个时候新媳妇是早上起来就是给那做饭、倒尿盆……

孙:噢,早上起来先给那倒尿盆,黑了给那提尿盆。给那阿公涮水烟袋,弄完了就扫地,扫完地就做饭,做完饭纺线织布。给一家子做穿的做戴的,娃娃的、女婿的、阿公阿家的,都是你做哩!

史:那阿家干啥哩嘛?

孙:阿家待床上拐拐(注:指拐杖)挂得掸得咚咚咚,有的阿家好的话那就好,有的怪的话,你一问那还不理视你。那现在这阿家谁还给媳妇骚轻哩?真的是翻了身咧!

史:现在这把媳妇当事。

孙:(如果阿家)不(把媳妇)当事就不跟你娃咧!当女的就是不容易,你把娃生下,还要管,还要操劳;外边人(注:指男的)的话,光担个(家长的)担子;女的怀胎十月把娃生下,罪孽大,所以娃娃为啥都爱他妈嘛!

6.(坐月子期间)屋里的啥活你都要做哩。

史:你有几个娃?

孙:我有五个娃,三个女儿、两个儿子,那个时候你又计划不了。有了娃以后还要给那农业社干活,黑了给娃纳穿的纳戴的,白天还要洗衣服。白天刚进门赶紧叫娃吃奶,把奶吃了(娃爱哭就随他)哭去吧。把娃放下,赶紧做饭,你哭你哭啊,没时间哄(娃)。吃毕喽,那(上工)铃响了,碗往锅里一泡,就往地里走了。你去得晚了,到那(队上的干部)就要训你哩。一天到黑啊,都是苦恼的、苦愁的那样子。

史:你坐月子在床上待了多长时间?

孙:哎,第三天都下炕了,(把棉花)搓捻子、踏盐、踏辣子、踏(花)椒、给娃娃做鞋……,屋里的啥活你都要做哩。我强娃(注:指采访对象的儿子陶新强）是八月（生）的，把玉米剥下，还要在外面晒哩，那你就不知道那是坐月子哩，那你的家务活在那搁的哩。有我莉娃（注：指采访对象的女儿陶亚莉）的时候下雪，把雪一笼一笼地往外边提，往门上一倒，那就不管那（坐月子的）事。那哪还说我把我当事点，我把我爱护点，你咋爱护哩嘛？你的活咋弄哩嘛？你爱护不了么！

  史：那阿家都不给你看娃？

  孙：那有我女婿他兄弟哩，那（阿家）跟的他小儿子，她要下一个小儿子、一个小女儿。

  史：啊，那要管那几个娃哩，管不过来（你娃）？

  孙：那不管我们的，从来就没给我看过娃，（她）有那个儿子哩，看不成么，她也累得很么，没办法看，也没办法管你，个人克服个人的困难去。你舅（注：指采访对象的丈夫）他大死的时候他才21（岁）咧，（你舅）还没跟我结婚，他（妈）一共有三个儿子、三个女儿，她一个人要养活（年龄小的）两个女子、一个儿子。（你舅）他大死时，（你舅）那个小妹子才一岁半，老婆也恓惶。

  史：她也不容易哩！

  孙：我嫁过来的时候她才45岁，不容易，很不容易，恓惶很！

  史：那你是有了娃几个月下地？

  孙：哪能过百天嘛？你不得吃（注：意思是你劳动少了挣不到粮食，没啥吃），还想过百天哩？

  史：那基本上都是多长时间下地哩？

  孙：有的40天，有的人（娃）没满月就下地。像王店（注：地名）的秀芳（娃）没满月都跑地里去了，那叫你干活哩。

  史：人家就叫你去哩？

  孙：噢，那个时候人恓惶。我青亚是二月二十四的娃，我从那以后一直有病哩，人都说我不得活了，只像病死喽。到后来把那药喝喝，喝得实在都不想再喝咧，中药西药，那说是脾虚胃寒。那个时候（生完孩子）两个来月就叫你劳动去咧，你不劳动没啥吃，那凭工分哩。那叫我拽拉车的、推水车浇水、拉麦车子，到羌白（注：地名，指大荔县羌白镇）给大队里送粮，那个时候没有牲畜，没有啥，就叫妇女推上架子车去。我给你说，有时想起那个时候觉得恓惶很，难受很，吃了这顿没下顿！那吃食堂饭，吃顿顿粮，一顿给你二两模糊（注：一种用面水搅成的稀饭）、三两馍。

史：你当时有大女的时候就是找的村上的老婆帮你看娃哩？

孙：四个老婆给看过娃哩，<u>赛霞</u>（注：人名）她妈，<u>伟民</u>（注：人名）她妈，豪（注：人名）她妈，我大妈。

史：你自己找的，还是队里让你找的？

孙：那队里让你寻哩，让你劳动哩，没人给你看。

7. 那个时候结婚，一人一个棉袄一个棉裤，一个被子一个褥子，就准你结婚。

史：那你们那个时候（1957年）结婚穿的啥嘛？

孙：结婚就是穿一个红棉袄么、蓝绸子棉裤么，穿的那花的鞋，穿的裙子，像唱戏的那人那花旦出来穿的裙子。

史：那个时候估计没有人穿婚纱？

孙：没有，谁穿哩嘛？穿的旗袍人都笑话哩，还穿婚纱哩！那个时候有的人刚解放穿旗袍，像现在的袍子一样，穿上个那就<u>准</u>（注：算作）结婚哩。

史：还有人穿哩？

孙：有么，穿旗袍戴花冠，新不新、老不老，那个时候就流行那个。有人穿，有人还穿不上，没钱穿不起。

史：那个时候你结婚是自行车？

孙：我还是抬轿。有的到后来是自行车，自行车流行完了四轮车，四轮车给你搭个棚子。现在这是小车、摩托车就是好。

史：你那个时候还是像古代电视上演的八抬大轿？

孙：啊，八个人，还有一个<u>打召子的</u>（注：是抬轿队伍中的一个角色），一共九个人。那个时候结婚，一人一个棉袄一个棉裤，一个被子一个褥子，就<u>准</u>（注：算作）你结婚。

史：那个时候娘家妈光给你陪那个呐？

孙：啊，布衫子、布裤子，布子到底，都<u>没有的</u>（注：指很缺乏），哪像现在？哎！估计白送都没人要。

史：那不是还陪单子么？

孙：一个单子、一个被子、一个褥子，这就是陪（嫁）的东西，谁家陪（嫁）两个被子喽？那个时候穷很，没有啥陪的，过年的时候都不知道咋过年啊，还陪啥哩？

史：你那个时候结婚前给这边要啥彩礼？

孙：那个时候就没要下彩礼，一点点钱，都是穷鬼跟穷鬼做亲哩，还有啥彩礼，哪来的彩礼？

史：那时候是地主找地主、贫农找贫农？

孙：啊，门当户对么。

8. 他一料不爱叫娃娃念书，你舅是光抓农业……

史：你嫁到咱这边以前有几个兄弟姐妹嘛？

孙：我有姊妹六个，四个姐妹二个兄弟，我大姐下来（是）我，（接）下来（是）一兄弟，下来我妹子，还有一个兄弟，还有个小妹子，我那个小兄弟今年五十八了。

史：你那个时候就姊妹六个？

孙：啊，我都有五个娃哩还！

史：那你五个娃有几个念过书？

孙：我大女没上过学，那个时候没人看娃，成天叫她看娃哩，我大女说"人家娃娃都念书你不叫我念"，到现在还埋怨我。那个时候不叫她念书。我亚莉能念动，念到完小毕业，你舅不让念了，他<u>一料</u>（注：一直）不爱叫娃娃念书，你舅是光抓农业，不抓政治，成天叫我扛锄把，去锄地去，他还知道让娃学文化是干啥哩嘛？啥都不知道，那剩下的几个成天不是偷狗就是弄猫哩，也念不动，就不念了。

史：那就是除了老大，几个都念过一年或两年半书。

孙：啊，就是。

史：那新中国成立后女娃念书的不多？

孙：那不多，父母不乐意让你去，像我一样，你想去，他们还想让你帮忙看娃哩，让你纺线织布。

9. 你请假的话不给你记工分，吃饭就没你的饭……

史：那个时候你们在初级社、高级社、人民公社后干的活都一样不？挣的工分一样不?

孙：哎！有的跟队长关系好就给你记十分，关系不好就给你记八分，男的喽比女的工分高，女的给八分，你慢了还不要你。

史：那女的不是摘棉花高手么，咋还比男的低?

孙：摘棉花是这，你摘得多工分就高，你摘得少工分就低。像割麦子，你割两行工分就比割一行高。男的不割麦，都是妇女割麦。

史：那个时候女的都是割麦，摘棉花……

孙：还锄地哩、拔草么，还剜地。

史：那个时候女的来月经，有的人不是痛经么，大队里还是叫你到地里去啊，准不准请假嘛?

孙：那就没有人管你，没人理你，肚子疼、难过，你难过去，你自家咋给那说嘛，你请假的话不给你记工分，吃饭就没你的饭，伙食委员就说今（天）谁没出勤，那评等级、出勤哩，你当（是咋弄哩）。你不知道那个时候给社员起的啥："被窝听铃响，门口站，巷头转，给地里去摇哩，到地里熬哩，回来的时候跑哩，吃饭去跳哩。"那个时候的饭每回是一个人领二两模糊、三两馍，顿顿都是红萝卜菜给你搅点香菜。回到屋里有的人从地里掐的萝卜缨子，或是蔓菁叶子往里面一搅，不是能多一点嘛！

史：那小孩还是跟大人一样的量?

孙：大人是半斤，小孩就是二两半，大人八两，娃娃（就是）四两，像平时领模糊，娃娃就是一两半。过年的话，大人是八斤麦，娃娃是四斤麦，我娘们两个12斤麦。

史：那吃食堂饭，屋里啥吃的都没有?

孙：啊，你锅里还敢冒烟？你锅一冒烟工作组就到你屋来咧，到你屋检查哩，把你锅都提了。当队长的人和当伙食委员的人，吃得腿粗得跟啥一样。黑喽伙食委员取点馍，队长要吃，他敢不叫吃?

10. 那就是叫你吃不够也饿不死，饿死的是个别的。

史：那（1959年）吃食堂饭的时候咱这边有饿死的吗?

孙：有，有的人饿得……，像<u>后城里</u>（注：指采访对象所在村子后面的一个村落）<u>大个子强</u>（注：人名）他<u>大</u>（注：陕西方言对"父亲"的称呼），饿得走不了路，队长说："去，给你打针去！"给扎豁针（注：指把针扎偏）了。你没有病，硬饿的病，几个人都饿死了，露娃（注：人名）他丈人，繁盛（注：人名）他大，都饿死了。

史：没有得浮肿病的？

孙：那饿得就是肿哩，那肿得把人疼得、哭得哇哇哇。

史：那得那种病的人多不多嘛？

孙：那不多，那就是叫你吃不够也饿不死，饿死的是个别的。

11. （男的）在韩城澄县炼焦……，村上男的都走完了……，全村女的黑喽都睡到一块，白天到地里去干活。

史：那个时候还修公路不？

孙：修，不好好修。

史：妇女送粮、拉车，那要男的干啥哩？

孙：男的打工，男的都到附近澄县这些地方打工去了，没在屋，没有人。

史：打工去了？

孙：那炼焦么，在韩城炼焦哩。屋里就剩下妇女，村上留下个别男的，还都是那<u>不行行的</u>（注：指体力不好的），剩保管、会计、出纳，基本都是干部，九个妇女、一个男的拽犁拐拐，拽犁干活哩，那还说的"九女配一男"么。

史：大炼钢铁（时）你结婚没？

孙：钢铁？那叫炼焦哩，在韩城澄县炼焦，那是炼铁疙瘩，不是炼钢铁。村上男的都走完了，剩下一村的婆娘在一家屋里睡觉哩。

史：那你们在屋干啥哩？

孙：在屋把婆娘们都召集到一块，全村女的黑喽都睡到一块，白天到地里去干活。

史：那只有男的去（炼焦）？

孙：啊，只男的去。

史：那个时候我舅去没？

孙：去啊，那发生了有52年了，那个时候我（怀）有我青亚<u>月的了</u>（注：指快坐月子了），我妈（对你舅）说："你不要去了，你媳妇有啥（注：

此处指即将生育）哩。"你舅说："我去啊，那有年（注：人名）他妈（死了之后儿女都正给）穿衣服（有年）都去（炼焦）了，我不去呀？"（你舅）他妈（生气地）说："啊，你去啊，那有年他妈穿衣服哩，我不穿，你去，去，去啊！"（你舅）在那不知道待了几个月。你舅还自告奋勇到韩城煤矿挖碳去了，挖了三四个月。

史：炼焦是村上要求的？

孙：噢，挖煤是自愿的，炼焦是要求你每个男的都要去，不要女的去。你像这引黄（灌溉工程）、挖渠、修大坝，这要女的去，要你能离开的妇女去，像娃两三岁的，或是有（他）婆看娃的，一待就是几个月，那坝啥时候修完，啥时候叫你回来！

12. 能离开的妇女也让去修渠修坝，我有我娃哩（没去）。

史：修渠修坝你去了没？

孙：我有我娃哩，没去。咱大荔的水渠我修过，张家大坝没修过，搞引黄修渠我没去过，这差事没出过。农业社的（时候）黑了加班呀，拽麦车子、拽拉车子，这都去过，修渠的时候我有娃哩（没去）。

史：那没有娃就得去吗？

孙：啊，那永贤（注：人名）一辈子没有生过娃，那（生产队）就把她当青年人使。那人现在还在，有七十几（岁）了，那个时候在农业社里，只有她年龄大，她得跟上这些青年人劳动去。

史：那是强制的？

孙：哎，农业社（注：不少农民习惯把农业生产合作社和人民公社化后的生产队都叫"农业社"）里强制的。

史：那就是那说不用你到地里去，让你修大坝去，那就得去？

孙：青年人是（修）大坝，有的人没有娃娃，能离开，那也就让你去。

史：女的都能挨得起那么重的活？

孙：挨得起、挨不起都得挨，那习惯了，为挣工分的。

史：那修大坝修渠跟在农业社挣的工分一样的？

孙：啊，那就是出了差不回来（注：指住在工地上晚上不回家）。在张家、苏村那边修渠，叫青年人都去，村上就剩下死老汉病娃、有娃的人、有病的人、离不开的人，青年（男）人青年妇女都要去。

13. 你舅干活积极，一料精身子，就被评为党员了……

史：那个时候村上干部怎么评？

孙：那没人争，谁积极谁当，哪像现在还卖官哩。那个时候谁管你，你爱当你当去吧，都是为民哩。

史：那个时候当官干啥？都是干些为民的事情？恐怕从中捞不到什么好处？

孙：还是队长、支书，你要是捞油水、贪污喽，那就给你开会。那个时候不敢贪污，贪污那就批判你。

史：我舅那个时候是咋评上党员的嘛？

孙：呵呵，你舅那个时候干活积极，<u>一料</u>（注：一直）精身子，就被评为党员了，像你娃娃入这少年儿童队一样，看你行为好的话就把你评上了。你舅还不识一个字，不爱念书。我一料爱念书，屋里可供养不起我，就喔给那当队长，给那修渠、管渠。

14. 那你宣传（婚姻法），那个时候（不够年龄的）在村里偷偷摸摸地结婚哩……

史：你能记得在你十岁的时候政府颁布《婚姻法》不？

孙：那个歌里唱的不是么，"政府公布《婚姻法》，男女自由做主张"。

史：那村里有宣传没？

孙：那你宣传，那个时候（不够年龄的）在村里偷偷摸摸地结婚哩，<u>学</u>（注：人名）家老婆今年72（岁）了，才12（岁）都<u>给了人</u>（注：订婚）了。

史：才12（岁）都给人了？

孙：啊，没办法，娘家穷，那个时候（把女子）卖麦子、卖银元哩，那个时候讲彩礼哩么，这不由你娃娃，这是由你的父母跟媒人包办哩。为啥叫"父母包办婚姻"嘛？那个时候就是把你嫁给瞎子就瞎子，瘸子就瘸子，那卖上个啥女婿就是啥女婿。

史：那能给多钱嘛？

孙：这一个妇女要卖20担麦，那可没有钱之类的东西，或是给你几个银元,现洋哩、两个布,这就对了,不像(这)阵彩礼多!(咱村)那头的广(注:人名)他大,12(岁)都结了婚了,他媳妇14岁。那个时候是12(岁)下锁锁(注:指解下孩子从小一直戴在脖颈上的长命锁的一种仪式,是大荔民俗,类似于成年礼),连结婚再下锁锁一起走。

史:那个时候结婚那么早是咋哩嘛?害怕娃找不到媳妇?

孙:那个时候人就是那,地主财东家人都是弄得大媳妇小女婿,叫管娃哩,有的媳妇比女婿要大12岁哩,他12(岁)了,媳妇就是24岁,(媳妇娘家)图钱哩。那个时候人笨得像啥一样,结婚才12(岁),那么小一点点,知道啥嘛,他儿子比他爸爸才小12岁,还养育娃哩,养下的娃都是笨蛋。那个时候要是把你给的女婿是丑八怪或是跛子,拜堂的时候还叫人代替哩,他兄弟(注:大荔方言专指弟弟)或是他哥替他拜堂,到黑了你一看不是那个人,那个时候不是盖盖头哩嘛,盖着你看不到是啥女婿。哎!那个时候妇女也恓惶。你像现在娃娃可太开朗了,一谈谈到外边去了,想见都见不上。

史:那个时候咋找对象?

孙:媒人说媒么。

史:那媒人帮你娃找对象都有啥条件嘛?

孙:那个时候说媒有的媒人还从里面拿钱哩,说有个千金姑娘,两个媒人从里面拿了200块钱都被关去坐牢了。

史:那个时候(年轻)人不见面?

孙:不见,谁都不见谁,嫁个啥是个啥,是可怜。

15.(解放后婚姻)那就自由一点了,那强得多了,比原来强得多啦,自由恋爱可谈不上。

史:那像你们新中国成立后婚姻就自由了,就自由恋爱哩?

孙:啊,那就自由一点了,那强得多了,比原来强得多啦,自由恋爱可谈不上。恋爱,你一天谁都见不上你跟谁恋爱去啊,只是相对自由一些,还有父母哩啊,那慢慢人就进步了,思想就开放了,从那以后就见面,见面了不同意就算了,女的也能做主。从那开始结婚就登记哩,先登记再结婚,要领结婚证。

史:那像你这么大的女的都是十七八(岁)开始找对象?

孙：14（岁）都给人咧，我那个时候十三四（岁）都给人了，就我刚给你说的对门那学（注：人名）家老婆12（岁）都给人了，现在72（岁）咧。

史：啊，我以为只是个别的。

孙：个别的？普遍都是那。我姐14（岁）都结了婚了，她女婿才13（岁）了，吃饭连桌子都够不到，还是那大人给他夹到碗里吃。

史：咱这边那个时候有这"新媳妇三天不下厨房"没？

孙：不到灶火（注：指厨房）去，阿家还给那端饭哩，那你要去拜那自家屋里亲戚哩。

史：那新中国成立后还是没改？

孙：没有，一样。那新媳妇刚来，对你的屋里的环境还不太熟悉，慢慢熟悉了才叫你做哩。

史：新中国成立后是不是宣传新媳妇第二天就下厨房么？

孙：没有宣传，但是有个别的人下厨房，打破传统哩。

16. 那歌里唱的"谁来搭救咱"，一解放（妇女）就获得搭救了。

史：你认为你那时候妇女解放了吗？

孙：哎，那翻身了啊，翻身就是解放了么！

史：你觉得妇女解放了，活是轻了还是重了？

孙：那确实还要在屋里干活，还要到地里去，但是自由了么。（解放前）你在屋里阿家把你逼迫得……，解放喽到地里去了，阿家也不逼迫咧，也不缠脚咧，也能上学了……，自由了，美了，看多好。那歌里唱的"谁来搭救咱"，一解放就获得搭救了。

史：那你那个时候都羡慕哪种家庭嘛？你觉得哪种家庭幸福？

孙：羡慕那家有粮食、有钱花的人，咱过了一辈子苦日子。我跟上你舅受一辈子恓惶，你舅脾气不好，爱发脾气，那我让着他，你不忍耐你就没办法过日子，年轻的时候三天两头跟你闹事。那家庭环境好喽就是好。

17. （宣传妇女解放的歌谣我）有的都忘了，不完满咧！

史：你知道那个时候有啥宣传解放妇女的歌或是快板吗？

孙：有啊，像歌《旧社会》、快板《出南门》《新社会》都是的，现在你问好多人都不记得，估计你老师都没听过。像你老师们会唱《白毛女》《二郎山上》《高楼万丈》，这你老师都能知道。像这都是我有七八岁的时候在学校学的，几十年了，有的都忘了，不完满咧！

史：没事，你说！

孙：这个快板《出南门》，还有《旧社会》那个歌。

快板《出南门》

妹妹：出南门，上南坡，手提篮篮摘豆角，对面来了个娘家哥。看哥一声眼泪落，搬块石头请哥坐，哭哭啼啼把话说。旧社会婚姻把我害，媒婆嘴甜心眼坏，把我就当牲口卖。进门十年活守寡，公婆不把我当人待。女婿十二还没满，黑喽睡觉要他妈，半夜抱在我炕上，睡醒便把他妈叫。我一答声他知道，哭得闹得不得了，只好起来把他抱。公公怨，婆婆骂，还说我不会哄他娃。哥哥呀，没办法，这个日子咋过法？

哥哥：妹妹呀，莫悲伤，新旧社会不一样。政府公布《婚姻法》，男女自由做主张，咱们回家转，要把离婚证办一办。

歌曲《旧社会》

旧社会好比是黑个咚咚的枯井万丈深，井底下压着咱们的老百姓。妇女在底层，看不见那太阳，看不见那天，数不清的日月，数不清的年，做不完的牛马，受不尽的苦，谁来搭救咱？多少年，多少罪，盼得那个铁树就把花儿开，盼得那个铁树就把花儿开。共产党，毛泽东，他领导咱全中国走向光明，他领导咱全中国走向光明。中国人民大解放，受苦的老百姓见了太阳，土地改革闹翻身，打开了封建的老铁门呐。哎嗨哟，翻身不能翻一半呐，哼嗨，彻底解放闹生产，铲去老蒋反动派，前方后方一起干，努力生产没小钱，个个都要加油干，嗨嚓，共和建设咱们中国万万年！

快板《旧社会王法瞎》

旧社会，王法瞎，女子长到十七八，她大给她寻下家。别的事情他不管，一心想卖两千八。贼媒人把媒说，进喽两头，两头图吃喝。进馆子,吃啥呀,吃的那八宝甜盘子,吃的烧饼夹丸子。他大一看轿不远,就给小女把洗脸,穿新袍,戴凤冠。

快板《新社会》

新社会真正好,男男女女平等了。婚姻事自主张,双方恋爱找对象。毛主席帮咱翻了身,今后再不受压迫。如今男女都一般,生产学习争模范。刚由地里回到家,端把车子纺棉花。要生产,要节约,要抗美,要援朝,要把祖国建设嘹(注:好)。

快板《接亲哩》

说亲哩,要陪哩,我给银凤说媒哩。说得清,讲得明,二十两银子不得行。盼三哩,盼四哩,盼下昨天过事哩。闪闪闪,摇摇摇,迎姑姑车子往前跑。出了东门立木关(注:地名),南头坐下一大滩。女婿接来走的迎,六连亲戚就打红。扬针线,响四炮,你看热闹不热闹。进了门,柳木颡,挑盖头,娃的妈。进了门,拜三拜,厨子做下好热菜。娘家妈,织下手巾大家散。争多哩,论少哩,娘家她妈惹恼哩。院里搁一天庭桌,栽头磕了个没死活。今个这日子也不好,窗没糊,纸没裱,你这个房子也真小。破柴去,把脚砸,又成脓,又成血,叫下邻家婆婆就搭药。你说搭,咱就搭,婆婆好喽是一家。

大荔县史家成访谈

采访对象： 史家成，男，1942年5月生，是母亲（注：出生于1894年）48岁时生下的，自从出生一直居住在陕西省渭南市大荔县八鱼乡南庄村南一组。妻子白秀芳，生于1945年2月，婚前居住于陕西省大荔县羌白镇户军大队，婚后居住于陕西省大荔县八鱼乡南庄村南一组。史家成家和白秀芳娘家20世纪50、60年代的家庭成分均为地主。白秀芳生育过四个孩子：史大水，男，1964年生；史小水，男，1970年生；史山水，男，多年前已逝；史晓瑛，女，1979年生。

采 访 人： 史歌，女，1988年生，陕西理工大学2008级历史学专业学生。
采访时间： 2010年8月3日。
说　　明： 采访对象为采访人的祖父。

1.（你姥姥）九岁就开始卖成豆哩。

史歌： 爷，我姥姥（注：指采访对象的母亲）是哪一年出生的嘛？
史家成： 哪一年的，那不知道。
史歌： 那你知道我姥姥现在多大咧？
史家成： 那都死了几十年咧，记不得咧。
史歌： 那我姥姥是哪一年死的，死的时候多大咧？
史家成：（19）76年死的，当时有82咧。
史歌： 那就是1894年出生的。
史歌： 我姥姥上过学没？
史家成： 没有，没上过学。

史歌：没到学校去过？一天都没去过？

史家成：没有，一天都没去过。

史歌：那是我姥姥不愿意去上学么，还是其他原因？

史家成：那等于那个时候家境贫穷，没上过学。

史歌：念不起书？

史家成：念不起书。

史歌：我听说那个时候学费不贵，屋里人不愿意让女娃上，叫你还看<u>娃</u>（注：指弟弟妹妹）哩、纺线哩……

史家成：学费不贵，念不起，旧社会咯。

史歌：那个时候女娃都不念书吗，还是我姥姥没念？

史家成：等于你姥姥从九岁开始都做生意哩。

史歌：九岁就开始做生意？

史家成：啊，九岁就开始卖咸豆哩。

2. （生娃）叫门上人接生哩，农村有喔老娘婆，就是接生婆。

史歌：我姥姥有几个娃？有你，还有我几个爷？

史家成：啊，她有六个娃，四个男娃、两个女娃。

史歌：一共六个娃，你几个都是在屋里生下的？

史家成：啊，都是在屋里生下的，那个时候都是在屋里生下的，那个时候的医疗卫生不发达，都是在屋里生哩。

史歌：那等于就是叫<u>门上人</u>（注：指同村的人）接生哩？

史家成：啊，叫门上人接生哩，农村有喔老娘婆，就是接生婆。

史歌：那都没有危险啊？

史家成：肯定有危险，有危险，那个时候喔农村人都不进医院。

我：都进不起医院？

史家成：啊，都进不起医院，医院也没有那条件，人也没有那么多钱！

史歌：那难产喽就没办法咧哈？

史家成：啊，难产就没办法咧，难产咧有的人就死咧！

史歌：有没有娃救不下来的？

史家成：有。

史歌： 那个时候娃救不下来就不要咧？

史家成： 嗯，那个时候刚生下来的娃娃，得那撮口（注：即"四六风"）的劲大（注：指情况很严重），那死的娃多。

史歌： 生下娃就是……

史家成： 生下娃几天就中了风咧，娃娃活不下来，成活率低。

史歌： 我姥姥生的几个娃还都活下来咧？

史家成： 好像死了一个，我记下我有一个姐死咧。死了一个，那等于就是（生了）七个娃，七个娃活下六个。

史歌： 那个时候我姥姥有了你跟我几个爷和老姑以后，刚满月就出去做活了，还是……？

史家成： 咱这里一般的观念是生完娃的人要过百天（才出去干活）哩，不过百天不下（田）地，过一百天。满月以后就搞地（注：指稍微地）能做饭咧。

3. 那个时候（时）兴小脚，大脚嫁不出去。

史歌： 噢，我姥姥那个时候还缠脚不？

史家成： 缠脚咧么，那个时候女人都缠脚。

史歌： 我听说是结婚的时候不看你长得咋样，光看你的脚噻？

史家成： 那都缠哩，那妇女解放以前都缠脚哩，那不缠脚嫁不出去，大脚片子没人要。

史歌： 听我老师说结婚不看你长得咋样，有个婆婆是瞎子，（媳妇）你下轿子的时候光把你的脚一摸噻？

史家成： 啊。

史歌： 那个时候人为啥喜欢小脚嘛？

史家成： 那个时候（时）兴小脚，大脚嫁不出去。

史歌： 没裹的脚嫌咋哩嘛？

史家成： 那裹脚是一个封建传统，女人不下地，搞家务哩，不叫胡跑，不叫你出去。

4. 妇女干的体力劳动比较轻，挣的工分比较低……

史歌： 那我听说，解放后集体劳动的时候女的不管喔事，条件不允许，就直接下地哩……

史家成： 那也有个别的家境过于贫寒，那就不过百天就下地哩，一般人是过了百天做地哩。（一般地，百天内）她们在家里看一看娃，做一做饭么。

史歌： 啊，那等于到地里不去。那个时候有没有人觉得她不到三个月就能行，就到地里去？

史家成： 有，那是个别的。

史歌： 去喽生产队里给有照顾没？

史家成： 大队里没有照顾，和一般人一样的。

史歌： 不到地里去不扣你工分？

史家成： 不到地里去不给你工分，那你坐月子的人给你算出勤率，那个时候算出勤率。

史歌： 那妇女到地里，男的女的干的活一样不？

史家成： 那不一样，妇女干的体力劳动比较轻，挣的工分比较低，她们推推车车、摘摘棉花、锄地……

史歌：（妇女）有拉犁的没？

史家成： 有拉犁的，但是很少，那个活重，那（有的）男的都承受不起。

史歌： 那个犁就是咱现在犁地的那犁么？那不是牛犁么？

史家成： 那个时候生产大队的牛死咧，<u>紧火喽</u>（注：指农忙的时候）人拉犁哩，像那个时候碾麦子喔石碾子，十来个人拽一个碾子在地里碾哩。那个时候都是旱地，把地往平的碾哩，不过大部分都是男的拽哩。

5. 戏台子上演的喔《梁秋燕》就是讲妇女解放哩，讲婚姻解放，自由恋爱哩。

史歌： 那我姥姥刚结婚的时候，咱们这边是不是有习俗说是"新媳妇三天不下厨房"哩？

史家成： 啊，那有这传统哩，在解放以前新媳妇不过三天不下厨房，都是<u>阿家</u>（注：指丈夫的母亲）做饭；解放以后不过三天都下厨房哩，解放前后有差别，不一样。

史歌：建国前和建国后还不一样？

史家成：啊，不一样。

史歌：那个时候说"妇女解放"就包括这？

史家成：啊，"解放妇女"哩，过去的妇女是以家务活为主哩，解放后这妇女跟男子平等咧，既搞家务还搞农活，还下地劳动。再在这家庭地位上有女的当掌柜的，解放前妇女说话不算数，主要是男的当家哩，解放以后相当一部分是妇女当家哩。

史歌：解放以后妇女去地里的多吗？

史家成：到解放以后（妇女）普遍都到地里去哩，那特别是合作化以后是凭劳动吃饭哩，妇女天天都要到地里去哩。

史歌：那个时候你听过什么解放妇女的标语咧、口号咧？

史家成：那个时候没有啥标语，那个时候宣传力度不够。

史歌：也没有啥快板？

史家成：有哩，咱都记不清咧。

史歌：那唱的歌你还记得不？

史家成：那个时候农村的人我们不大唱歌都是唱秦腔戏哩，到地里高兴喽唱一段秦腔。

史歌：咱们这边有编的妇女解放的秦腔没？

史家成：那你比如戏台子上演的喔《梁秋燕》（注：黄俊耀创作的表现婚姻自主的眉户现代戏，1951年开始排演，一直到20世纪80年代依旧深受陕西群众喜爱，民间有"看了《梁秋燕》，三天不吃饭"的说法）就是讲妇女解放哩，讲婚姻解放，自由恋爱哩。

史歌：具体讲啥你还记得不？

史家成：那隔的时间太长咧。

史歌：那解放以后婚姻就自由咧，男女恋爱哩？

史家成：啊，是的。

6. 农村这是分为大人和小娃，大人喽（食堂）给你多舀点，小娃给你少舀点……

史歌：那（19）58年人民公社开始有公共食堂？

史家成：（19）58年，那个时候乱了一阵子，公共食堂那吃了不到半年就倒塌咧，吃不成咧。

史歌：那是（公共食堂）刚开始人能吃够？

史家成：刚开始都吃不够，一人一天几两。得浮肿病的，慢慢人就死咧。浑身发肿，肿肿时间长就死了。年龄大的人，身体抵抗力小，浮肿病时间长喽你看不起病就死咧。

史歌：那刚开始的时候听说（食堂还给人）吃饺子哩、吃面哩，有没？

史家成：有哩，那个次数不多，食堂化开始还差不多，越来越不行，就是蒸馍和清流流稀饭、模糊。清流流模糊，比面汤还稀，跟米汤差不多，那人吃不够，按人分配，（19）60年到（19）61年一人一天几两（饭）。食堂化时间不长，大概有一年多。

史歌：大人跟小娃的量一样吧？

史家成：那不一样，小娃少，大人多。那国家的城（市）里面的供应都是按年龄供应，咱农村这是分为大人和小娃。大人喽给你多舀点，小娃给你少舀点；人少给你少舀点，人多给你多舀些。

7. 那大炼钢铁学生都把课停了，我（们）那个时候都不上课炼哩，弄几个月……

史歌：那大炼钢铁不是就是在这个时候么？

史家成：那大炼钢铁学生都把课停了，我（们）那个时候都不上课炼哩，弄几个月，到这农忙时候可给那收玉米哩、在地里割草哩、在地里掰玉米棒子。

史歌：那大炼钢铁是……

史家成：大炼钢铁时有的学校是在澄县大炼钢铁。我们是开了学以后，那是十月份，天刚凉喽，在阜水河捞铁砂哩，捞的铁砂炼钢铁哩。用那冲洗法，你站在河里用筛子筛哩，筛得剩下黑渣渣，拿那个炼铁哩。

史歌：你筛下后给人家一交，人家那里有大熔炉统一炼哩？

史家成：一人一天能弄一两斤（铁砂）。

史歌：那我姥姥参加大炼钢铁没？

史家成：她是在生产队里，年龄都大咧，都六十几的人咧，不去炼钢铁。

史歌：那个时候咱这边还有这修水渠，修大坝么？

史家成：修排水渠。

史歌：我姥姥那个时候去么？

史家成：不，那不参加，她从来不参加，在生产队从来不参加（田地里的）劳动。那个时候（她）年龄大咧，都六十多咧，她干不了（田地里的）活。

8. 分了以后可以重新买哩，买一牛，买个拉车。

史歌：那你还记得五六十年代，我姥姥在屋干啥哩嘛？就是洗衣服做饭？

史家成：啊，那个时候（她）主要是家务劳动，做饭、做衣服、织布纺线，收麦子的时候下几天地，平时不下地。

史歌：那你觉得我姥姥干的活多不多嘛？

史家成：她的活也不多，那个时候解放以前是雇的伙计，有雇工哩，有这短工哩，就跟现在的打工一样。你姥姥是地主，有雇的雇工，有长工、有短工，有人帮她干哩。她那个时候主要是在城里头做生意哩，叫的雇工干农业哩，在你的地还没有被没收之前是叫的雇工干活哩。

史歌：到什么时候把你的地没收咧嘛？

史家成：（19）50年，土地改革（的时候）。（19）49年解放，（19）50年把地收咧，房子也收咧，地也分咧。

史歌：那钱还分不？

史家成：那就不存在钱的问题，那把你的财产就基本上分完了，他也不知道你有多钱么。

史歌：那等于钱你就藏了哈？

史家成：啊，就是把你的财产、房屋、庄基基本上大部分都给你分完咧，150多亩地分得就剩下三十几亩咧，把一百一十几亩分出去咧。那个时候一个人是三亩地，屋里12口人，36亩地。把咱的老屋前边的十一二间房都分出去咧，给那些人住，到人家划下新庄基喽就把那（房）拆咧，搬走咧。

史歌：那我姥姥当时都气得，没办法？

史家成：啊。

史歌：把咱的牲口都分咧？

史家成：分咧，牲口、大车、小车（注：指人力拉的车）都分完了，分得什么都没有了，两个骡子、一个驴、一个牛全都分了，一个都没留。分了以后可重新买哩，买一个牛，买个拉车。

9. 那民校就是扫盲班。……那时候干什么都没有钱，都是义务劳动，没报酬。

史歌：那个时候不是办过扫盲班嘛？

史家成：啊，扫盲班对着哩。那是建国以后，农村这大部分人都上那扫盲班哩，那把那叫民校，那民校就是扫盲班。民校、夜校就是一黑喽到那给你教上几个字。

史歌：上那要交钱不？

史家成：那不交钱，那是村上义务组织的，那鼓励你去哩。

史歌：我姥姥去过没？

史家成：没有，你姥姥那个时候都50多（岁）咧。那主要是年轻人去哩，青壮年人，人家齐齐（注：全部）叫你去上哩。一般人你都要去哩，也带强制性，也带自愿性哩，不去也没有啥惩罚。那有的人笨得教不会，到那就让你回去啦，你灵醒你能学会你可要去哩，你不去人家一直叫你哩。

史歌：那人晚上从地里回来都乏得不想去咧？

史家成：那只有一会儿工夫，不长，可能有一个钟头。

史歌：等于就像咱们现在上课的教室？

史家成：在学校里教室哩，下午孩子们放学后（民校）在那上哩。民校有的人把那叫速成识字班，免费去，不要啥。上了40岁的人很少，一般都是十几、二十几、三十几（岁）的人去。

史歌：十几的娃不是还念书嘛？

史家成：啊，那有的娃解放以后还认不得字，那个时候没念过书的人多的是，娃娃也让去哩，学校里的教师教或是村上识字的人教哩。过去念过书的人，教些简单的平时用的字。有的规定是1000字，教你认字哩，有的规定1500，最高还有4000，4000就到那高级班咧，高级班就规定4000单词。给你教上一段时间，到时候看你能认得多少，到时候根据你认的情况做一个表一统计，给人家上头汇报哩。

史歌：那还考试不？

史家成：那不考试，相当于考试。拿一张识字表叫你认，认对一个给你打个对号，到完了数你的对号哩，或者是你哪个字认不得给你打个点。

史歌：那是认得多的人（人家）给你继续教哩，认得少的人……

史家成：那认得多、认得少都给你一样地教哩，那是检查一下，跟现在的学生考试一样检查效果哩。

史歌：那有的人都能认得 4000 字？

史家成：那是个别的，一般人就几百字到 1000 字，就是经常用的字都能认得。

史歌：那个时候老师给你教写自己名字不？那个时候不是好多人都不会写自己名字嘛？

史家成：那个时候主要是认哩，写得很少。

史歌：啊，光教你认哩。

史家成：也教你写哩，写的机会很少，主要认，叫识字班。简单字能认得，看个信，看个报，基本上能看下来。

史歌：那办了多长时间嘛？

史家成：那是冬季办哩，农忙就不办咧。（农历）十月多，庄稼一收完，能办三四个月。春天办一办，活一忙就不办咧，也就没人去咧。都是冬天闲喽晚上办哩，黑喽到那一学，春季和冬季农闲时候。过了（农历）二月二才开（农）活哩。

史歌：那就是十一月、十二月、一月、二月，看人都闲着呢，把人都召来？

史家成：对对对，基本上就是这几个月。那速成班效果还差不多，许多人上过以后最起码能认得自己的名字，<u>高低</u>（注：指稍微）能看简单的信件、简单的报纸。

史歌：那它是从哪一年开始，持续了几年嘛？

史家成：刚解放后恐怕有三四年，（19）50 年到（19）53 年。以后也办过，少。到我上初中的时候，（19）58 年、（19）59 年还跑到人家屋里给人家教识字哩，在<u>羌白</u>（注：地名，今天大荔县羌白镇）街里，一个学生包一个人，到妇女家下午不到地里去（的时候），我（们）下午活动时间到那去给教上几个字。

史歌：呵呵，那你们是自愿去还是学校派的？

史家成：学校派的，一人一家。

史歌：学校还给你发钱不？

史家成：不，学生娃给什么钱哩？那个时候干什么都没有钱，都是义务劳动，没报酬。老师叫你去你还不能不去，有的人到那不愿意学喽，（说：）我现在忙着呢你先回去吧。回去就可回去了，老师问的话，就说，那人说他忙得干活哩，没时间。他说不忙喽给他教上几个字，一教就走咧，时间不太长，有一节课时间。

史歌：就是初中娃给人教哩？

史家成：就初中娃，每个娃都有任务哩，吃完饭下午活动时间娃娃都去，大概就是半个小时到四十分钟。

史歌：那你活动时间都有一个钟头？

史家成：啊，回来还上晚自习哩。

10.（你婆）那个时候女娃都念书哩，不念书的娃少。

史歌：<u>我婆</u>（注：指采访对象的妻子）是（19）45年（出生）的，我婆那个时候念过书没？

史家成：上过小学，再上过半年农业中学。那个时候念的农中是地方上办的，（她）正规初中没考上。那年办的那农中，办了半年都倒塌咧。

史歌：那个时候我婆念过小学六年跟现在一样，为啥叫完小嘛？

史家成：从一年级到六年级都有，就是完小，完全小学。初小是从一年级到三年级，有的地方办初小哩，归完小管理。

史歌：啊，有的人上的是完小，有的人上的是初小。

史家成：啊，你婆上的是羌白完小。

史歌：像我婆那个时候的女娃都念书哩？

史家成：啊，那学得好的娃都上哩，考不上的娃在农中胡混一混，一天胡浪哩。

史歌：那我婆那个时候女娃是家长叫去念书？

史家成：啊，那个时候女娃都念书哩，不念书的娃少。

史歌：那个时候学费贵不贵嘛？

史家成：那个时候的学费少么，一两块钱。

史歌：才一两块钱？

史家成：啊，初中才两块半钱，学费和代办费一共。

史歌：那不要书本费吗？

史家成：书本也就是一块多钱，除了生活费，四五块钱上一学期。背点馍，拿点菜，再给那学校交点开水钱，开水一月几毛钱。

史歌：那个时候女娃愿意念书去不？

史家成：那多半都愿意念书去。

史歌：觉得认字了好，人家都认得，不认得丢人的？

史家成：对对对。

史歌：那我婆（后来）不上学了就到地里去干活哩？

史家成：啊，啊。

史歌：我婆没有缠过脚噻？

史家成：没有，解放以后再没有缠过。

史歌：解放以后基本上村上女的都不缠脚啦？

史家成：不咧，没有咧，解放以后再没有咧，都是解放以前（缠脚），到解放跟前都不缠啦。

11. 那你把人家（大队里经过培训的接生员）叫来就要掏钱哩，农村这（没经过培训的）可不要钱。

史歌：那个时候我婆生我爸、我二爸、我姑他们都是在屋里生的？

史家成：啊，都是在屋里生的，没进过医院，都是叫的接生婆。那个时候叫老娘婆，现在叫得文明一点叫接生婆、接生员，一个村就是只有三两个。

史歌：那咱村上那些接生的是经过培训吗，还是那些人自己本来就会？

史家成：大队里的是经过培训的，一般这自己村上的都没有经过培训。那你把人家（大队里经过培训的接生员）叫来就要掏钱哩，农村这（没经过培训的）可不要钱。

史歌：等于人嫌贵，有的人就自己接生哩。

史家成： 人都是图近哩，方便么。

12.（妇女）那忙得很，要种地还要管娃，还要做饭，忙得很。

史歌： 那个时候我婆有我爸（注：1964年生）和我二爸（注：1970年生）的时候一天忙不忙？

史家成： 那忙得很，要种地还要管娃，还要做饭，忙得很。

史歌： 黑喽忙到很晚？

史家成： 啊，那劳累得很。

史歌： 我爸不是比我二爸要大好几岁嘛？

史家成： 老大看老二么，你爸领你二爸。

史歌： 那我婆到地里去喽，不是应该我姥姥就照看一下娃娃？

史家成： 那你姥姥那个时候都年龄大了，看不了娃咧。

史歌： 我二爸就没有人管咧？

史家成： 没有人管，有你二爸的时候，你姥姥都快死的了。

史歌： 那个时候你要去学校（教书），我婆一个还要管娃，还要去地里。

史家成： 啊，你婆一个还要到地里去，还要管娃。那个时候到我去学校（教书）的时候你爸都不用人管咧，都大了，基本不要人管了，能自理了，都开始上学咧。

13.（平梁、挖埝、修渠）你能慢一点，你可不敢太过分，太偷懒喽队长到跟前连说带骂。

史歌： 那五六十年代咱们这修渠的时候我婆去不？

史家成： 你婆修渠去过，咋没去过？她跟上我给那修渠、拉土。

史歌： 那她一样给那挖渠拉土？

史家成： 啊，给那丢土（注：指用锨把土从地面弄到运输工具上）哩。

史歌： 那她跟上你挖渠去，生产队给她记工分不？

史家成： 记工分，那妇女的工分低，男的工分高。

史歌： 那不是男女平等么，给的还不一样？

史家成： 妇女体力劳动活劳动量少，给的工分就低。男的强壮，一天给十分工，妇女一天是八分工。男女干的活不一样，工分就不一样。你像妇女摘棉花就能挣十好几分（工），妇女摘棉花是一流的，那个工分高。根据干的活不同定量哩，锄地也是一亩地多少（工分），包工着哩。修渠去，跟到生产队给的工分一样的。修渠是吃大锅饭形式，混哩，任务没到户，干多少是多少，能偷一会儿懒。

史歌：那我婆爱去修水渠，还是爱去生产队里？

史家成：那冬季里没人愿意修水渠，修水渠这活重，都愿意到生产大队里去。你婆那是（生产队）要求去哩，强制性的，（如果）你劳力不修水渠就没有活干咧，在冬季里。一般修水渠都是在冬季里。

史歌：等于人家说你今天派几个人去修水渠？

史家成：啊，到冬天就是平地、修渠、挖埝，就是干这些事。

史歌：挖埝是干什么哩？

史家成：挖埝就是把地头里哪块地方低一点，把那高处的（土）挖过来在那里弄了楞楞子。

史歌：那不是叫梁么？

史家成：啊，叫梁。

史歌：平梁哩、挖埝、修渠能偷懒噻？

史家成：嗯，也偷不了多少懒，就是有的人快一点，有的人慢一点。

史歌：有人监视么？

史家成：有么，队长监视哩，你能慢一点，你可不敢太过分，太偷懒喽队长到跟前连说带骂。

我：队长还骂哩？

史家成：啊，那个时候的队长！

大荔县李永欣访谈

采访对象：李永欣，男，1942年10月9日生，陕西省大荔县苏村乡三里六组人。1962年结婚。共育有四个子女。20世纪50、60年代的家庭成分为富农。
采 访 人：王小莉，女，陕西理工大学2008级历史学专业学生。
采访时间：2009年2月9日；2010年8月19日。
说　　明：采访对象为采访人的同村邻居。

1. 党的政策使妇女地位提高了。

王小莉（以下简称"王"）：听说刚解放的时候咱们这儿搞过土改，你能说一说是怎么回事吗？

李永欣（以下简称"李"）：刚解放不久，大约1950年，咱们这里进行了土改，咱村上来了一个工作组，四人一组。当时我年龄还比较小，记得大人开会回来说分三个阶段：第一阶段是宣传；第二阶段是评定成分；第三阶段是分土地、农具、房屋。村上最高组织是农会，一切土改中的大小事务都归农会处理。只记得由农会研究评定了谁家的成分，开群众会公布和张榜公布。三榜定案，定案后就成了家庭永远的成分。

王：那你家当时定的什么成分？
李：当时我家被定的富农。
王：那你家当时有多少土地？
李：我家土改以前有50多亩地。
王：土改以后土地有什么变化吗？
李：按照当时的土地政策，保证了富农的土地不变，所以土改后我家土地也没有什么变化。

王：分土地还分男女不？

李：分地的时候不分男女，按人分地。

王：给女的有地吗？

李：女的当然也分。

王：在分地的时候你咋想的？

李：当时由于我家也不分地，加之年龄小，对分地无从谈起。

王：土改后分了地生活改善了没有？

李：生活方面可以说有变化，对我家说变化不大，但比解放前有所提高，其中主要原因是国家发展了良种，生产工具有所改进，产量提高后收获的粮就多了。刚解放公粮也要得不少，对我家来说基本上保持了原来的生活水平，吃粮不愁，节余极少。

王：给女的分了土地，妇女在家的地位大概也就提高了？

李：也不是因为女的分了地地位就提高了，是刚解放政府宣传男女平等，不准歧视压迫妇女，更不能打骂虐待妇女，党的政策使妇女地位提高了。

王：听说土改时还斗地主，有妇女积极参加吗？

李：记得开会斗争地主，大会男女都要去参加。至于上台讲话斗争，妇女也没有主动上台的，都是农会提前安排动员的。

2. 当时我家成分高，想入社还不要，一直到开始组织高级社时才批准入社的。

王：听说土改后没几年就合作化了，什么时候搞合作化的？

李：1952年土改结束，1954年咱这就开始（农业合作化了）。

王：是怎样搞的，你有印象吗？

李：当时村上来了工作队，先组织互助组，再组织初级合作社，这两个阶段很快就过去了。我记得互助组是自愿几户连成一组，还没有几个月，就宣传组织初级社，初级社没持续一年就组织高级社。初级社是以社为单位，高级社就很大了。当时三里村和溢渡村两个村为一个高级社，起名"荔潮一社"。

王：您家在组织合作社时全家都愿意入社吗？

李：合作社是一种新的生产组织和分配方式，人们开始一片茫然，只听干部讲。当时我记得宣传农业合作社的干部讲，合作化有"十大优越性"，具体内容记不清了。当时我家成分高，想入社还不要，一直到开始组织高级社时才批准入社的。

　　王：您说入社自愿，村里还有不愿入社的？

　　李：村里当时在工作组的宣传组织下，说是自愿，但到后来不入社就不行，所以大家都跟随着大流走。但我们邻村——陈村，有三户农民就一直没有入社，一直到公社化时还是单干。

　　王：哦，这样啊！听说在初级社和高级社挣工分，你家入社后几个人挣工分？

　　李：我家入社后就靠我和<u>你姨</u>（注：指李永欣的妻子）挣工分，后来弟弟妹妹慢慢长大，也能挣几个工分。

　　王：女的也下地吗？

　　李：当然。

　　王：女的下地了，家务靠谁来做呢？

　　李：家务劳动主要靠我母亲承担，做饭、看孩子、缝衣服等。

　　王：入社后和以前相比，家里生活好了吗？

　　李：农业合作化时期，生活和入社前比还不如以前，因为分的粮不够吃，分的钱很少，几乎就没有钱。

　　王：这么说，农业合作社没能使咱们这里人们的生活有所改善啊？

　　李：没有么。

3. 组织了食堂，说是解放了妇女，家务减轻了，但下地劳动加重了，没有理由不下地。

　　王：那成立人民公社是怎么一回事，你肯定记得？

　　李：在我的印象里，组织人民公社时，没有开群众会，上级就决定了，是几个原来的社主任开会决定的。决定之后，开会庆祝某某公社成立。当时现在的苏村乡为一个公社，起名"红旗公社"，后来更名为"苏村公社"。

　　王：听说公社化后还组织了全队人在一块吃饭的食堂？

　　李：嗯，1958年组织的。

王：那食堂维持了多久？

李：大约四年，到1962年食堂就散了。

王：全队人一个食堂能吃饱吗？

李：食堂化时期每月定量，只有15斤原粮。食堂管理混乱，连15斤都没有，主要靠野菜做糊汤充饥。妇女在家不准做饭了，谁家的烟囱冒烟，是要受追查的。

王：吃了食堂，妇女不用在家做饭了，家务是不是就减轻了？

李：组织了食堂，说是解放了妇女，家务减轻了，但下地劳动加重了，没有理由不下地。

王：食堂既然是那样，大家愿不愿意吃食堂？

李：上级组织食堂，谁家不在食堂吃饭就不行。凡不当干部的群众，都不愿吃食堂，因为吃食堂吃不够，还没有自己调节生活的自由。15斤粮难（以）吃到12斤，想多加菜，也不由你，一天吃多少是定量的，谁愿意遭那份饿罪啊？

王：人民公社后，妇女偶尔不下地可以吗？

李：公社化后要求妇女下地，定的有基本劳动日，如果几天不下地，完不成基本劳动日就不给分粮。

王：你家当时几个妇女下地劳动？

李：公社化时期，我家只有你姨一个妇女下地挣工分。

王：生产队给妇女安排什么样的活？

李：给妇女安排的活挺重的，拉架子车送粪、拉成熟的庄稼、推水车、锄地，够累的，按定额记工分。一天三响，一响不去，没有工分。

王：有小孩的妇女下地了，小孩谁管？

李：有老人的，老人看孩子；没有老人的，由大孩子看小孩子。

王：过去的集体劳动肯定很热闹吧？

李：确实热闹，大家在一块谈天说地，有时还唱歌跳舞呢！

王：那劳动效率咋样？

李：效率很低，人们吃不饱，干活没劲，每晌劳动盼队长或组长下令休息一会儿，吸袋烟。到时候了，大家都看太阳，迫不及待地等组长放令收工。

4. 咱们这里的扫盲班连一个月都没持续下来。

王：过去咱这儿农民识字的不多，听说五六十年代还办过扫盲班，有这回事吗？

李：办过，但实效不大，流于形式。

王：有妇女参加扫盲班吗？

李：有，但不多，咱们村有70多户人，那时只有一个扫盲班，在干部的动员下，最多没有超过30人。

王：你参加过扫盲班吗？兴趣如何？

李：我当时在上小学。

王：扫盲班是一直都搞，还是只在农闲时搞？

李：咱们这里的扫盲班连一个月都没持续下来。

王：扫盲班就一点效果也没有吗？

李：由于时间短，就是上过扫盲班的人，也没能识几个字，更谈不上脱盲。

5. 附近的野菜挖完了，还必须到渭河对面去，每天早晨，河岸上等船（过河）的人排好长的队。

王：50年代末60年代初的三年困难时期你十几岁了，经历过饥荒，能说一说吗？

李：咱们这里的饥荒很严重，天天都吃不饱，看见能吃的东西就吃。听外地的亲戚朋友说，咱们这里还不算最严重的。

王：有没有人饿死？

李：没听说过有人饿死。

王：那时粮少，吃不饱，用什么充饥？

李：咱们这儿主要靠吃野菜，有些队上吃南瓜、油菜根，有时也吃苦蓿菜。附近的野菜挖完了，还必须到渭河对面去，每天早晨，河岸上等船（过河）的人排好长的队。

王：饥荒持续了多久？什么时候有所好转？

李：到1963年，食堂散了以后，情况有所好转，因为生产队分的粮多了。另外，队上多种了南瓜和红薯，人们有了自做自吃的自由，比在食堂好多了。

　　王：你认为当时是什么原因造成了饥荒？

　　李：造成这种情况的原因，大的咱说不清，国家的情况咱了解得不多。从咱这儿的实际情况看，我认为有以下几点：一、公社化后，群众生产情绪低，出工不出力，产量相当低；二、干部为了显功，虚报产量，随之，国家征购任务加重，农民剩的粮食就少了；三、组织食堂化。

　　王：哦。

6. 我们这一代人，结婚时正处于困难时期，一般情况下，要几十块钱、两身衣服、两床铺盖、老式箱柜各一个就行了。

　　王：咱们再谈谈婚姻的事，你和我姨（注：指采访对象李永欣的妻子）是哪一年结婚的？

　　李：1962 年。

　　王：你们那时可以自由恋爱吗？父母做主还是自己做主？

　　李：因为《婚姻法》实行了多年，可以自己找对象。但农村封建，自己找对象的很少，大部分都是经介绍人介绍，男女双方见个面，互相同意就行了，基本上算自己做主，见面后如果男女任何一方坚决不同意，父母也不强迫。

　　王：那时还有《婚姻法》啊，那《婚姻法》是怎样宣传的？

　　李：咱这儿宣传《婚姻法》是在 1952—1953 年，村里也来了工作干部，开会向群众宣传《婚姻法》条文。具体记得不太清了，中心意思有几点：不准包办买卖婚姻；提倡男女自由恋爱；男女结婚的年龄是男 20 岁，女 18 岁，年龄不够，不发结婚证；打击了爱说媒的"媒婆子"，特别是在说媒中谋取钱财的人。

　　王：女的找对象要求什么样的条件？

　　李：农村妇女找对象也没有什么具体条件，由于订婚年龄比较小，对结婚过日子还没有认识，可以说大部分都是草率行事。

　　王：什么样条件的人好找对象呢？

　　李：一般贫下中农、家中富裕、干部的孩子好找对象。

王：那时候结婚都要啥彩礼？

李：那时女方要的彩礼不多，因为人都穷，根本谈不上要彩礼。特别是我们这一代人，结婚时正处于困难时期，一般情况下，要几十块钱、两身衣服、两床铺盖、老式箱柜各一个就行了。

7. 妇女一产，细粮加些粗粮蒸些馍让月婆子吃。

王：你们有几个孩子？

李：我们生了四个孩子，一男三女。

王：生孩子都是在家里吗？

李：嗯，都是在家找人接生的。

王：坐月子的妇女生活怎样？

李：由于处于困难时期，每家都没粮，营养品就更谈不上了。妇女在怀孕快产时，丈夫千方百计地为妻子积攒或借点细粮，比如小麦，准备30~50斤，妇女一产，细粮加些粗粮蒸些馍让月婆子吃。这样吃一个月，满月后，就和家里（其他）人一样，吃瓜菜、红苕等。

王：妇女生完孩子休息多久就要下地劳动？

李：生了孩子，咱这儿讲究过百日，过了百日就下地劳动。如果家里劳力少，有些人不过百日就下地挣工分。

王：妇女下地了，小孩子由谁带呢？

李：家里有婆婆的，把孩子交给婆婆看。没有婆婆的，除第一个孩子外，下来就由大孩子看管小孩子，有的人还把孩子带着下地。

8. 妇女整天劳动、搞家务、带孩子，哪谈得上娱乐？

王：在你们那个年代，有什么娱乐活动吗？

李：五六十年代的人们谈不上娱乐，农村根本就没有娱乐时间，农业社一年365天都安排活，队长还嫌干得慢。也不过年过节，每年春节提倡"吃了饺子就下地"，大年初一休息一天，娱乐项目根本就谈不上。到了60年代，有了收音机，但只有有钱人买得起，一个队上只有五六家有。有时县剧团到乡下来演戏。再没有什么娱乐项目。

王：妇女有什么娱乐项目吗？

李：妇女整天劳动、搞家务、带孩子，哪谈得上娱乐？

王：最后我想问一下，现在回忆五六十年代的生活，你有怎样的感受？

李：首先，我感觉那时社会歪风邪气少，安全，腐败现象少；其次，我觉得那时人们生活贫困，整天奔波，精神物质生活贫乏，思想恐慌，农民在农业社大锅饭里劳动效率差，没有积极性。

9.（我母亲）整天照顾孩子、做饭、洗衣服、纺线、织布、做针线等。

王：叔，我还想了解一些过去妇女的情况，咱们就先说说你母亲那个时代的妇女吧？

李：行。

王：你母亲是哪一年出生的？

李：1911年。

王：那解放的时候都38岁了。她念过书吗？

李：解放前，农村妇女哪有上过学的？

王：解放初她上过扫盲班吗？

李：没有，她一个字也不认识。

王：她缠过脚吗？

李：从小就缠了。

王：那解放后还下地劳动吗？

李：一直下地，由于是小脚女人，重活没有办法干，只能干些轻活，像锄地、摘棉花、折黄花菜等。

王：这些活在现在也相当于重活了。

李：是啊，那时的妇女很辛苦。

王：你姐弟几个？

李：五个。

王：你母亲生你们姐弟五个时坐月子能不能得到照顾？

李：听她说，合作化以前，坐月子是会受到家里的照顾、少下地，但家务还是要做。（我）听母亲说，生完孩子，十天后就要下床做饭、做衣服等；合作化后，临产前十几天还要下地挣工分，坐月子时仍然要做家务。

王：都要做什么家务？

李：我母亲家务很多，因为祖母去世早，家里没有了婆婆，全部家务都由她一人承担，整天照顾孩子、做饭、洗衣服、纺线、织布、做针线等。孩子稍大一点了，就要下地，做衣服都是晚上做，没有电灯，点着煤油灯，每天要熬到十一二点。

王：听说那时还修公路、水渠，她参加了吗？

李：由于她是小脚，那些活干不了，没去。

王：你觉得总体上说，她的生活咋样？

李：总的说，她那时的生活和现在就没法比。（19）60年以前，粗粮占多数，麦子少，但基本上能吃饱；（19）60年后，尤其是食堂化时期，可以说整天挨饿，一天平均半斤粮，就靠吃野菜，劳动还不能减，每天都干活。穿的，（19）60年以前，只要勤快，织的老布还能穿；合作化以后，按人分棉花，分的棉花根本没有织布的，加之国家实行了布票，我记得有一年每人只发一尺八寸布票，四个人的布票才能做一件衣服，每个人穿的衣服都打着补丁。她们那个年代，吃的、穿的都缺。

10. 解放后一直宣传解放妇女……

王：解放后，听说讲"妇女解放"，解放都指的什么？

李：解放后一直宣传解放妇女，一是讲男女平等，不准男人压迫女人；二是讲公婆不能打骂媳妇；三是讲妇女在政治上也平等，解放后就有了妇女干部，每村都有妇女主任。通过宣传，现在再没有人歧视妇女。

王：解放后，你认为妇女是真的解放了吗？

李：到了五六十年代，妇女确实获得了解放。由于中国几千年的封建传统，过去是男尊女卑；解放后提倡男女同工同酬，妇女也能上学读书，参加各种社会活动，年龄大的人，虽然思想上还有些封建，但在行动上没有人歧视压迫妇女。

王：宣传解放妇女时，写的什么标语？还有什么快板、歌谣吗？

李：有这样两句："新社会妇女得解放，男的女的都一样。"还有，"新社会妇女把身翻，妇女撑起半边天。"口号是："打倒男子主义，强权政治，不许欺辱妇女。"

11. 在咱们这儿，（集体化时期）可以说女的比男的的劳动还重……

王：接下来我们再简单谈一谈我姨的生活情况。我姨是哪年出生的？

李：1944年，解放时才六岁。

王：她上过学吗？识字不？

李：她只上到四年级，能认识一些字。

王：我姨没有缠脚，下地劳动都干些啥活？和男的有没有区别？

李：在咱们这儿，可以说女的比男的的劳动还重，除了有些技术活干不了外，锄地、摘棉花、折黄花菜、拉架子车送粪、拉麦、推水车浇水、割麦等啥都干。

王：她坐月子是在家里还是医院？

李：在家里请接生婆接生。

王：你担心不？

李：当时因为家家都是这样，也不知道有什么危险。

王：她的家务多不？

李：白天劳动，晚上纺线织布，每晚都熬夜。

王：她参加过修公路，水库工程吗？

李：她参加过修水库工程，开始修坝时，她两个多月都没回过家，用架子车往坝上拉土，越修越高，越高越难拉。连续五六年坝都要加宽加高，每年都要有一段时间往坝上拉土。

王：你觉得我姨五六十年代的生活怎样？

李：她和其他妇女一样，吃不饱，靠野菜充饥。特别是食堂化时期，粗布衣服都穿不上，因为孩子多，要顾孩子，一件衣服要穿好几年，几乎都打着补丁，遭的罪不少啊！

大荔县李海娃访谈

被采访人：李海娃，男，1940年生，陕西省大荔县八鱼乡八鱼村四组人。
采 访 人：李卓，女，陕西理工大学历史文化系历史学专业2007级学生。
采访时间：2010年2月16日。
说　　明：采访对象为采访人的邻居。

1. （我妈）那个时候啥活都干。

　　李卓（以下简称"卓"）：伯，我老师给了我一个任务，就是了解一下咱这边的情况，是关于你们以前经历过的事，是解放后的一些事。

　　李海娃（以下简称"海"）：行么。

　　卓：您妈妈就是我婆婆是哪一年的？新中国成立时候有多大年纪？

　　海：我妈是哪一年出生的我不知道。新中国成立的时候我才9岁，我妈大概有30岁吧。

　　卓：她上过学没有？

　　海：没有，那个时候，就是解放以前，就不兴女娃上学，只是人家有钱人家的娃在屋里，人在屋里给请的<u>先生</u>（注：老师），识些字。

　　卓：她缠过脚吗？

　　海：缠过，那个时候的女人都缠脚，不缠脚就嫁不出去。以前的人结婚看的不是眉眼，是看脚。谁的脚小谁就是好媳妇，这是在结婚以前看的。

　　卓：解放以后她下不下地？

　　海：解放以后就下地哩。解放以前不下地，妇女的本职就是纺织、转锅台、经管娃。

　　卓：参加田间劳动吗？当时是怎样个情形？

海：肯定要参加啊，人当时宣扬就是把女的从锅台上解放下来参加劳动。

卓：伯，在您的印象中，五六十年代她家务活多不多？都做些啥活？

海：我妈那个时候把苦就下扎了，那个时候不光是我妈，所有的人都过得苦，屋里活多很，啥活都干。我大那个时候懒，啥活都是我们弟兄几个跟我妈干的。（我妈）那个时候啥活都干，白天在地里干活，晚上在煤油灯下做（针线）活做到半夜才睡觉，早上赶早还要到地里去干活。

2. 解放之后颁布了《婚姻法》，……年龄不够就不能结婚。

卓：新中国成立后咱这边讲不讲"妇女解放"？

海：讲么。解放前没有《婚姻法》，这是国家法制上的，大小都能结婚，女娃有的八九岁就给人家送过去了，那给人家当童养媳。童养媳就是让人家男方把这女娃养起来，养到13岁就完婚，13岁就能承担一个当媳妇的责任，能干活了。女娃屋里穷，没办法，给几斗糜子就把人领过去了，叫人家去养。解放之后颁布了《婚姻法》，女的必须到18岁，男的必须到20岁才能够结婚。这有了条例了，毛泽东来共产党来把这立了条例了，年龄不够就不能结婚。你胡结婚属于你（私自）结婚，没有本本（注：指结婚证）的也有，但是人家国家的条例在那放着哩。那是好像1952年（注：老人记错了，应是1950年）颁布的。

卓：那个时候是怎样宣传《婚姻法》？

海：这是共产党颁发的法律，这算是共产党颁发的头个法律，（土改）打土豪分田地以后就是《婚姻法》，《婚姻法》完了之后就是合作化、集体化，搞那个。毛主席在的时候咱这八鱼、羌白、下寨（注：都是当地地名），这都是一个公社，难管理，浪费大。人多力量大，那也是没有办法，啥都是靠人的死力气干活，又不像现在，啥都是机械化。你就举一个简单的例子：咱这边你家门口的水潭，想把它填平，只能靠人的死力气，从偏傍起土，一步一步，一锨一锨往平的填，连架子车车都没有，到（19）58年以后才有了人力架子车，牲口少。这都是集体化的事。

卓：那以前宣传婚姻法的时候有没有给你们放个电影啊什么的？

海：那个时候的电影都是土电影，不动弹，上面的人人不动弹，嘴不动，底下有解说的。银幕也不晓得有没有两米大，看的人多太太（注：非常多），人都没有见过。电影动弹都到了（19）58 年以后了。我记得报纸上有一篇文章是《银幕上的电影为什么会说话？》，看，这农民就不懂。当时咱中国落后，农村更落后，文化低，到现在都不高，比人家外国比不上。文化落后，关键是文化！文化落后有些事你就不懂那么多，思想就落后了！

3. 扫盲班是晚上，下地回来了，过去识字。

卓：你上学上到啥时候？

海：我上学把咱八鱼（注：地名，陕西省大荔县八鱼乡）学校没有上完。解放前上学的娃娃不多，几十个娃，都是男娃没有女娃，解放以后就有了女娃了。开始没有女娃，教师也没有女的。那时候封建社会女娃就不叫出门，出门就把裙子先系上，让脚漏不出来；从外边回来之后，把裙子解下来，叠放好，去做饭、去扫地、拾掇粮食、纺线。

卓：解放以后，50 年代咱这是不是还办过扫盲班？

海：扫盲班是晚上，下地回来了，过去识字。我就是扫盲班的学生，晚上没事了，人家有专门聘请的老师，从天刚黑教到十点，一晚上能学三个钟头，那是以学字为主。再一个是到下午，妇女家到那儿去学，那叫农民识字班，这是农业社以前的事，就是合作化以前。合作化以后人都去挣工分了，没人去上，你不挣工分就没饭吃。农民识字班，就像你说的，那上面就写着"吃了饭，洗了锅，抱上孩子上冬学"。有的碎（注：年纪小的意思）娃没有处安排的，就抱上娃上课，一手抱娃一手写字。扫盲的时候人家国家有印的生字表呢，生字表可能有 1000 个生字，这 1000 个生字你要会读会写，就算你脱了盲了，不是睁眼瞎子，在文化上是睁眼的不是瞎子。你把这（生字表）念不完，你明年就继续念。你不去是属于你不去，不是人家不教你，人家乡上还动员哩，那你念不进去的是你不行，那也没有办法。这扫盲识字班完了以后还有一个速成识字班，专门学那的 "bpmf, dtnl, g……" 三十几个字母，现在我还会用那个，但是我们那个字母你们不懂，那是祁建华创造的。以前学的是老字，这文字改革好像是（19）69 还是（19）70 年（注：老人记错了，应是从 1956 年开始的）的事。以前的老字繁得很，复杂得很，这改了好，那个时候学字不管你是几声，只要能把那个字拼出来就好。（19）54 年成立了农业生产合作社，后来就是记工分了。（19）58 年以前，一天还赚一块多钱，（19）

58 年以后一天只赚两毛多。你看那时候的人多可怜！我跟<u>你娘</u>（注：指李海娃的妻子）结了婚以后（从大家庭）分家出来，十几年没有拿过一分钱，几个娃要吃哩！还给人家队上倒找钱哩！

卓：<u>我娘</u>（注：指李海娃的妻子）是哪一年生的？

海：是（19）44 年的。

卓：她上过学没有？上过扫盲班没有？

海：以前没有上过学，上过几天扫盲班。

卓：她缠过脚没有？解放后她参加田间劳动吗？都做些啥活么？

海：没有，到她那时候都不缠脚了。劳动么，跟男的做的是一个活。

4.（19）59、60、61 三年暂时困难，有"暂时"二字，难道中国永远困难下去？

卓：伯，我想了解一下新中国成立以后咱这边的情况，像"大跃进"时候呀、三年困难时候呀……

海：你没有想一下，解放八年就想成为共产主义？公社（领导机构）还在人家地主屋房底下搁着哩，能成为共产主义？把地主赶出去把那弄成民房……，饥荒的时候在后面，那是苏联跟咱算账哩！苏修把咱逼得没有办法，那叫三年困难时期。（19）59、60、61 三年暂时困难，有"暂时"二字，难道中国永远困难下去？要用"暂时"两字，三年之后咱就一天比一天好了，是不是？赫鲁晓夫跟咱要债，是这样。总理提出来一个"紧系裤带，撑三年"，像我当时都成大人了，一天吃六两，多了不给你发，在咱自己家做不成饭，在街道看谁家地方大，成立起来一个灶，一家给你搁一个桌子，给舀些饭，一人一块苞谷糕糕，就这样。（庄稼）收（获）的东西不少，满给人家还账了。据说有这么一个故事，咱的苹果还有其他东西给人家拉过去以后，人家要过环，大了不要，小了也不要；（苏联向咱）大肉都不要，要猪舌头。人家叫作"掐脖子"，掐中国的脖子，把脖子掐住还想生活？

大荔县王淑芳访谈

被采访人：王淑芳，女，1930年生，婚后居住于陕西省大荔县八鱼乡八鱼村四组。
采 访 人：李卓，女，陕西理工大学历史文化系历史学专业2007级学生。
采访时间：2010年2月23日。
说　　明：采访对象为采访人的祖母。

1. 解放咧，文明了，叫够年龄的去识字。

李卓（以下简称"李"）：婆，你是哪一年出生的？

王淑芳（以下简称"王"）：我记不得了，好像是（19）30年。

李：新中国建立时候你还记不记得？

王：记得么，解放哩，人都说红军（注：应该是"解放军"）来了，都逃荒哩，都待在沙地里面，呵呵，沙梁能把人挡住吗？跑了一地里的人，呵呵，都想着红军来了，害怕人家打，害怕人家把东西抢了。谁知道红军好得很，走的时候白萝卜、油、面都留下，没拿走……，就是红军好。

李：解放后咱这边女娃上学不？

王：上么，够年龄的娃就叫去上学，有的几岁就去上学。有的媳妇家家的后响就去上课，上一个后响，早上、晌午要下地干活哩。

李：那是扫盲班吧？

王：啊，那个就是扫盲班。解放咧，文明了，叫够年龄的去识字。

李：那些够年龄的碎娃上的学跟扫盲班不一样吧？

王：啊，那（碎娃上的学）是整天上学。

李：那上学的娃娃多不多？

王：那些干不了活的娃娃都上学，有的人家（女孩）一上八九岁会纺线的就不上了，让在家纺线、干活，碎娃才叫去。

李：那上学要钱不？

王：那一点点学费，都（几乎）不要钱，老师都是在每个学生的家里轮流吃饭，一个村一个村这样（轮流）。

李：女娃也上学？

王：那人家叫上学哩，有的娃都不知道是干啥哩，人家去（上学）她也去。

李：我姑她们那时上学时候有没有学费？

王：那学费一点点，到你爸（注：1959年出生）那时候学费才五毛钱，那时候人没有钱，要的少得很。

李：你那时有没有上扫盲班？

王：我上过扫盲班，上了几年，年年冬天闲下来了，就叫人去上。还上夜校，（天）黑了，满打晃晃（注：不少人没有用心学），（光线暗）又看不到，有时是（用）蜡（照明），有时是汽灯，晚上学习，白天去地里干活，（学的字）就忘得差不多了。黑了放了学回去还要干活，要纺线呀、做活，一屋里人要穿。哪里像现在，一买就能穿。衣服的里子面子都是织的，家家都有织布机，上学就是做样子哩！村上叫一些个识字的人给大家教哩！男男女女都有。

李：那有没有给发个什么证书证明你上过扫盲班？

王：没发，没有上完就完了（注：指扫盲班就结束了）。

2.（解放初）有的女娃没有满18就结婚，这如果有人一反映，就有人叫你回（娘家）去，够年龄再回（婆家）来。

李：咱这边解放以后女娃多大就结婚了？跟以前有啥不一样？

王：规定是18岁。解放以后，不够18就领不成证。那时候有的女娃没有满18就结婚，这如果有人一反映，就有人叫你回（娘家）去，够年龄再回（婆家）来。解放以前就不管，都是15岁左右就结婚，有的12岁就结了，下塞（注：当地地名）的三娃就是她妈13岁生的，就叫三娃。

李：你结婚那时候女娃找对象有啥条件没有？

王：就没有条件，凭媒人说哩！连面都不见，财东家有的还见面，把车套上，台子底下相夫哩。那台子就是戏台，穷汉家就没有那样的。那时候把女娃给出去要的是麦，一岁一担麦，这是解放以前。解放以后，240块钱（彩礼）是顶多的，给那些钱，表示父母没有白养。另外（解放前）还有订婚10斤棉花，结婚时再给10斤，最多就是20斤；四身布，做四身衣服。

李：解放后女娃在婚姻上是不是自由多了？

王：啊，解放以后就自由了，有的屋里人给说的（对象）娃不愿意就算了，但大多数还是听屋里人说哩。

李：怎样的女娃好寻对象？姑娘爱啥样子的小子娃（注：指小伙子）呀？

王：解放以后人家都相媳妇，还要看眉眼的，身体要好一些的。那娃跟女娃都一样，都要叫挑（选）的。到打倒地主富农的时候，女娃都嫁给一些根正苗红的贫下中农家里，成分不好的连媳妇都寻不下，女娃的话都嫁不出去。

李：（解放后）结婚的时候穿的啥衣服？

王：花花哔叽（注：一种布料，用机器生产而成，为当时人所称"洋布"的一种）棉袄，那就是好的，没有的话就是用红布衲的棉袄，男的也是（布棉袄）。（说明：因当时大多数陕西农民在农历春节前后结婚，所以都穿棉袄。）

李：你结婚后几天开始干活的？

王：（解放前）有讲究说是三天不下地，这第三天媳妇可是要上锅的。解放后的婆婆到媳妇跟前都好了，解放前就不好。解放后咱村上高发（注：人名）她婆给我学她那时候（注：指解放前）受的罪："那时候把罪就受咋了，那糜面馍给我吃，我吃不完把那给牛，那软糜面馍牛不吃，让人家婆婆见到了，泡在脏水里都泡坏了，还让我把那东西吃了，脏水还要喝了……"她吃了几天，恶心扎了。解放后有的就不讲究了，第二天都有到地里干活的，去浇水、回水，（农）活开了耧麦，啥活都做。解放前媳妇不太做一些比较重的活，解放后提倡妇女解放，妇女顶半边天，啥活都干，抬粪、挖地、锄地……，男女做的是一个活。

李：怎样的婚姻算好婚姻？

王：只要两口子不闹、都是健全人就算是好婚姻，那时人都没有钱。在屋里婆媳之间搁得比较好，就算好。现在的都是好婚姻！

3.（坐月子）在屋里就是有了吃好一点，没有了吃烂一点，只要有一碗做模糊的面就不错了……

　　李：你在怀孕期间能得到照顾不？还下地干活不？

　　王：唉，啥照顾么，就是比平时能轻松一点。再咋样都得干活，不干活就没有工分，照顾了就没有工分。

　　李：你那生娃的时候都是在家吗？发生危险怎么办？

　　王：哦，那时候都是在家接生的，咱农村的都是这，危险死了就死了，有的来得及的话，赶紧把医生叫来或者赶紧往医院拉。唉，很多人都拉不到医院就死了，那时候人哪里像现在的人一样娇贵么！

　　李：坐月子时候家里和生产队对你有啥照顾不？可以休息多长时间？

　　王：在屋里就是有了吃好一点，没有了吃烂一点，只要有一碗做模糊的面就不错了。我有你大姑的时候连一碗模糊都喝不上，没有（东西），你邻家婆婆拿了一碗面，送过来让我补一下，要是不是看鸡（注：指养鸡）的话连个鸡蛋都没有。队上最多让你歇两个月，就要做活。（下地）去了还是做的（跟别人）一样的活。

4.咱这边人去人家澄城县那边炼钢，男的去，女的不去，女的要做屋里活，拉犁、拉耙……

　　李：初级社、高级社以及人民公社化时，妇女下地干活一天给多少工分？

　　王：初级社的时候评七分工，高级社了就评到八分五了，到人民公社化时，就和高级社时差不多，因人而异。这几个时期干的活都一样，去务棉花、做饭、浇水、翻地、收麦、碾场……，啥活都干。

　　李：咱这边（19）58、59年搞过大炼钢铁没有？

　　王：当时咱这边没有炼钢厂，咱这边人去人家澄城县那边炼钢，男的去，女的不去，女的要做屋里活，拉犁、拉耙……，没有拖拉机，公社化以后才有拖拉机。

　　李：你参加过修水库、水渠、公路之类的工程吗？啥时候参加的？

　　王：参加过，好像是（19）60年左右吧！

李：你走了谁照顾小孩？

王：那时候你爸才一岁多，我去是给人家做饭的，那一天要蒸几笼馍哩，一天到黑，成百的人吃饭哩！修张家大坝、引黄（工程）、万人河，这记工分的，我一走你姑些就是你姥姥（注：曾祖母）管的，一走就是几十天才回来的。

李：你喜欢去参加这些工程，还是喜欢在农业社或生产队干农活？

王：肯定是做屋里活比修坝轻松。

李：五六十年代屋里活都做啥？

王：黑了回来纺线、织布、做鞋，有娃的回来还得管娃，两顿饭回来做饭。

5.妇女能到地里去了，开会的时候能待到人面前了。这就算解放了。

李：那个时候说妇女解放，那怎样就算解放了？

王：那时人说这解放了，妇女能到地里去了，开会的时候能待到人面前了。这就算解放了。

李：怎样宣传妇女解放的？

王：那时候就是开会，来回地方都开会，给你讲话。以前顺口溜、标语、歌都宣传，我都记不得了。看电影、看戏，隔一段时间就有，《红灯记》《红色娘子军》，其他的我都记不清了。

商县—眉县张氏访谈

采访对象：张氏，女，1931年生，原籍陕西商县黑龙口，1948年结婚，1957年迁居今陕西眉县金渠乡。共育有四子一女，先后出生于1949、1953、1958、1963、1971年。
采 访 人：李巧宁，女，陕西理工大学教师。
采访时间：2012年6月8日。
说　　明：采访对象为采访人同学的母亲。

1. 我妈给我包（脚），我大打我妈。

李巧宁（以下简称"李"）：姨，你是哪一年（出生）的？

张氏（以下简称"张"）：我属羊的，今年整81（岁）了。是哪一年（生）的，我不知道，好像是民国二十年的。

李：哦，那就是1931年的。你结婚的时候多大了？

张：（虚岁）18岁。新社会前一年结婚的。解放呀那一年我是（虚岁）19岁。

李：哦，那你结婚呀就是1948年。你结婚的时候领结婚证不？

张：不，旧社会不领，是父母说了算，你也不知道（要嫁给的）人，你也不敢看人家，大人一（确）定，哪一天娶就把你一娶就对了。我还是大脚，那阵的（女）人脚都这么长一点点，我那阵包脚的人（逐渐）少一点，比我大两三岁的都包脚呢。我是家里老大，我大知道包脚是周朝妲己弄的，不叫给我包，我妈给我包，我大打我妈。有一回，在院子的那一头，我家院大，我妈给我包脚，我声大，大声喊叫，我大听着了，打我妈，不叫给我包。

李：你娘家在哪？

张：在商县黑龙口，离商县城五六十里，商县城在东边，我家在西边。

2.（在商县）饿得到底招架不住了，我说，走，到眉县去。

李：商县离眉县那么远，你咋么嫁到眉县的？

张：我是搬住到眉县的。商县那时候那地方穷得很，简直是没啥吃。1957年，我都两个娃了，才搬到眉县的。那时候可怜得很，没啥吃，我连老汉，用担担（注：扁担）担的娃，到眉县的。

李：咦！

张：听人家说眉县有好生活呢。（19）58、59、60年，苦得……，把人饿得惜乎（注：差一点点）饿死！我说在商县遭罪（注：受饥挨饿）呢，这可到眉县还没有一年呢可遭罪呢。人吃萝卜菜、萝卜缨……，（19）58年吃食堂饭，开始还吃得好一些，有馍，（玉米）珍子还稠一点，后来稀得……，（19）59、60年把我饿得，咦！

李：你们商县黑龙口那里有山呢不？

张：有山么。

李：我想，有山呢人可以在山根上种点菜啦啥的吃嘛。

张：你说得！各队都有积极分子监视你哩，你能吃呀不，敢吃呀不，你敢种呀不？吃啥都要经过人家（同意）呢，那阵简直是……

李：我想，（19）57年还是高级社，还没公社化呢么？

张：高级社你也是一天给人家做活挣工分呢，你也没啥吃，给你回销一点粮，不够吃，才想办法跑到眉县来的。

李：到眉县来落户难呀不？那阵人家要户口呢么。

张：落户人家不叫落，过了不知几个月，给生产队买了一个马，一个白马（才给落了户）。

李：哦。马贵吧？咱咋买得起呢？

张：一共200元，把身上的钱，再借一点，买的。（落了户以后）租这家房，租那家房，租了三家的，才慢慢盖了碎碎一点房。

李：带上两个娃……，那你来眉县呀老人也跟来了哦？

张：没有，到后截我都来了十几年了才把老人接过来了，商县简直饿得不得了，害怕饿死了，他儿才去接回来了。

李：我还一直以为有山的地方比咱平原地方要好一些呢？

张：到处都有那些家伙哩，谁同情你哩，都给上边反映哩，都一样。还山里好？唉！

李：我总以为山里人要朴实一点。

张：我住那地方是半山半坡，在河湾里住着，难受很。那生意又不叫做，给你分一点点粮食，分着分着还没的了，没啥吃了。饿得到底招架不住了，我说，走，到眉县去。眉县商县人多，就到眉县去。

李：听人家说眉县能行，就往眉县走？

张：对。来了人家不给上户（口）么，说破了多少嘴，只想给人家磕头。后截人家说给买个马（就给上户）。一个马200元，就借些钱，身上还有些钱。在农业社，唉，难受得很，头都抬不起，你是客，人家都是本地人，杂话一大摊，硬受。这阵好了，咱们那有猕猴桃，一年一家子卖四五万、三四万……

3. 叫我在人面前说（自己要节育的）话我办不到，我嫌sheng很，没去。

张：后来还生了老三，（名叫）满堂，成天给人家到地里做活挣工分呢，把老二和老三锁到屋里。老大念书呢，后来老二也念书去了，（我们就）把老三走到哪里抱到哪里。抱到地里，娃瞌睡了，他大有个烂褂子，铺到地上，给娃铺半个盖半个；（放工）回来，老汉把娃抱上，我到前头赶紧回去做饭呢。

李：几个娃都是哪一年生下的？

张：老大是1949年8月份，老二是1953年，老三是我到眉县的第二年——1958年生下的，老四怕是1963年生下的，芳是1971年生下的。生芳的时候我都40岁了，那都不想要娃了，但那阵没计划（生育）的么，要的娃多了养活不过。

李：那你那阵一直没听过人家说叫计划生育吗？

张：没有，那阵没有，后截……，我看……没抓（注：生下）芳的时候，人家说计划生育呢，我说去看嘎，不去要是再抓下娃了咋办。去了，人家要钱呢，还要你丈夫写保证书，才给你计划生育呢。计划生育，花多少钱你就要认多少钱。后来，老汉说，花钱咱想办法借都行，（他）叫我去（计划生育）。叫我在人面前说（自己要节育的）话我办不到，我嫌哂（注，方言，读二声，

商县—眉县张氏访谈　063

害羞之意。）很，没去。抓了我小儿九年了，才抓下芳。

李：我听说1963年、1964年人家宣传计划生育呢，你没听说吗？

张：1963年，那阵我把我老四抓下时间不长，那阵没有计划生育，后截再有一两年才有计划生育了。

李：计划生育咱们那儿有人去不？

张：有的人去了，有的人跑了，嫌害怕不去，跑了。

李：因为人不知道人家是咋弄呢，所以害怕？

张：噢，心里害怕。就那愿意受罪，吃糠咽草把娃要下。

李：那阵计划生育是在公社呢还是……？

张：是在医院，小医院。医院的医生，给你检查，给你弄。到后截，人家说戴（避孕）环呢啥的，我们老一拨的人都没弄，都不用了。

李：（戴环的时候，你们这一拨）过了生育年龄了哦？

张：噢。年轻的、比我小几岁的去戴呢。

4. 简直叫娃把我一辈子缠得，我都害怕了！

李：姨，你们那一拨人不想要娃的时候咋办呢？

张：哎，说到这了，苦得很！我把三个娃都没要，我生了八个，留了五个。我都不想说，寒碜得很。老三吃了十个月奶，（我又怀孕）没奶了，又没钱买奶，把娃饿得简直不行。我把那娃抓下没要。没要这个娃，（生了他）我奶就下来了，就奶老三，把他奶得会走路了。老三都一岁半了，快两岁了，都不会走路，娃没营养。

李：抓那娃是哪一年？

张：是（19）59或（19）60年。

李：那正是最困难的时候。

张：就是，困难得很，我坐月连一顿稠珍子都不得吃，就吃的稀菜汤汤。

李：再一个，就是只有你和我叔（注：指采访对象的丈夫）两个大人挣工分养活一伙娃。

张：就是，（我们）经常是倒贯户。倒贯户就是给人家往出拿钱呢。哎，一年至多赚几毛毛钱，一年挣死也见不了几百元。我现在的老四比老三小四岁，老四一岁了我可没奶了（怀孕了），没啥吃，给娃一天炒玉米豆嚼着喂，

（就）那还没有的，给他喂饭，娃又不好好吃，我可抓了一个（娃），没要，用这奶可养活老四。为了（现在的老三和老四）养活这两个大的，两个儿子娃生下都没要。我要是把那要下，这两个大的咋能活呢？我把娃要得太近了，一个和一个挨得太近了。后截到几时，在芳前头，还怀了一个，我说这不要，要了将来娶媳妇可把人愁得！怀着身子就把人愁得、熬煎得！又过了几年了，我都40岁了，可怀下芳，丢人得！怀下芳，把芳一下爱得！这就有了女子了，一直抓的儿子、儿子……，把这女子爱得，扑里扑娑一直经管大。我说这人没女子没下场，人家都有女子哩。我要是四个儿子里面有一个是女子，替我哄个娃、做个饭啥的，我还能轻省些。简直叫娃把我一辈子缠得，我都害怕了！

李：那阵人不想要娃了都只能把娃生下了再不要吗？我想民间有土方之类的叫人不要怀孕吧？

张：土方不顶用，我推磨子去了把肚子压，黑了（睡觉时）把肚子撮成疙瘩拧……把娃拧不下来么。

李：不想要娃也没办法。

张：我是身体好。

5. 中间歇一点气，撒脚就跑回来，给娃吃点奶，赶紧可往地里跑……

张：我到眉县来把罪一下受扎了，成天给弄个架子车叫拉上，把肩膀上的衣服都磨烂了。（从屋里）走的时候把娃从奶上摘下，早些时候人家那（叫上工的）锣哐哐哐地响，我就把娃从奶上硬摘下撒脚就（往外面）跑。人家说你看都往地里走的时候都慢慢走呢，（从地里）回来的时候愣跑呢。那你不跑，饭谁给你做呢？你就要吃饭呢么，对呀？

李：对，你娃也在屋放着呢，你操心呢么。

张：娃在屋锁着呢。早上了，你回去连忙把饭一做，你还没吃呢，刚舀到那，铃当当当响了。早些是用锣，后截是打铃。你把那饭糊里糊涂一喝，锅、碗撂下，赶紧 qie（注，读二声，陕西方言，"扛"的意思）个家具可往地里走。晌午回来人家给你有两个小时的时间，赶紧把（早上的饭）锅一刮，锅（用水）焖下，赶紧 cai（注，读三声，陕西方言，"揉"的意思）面，把面 cai 下窝下，可去洗锅……。我就记得我老三要吃奶哩，抱住我腿，我顾不得给吃,我走啊达(注:哪里)他把我腿抱啊达,把我撑上,等到我把面择开、锅里把水倒上,坐到灶火算烧锅算把娃奶上。

李:哦,娃碎的时候还不会走路么,你把娃撂屋,咋么办呢?

张:有一段时间老二跟老三在一搭,老二看老三,让在屋里。我回来了,两个精溜子在屋里,我门一开,豆豆豆地就 bie(注:读四声,陕西方言,"蹦着跳着"的意思)出去了。娃给屋里地上屙的、尿的……,我就用土赶紧把那垫了,都顾不得把那铲出去。唉,两个精溜子就出去了!有时候,老二不哄老三了,(或者后来)老二上学了,老三也大些了,他大走到啊达老三撵到啊达。妇女咬咂大(注:意见多),他跟上你蛮要吃奶,妇女就有意见呢,最后了就叫他大抱上,(到地里)去 qie 个家具抱个娃,回来 qie 个家具抱个娃,娃瞌睡了他大把烂袸袸往地下一铺,另一半把娃一盖,(娃)睡一时他大回来可把娃一抱。有的人说:"老天爷,你看这罪咋受呀!"

李:女的到地里做活,心里操心娃呢么?

张:操心么,远近都操心。近处的地有半里路的,远处的地还有一里多路的。(干活)中间歇一点气,撒脚就跑回来,给娃吃点奶,赶紧可往地里跑,(远远地)看人家(歇气的人)立起了,撒脚就往地里跑,赶紧把锄 qie 上可给人家锄地去。

6. (针线活)黑了做哩么。

李:地里活那么忙,针线活啥时候做呢?

张:黑了做哩么。黑了我睡觉很少脱衣裳,把娃拿奶头哄睡着,悄悄地把奶拔出来,起来纳(鞋)底子、沿鞋口(注:用布包鞋帮子上边缘,以使之耐用)……就那样做,还纺线呢。后截娃大些了,我(天)黑了纺线,(一个黑了)纺一把捻子,纺一个瓜(注:读二声,一种纺线用具)。你赶到忙口(注:夏收开始之前,一般指农历端午节前后),要把这一机布织下,一人(一年)给二斤棉花,(要不把布不织下)你一年就没啥穿。

李:你就拿那一人二斤棉花织点布?

张:噢。织点布,一人绞一件衣裳。多数(衣服)都是补补丁,棉衣服都是补下的。

李:白天做了一天活,黑了还……

张：人家（黑了）还开会呢！你锅还没收拾呢，人家铃可当当当地叫开会哩，你把娃抱上可要开会去。那都把黑了当白日，白日当黑了。开会回来，把娃哄下，你说把地下扫扫，屋里打扫嘎，被子一揪人可没瞌睡了。

李：白日做一天活，再开了会，把人乏得，咋能没瞌睡了？

张：你乏，人家把你那乏打搅了么。成黑了纳底子、做鞋帮子……，那时候你还没钱买鞋。我那老大14岁了就不念书了就做工，到石头河破石头，一年穿十双布鞋。老二穿八双，他大穿五双，这还有老三、老四穿的小鞋，我一做就这么大一包！一包袄鞋底子，到地里去都纳，（妇女）都拿的底子纳，队长可<u>诀</u>（注：骂）人哩。黑了开会么，都纳鞋底，或者拿点麻绳绳把手放到腿旁边<u>捻纫头</u>（注：把衲鞋底的绳子一头弄尖，使绳子易于穿进针眼）呢，给拧下的绳绳捻纫头，就这么装着看队长脸，手在下头弄。可怜很！

李：开会有灯呢没？

张：有灯，灯小，暮一点。哎呀，我的爷爷！那人家屋里有老人的好一点。我那（丈夫的）妈活到92岁死了，那阵也80多岁了，做不成啥了。人家有年轻阿家的，有女子的，（要是）女子大，可以哄娃、做饭，这就轻省一点。我要了那么些儿子，老人也做不了，还要我做呢。

7. 我坐月的时候，你今黑了生下娃，明天你起来烙馍、做饭……

李：姨，你以前坐月子的时候，人家说要忌呢，你没有阿家在跟前，忌呢不？

张：唉，我给你说，越说越苦了。临坐月，你感觉肚子疼了，赶紧先烙一点馍烙到锅里。cai 面的时候肚子只管疼，<u>搭火</u>（注：烧火）去了疼得在灶火滚蛋蛋，我刚把那馍翻过去，疼得不得了，也不管了。老汉天天黑了开会，那天黑了还没叫我去。这等老汉回来，我就把娃抓下了。一直到老四跟前，（娃太多了想生下不要，但）到底手下不下去。把包娃的啥都寻好，在地上扫一坨净地方就在地上抓娃哩。你当还能上去睡到炕上？（把娃）一抓，脐带给一绞，<u>糊麻</u>（注：随便）给缠到肚子上，拿衣裳一包，摺到炕上，我就坐到炕上去，就是那样子。有一黑，老汉说你吃饭呀不，我说我不吃。饭人家做的（是）面，人家都吃了，剩一大碗，我说我咋肚子疼，就在锅头上一边洗锅，把那一大碗面呼噜呼噜喝了，就生娃了，就没人管。那些娃，就我没要的那些娃，都是我收拾。

李：跟前就不叫个人？

张：前头那两个（生的时候）是（娃）他婆经管的，老三这儿，就没人管，老汉在屋里，给我帮了个忙，把娃拾下。后面这就没人管，坐月是自己坐，罪自己受。

李：脐带是肉，害怕得，咋么绞呢？

张：人家都绞这么长，我把它绞这长，绞长嘎，bia 到娃肚上。娃死了死，活了活，就把活娃当……唉，死了死，活了活，死了给我减轻负担。到芳跟前就可值钱了，还叫了个医院的接生婆，老汉做工去了没在屋，我叫娃把那接生婆叫来，先给人家下点挂面吃嘎。光怕再生下儿子了。大肚子（注：孕妇）坐一搭么，就商量，女子多的说你（注：指访谈对象）肯抓儿子，要是抓下儿子了咱俩换了去。这下坐了月了，大伙坐到一搭纺口袋线呢，（对女子多的那个）说："你（换人家儿子）给人家出多少钱呀？"她说："人家要多少钱？"说："人家要五十块呢。"说笑呢。她说："你给说，我给三十五块钱，我娃还大。"（别人）说："人家抓的是女子一个"。她说："她就不会抓女子。"老了老了，抓了个女子。抓芳的时候就好多了，分粮就分得多了，人就能吃饱了。我坐月的时候，你今黑了生下娃，明天你起来烙馍、做饭……

李：你不计较吗？

张：唉，计较啥呢？谁给你计较呢？

李：不能摸凉水啦啥的？你敢动凉水吗？

张：我咋不敢动？人家（生下孩子第）一月不叫到涝池去，我可怜呀不，（脏衣服）平常弄个盆洗嘎洗嘎，刚一出月提一大拌笼衣服到涝池洗个美！洗回来，没粮了，瓦瓮没面了，担一担子麦到那一淘，晒到席上，后响可搭磨子。那早磨子一响只能搭40斤麦，磨子一搭，就有啥吃了。像明个坐月，今个就可搭磨子、担水……。我那老汉一辈子懒得，担水、搭磨子都是我的！

李：娃怀上了也不计较，该做啥还做啥？

张：唉，明个坐月呢，今儿还担水、搭磨子，啥都做哩，就是这样子。

李：那到生产队做活的时候大肚子不灵活么？

张：有的人给人家锄地哩，锄着锄着肚子疼，锄把一撂就往回走，回来就把娃生下了，那你还咋么呀？叫你（上工）哩，你能不去？把人一下做得！

李：咱不到地里去，不要你工分就对了么，你叫我做啥呢？

张：不要工分你也得做。（你不做活）谁养活你呀？谁给你做活叫你吃呀？我的爷，积极分子、队长多数都是哈怂，叫你去你不去能行呀不？（你不去，人家）把你整个美，把你一下整不死？都是的，都受罪呢，都可怜得很！就人家那屋里有个老妈了、有个大女子娃了，就能给你做个饭、哄个娃，起码能给你把娃哄住。我这生了六个儿子，两个没要，娶了四个媳妇，罪一下受扎了。还给人家到石头河拉石头，那都到芳手里了，老汉把架子车拉上，去（石头河）的时候把娃拉上，回来的时候咱<u>年家庄</u>（注：当地地名）那上坡路四五个人一掀，到（平）路上了把娃搁石头上，给娃铺个烂褂褂，叫娃躺到（石头）上头，我到后头（把架子车）掀上。要不是，我就在头里弄个绳拉车子拉上，有娃呢，我就在后头掀上。那就是修咱那<u>车路</u>（注：公路）边的大水渠的时候。

李：哦，就是从河底到金渠那条公路边的大水渠，那好像叫红旗渠。

8. 那活咋恁多，人还没啥吃。

张：（六七十年代）成天拉石头、拉粪，那粪咋恁多，那活咋恁多，人还没啥吃。现在人家都轻轻松松，也有柴烧，也有粮吃。那时候可<u>平地</u>（注：平整土地）这啦那啦，那玉米头遍挖、二遍刮，成天做呢，那你一下整得！

李：活多得，一年四季就没个闲时候哦？

张：没有，没有。你想跟个集、走个亲戚，不给人家（干部）说不行；一说，人家说一大摊牢骚，咋办呀？偷地走。人家给一点自留地我偷地给我务旱烟，油盐就靠那。卖旱烟去（的时候），（娃）他大担的担子，老三嘛或是老二背一点，到<u>齐镇</u>（注：与采访对象家所在的金渠镇相邻的一个镇，因为不敢在离家很近的金渠镇，所以到离家十多里地的齐镇去）卖旱烟，那擤（天）明就走了。人多了他（干部）忘了就忘了，你走了就走了，那你要请假请不下。到半后响黑了可就回来了，就卖几块钱，那就是自己务下的旱烟。自己在自留地务旱烟的时候，我连老汉黑了把旱烟苗在河滩年家庄刚买下，后响老汉就拿犁把地通成沟沟。咱那渠里那时候经常有水，黑了我上去给看水，老汉在地里摸黑栽呢。我精脚，他精脚，我弄着弄着跪到地里堆苗、堆苗……。人家说，咦，这是神仙，昨天后响是光地，今个早起一地的旱烟。你不下那决心你没钱花么，娃<u>一抹子</u>（注：形容数量多），你还要花钱呢，盐油啦……。油都没油吃，人家给分一点油，放到瓶里头，除非来个人啦啥的泼一点点干辣子。那实在难言，那光景苦得！

李：姨，你身体还好？像我妈，1947年生的，比你小16岁，现在身上关节都不好，关节炎疼得不得了。

张：我也是关节炎、肩周炎了啥都疼。腰是拌了的，也疼，身上没一坨好的。像我这一拨人没几个现在身体好的，都做得……，身上都落下病……

眉县麻雪访谈

访谈对象： 麻雪，女，1932年生（据推算），1949年结婚，结婚前居住在陕西岐山县枣林镇，结婚后居住在陕西眉县汶家滩一组。20世纪50、60年代娘家和夫家都是贫农成分。生育过六个子女：王彩琴、王锁娃、王勤锁、王秋锁、王彩凤、王斌锁。

访 谈 人： 王苗苗，女，1989年生，陕西理工大学历史学专业2009级学生。

访谈时间： 2011年7月23日。

说　　明： 采访对象为采访人的祖母。

1. 你问我啥时候要下的，我不知道么。

　　王苗苗（以下简称"王"）： 婆，你是啥时候出生的，啥时候要下的？

　　麻雪（以下简称"麻"）： 你问我啥时候要下的，我不知道么。

　　王： 你今年79了，算算应该（19）32年的吧？

　　麻： 我身份证上的日子是你姨婆说下的。

　　王： 你们那时咋不知道自己是啥时候要下的呢？

　　麻： 咱不知道。我妈要了我们六个，我是老大，没人给我说（我是啥时候生下的）。

　　王： 那你10多岁时知道新中国成立不？

　　麻： 咱不知道。

　　王： 那你们没听过人家说新社会、旧社会？

　　麻： 我碎的时候听人家说过新社会，但不记得是啥时候的事了。那时谁还管人家都说啥呢吗？管不来那多的事。

2. 吃完晌午饭去念一下下，念完还要给人家上工。

王：那你上过学没？

麻：咿没的，谁还上过学，以后的事了。

王：那时你们村子里其他女娃娃上过学没？

麻：跟我们一拨的，（小时候）谁还念过书啊？念书是后来人家队里头叫民校，我也没念过；到最后结了婚以后，来这家里，人家还叫念民校，村子里女的都去，我就去了。

王：婆，你上民校是哪一年？

麻：具体我不知道，忘了是哪一年，我是结了婚以后来这，队里头叫上的。

王：那上民校你们都学啥呢？

麻：人家给教识字呢。

王：识字班吗？

麻：嗯，就像识字班一样，还教算术。

王：那谁给你们教呢？

麻：就是队里头会识字的人教。刚开始教的时候，先给你教自己的名字，莎莎（注：人名）她婆跟我一搭去，人家莎莎她婆还认的字多，我认不下。人家你白兴叔就说："嗨，你蛮记瞎（注：指记错）么，你看人家都知道（自）个儿的名字，认得字了。你（识字的程度之慢）能把人吓死。"我那会念不进去么，我不爱去。刚开始人家队长硬叫我这一拨去，你不去就不行，人家不停地叫。

王：那会去的人多不，不去还不行吗？

麻：人多得很，跟我一（样年）龄的全是媳妇，都要去，人家不停地来叫。我记不下字，最后白兴叔还叫，我就说我不去，藏猫猫虎。最后人家没再叫我，我才没去。

王：那你们啥时候去念，（每天）一直去吗？

麻：还能叫你一直去吗？吃过上午饭就麻利（注：赶紧）去，门上人家乱喊叫。那会儿你大姑才多大点，你大伯碎碎点，你老老婆（注：曾祖母，此处指采访对象丈夫的母亲）把你大伯往织布机上一放。就是吃完晌午饭去念一下下，念完还要给人家上工。上工是天天上，念个字还能把人家上工给耽搁了吗？

　　王：是谁给你们办的民校？弄了多长时间？

　　麻：人家村子里的，只办了一个<u>忙夏</u>（注：夏天）人家就不弄了，没听说再办。

　　王：那你们是几个人一个班？就是几个人一个教室？

　　麻：差不多就是二三个临近的村，就像咱村跟二队一块，你白兴叔给我们教呢。那阵谁还顾得上家里的娃娃，可怜得很。

3. 织布的时候经常点着黑煤油灯灯，到前头碎黑房底下，人眼睛都老早就不行了。

　　王：你刚才提到我老老婆把娃往织布机上一放，我老老婆还织布呢？她织布干啥？

　　麻：给人家队里头织布呢。你老老婆眼睛不好，还要挣人家两个工分呢，那时候都可怜得很。

　　王：为啥要给人家生产队里织布呢？干什么用？

　　麻：人家本来都是队里头给每家每户一人分二斤棉花，都给（自）个儿织，织了布就穿衣服、弄（床）单子。咱大队你老老婆织布织得好得很，细法得很，队里头队长让你老老婆给人家队里头干部织，人家说给你老老婆按工分算，我不知道几个（工分），忘了。

　　王：那是不是她一个人给队里头干部织？

　　麻：人家给队里头织的人有好几个，棉花是队里头给的。还有别的人织不了布的，都是让你老老婆这些人给织，人家就<u>单另</u>（注：另外）给你给点啥。

　　王：是不是直接用棉花就做成布了？

　　麻：先纺线么，用棉车纺线、打穗子、拐线、浆，然后晒干、放船、放线笼、投。

　　王：听起来还那么复杂的，麻烦得很！

　　麻：你当简单很吗？织布的时候经常点着黑煤油灯灯，到前头碎黑房底下，人眼睛都老早就不行了。

4. 我妈给我说下的（对象），我啥都不知道。

王：你们那阵女娃娃多大年龄开始找对象？

麻：一般就是17（岁）寻对象，18（岁）了就给人家给给（注：嫁给）了。

王：你们那会儿找对象一般看重啥，要啥条件呢？嫌不嫌人家家里有啥没啥？

麻：我不知道，那时人都可怜得像啥一样，不知道人家家里有啥没啥。我妈给我说下的（对象），我啥都不知道。我那会儿结婚都是已经解放了。我姐15岁就给人家给给了，她那一拨子碎碎的就给人家了，我们这还迟两年（才出嫁）。

王：那你结婚时来这家满意不，情愿不？

麻：我那阵还说情愿不情愿吗？咻不说。你老老爷（注：曾祖父，此处指采访对象的父亲）那阵到塬底下（注：指采访对象婆家所在的一带）给人喂马，给我寻下的（对象），你老老婆没说啥，你姨婆（注：指采访对象的姐姐）去看嘞，我不知道。（嫁）来的时候你爷这边弟兄六个，前头三间草房，中间是个厨房，后头三间草房、一个后院，你爷还跟你老老婆住着。

王：那你满意不？

麻：唉！到达（注：指哪里）都一样，我没下塬（结婚）以前，塬上你老老爷有个磨盘，买麦给人家磨面粉，我一天跟你老老爷搭磨、去卖面粉。我记得你老老婆眼睛瞎了，一天把你舅爷（注：指采访对象的娘家弟弟）抱到炕上坐着，我跟你老老爷黑了往半夜做活。有一个冬天，我到你老老爷后头跟着呢，周围全是狼，那会儿狼普遍很，眼睛都亮很，你老老爷不停地赶："一边去，一边去……"我们还照样回去了。到塬底下来（结婚）以后，又要伺候塬底下的你老老婆。你老老婆精明很，一天骂人，弄这不对弄那不对。唉！人老了也可怜很。

王：你那时候丈夫打骂媳妇的情况普遍不？打的话，有人管不？

麻：打呢，咱邻家你婆婆叫那你爷爷打得，一天打呢。（咱家）你爷那人好得很，没说过我一句，你老老婆骂得多。

王：那打媳妇有人管不？

麻：没人管。你到你家打，谁管呢？那时候人都天天上工，白天了都见不上。打得厉害了，邻家人都劝劝，大队队长、保管员大不了劝劝，没人管。

王：有离婚的没？

麻：离婚？没听过谁离婚呢，那阵刚解放，那阵都说（离婚）呢，（但）没人离，都嫌丢人很，一辈辈没想过。

王：那解放前和解放后有啥差别没？

麻：我不知道。

王：那你下塬（结婚）以后有没有听过人家结婚后跟你们不一样了，比你们自由了，（公婆对媳妇）管得不那么严了？

麻：我没听说过，跟我（们）那会儿差不多么。

王：那你们那时候啥样的姑娘好找对象？你们那时候女娃娃都爱寻啥人？

麻：我（们）那会儿不知道，没听人家说过，都是听人家她爸她妈（给女儿）说（对象）。

王：你们那会儿结婚的时候要啥彩礼呢？

麻：我那会儿不知道要，我妈给我要的，要的布，几头布、几斤棉花、三身粗布衣服……

5. 那阵缠着脚睡觉时都不能放，疼得在地下爬，连路都走不了……

麻：我（们）那阵就是都缠脚呢，我也缠着，缠了一半脚人家解放了，不叫缠了，我就不缠了，缠了一半脚。东头你婆婆脚碎很，是全缠的脚。

王：你多大缠的脚？

麻：我都忘了，还是娃娃时都缠，纱布扯成布条条，扭着缠，有人把脚弄得都废了。

王：啥时候不让缠了的？

麻：人家说禁烟、放脚、拆庙拆神，我们就不缠了。

王：人家给你们怎么说不让缠脚了的，你们怎么知道的？

麻：都喊口号"禁烟放脚"，传话。都说人家不让缠脚了，不受罪了。大人都说现在不让缠脚了。

王：有没有人还觉得脚碎好看，不愿意放的？

麻：咓没的，委屈都受得像啥，（放了脚）都才高兴呢。原来缠是大人都说脚大面丑，怕没人要，讲究一个茶碗放两只脚，都叫"棒槌脚"。都还把瓦片打成碎片，刮眉毛，为了好看。

王：放脚时，人家咋给你们说缠脚不好的？

麻：那阵缠着脚睡觉时都不能放，疼得在地下爬，连路都走不了，都知道缠脚害怕很。

6.（结婚时）我是红袄，底下是碳青的裙子往腰上一系；你爷是一身黑长袍，大襟衣服。

王：你多大的时候结的婚？

麻：我17岁结的婚，那会儿我爸给我定的（结婚日子），我妈没说啥。把日子一定，就把相一照，人家给把证一领。

王：就是啥都要听你爸你妈的呢？

麻：嗯，肯定的。

王：你结婚时跟我爷去领结婚证，你自己去的还是谁带你去的？

麻：我没去，当时没领，结了婚都多长时间了，人家你爷拿回来个啥本本，叫我放下，说是啥给的证。

王：你跟我爷结婚的时候穿的啥？

麻：我是红袄，底下是碳青的裙子往腰上一系；你爷是一身黑长袍，大襟衣服。送女客两个，一个穿的红，一个穿的蓝，回来时一换。

王：你们还穿裙子呢？

麻：我（自）个儿缝的（裙子），我妈给我弄的，跟你们这会儿不一样，头上是头纱，老早人家是凤冠，重得很。我那会儿的时候弄凤冠的人少很，我们都是头纱、头巾，刚开始人家叫我走（到你爷家去）呢，你爷嫌远得很。那会儿从塬上走下来远很，最后是马车拉的，马拉着呢。

王：我爷戴不戴帽子？

麻：你爷戴着黑衬帽，上头六个牙牙，黑缎子做的。

王：那你们待亲戚时都吃的啥？

麻：早上是臊子面，中午（每）一席是十碗饭、四碗萝卜块、四碗稀饭、一碗炒的瓜菜、一碗麦面馍馍。稀饭就是汤，里头有豆腐、粉条。

7. （从娘家）回来就跟到地里头干活呢，到家里做饭，啥都干呢……

  王：那你们结婚了几天后你开始干活的？

  麻：我那会儿结完婚，两天就可回塬上（娘家）了。回去的时候提着笼笼，里头装的馍。回去去（同）一门子给人家磕头，都是家里头的人都要给人家磕头呢。（从娘家）回来就跟到地里头干活呢，到家里做饭，啥都干呢，哪还有讲究呢？

  王：都干些啥？

  麻：你爷前头院子有三间黑房，里面有个磨坊，你爷买下的，我给人家队里头<u>搭磨子</u>（注：指磨面）挣工分。队里头吃大食堂的时候，都是我搭的磨子。

  王：人家给你几个工分？

  麻：三个，三个工分。

  王：你一直专门干这个吗？

  麻：还要给人家上工，人家食堂给你说要磨子，你就赶紧回来给人家回去搭去。经常点着煤油灯灯（搭磨子），人家说我可靠，炊事员说我搭磨子弄得好，给人家连得上。炊事员经常䅟饭时给我老早䅟好，别人老提意见。

  王：那时给整个大队里头搭磨子，吃饭的人那么多，你一个人能弄得过来吗？

  麻：人虽然多，哪达有那么多粮食嘛？

  王：哦，你是说粮食不多，做的饭里还和了其他东西，用的粮食不多？

  麻：就是的。

  王：那啥时候不吃大食堂了？

  麻：政策下来说不吃了，管理员管灶的没办法了，没粮了，人家开会，还把管理员叫到蔡家坡批斗，嫌他把社员饿下了。人家问他把粮弄啥了，管理员说，我大称过粮，<u>米面过三个称</u>（注：指把粮食分为三种：米、面、杂粮，每种单独过称），我就是心让狼狗吃了都不拿大家伙的粮。最后政策说不吃了，散伙了。那时我记得你爷到上滩河养猪场挣工分，也是三个工分。你二妈（嫁）来的时候（食堂）都散了几年，你碎姑才半岁大。

8. 那时人都那样，把生娃娃不当啥，娃娃都不值钱，命都贱得很。

王：你那阵有我大姑、大伯到我爸一共六个娃娃，还记得都是哪一年的不？

麻：这记得呢，那会儿你爷寻人拿纸记下来了。你大姑1949年11月，你大伯1954年6月，你二伯（19）56年腊月，你碎姑（19）59年，你三伯（19）61年9月，你爸（19）65年2月的，你大姑这会儿都快60（岁）了。

王：你那阵怀孕的时候能休息不？还下地干活不？人家社里头强行不？干活有照顾不？

麻：还休息呢？谁让你休息呢？你要指望还挣点工分呢，一天到地里头干活呢。人家没说让你强行上工，那你不上工还能挣人家工分？我记得怀你二伯时，后个（注：后天）就要生了，今个（注：今天）还在地里头拿锄头锄地。莎莎她婆生莎莎她伯时上午还在地里头干活，后响就生了，差一点还要生在地里头。那时人都那样，把生娃娃不当啥，娃娃都不值钱，命都贱得很。

王：那你要我大姑她们时让人家帮忙还是自己要的？

麻：要你大姑那会儿是头一个，你老老婆在呢，拿簸箕往炕上倒一堆灰，烧完炕掏的灰。你老老婆在呢，怕啥呢？到你二伯时就是（自）个儿生。

王：那是不是咱村子人都是自己生呢？你们就不害怕吗？

麻：反正咱村子里一拨子都是（自）个儿生呢。那阵谁（要娃）还叫谁（帮忙）吗？都就这么过来了，谁也没说叫谁，你害怕没办法么。你看那阵要的娃娃照样好好的，现在你看社会好的，（娃娃）还爱耍麻达。

王：那月子里家里头对你特殊照顾不？

麻：娘家人给拿点馍馍、挂面，家里头就给你做一样瓷碗凉鱼（注：一种用玉米面和小麦面粉做成的食品），30天以后就下床干活了。

王：那你那阵子坐月子队里头对你有啥特殊照顾不？

麻：啥特殊照顾呢，你等差不多了就去上工去。人家公社女的当干部的说给你换个啥轻松活。忌啥一般不管，人家生娃娃都这样的，凉水，井水凉得很都不忌。你看我（因为不忌），头上得的风湿病。你不去（干活）人家不停地叫，那你要吃饭挣工分。

王：婆，你生完娃娃在家能歇多长时间？

麻：生完娃娃，有七八十天的假，没工分，经常有人早早就上工去了。

王：那时候孩子小的时候你去地里，娃娃都咋办？

麻：生完娃娃都去干活了，你老老婆在家里织布看着（娃娃）。那时你老老婆说："谁不听话就拿火棍打，往头上打。"你大姑最大，也跟去干活，给人家拾棉花，到河滩去拾石头、棉花、柴，都给人家公社交了，人家再给你记个工分。

9. 没听过有计划生育，光听人家队上人开会说少要点娃娃。

王：你（们）那会儿为啥要那么多娃娃？没有计划生育吗？

麻：那阵没人说，都要的多，大碎一群群，大的能上工。没听过有计划生育，光听人家队上人开会说少要点娃娃。

王：队里头开会说少要点娃娃，人家说为啥要少要点娃娃？

麻：人家开会时说，政策下来，说人太多了，不能要那么多的娃娃，妇女都要去结扎。

王：那你们就都去了？

麻：人家每次开会时都点名，谁没去点谁名，上头紧张了就喊得勤了，不停地点名。广播上说："××，开会呢，往这来，不来了，就自保。"人都就知道（××没有结扎）了。（被在广播上点名的）次数多了自己都觉得伤脸得很，就去了。人都去镇医院排队，房子里头铺着麦草，去好几天。排队时，有人等不住，先回去，但人都很自觉，回去自觉地就来了，怕点名伤脸。去了三到七天后，人家管的人就（把已经做了结扎手术的妇女）送回来了。

王：为啥还要送回来，那么多的人？

麻：人家好好的人肚子上挨了一刀子，把人放倒了，肯定要送回来。咱队里头有个男的去医院看女的，还给拿了个芪姜（生姜的一种），被人都笑了。

王：是不是妇女们都想少要点娃娃？

麻：大部分都说。（自）个儿要的多的，不想要了。人心里头都不想要了，儿子少的人都想要，给队里头给点钱、给点好处，就躲过去了。

10.（来月经了用）"骑马布"么。

王：那你那阵月经来了用啥东西呢？

麻："骑马布"么。

王：啥叫"骑马布"？

麻：就是那点布，老布，叠成方方，四个角角拉住一绑厚厚的。那时穿的大裤裆，都拉着架子车上工时往裤腰上一拴，冬天冷得很，夏天热得很，又厚又重。用毕的还要一洗再用，那阵子来月经都说骑马，谁拉着架子车走前头，后头人一看都说："你今个把马骑上了，就跑快一点。"都说笑呢。

王：啊？别人都能知道吗？

麻：咋知道么，从后头一看都知道，裤子经常脏着。

王：那你来月经时给人家上工，人家给你分轻活不？

麻：谁还管你那事，你照样把架子车拉上跑得快得像啥一样，没人管你那事。

11. 生活苦么，人都可怜得不像啥，一天吃不饱，命苦得！

王：你那阵到地里头干活，一天给多少工分？你们都干啥活？

麻：那阵你拉架子车就是9个工分，挖地就是7个工分。一天上了工，还拾棉花、拾石头，都在咱河滩。到公社（化）了就啥活都干。

王：那男的一天给多少工分？

麻：男的就是10个工分，有时是12个工分，活重了就是12个工分。

王：那时10个工分多少钱？

麻：我听人家大队人说图个两块钱。

王：那时一年粮食一个人能分多少？

麻：人家有的分200斤的，有的分200多的，还看你一年多少工分。

王：不够吃了咋办？

麻：你老老婆婆细法（注：节省）得像啥！我记得有一下午（食堂的）饭是玉米汤汤，（跟）你二伯一块的你仓园伯，还是碎娃娃，从公社往回端饭呢，拿洋瓷碗往回端，走到路上跌了一跤，玉米汤汤全扣地下了，娃娃哭着趴在地上赶紧拿舌头舔。（倒在地上的饭）都成泥汤汤了，别的人都说给娃娃另给一碗，那不行，（食堂）一人（只有）一碗，你（多）吃了别人吃啥？娃娃就饿下了。你看人家现在把书念到外边去了。

  王：现在觉得那时生活咋样？

  麻：生活苦么，人都可怜得不像啥，一天吃不饱，命苦得！你看现在社会好得……

12. 有娃娃的（妇女）都让人家派去近处去（参加工程）了。

  王：哦，那你还记得那时的大炼钢不？

  麻：有呢。

  王：那你们都参加不？

  麻：我这一拨子有，你爷去过。

  王：是不是男的去过？

  麻：噢，你爷就去过。

  王：那你们那时修过水库、水渠、公路没？

  麻：有么，去过，是人家硬叫你去，派的去，男的女的都有去过的。

  王：女的有娃娃的也去吗？

  麻：去呢，有娃娃的都让人家派去近处去了。我那阵就到近处，晌午给人家把活干完，赶紧给关系好的一说，让她给我把剩下的弄完，人家检查的时候（帮我）编个谎，我赶紧往回跑。你老老婆候着（我回去），娃娃饿得叫唤得，你老老婆还骂得不行。我就赶紧给娃娃把奶一吃，撒脚就往场地跑，走时饿得拿个馍，在社里吃的饭都是稀汤汤。

  王：你们那时有工分没？

  麻：有哩么，到远处去的人，人家都挣得多。

  王：可以请假不？请假了工分有没？

  麻：能请假，你请假了就不知道有没有工分，没听过。

  王：你那时爱到农业社去，还是爱去修工程？

  麻：我爱到农业社去。

13. 人家说过（妇女解放），光说哩，我们还是一样。

王：你那时在家里头都干啥活？

麻：那你从队里头回来后，家里头啥都要干，你老老婆在家里头管娃娃，棉袄、袜子啥我都要弄，你老老婆眼睛不好。黑了（我）把煤油灯、洋蜡一点，给你伯、你爷、你姑缝棉袄棉裤。都是天黑了弄呢。有一回（天）黑了，我擦洋火，头一个断了，你老老婆拿量布的尺子不说话就往我头上打，打了几下，我以后擦洋火都小心很。

王：那你们那时有啥爱好呢？你们把活干完都干啥？

麻：没有，没有一点爱好，那阵人可怜得肚子都饿得很，还爱好啥？那阵我们都唱戏、唱眉户。

王：那你们那时听过"妇女解放"没？

麻：没听过。

王：没听过？就是那阵让你们跟以前不一样了？

麻：那阵让我们开会也去，男的女的都一样，人家说过，光说哩，我们还是一样，不让缠碎脚。

王：那当时政府对妇女有啥宣传的没？广播喊啥呢，标语、口号啥的？

麻：我不知道。

14. 你老老婆为养活你爷，……啥都给人家弄，像要饭的一样。

王：你以前经常说我老老婆可怜得很，咋可怜的？

麻：原来人都可怜得很，哪有现在人这么好的条件。

王：你给我说一下我老老婆大概的情况。

麻：你爷12岁那年，你老老婆就守着一个儿守寡，本来还有一个女子，女子是个哈货（注：指作风不好的人），跟人家飞靶跑了，再也没回来。

王：啥是飞靶？

麻：就是那阵拿枪的人，土匪。

王：你知道拿枪的人是干啥的不？跟谁干事的？

麻：我不知道，肯定是土匪么。

王：我爷也可怜很。

麻：你爷比我大十岁，我（嫁）来的时候。

王：啊？大了十岁？

麻：人家都是（嫁给）大了十几岁的人，多得很。

王：那时你们女娃娃为啥都是十几岁就给人了，男的那么迟的？

麻：人家（男的）有小的，我那会儿这一群人都是这么个。

王：那你继续给我说我老老婆。

麻：解放前你老老婆为养活你爷，到（渭）河南（边）去拾麦，给人家织布、拾棉花、绣描。你老老婆手巧得很，绣描绣得好得很，啥都给人家弄，像要饭的一样。

王：那她们那阵吃啥？

麻：吃菜根咽糠么。到（渭）河南河滩去挖蔓（菁）根，到人家地里头偷苜蓿，（差点）让人家还要打死，往脸上唾，把委屈受够了，活得不像个人。（注：说到这，老人泣不成声）。

王：那会儿我老老婆是咋死了的？

麻：老死的，活了90多岁。原来经常坐到前头三间房里头，你大伯当兵回来分配安排到咱县上，经常在县上逛，你老老婆经常问我："锁娃（注：采访人大伯的小名）从县上回来给你拿的啥好吃的？"我经常给（她）说："人家给我拿的啥吃的，我能给你不先吃吗？人家啥都没拿。"你爷有一回去蔡家坡回来了拿了点淀粉，回来后，拿玉米壳壳（注：读 que，四声，指玉米棒外面的皮）放在板板上来回搓，放在水里头搓，垢痂跟淀粉混一起，给你老老婆跟你大伯留着（吃）。你老老婆快死时，给弄的面糊糊，不吃。你当真的不（想）吃吗？是吃不下去了。人家给她说，大婆，明个给你娶二孙媳妇。你老老婆说，她谁爱弄啥就弄啥。给她单另蒸点馍，给喂嘴里头，人家（自）个儿就掏出来扔了，已经知道（自）个儿咽不下去了，嫌人给她（吃）是浪费，就骂这个骂那个，让不给她吃啥,（让）给娃娃留下。谁给她一吃啥（她）就骂，到最后有一半是（自）个儿硬把（自）个儿饿死的。硬爬后院厕所，绊倒（在）厕所，把人弄得不像啥。腊月二十七，娶你二妈，二十六晚上叫人安排喜事，（你老老婆）晚上就咽了气。为了娶媳妇，就把（放你老老婆遗体的）门锁上。新媳妇过门后，没吱声，在大门口搭个烂棚，她的棺材弄得早得很，都快烂了，放在大门口，谁来了想哭就哭几声，就那样埋了。

15. 人家有卖的，那时候有人还在河滩地里头种（鸦）片烟。

王：我记得你说你用鸦片治过病，怎么回事？

麻：我小的时候，肚子不好，不知道得啥病了，别人都说别管了，成不了个人了。我爹那阵就把我背来背去的，给我熬烟片子。旁人都说，把（这）个救下了以后惯得烟瘾大得，<u>没人要</u>（注：指嫁不出去），我爹一直就不管旁人说啥。

王：为啥要用鸦片治病，怎么治呢？

麻：像熬胶一样地在火上熬，拿手搓成像羊屎一样大的豆豆，我舅婆来给我点烟锅，呼噜噜地就吸。

王：你们那时候哪来的大烟？

麻：人家有卖的，那时候有人还在河滩地里头种（鸦）片烟。

眉县张凤仙访谈

访谈对象：张凤仙，女，汉族，1923年生。1940年结婚，婚前居住于今陕西眉县眉站镇，婚后居住于今陕西眉县金渠乡蔡家崖村二组。共育有五个子女，分别出生于1942、1944、1947、1952、1955年。20世纪50、60年代丈夫家的家庭成分为中农。1956年丈夫去世后，她独自抚养五个子女长大成人并成家立业。2014年11月去世。

访 谈 人：李巧宁，女，陕西理工大学教师。

访谈时间：2010年8月8日。

说　　明：采访对象为采访人的外祖母。

1. 我这脚在地里拐不成么，我思量在屋里挣点工对咧。

李巧宁（以下简称"李"）：婆，你给我说过吃食堂那阵你给人家到食堂做饭呢，你能记得那是几几年呀不？

张凤仙（以下简称"张"）：吃了几年（食堂）呢，从（19）58年一直吃到（19）61吗（19）60年。人家大脚（注：天足）到地里做活能偷下（玉米）棒棒，我这（裹）脚到地里拐不成，到食堂做活（地）平平的，歹着呢（注：很好，舒服着呢），肚子也吃得饱饱的。那几年段明华（注：同村妇女名）经常为（食堂给她）舀饭（太少）长眼泪、短眼泪的。食堂换个人要出来呢，再换个人还要出来呢（都不愿意在食堂做饭），出来在地里做活回来的时候能（给自己屋里偷着）拾下棉花。我这脚在地里拐不成么，我思量在屋里挣点工（分）对咧。（我）把你碎舅（注：张凤仙的小儿子，1955年生）引上，他那阵碎碎点，那碎着（的时候）到底乖得，在屋里给杀点钢（注：严肃地叮嘱），叫不要到食堂要吃馍，人家食堂的馍有份（注：有数）呢么，他也不闹着要吃。就是把你妈（注：张凤仙的女儿，1947 年生）一下给扎了（注：让承受重负了），把你碎舅背上来背下去（注：采访对象家住在村南头，属于村子地势较高处，食堂所在的地方相对而言地势稍低，所以采访对象把去食堂叫"下去"，把从食堂回家叫"上来"）。

李：食堂在啊达呢？

张：在村中间，人家（生产队）盖的房，食堂在那呢。唠叨（的）人了，（在食堂）人家给舀饭（的）当（口）嫌人家舀得不好了、少了，我不说。大家的饭么，你撒那厉害做啥？本来人都肚子饥得很。我其实还不太饥。李希文（注：同村男性，当时在食堂当炊事员）每一顿（在食堂）给舀饭的时候，在锅里一舀，很快一提，给我就连饭皮（注：做好的稀饭稍微放置后，表面上形成的一层薄皮）一起舀上了；给其他人舀饭还把饭勺晃一下，给你剩下半勺舀上。我肚子还基本没太难过过。你姨婆（注：访谈对象张凤仙的姐姐）给我说："我有时在屋里思量起你可怜的（一个女人管几个孩子，吃不饱），我还发难过呢。"我给说："你再不要难过了，其实还没太饿。"

你东省舅（注：采访对象张凤仙丈夫的侄子肖东省）在这边把我们养活了三年，我现在还记人家的好呢！你二爷（注：张凤仙丈夫的兄弟）是屋里的当家人，叫他（你东省舅）做啥他就做呢。你舅家爷（注：采访对象的丈夫）是（1956 年农历）四月初四殁了的，初五放了一天，初五后响就埋了么，装了个卖材（注：用质量不好的木板做的棺材），是用风板（注：一种薄而材质不好的木板）做下的，本来他病重了说是随便做个棺材把他的病压一下（注：当地风俗，病人病情严重时，家里人给做个棺材，以吓跑病魔），他病好了把那棺材拉去卖呀，就把那给装上埋了。埋的时候你二爷在门外头滚着滚着哭呢，嫌给他把难处留下了，五个娃（要他帮忙养活）呢。你碎舅二月二十八刚过了周岁，你舅家爷四月初四就殁了。我那一年才 33 岁。

李：我舅家爷殁了以后我东省舅才过来做活的吗？

张：噢。你二爷叫你东省舅屋你妗子跟我来在（渭）河这边落户，她不来，她娘家在（渭）河北呢，她还不喜爱（渭）河南。

2.（识字班）闲了黑了去学一下，忙了就不去了。

李：我妈（注：张凤仙的女儿，1947年生）上过学呀不？

张：上过。你妈上学那阵，早上回来拔上一拌笼草（才去上学），后响半后响就（从学校）回来了，书包里面背两本书，一本语文，一本算术。你妈还没上学的时候，才八九岁的时候，你东省舅和我看了一头猪，你东省舅勤快，早上起来我做饭呢，他就把你妈引上去给猪寻上一拌笼草。

李：婆，你50年代还上过识字班，得是？

张：上嘞。我那阵额头上留的有头发，齐齐的，学字学不进去把我急得出（汗）水呢，额头上的头发都湿了。人家还表扬我呢，说我费了心机了。

李：那你学下字了没？

张：连半个字都没学下。白天到地里做活，后来又到食堂做饭呢，黑了汤喝了可成半夜地开会呢，那时会多很。那时我还缠的有裹脚布呢，又没雨鞋，经常（天）黑了回来裹脚布和鞋都是湿的，一晚上睡觉把脚都在炕边吊着（晾）呢，天没明呢又走了，起来做活去了。我和宝强（注：同村人名民）他妈一搭去学字呢。

李：识字班在哪里设着呢？

张：在一家人屋里呢，没有学校。

李：你学了多长时间？

张：闲了黑了去学一下，忙了就不去了；黑了去，白天不去。

李：在识字班人家都给你教啥呢？

张：我记不得了。

李：那你上过识字班以后，上厕所能认得"男"和"女"呀不？

张：上厕所能认得。

眉县肖喜雀访谈

采访对象： 1. 肖喜雀，女，1947年生。1966年结婚，婚前居住于今陕西眉县蔡家崖二组，婚后居住于今陕西眉县田家寨村二组。共育有三个子女。20世纪50、60年代，娘家的家庭成分为中农，夫家的家庭成分先为上中农，1962年"民主革命补课"时被划为"漏划富农"。1957年上学，上到1962年。母亲张凤仙，1923年生，共育有五个子女，分别出生于1942、1944、1947、1952、1955年。2. 李金海，男，1944年生，陕西眉县田家寨村二组。与肖喜雀是夫妻。

采 访 人： 李巧宁，女，陕西理工大学教师。

采访时间： 2009年8月10日；2010年8月12日；2015年1月9日。

说　　明： 采访对象肖喜雀为采访人的母亲，李金海是采访人的父亲。

1. 刚吃食堂那阵吃饭不要钱，做活不记工么。

李巧宁（以下简称"李"）： 妈，你是1947年生的哦？

肖喜雀（以下简称"肖"）： 反正我是属猪的。

李： 那就是1947年（出生的）。那我舅家婆（注：外婆）是哪一年生的？

肖： 她也是属猪的，今年88（岁）了，你算一下。

李： 那她是1923年生的。妈，你开始能记事的时候农村在干啥呢？

肖： 我记事那阵农村吃食堂么。

李： 那是哪一年开始吃的？

肖： （19）58年么，（19）59年还吃着呢。

李： 妈，那1958年吃食堂那阵，我舅家婆给生产队做啥呢？

肖：她就在食堂做饭。

李：那个时候我舅家爷已经殁了，她一个人挣的工分能养活你姊妹伙吧？

肖：刚吃食堂那阵吃饭不要钱，做活不记工么。吃饭不问你要钱，但是你吃的人家的粮，就经常锻着你做活，不停地叫你做活，你不做活食堂开饭了你要是去吃，人家就说你呢。人家有脸面的，不做活，其他人你就得做。像我才碎碎点就天天去给食堂到水渠里捞水芹菜，因为我（们）那儿的水土种的旱芹菜到底苦得不得了，药一样苦，我们这些娃伙就给人家去捞水芹菜，食堂就把那在水里煮一下调（注：读tiao，二声）着吃。我经常给人家拔谷、锄草……，我小时候肯长，年龄不大人就长得高高的，成天做活，把人做得乏得不得了。

李：吃食堂那阵，食堂烧柴怎么解决？

肖：生产队就买点炭烧呢。食堂舀饭有定量呢，一个人二两玉米糁，玉米糁做得稀很，舀的时候只显得舀的少。人骂食堂舀饭的，说嫌给人舀饭的时候总要把勺晃一下。饭稀，勺稍微一晃饭就不满了。

李：人吃不饱，总觉得给他把饭没舀好！

肖：就是的。当时你二舅（注：采访对象的哥哥，1944年生）念书着呢，你舅家婆在食堂做饭呢，她每天把食堂吃了番瓜以后掏了的番瓜瓢收拾下，把里面的瓜籽挤了，弄点面面和在一起，给你二舅烙成馍。本该一天用面面能给烙两个馍，和上番瓜瓢了就能给烙三个半馍，叫你二舅拿到学校去吃。

（渭）河北的你二婆（注：采访对象母亲的妯娌）有一伙娃呢，到食堂买点饭了，都尽娃伙吃了，她吃不上。再一个她还要给碎娃吃奶，把她饿得脖子细细的。她到你舅家来了，你舅家婆说："你住上两天。"其他人，你舅家婆还不敢叫住下，住下要吃粮呢，吃了我们就没啥吃了。你婆思量着以前你二爷当家着的时候，把你东省舅派过来养活我们嘞，她记你二爷的恩情呢。那天买了点白米米饭，里面下的番瓜多得把白米米饭弄得全是黄的，下番瓜就是为了把饭弄稠、弄多。饭买回来了，你二婆说："呀，你们（渭）河南咋这么好的，（饭）稠稠的！"我（们）说："里面全是菜。"她说："菜也罢，只要稠（就好）。"饭吃了，她说："我今儿还罢了（注：差不多），吃了饱饭，在屋里经常吃不上。"（天）黑了，你婆从食堂回来拿了点番瓜瓢给你二舅烙馍呢，给你二婆吃了一个馍，你二婆说："我今儿腿都有劲了！我平常吃不上，

眉县肖喜雀访谈　089

叫娃吃奶把我咂得！我（们）那边饭稀得，调和糁糁稀得！"

那几年食堂没有粮，上头那些人还爱来检查，今儿这个来检查呢，明儿那个检查团来检查呢，讲哪个食堂经常调花样呢啥的。你说没粮拿啥调花样呢嘛？说是把玉米壳壳在水里一泡，弄淀粉呢；说哪个哪个食堂用淀粉做吃的能变 72 个花样，叫人参观呢。人都笑说："啥淀粉，纯粹是把玉米壳壳上的垢痂泡出来了。"检查团来了要是给检查团吃不好，检查团就给食堂管灶的管理员发火，说你这个食堂饭做得不好，不会变花样。食堂弄点粮，群众吃不上，都叫检查团吃了。群众都说："检查啥呢，粮缺，检查团的人在屋吃不饱，跑到咱这来混饭来了。"

2. 碎脚也到地里去做活，人家做啥她们就做啥。

李：食堂散伙了以后像我舅家婆那些碎脚人在生产队做啥？

肖：她们也到地里去做活，人家做啥她们就做啥。

李：哇，碎脚也要到地里去做活吗？

肖：那你还不做咋办？你脚碎是你自己缠下的，又不是人家农业社（注：应为"生产队"，但当地农民习惯上大多把集体化时代的生产组织叫"农业社"）给你缠下的。她一直在地里做活，天下雨了地里太黏，生产队做不成活，她就把我引上到见不得窑（注：地名，离被采访人的娘家大约二里路远，比较荒僻）上去给猪拔草。她给鞋上绑个带带，怕泥把鞋黏跌了。我不穿鞋，光着两个脚，大人忙得顾不得做鞋，娃伙没鞋穿，下雨了都光精脚。她提一个拌笼，我提一个拌笼。那几年（猪）草都不好寻，近处就寻不下草，人都寻草呢。

李：给自己家喂的猪寻草呢吗？

肖：噢，那几年家里喂个猪哪有（粮食做的）料给吃？全凭给猪吃草呢，喂的猪瘦得跟猴一样。那阵菊花她爹当队长呢，你二舅到地里锄玉米呢，人家给大人摊一行玉米锄，挣 10 分工。娃伙工分挣得少，应该给摊少一点，人家也给摊一行玉米叫锄。你二舅觉得不公平，用锄把儿把人家锄的和他锄的一量，说："你挣多少工分，我挣多少？你锄多少玉米，我锄多少？"娃伙做不动活，再加上两边的大人躲奸要滑，不停地把该自己锄的留给娃伙，娃伙越锄看着地越多，就发牢骚，用锄把儿把这个锄的宽度量一下，把那个锄的量一下，人家都嫌他量了，骂呢。队长拿锄把儿抡起来就到你二舅屁股上打，我们回去还不敢给你舅家婆说，说了怕你舅家婆可打，嫌他惹事。人家在地里打他呢，把我吓得吱哇乱叫。我有时回去给你舅家婆说了，你婆说："打去，叫人家打去，我娃一天天总往大里长呢。"她知道我们没我爹，一个婆娘家引一伙娃，人家欺（负）你呢。

李：像我舅家婆那些碎脚人到地里干活人家能给她记多少工分？

肖：那些时候肯做包工活，多做多得，少做少得。做活快的跟快的在一搭做，慢的跟慢的在一搭做，谁也不嫌谁。她那些碎脚在一搭做。

3. 你婆急得说："……只要给我儿把婚结了，我以后剜野菜吃都行……"

你大舅（注：1942年生）刚长到虚岁19了，在征兵的当当（注：当口），人家可叫他当兵去呢，你舅家婆哭得，咋么都不叫去，说："我到底这是个大的，刚养活大，我不叫去。我老二长大了，人家国家看上叫去当兵，我就叫他去。"田菊梅（注：同村的妇女干部）说："把你就饿下了？人家国家照顾呢。"

李：那阵吃食堂着呢，还是食堂已经散伙了？

肖：那阵食堂已经散伙了，分粮到屋里吃呢，分的粮少很。

李：那阵当兵恐怕光荣很，人都抢着当呢吧？

肖：那阵没有，人还没那觉悟。人家来动员你舅家婆来了，你婆说："你看我这婆娘和娃，刚把娃养活大了，指望娃养活我呀……"那阵你大舅在生产队当的是会计，那几年的会计不好当，见动弹人家就开"三反"（注：指反贪污、反浪费、反官僚主义）会呢。人家想给你提意见了，你即使没贪污，人家底下给你捏个褶褶把你弄到"三反"会上去，一上去那拳头把你打得！

李：还打呢？我还以为说理呢。

肖：那不说理，你就不敢说。咱大队后来那个杨书记，还没当书记的时候不知道当的是啥，听说有一回叫人家弄到会上去给戴个大大的牌，牌上的绳细细的，挂到脖子上把人勒得！挂个牌还要你把腰弯下，头低下，两个胳膊往后背着。长娃（注：人名）吗还是谁咚咚咚地跑上去，装着大声说："看你扎个熊势！"把手举起装出要在后马勺（注：后脑勺）打呀，可没打，暗暗把脖子上的细绳给往衣服领上挪了一下，然后装着很厉害地说："你立好！"

就从那，杨书记记了那人的好。

李：那照顾了没？

肖：那几年屋里有人当兵的，秋夏两料武装部来人慰问呢，问你说："给你们把粮分了没有？"说："分了。"问："给照顾了没有？"你舅家婆就说："没有。人家说要照顾呢，事实上一次都没照顾过。"武装部来的人就去到会计跟前把账一看，给你婆说："你要是吃粮在队里属于中级偏下了，就给你照顾呢。你按挣的工分和人口分的粮属于中级偏上，就不照顾。"你大舅当兵去的当天早上刚一起来才结婚呢，比方说明天结婚呢，今黑了结婚证还没领下，因为你大妗年龄不够，说还增八个月。你婆急得说："呀，我为给我儿结婚，把分下的两装子（注：高约1.5米、直径0.4米、用粗线纺织的袋子）麦都吃完了。只要给我儿把婚结了，我以后剜野菜吃都行；现在麦吃完了，再给我儿没把媳妇娶下，我明天就挡住不叫我儿去当兵。"驻队干部是高智海，最后说："算了，我来给乡上打个电话，叫把结婚证给领了。"他给乡上打电话说："明个早起他就当兵去呀么，给把结婚证领了。"乡上说："能行，那叫领来。"问："叫其他人给捎回来行不行？"说："那不行，要本人来领呢。"（天）黑了你大舅跟你大妗才去把结婚证领回来。

李：我大舅走之前的那天把客都待了哦？

肖：没有，没待客（注：指摆酒席）。结婚证都没领下，跟人家谁结婚待客呀？

李：那没待客怎么把两装子麦吃了？

肖：那时候的人成天没啥吃，只显得吃得多，虽然没待客，但准备结婚呀，人来人往地已经把两装子麦吃光了。第二天天一明人家接兵的就来了，叫走呢。那时候，大队把你送乡上，乡上再把你送县上，在县上就统一走。人家接兵的已经来叫你舅了，你婆说："把桌子拉开叫拜个天地。我给儿娶媳妇呢，连天地都没拜，我怎么能行？"气得你大舅都哭了："人家叫走呢，你硬叫我要拜个天地，你把人逼得紧得！"你婆硬是叫把桌子拉开拜了个天地，就算给你舅把婚结了，你舅就走了。你大舅当兵期间回来，你大妗害羞得藏了连见面都不敢见。有人说："清秀，你女婿回来了！"院（里）人围得！……

李：那我大妗一结婚就开始到地里做活挣工分了？

肖：那阵你大妗看上去才碎碎点，（渭）河北的人说你舅家婆："你怎么给娃娶的媳妇瘦碎瘦碎的？"她看起来还低低的，连月经都还没来呢，到二十几岁了才来的月经，月经一来，很快就长高了。她这才说："我自从到这里来，肚子还没饥呢你们就把饭做好了，我在我屋（还没结婚）时，我爹跟我哥成天到外头做工呢，他们没在屋了，我一个人成天就吃一顿饭，把我叫饭做得害怕了。"她六岁离了她妈，她、她爹、两个她哥一共四口人就她一个人成天做饭呢。（她还没结婚时）我娘每去她家一回，回来就夸："人家那个女子能成很，炕上的席干净得！细详（注：仔细、节约、勤快）得，锅上用的抹布没有一个宽一点的，都是一点窄绺绺，一个个都洗得干干净净，撕得展展地在厨房绷得绳绳上晾着呢。"你大妗到现在都干净……

李：那我大妗那阵还可怜很，没她妈。那她结婚了到我舅家就挣工分了？

肖：她刚来瘦碎瘦碎的，做活到底不行。做包工活的时候她就跟我到一搭做，其他人经常说："你看她咋么做不动！"我俩不言传，硬装没听见。你像割麦，我们这些胳膊上有劲的人放跑镰，一镰一镰割那么宽一绺。她看起来也用劲割呢，割下的麦茬就窄窄一绺。但你大妗在锅上做啥做得好，那几年屋里人口多，你舅家婆经常说你大妗擀面擀得好，饭做好了把锅上收拾得干净得！她针线也好，做的针线好很……

4. 我这屋没劳动力，你舅家婆经常赶着叫我（们）做活挣工分，只怕饿下了。

李：我记得你说你结婚时虚岁20了，那你结婚前就已经到生产队做活了？

肖：那早都做了多年了。食堂散了以后，人家开始记工分了，你舅家婆嫌给我给的工分少，说："你不要到地里做活去了，做一天才给你记二分五、三分工，你去给集体的牛割草去。"割草15斤一分工。我背个背篓去割草，经常到河底（注：村庄名，离采访对象娘家所在村子约六七里路）去割，割满满一背篓，七十几斤草一气就背回来。

李：那你不要工分可以不到地里去吗？

肖：凭工分吃饭呢，你不要工分吃狗屁呀？我这屋没劳动力，你舅家婆经常赶着叫我做活挣工分，只怕饿下了。你二舅（注：1944年生）虚岁才17还是18，你舅家婆就给安排生产的人说："啊达工分大你就把我娃往啊达放，人家凭工分吃饭呢，我这屋困难。"人家说："那就叫起圈。"牲口圈攒上多天以后，他就去起圈里的粪，用镢头挖起，然后推出来，全是用推车把粪从牲口圈里往外头推呢。还有就是（用架子车）往宝鸡拉藕，一个人一次拉500斤，拉去卖。你二舅自从拉了藕回来就开始吐血了，挣了！他说一路是坡，拉500斤藕上一个坡王法（注：累人）得很，拉一车藕到宝鸡一直上坡，回来一咳嗽就吐血。后来结婚了你二妗子有病了，他给输了点血，他可开始不吐血了。

李：呀，妈，那五六十年代女的累很哦？

肖：那经常做活，做活的人你一晌不去人家就寻你呢，经常装病不到地里的人不去做活还没人管。像跟我一样大的××，就经常不到地里去，谁要是说（她），（她）就说："你只要能给我寻个人把娃管住，我就去做活。"人家她爸（注：指丈夫的叔父）是队长。要是谁几天没到地里去，她爸就说人家有"马皮思想"，就是咱说的"麻痹思想"。就那，你还不敢学……

5. 把我生下时……正打仗呢，我妈成天逃荒呢。

李：妈，你和我大舅、二舅出生的时候还没解放呢，女的生娃都不到医院生哦？

肖：不到医院生。把我生下时我妈在（渭）河这边住着，我婆在（渭）河那边住着呢，正打仗呢，我妈成天逃荒呢，从早上起来就把我放在炕上让我睡一天。那时候碎娃都瓷苶，大人把娃放炕上，四周用被子一围，给把被儿盖好，一天都在炕上。大人出去了，女的专门把（被）经血弄脏的血裤一穿，脚腕上扎裤的带带解开，裹脚也散开着，烂袜子头头露着，把自己弄得看起来脏脏的。因为那几年兵荒马乱的，土匪见了女的就拉住胡糟蹋。屋里人都说人家那些老婆家都懂得，老婆家穿个血裤，见有生人来，赶紧就把地上的土胡乱往脸上一抹，拿手把毛盖（注：头发）刨得乱乱的，像疯子一样。

李：把碎娃放屋里，大人躲啊达去了？

肖：看啊达有那没人的空院院，啊达有蓬蒿就躲进去。我婆从（渭）河北经常给捎话（注：当时采访对象的父亲和他的几个弟兄还没有分家，但父亲一家人住在渭河南岸，父亲的其他弟兄和家里老人都住在渭河北岸，两处隔河相望，河上有渡船，但只渡人和少量轻便物品）："兵荒马乱的，逃大人，把碎娃装拌笼倒到渭河去。"你舅家婆说,她思量,不往河里倒,听天由命,碎娃能活下来了就活,活不下来了算是她的命。

6. 单干的时候过一点光景也难得很。

李：我三舅比你小几岁？

肖：比我小五岁（注：1952年生）。

李：他在屋生下的还是……？

肖：那就在屋生么。

李：那时候讲新法接生,我不知道咋是"新法"？

肖：那几年就是自己门上（注：家周围,附近）有会接生的老婆,用剪子把脐带给一铰。那几年的碎娃娃爱得病,谁家娃可得了"四六风"了啥的。

李："四六风"是啥？

肖：娃娃有了风,（刚生下）四天呢、六天呢就死了。这几年医疗卫生条件好了,娃娃也不得那了。

李：在家里生娃不怕有危险吗？我记得你以前经常说"人生人,吓死人"？

肖：害怕么,那几年坐月子死的女的不少。

李：我碎舅（注：生于1955年）生下那阵,我舅家婆坐完月去生产队做活吧？

肖：那阵还单干着呢,你碎舅都一岁了、我爹殁的时候（注：指1956年春天）还单干着呢。我都还能记得我爹的模样么,我爹殁呀我都八九岁了么。你碎舅是属羊的（注：1955年生）,他刚过了一岁不久你舅家爷就殁了。

李：我舅家爷是咋么殁了的？

肖：是得病殁了的。

李：土改的时候我舅家是啥成分,是贫农？

肖：是中农。

李：中农当时在社会上受歧视呀不？

肖：社会上说的是"打倒地富,争取上中农,团结下中农,依靠贫雇农……",中农不受歧视。像你大舅（1962年）去参军,在部队上是党员。

李：单干的时候生活好吧？

肖：那时候过一点光景也难得很！你舅家爷有病，你舅家婆说她到底把觉当啥睡呢？屋里喂了四五个牲口，闲天了把地里活做完了就<u>曳脚</u>（注：也称"拉脚"，指用畜力搞运输）呢，自己把硬轱轮马车套上给人家曳脚。现在用汽车曳呢，那阵用牲口。那阵给人家拉粮食、拉各种东西，从（渭）河南往（渭）河北，或从（渭）河北往（渭）河南拉。你二爷（注：舅家爷的兄弟）、你东省舅、你全省舅都去拉过，天没明呢半夜就起来拉脚。你舅家爷有病去不成，你舅家婆就老早起来给做饭，给擀面。撑人家走就要给把饭做好吃了，天黑了撑人家回来前把面擀好放在案（板）上，给牲口把草铡下。人家回来了乏了，饭吃了就睡下了，你舅家婆可<u>垫圈</u>（注：给牲口圈里垫上干净土）、喂牲口，人家第二天要用牲口呢么。就凭给人家拉脚挣两个钱，啥都拉呢。那几年没有化肥，地里产量低很，屋（里）用的钱就靠拉脚呢。屋（里）要是光景不好，没有牲口，拉脚就拉不起。你舅家爷弟兄几个是一大家，车走到（渭）河南了天黑了，就把牲口喂在（渭）河南，车走到（渭）河北了就把牲口喂在（渭）河北。你全省舅、你东省舅一直跟着拉脚，后来都得的气管炎，都<u>挣下</u>（注：指因劳累而得下）的。

李：拉脚挣下的钱我舅家爷几个弟兄们一分？

肖：分啥呢？不分。那几年女人家就不敢说啥。大家（庭）里有当家的呢，你二爷当家着呢，在（渭）河北呢，挣下钱当家的管着呢，忙天收种的时候就把牲口拉过来给我们收、种。

李：我舅家爷去世的时候，已经在农业社挣工分了么？

肖：没，才拉牛入社呢，那一年刚转社呢。那阵成立的叫社管会，把私人的粮食弄去给牲口弄料，你的粮食给你算钱呢。

李：我舅家婆可能还盼望入（合作）社呢哦，你看她一个女的一天忙得，入社了也许她的活还单纯一些？

肖：噢，我爹殁了，你二爷就把你东省舅派过来做活养活我们，说我们婆娘娃一伙。你碎舅刚过了一岁我爹就殁了，我刚（虚岁）10岁，你大舅14（岁）了，你二舅12（岁）了，你三舅才4岁么。你东省舅在我屋做活做了三年。

李：那我东省舅过来（到渭河南）的时候已经入社了没？

肖：入了。他那体质好得一直在农业社做的是吃力活，<u>纪怀</u>（注：人名）他爹经常说："那是个疯娃，你看一尖叉（麦）草，你慢慢地丢嘛，他一个人

'呼'一下就丢（到草垛）上去了。"那力气大得很。他结了婚媳妇在（渭河北的）屋里，他在（渭）河南养活我们。

7. 女娃都从地里偷着往学校跑呢。

李：你上学呀多大了？

肖：我上学呀已经 11 岁了。

李：虚岁 11 岁吗？

肖：虚岁。

李：那就是 1957、58 年了？

肖：对。

李：那你那么大的其他女娃上学的多呀不？

肖：女娃到学校刚来几天生产队就派人又把她们赶回去了，叫回去到地里做活去呢，不叫娃伙上学，（生产队）嫌女娃都去上学了生产队就没劳力了。女娃都从地里偷着往学校跑呢。

李：哦？那女娃都还想上学呢？

肖：想上学么，女娃去上学都比你现在长得高了，大大个人往学校走呢。

李：我思量要是娃伙在学校把名报了，生产队就要让上学呢么？

肖：那时候报名才一块钱、五毛钱么。

李：虽然才一块钱、五毛钱，但是你一年才能（从生产队）得（到）多少钱嘛？

肖：东西也便宜么，一本书定价才一毛一（分）、一毛二（分），一个本本六分钱，本本的纸都黑黑的，像烧纸一样，还没有纸白白的本本。我们都把本本这边写了又翻过去到那边写，一个本本正面、反面都写。吃食堂的时候，像上学的娃伙，礼拜天了就到水渠去给食堂捞水芹菜，也跟上到地里去做活，拔谷、拔草、锄地……，摊在大人旁边。那时候的娃娃吃得不好，但都还肯长，上学的娃伙也都长得大大的，可是人笨着呢，没现在娃伙头脑灵活。做活的时候，说给娃伙把地（分）摊窄一些，可是娃伙做不动。两边的大人做得快，像锄地的时候大人锄得快，（很狡猾地）在前面越锄越窄，给娃伙撂下需要锄的地越来越宽。娃伙锄不动，就叨叨，队长就打（娃伙），驻队干部在地里把锄抢过来用锄把儿在地里就打人。

李：他们不怕把人打死吗？

肖：在身上捋着打（注：指用条状的东西打人）呢，打两下，娃伙就不敢说了。有时礼拜天睡失睡（注：指睡过头）了，没给人家到地里去，人家半早上了到家家屋里查呢，谁要是没去做活，今儿个食堂的饭就不叫谁吃。有一回我没到地里去做活，你舅家婆去食堂做饭去了，走呀给我说："你今早上睡一下，歇一下，别去做活了。"她把靠院子外面的窑门从外面锁上，思量着检查的人一看你门锁着呢就不来你屋检查了。我睡到半早上了，心想：这阵该没人来赶人到地里去了，我起来把窑洞里外的地打扫一下，窑顶上老是往下掉野枣树叶叶。我把窑里面扫完，两孔窑洞从里面是通的，我就从院子靠里的窑门扫到靠外面那个窑门口。正扫呢，一个驻队干部一下子抓住我头顶的头发大骂："你个懒熊，你不做活叫你今早上吃饭呀么？"哎哟，把我一下子吓得肉都颤得突突呢，人家手上拿个树条条，在我身上狠狠打了几下，我把拌笼提上就往岭上跑。刚上坡嚷，人家可散工了。那个时候驻队干部厉害得不得了！那几年成天地里有活呢，黑了都做呢，地里烧个汽灯。

李：汽灯是啥样子？

肖：汽灯是烧呢，灯罩四四方方的，亮很。做活把人做得乏得，听起来做活呢，胆大的黑了在地里睡觉呢，胆小的做活呢。没黑到明地做活，黑了经常加工。往地里拉（土）粪的时候，看起来人苴（注：勤快、卖力）很，其实做的架子车箱箱碎碎的，一车箱才能装两拌笼粪，数趟趟呢。做活没效益么！

李：那你现在还能记得你以前上学学过的东西吧？

肖：我打四年级开始学珠算，加法、减法的口诀还能记得一些。语文也还能记下一些，像四年级有一课是：

> 一九五七年冬天，农村展开了大辩论。在一次辩论会上，有个农民站起来说他要退社。这时候，角落里一个白发老贫农站起来手指着他说："老弟啊，你忘本啦！我树老根多，人老话多，你莫嫌我老汉说话啰唆。你钱大气粗腰杆壮，又有骡马又有羊。入社好像吃了亏，穷人沾了你的光。你手拍胸膛想一想，难道人心喂了狼？老汉心里有本账，提起账来话儿长。你爹你娘来逃荒，一根扁担两只筐。你那时饿得像瘦猴，三根

筋挑着你的一个头。地主逼租又逼债,挑起儿女跑关外。天下穷人心连心,收留你家在咱村。一场春雨满地新,来了亲人八路军。斗争地主把土地分,你爹当上农会主任。他打土匪挂了花,咽气时候跟我说了知心话:我不长命没福气,叫我孩子们一定要赶上社会主义。哪想你这阵有了钱,入社脚踩两只船。棉花脑瓜豆腐心,跟着富农瞎胡混。他说是灯你就添油,他说是庙你就磕头。农业社里千般好,你跟富农往哪里跑?你粮食吃在肚皮外,又换酒肉又倒卖。你想屯下粮食当粮商,撑死你一家饿死一方。人心不足蛇吞象,好了疮疤忘了伤。千亩地里一棵苗,合作社是咱宝中宝。党的话儿你要听清,心里就像掌上了灯。你擦亮眼睛仔细看,觉悟回头当社员。"(注:这篇课文题目为《树老根多,人老话多》)

李:你记性好很!我还记得我碎着的时候,你经常(天)黑了纺线,给我唱的一首歌"我家来了个胖嫂嫂……",是咋唱的?

肖:这样唱:"我家来了个胖嫂嫂,两手搂不住她的腰,她有笑话一大筐,能把你说哭又说笑。……我家来了个阔嫂嫂,烫着个头发戴着表。下地她怕鞋沾土,做活她怕拧了腰。见了人,不说话,眼睛倒比眉毛高。浑身有股酸帮子味,醋缸把她就泡糟了,哎嗨哟。……"后面我忘了,有"来了个瘦嫂嫂……"一大伙呢,时间太长了我记不清了。

注:此歌为表演唱,歌名为《说嫂嫂》:"俺这的姑娘嘴皮巧,个个能说数来宝,只要碰见那新鲜事,一编就是一大套。东不说,西不道,这回专来说嫂嫂。全国农业大跃进哎,城里的嫂嫂就回来了,哎嗨哟。/我家来了个瘦嫂嫂,上过中学文化高。白天下地去干活,晚上回家教夜校。她广播,她读报,国家大事咱知道。大哥真是有眼力,给咱找了一个好嫂嫂,哎嗨哟。/我家来了个胖嫂嫂,两手搂不过她的腰。她有笑话一大筐,能把你说哭又说笑。当干部,十几年,要论功劳不算小。回到村里当社员,跟谁也没摆过资格老,哎嗨哟。/你俩的嫂嫂都不错,俺那个嫂嫂没法儿过。不知带回了啥宝贝,老要分家各自过。社长劝,乡亲说,说破嘴也说不活。气得俺娘没法办,跑到对屋去找俺哥,哎嗨哟。/我家来了个阔嫂嫂,烫着个头发戴着表。下地她怕鞋沾土,做活儿她怕

拧了腰。见了人，不说话，眼睛倒比眉毛高。浑身有股酸帮子味，醋缸把她就泡糟了，哎嗨哟。/说嫂嫂，道嫂嫂，各个嫂嫂都说到。不是咱小姑子嘴皮子尖，是咱们爱说数来宝。数来宝，数来宝，哥哥听见别苦恼。有我们大伙来帮助啊，嫂嫂转变是一天天啊，哎嗨哟。"这首歌描写的背景是1957—1958年国家动员一部分城市居民回乡生产，一些来自农村的年轻妇女被动员回乡。歌曲以"小姑子"的口吻，以风趣的语言描述了不同的"嫂子"形象。

李：有意思！

肖：我上学的时候，屋里穷，但是我学习好，经常帮其他同学做作业。这个（同学）说："你给我把<u>大字</u>（注：用毛笔写的大楷）写一下，我以后让你用我的墨盒、用我的<u>小字</u>（注：用毛笔写的小楷）笔呀。"那个（同学）说："你给我把算术写一下，我一会儿给你从我本子上扯几张纸，你考试的时候就可以当试卷纸了。"我就经常给这个写大字，给那个写小字、写算术，考试经常是100（分），觉得题简单得不经做。老师经常说不准让别人抄我的作业，但是有的同学给我说："我给你给个本子，你让我抄一下。"就给我个本子，自己把我作业拿去抄去了。那几年人过的日子穷，再说我又没有我爹了，过的日子更穷，一个本子、笔都把人爱得！

8. 你舅家婆把我们抓得紧的，我们就一直没停过（劳动），她也没停过。

李：妈，你上学上到几年级不上了？

肖：我到四年级不上了。

李：你为啥不上了？生产队把你从学校往回撵呢吗？

肖：我上学生产队还没咋把我往回撵过，是屋里没劳力、没钱。你舅家婆说："你回来，回来给咱挣点劳动。我是碎脚，谁养活你们呢，你们要吃饭呢么。"你大舅（注：1942年生）1962年就当兵去了么，屋里劳力少了么。

李：我大舅当兵那一年你就不上学了？

肖：噢，我（不上学了以后）到地里去做活生产队一天才给我记三分、二分五工，做活的时候娃伙比大人还（分）摊得（面积）宽。刚（分）摊（面积）的时候，娃伙摊得窄些，可是（摊在娃伙两边的）大人在前头给娃伙撂下的面积越来越宽。我一直在生产队做活、给自己屋里自留地做活。我和你二舅给自留地拉粪的时候，你二舅（注：1944年生）拉（架子车），我在后面掀（架子车），他看起来长得大大的，（但是）没年龄，拉着架子车上坡的时候，坡长得（注：有近200米长），架子车老是上不去，你二舅不往前头看，头拧到后面看我，只怕我不好好地掀。拉着拉着，我俩就在半坡打开（架）了，他拉不动，（却）嫌我不好好掀。你婆后来说生产队给我的工分太低了，叫我给（生产队的）马房割草去。割草是包工，我有时一天还能挣七分、八分、九分工，一个全劳一天才十分工么。12斤草一分工，我有时背八九十斤草从河底（注：地名，离采访对象当时所住村子约六七里远）背回来，把我挣得，背到马房去，自己给自己打个工条，饲养员不识字嘛。

李：那你上到四年级就不上（学）了，像你这么大的其他女娃上学上的时间长吧？

肖：有的长一点，但那阵上高中的少很，多的都上到初中。你二舅上学上了两年不上了，隔了几年可又去上了，因为我舅给我妈说："你叫娃去念书去，你看人家娃娃都念书呢，生产队那活没头没尾……"我妈说："我屋里没劳动（力），人家凭工分吃饭呢，我屋粮食本来就歉，再没人挣工分，咋办呀，把娃饿死呀吗？我怕把娃饿下了。叫娃挣点劳动了，不添斤总会添两，能分上点粮食了，人家吃稠呢，我哪怕给娃吃稀一点，也就一天天往过掀呢。"你舅家婆碎脚到地里做活到底不行，她也把力出扎了，生产队那么多人吃饭呢，她常年在食堂给人家做饭呢，也苦辛大很。我成天偷苜蓿，偷生产队的苜蓿，（农历）二三月苜蓿还没长下，才一点点芽芽，就用剪子去铰。（生产队）种下的油菜冬天就叫人偷着剜完了，连根剜上，根放到锅里一煮，吃起来面面的。那都是食堂散伙了，吃的瞎得很么，磨玉米的时候不脱皮，整个拉碎、拉成面，弄到锅里，再把剜下的野菜下到里面，乌绿的，人就为多吃一碗。要不现在我看见饭里面菜多我就不想吃了。那时候人为多剜点菜经常叫人家队长撵，人家一撵人腿酥得老跑不动。我们经常放学了避过先生就去偷菜去了。有一年，你舅家婆在食堂做饭呢，你二舅在洪寺（注：地名，从采访对象家向南约六七里远）念中学呢，生产队一天才给你二舅给6两粮，还是连皮混到一搭的粮。你大舅（19）62年一当兵你二舅就回来了，不念书了，就回来成天劳动。你舅家婆把我们抓得紧的，我们就一直没停过（劳动），她也没停过。生产队分下的玉米秆，在河畔的地里，又湿又重，人要爬一个大坡弄回来，把人重得！我最害怕长虫，有时把玉米秆往起来一抱，还用手在上面摸，看有没有遗下的玉米棒棒，正摸呢，上面缠着一条长虫，把人吓得，其他的都不敢抱了。成天（上完工以后）抱玉米秆、拾玉米棒棒、寻猪草……从来没停过。拾棒棒是到生产队掰过玉米的地里去拾人家遗下的。你去拾还得偷偷地，队长看见了，可就没收了。……

9. 她们黑了学的字，白天顾了做活、顾了家务，可又忘了。

  李：我舅家婆没上过学，她上过扫盲班吧？

  肖：扫盲班说起来就是妇女识字班，她上过，那是（19）58年，下雨时天黑了你舅家婆给鞋上绑个带带（注：用来防止鞋子在烂泥路上滑脱）把<u>我（们）</u>（注：指采访对象和她三岁的弟弟）引上去上妇女识字班。谁不去上识字班，人家还<u>说</u>（注：指批评）呢。妇女识字班就是天黑了给妇女教一些简简单单的字，像"锄地"之类生活中常用的字。就这，许多妇女成月地学，学不下几个字。如果上过一点学的人去上识字班，就有点基础，好学。像你舅家婆这些妇女从来没上过学，学起来没基础。再一个，她们黑了学的字，白天顾了做活、顾了家务，可又忘了。我还记得你舅家婆上妇女识字班前后，生产队到各家各户搜你余粮，收你的金银珠宝，像你舅家婆那些年身上戴的一串银子做的牙签、掏耳朵的……一串串，每个大约有二寸长，看起来好看很，还有银镯儿……都叫人家收去了。人家那阵说是叫"八献"呢，"五献""几献"呢的，叫你把你屋的东西金啦、银啦、铜啦、铁啦都献给集体。

  李：那像我舅家婆上识字班积极吧？

  肖：积极么。但是上识字班就一两个月，到运动期间了，人家说来检查呀，生产队就办起了。运动一过去，就撤伙了。

  李：那上妇女识字班的人多呀不？

  肖：就十来个人，都是能脱开身的人。有的妇女有碎娃呢，娃多，拖儿带母，事情多，黑了本该去识字班呀，她又哄娃呀、蒸馍呀……才安顿家务呢，第二天要保证按时出工呢，走不开么。不是说她不想上，她就是想上也脱不开身。

  李：我记得你以前给我说过我舅家婆当时还受奖励了？

  肖：受过。你舅家婆是坚持得好，不管能不能学下，就是下雨也天天一双碎脚都去学，人家就给她送喜报呢啥呢，说她（学习）精神好，能坚持。

　　李：那我舅家婆去上妇女识字班的时候你跟上去不？

　　肖：我跟上去呢。

　　李：那你去了也跟上学认字呢吗？

　　肖：哎，（我）不太学。那阵的娃伙心里混着呢，没有现在娃伙心里灵活，把念书当耍呢。念的书也简单很，现在娃伙三年级学的东西那阵可能到五年级才学呢，像第一册书里面"学校门儿大大开"一句话就是一课，第二课是"念书娃娃走进来"。那时学的东西少，课程少，学下的东西人可记得牢。我现在许多字是会认不会写。

10. 平时穿的是自己屋里织下的棉布做的衣服，结婚的时候才（上街）扯一身咔叽、条绒。

　　李：那阵寻对象的时候人都喜欢寻哪一种人？

　　肖：那阵男方寻对象的时候，他娘、他爸给娃拿事呢。媒人给说了以后，他娘、他爸先偷偷地把那个女子看一下，头一个就是看那个女子体质咋样，要胖实，不要瘦鬼，因为农业社经常要拉架子车，娶个瘦鬼来在农业社做活做不动；要是谁家娶个胖实女子，人都会说："嘿，人家娶的媳妇体质好很。"

　　李：女娃寻对象的时候呢？

　　肖：女娃寻对象的时候看男的就是看五官长得差不多就对了，比方说看屋的时候，男娃进来端饭，女娃就用眼睛（把男娃）一扫，也不互相说话，就那么一看就对了。

　　李：那看不看男娃屋里的条件？

　　肖：那几年条件统一都不好，都住的是厦子房，吃的好坏哪怕是菜汤也罢，只要能吃饱就对了。结婚的时候都不待客，女娃她娘家来两席客（注：大约十五六人）就行了。

　　李：我大姈、我二姈分别是哪一年结婚的？

　　肖：你大姈是（19）62年结的，你大舅去当兵呀结的。你二姈和我是同一年结的。

　　李：我大姈结婚前问我舅家要哪些彩礼？

　　肖：那时候就是（女方向男方）光要彩礼就对了，其他啥不要，只在结婚前夕（男方给女方）扯三身衣服，四身就顶够了。你大妗结婚直到我结婚那阵，彩礼就是400来块钱。扯的衣服就是花哔叽，一尺四毛几（分钱）。

李：400来块钱在当时多呀不？你想，一个劳动日才值多少钱嘛！

肖：一个劳动日值多少钱不是统一都低，像城关、（渭）河北南寨一个劳动日值一块（钱）呢、八毛（钱）呢。城关种菜呢么；南寨有渡口，放船能挣钱，年年地里打的粮食也好。其他地方像咱们这儿，你除了种地，没有其他经济来源么，咱们这儿一个劳动日还分过二毛八（分）。

李：一个劳动日就是十分工？

肖：对，就是一个全劳的一个工日。

李：我大妗、我二妗、你，你们结婚时都穿什么衣服？

肖：穿条绒做的衣服就算高等衣服了，条绒上衣、条绒裤。

李：那你当时穿的是条绒吧？

肖：是条绒，红条绒上身、黑条绒裤。

李：我爸结婚那天穿的啥衣服？

肖：他穿的是黑咔叽棉袄、蓝咔叽棉裤么。

李：结婚比平时穿的只是干净一点？

肖：平时穿的是自己屋里织下的棉布做的衣服，结婚的时候才（上街）扯一身咔叽、条绒。

李：你和我大妗、二妗结婚那阵女的不顶盖头了吧？

肖：我们那阵顶的盖头是个红围巾，是四方围巾。

李：你顶过哦？

肖：我顶过么。

李：那我舅家婆给你说过她结婚时穿的是啥衣服吧？

肖：她那阵穿的是裙子，就像戏里那种裙子，上面扎的有花；裙子里面穿的是长裤，裙子在腰上一系。

11. 你像我结婚来咱这以后，（农历）四月生娃，我一冬还在生产队拉碌碡。

李：你结婚以前年龄小小地就在生产队劳动呢，你记得那时女的怀孕了以后农业社和生产队照顾呢不？

肖：那不照顾。

李：那孕妇重活做不成怎么办？

肖：重活做不了就做轻活么。那时人们都还封建，不像现在女的怀孕以后把肚子挺得起起的。那时人怀孕了只怕旁人知道了，还不敢给人说。要是旁人说"谁谁怕把娃怀上了"，还把人羞得脸红得，都把面目拉下，一句话都不说。你像我结婚来咱这以后，（农历）四月生娃，我一冬还在生产队拉碌碡。碌碡上绑个绳，两个人一拉，拉上去轧渠棱（注：指水渠两边的沿、坎），人家每垫上一层土，我们就拉上碌碡轧。

李：你是图拉碌碡工分高呢，还是……？

肖：青年人年轻力壮的，就去拉碌碡呢。拉碌碡经常也就是那几个人拉。

李：你不怕流产或其他危险吗？

肖：不管那事，啥都不忌，给生产队拉碌碡、掀车子……。过了个年，我出去人都说："那个媳妇一冬还拉碌碡呢，你看她过了个年吃的是好的，把肚子都吃得挺得老高的！"我生你的时候，你是（天）黑了生下的，我当天后响还在生产队拣了一后响棉花，怀里还抱的你哥。那几年人吃得不好，没营养，怀上娃了肚子都不大，到娃快生的时候孕妇肚子也就稍微比平常大一点，啥活都能做。娃生下都碎碎点、瘦瘦的……

李：你刚才说你们年轻的时候人还都封建，那么那个时候女的都戴胸罩不？

肖：不戴，没人戴。

李：女的把娃生了以后过多长时间到地里去做活呢？

肖：那都过了百天才去呢。

李：那到地里去了生产队照顾不，产妇毕竟身体还虚着呢么？

肖：那已经过了百天了，生产队就不照顾了。

李：要给娃吃奶呢，生产队有照顾吧，比方说把活安排近一点？

肖：那不照顾，做活中间统一歇气的时候，有碎娃的赶紧回去给娃吃点奶。那时候大人没营养，碎娃吃的也不好，碎娃把奶吃了都静静地坐着、睡着，都没精神，哪能像现在这些碎娃都猴得跑来跑去的！你们小时候都没吃上，吃用不好，咱屋成分高（注：土改时被划为上中农，1964年被定为漏划富农），每回返销粮来，都是先给贫下中农，给咱不给么。一年几回返销粮，咱从来没吃过。

12. 天黑了把娃夹到怀里一边哄娃一边纺线。

李：你碎着时候身上这些穿的都要用手一针一线地做呢，我舅家婆一双碎脚还要挣工分，还要给你们姊妹几个做穿的，怎么忙得过来？

肖：你舅家婆当时比我结婚那阵更艰难。像我结婚来这里的时候，天天早上天不亮就把人赶起来去"请示"呢，黑了从地里回来把人乏得又叫去"汇报"呢，经常开会学习这学习那，我就记得学习小靳庄呢。每天黑了都开会呢，一天都不错过。

李：开会是在露天开呢，还是在房子里？

肖：在会议室，是个烂房房。

李：女的去吧？女的黑了要管娃呢么？

肖：女的也去，去的时候把娃抱上。那时的驻队干部把高成分的人给得扎得很，（比如）黑了生产队加工呢，高成分的人说："我有娃呢，今黑娃有病呢，我不去了。"那不行，驻队干部手里拿个棍棍撵到屋里来就打呢。

李：驻队干部是从哪里来的？

肖：不知道是从哪里拨来的，都驻的时间不长，三四个月就又走了。

李：我记得我碎着时候你可怜得，经常黑了连鞋都不脱就睡着了……

肖：哎，把人乏得，经常做活，啥活都做呢。天黑了把娃夹到怀里一边哄娃一边纺线，把娃哄睡着了心里思量有点空了赶紧纺点线，一会儿娃又醒了，<u>唠叨</u>（注：指小孩哭闹）呢，赶紧哄娃，想着把娃哄睡着了再纺。哎呀，把娃哄睡着了，自己也睡着了，把人拉一天架子车乏得！……做饭经常没柴烧，玉米秆还湿着呢就拿来烧，烧不着，叫烟把人熏得！蒸馍还烧麦草、烧<u>蚁子</u>（注：麦粒外面的草壳），都是软柴，馍还没蒸熟呢灶里面灰就堆得高高的，必须掏灰，再点火再烧锅。

李：那针线活啥时候做？

肖：到地里做活去的时候就把（没做好的）鞋底、鞋帮别到裤兜里，中间一歇下就赶紧拿出来做；黑了熬夜做，自己把线纺下、织布。直到<u>你上大学去那一年</u>（注：1990年）之前鞋子从来没买过，一家人的鞋都是一针一线做下的。那些年，人连个囫囵觉都没睡过，经常睡觉连衣服都不脱。人家男人在屋里呢，能给女的帮上忙，你爸常年不是到这里做工呢，就是到那里做工呢，咱里里外外的事情一件件我都得做。就拿做饭来说，两个大人都在生产队了，放工回来一个烧锅一个擀面，那时没有压面机，吃一顿面才揉面呀、擀呀。你爸不在屋里，我只能一个人做，叫你们姊妹三个烧个锅，把你们也都烧得害怕了，这个也说我不吃饭，那个也说我不吃饭。

李：我爸到外头做工是工地上工分高吗，还是怎么，他为啥老是在外头做工呢？

肖：生产队派他去呢，再一个，在外头做工能挣上雨工，在生产队你挣不上雨工。

李：雨工是啥？

肖：在生产队，下雨了做不成活你就不挣工分，在外头，下雨了你歇着呢也给你记工呢。

李：那你碎着的时候，没有我舅家爷了，我舅家婆也是里里外外地做哦？

肖：噢，我跟她一搭在地里做、在屋里做，纺线织布。后来你大妗、你二妗结婚了，你舅、你妗到地里做活去，你舅家婆就不到地里去了，专门做屋里这些活了。

李：那当时穿的都是我舅家婆自己弄的？

肖：穿的都是自己织下的粗布，染成黑的做裤子，染成紫红的做上衣。有时是自己买点染料来染，有时是染房派人到村子里来收布，需要染布的人给付点钱。

13. 大炼钢铁时，（渭）河滩人满着呢，其他地方的人都来住河滩浪铁呢。

李：妈，你知道大炼钢铁不？

肖：我知道，我还参加过。

李：你当时才上小学呢，你怎么参加的？

肖：让我（们）在（渭）河滩上用铁锨把沙子铲到脸盆或碎簸箕里，把脸盆或碎簸箕放在水里<u>浪</u>（注：摇晃）。沙轻，沙里面的铁矿重，浪一阵，沙子漂起被冲走，留下的就是铁砂，是黑的。人家把铁矿收到一搭，不知道在哪里炼铁呢，反正我（们）那儿人都是浪铁砂呢。大炼钢铁时，（渭）河滩人满着呢，其他地方的人都来住河滩浪铁呢。

眉县肖喜雀访谈　107

李：娃伙浪铁呢，像我舅家婆那些成年女的干啥呢？

肖：也是有的浪铁呢，有的不浪铁的就到地里做活呢，因为地里的活也没停，天天分配多少人浪铁，多少人做地里活。有一回，我队到（渭）河北的河滩上浪铁去了，那边的河滩大，你舅家婆还有几个人去迟了，要从河这边渡到北滩去，铁毛（注：同村男性）说："我拿拌桶（注：一种直径和高大约1米，棱柱形，用来在内沿上通过用力甩动水稻使稻谷从稻草上脱掉的木桶）把你们渡过去。"就是拌稻子的拌桶。你婆脚碎，还没坐进去呢，人家积极的人已经把拌桶坐满了。拌桶在河里没游几步，就倒了，把里面拿的脸盆啦簸箕啦都叫水吹走了。那阵河滩上都是人，没地方尿尿，谁想尿了就拿3个簸箕一围，人蹲在里面一尿，起来就在跟前又做活呢。

李：那几年熬夜正常很，大炼钢铁的时候熬夜不？

肖：我（们）那儿浪铁砂没熬夜。

李：炼钢铁记工分不？

肖：记呢么。

李：那你结婚之前，经常到处有修路、修水利那些工程，女的参加不？

肖：修路就是咱跟前那个公路（注：离采访对象娘家住的村子约1公里远）——西宝公路。你二舅他们都去修嘞，你舅家婆没修过，我村都是男的修，女的还有一些男弱劳在队里务庄稼，做地里的活。那几年没有机械，修路全靠人力，像现在有压路机，那时候用夯子，不是电夯子，电夯子是后来才有的。那阵就全靠人把夯子拽上压呢，一边拽一边喊歌歌呢，都是看见谁在旁边，就以他（或她）编个歌歌："谁谁谁，走过来，嗨哟！""谁谁谁，屁股大，嗨哟！"……

李：都是随便编个口号把人兴趣提起，给人鼓劲呢哦？

肖：嗯。

14. 那几年都是土厕所，人上了厕所就到偏坝（注：旁边）土厕所里随便寻个干净胡几就擦了么……

李：妈，咱这儿人几时开始用卫生纸的咯？

妈：怕都到（一九）八几年了。

李：用卫生纸之前，人上了厕所都用胡几（注：土坷垃）擦（屁股）

呢吗？

　　肖：就用胡几蛋擦呢。

　　李：啊达来（那）么些胡几蛋呢？在野外上了厕所到地（里）拾个胡几，到屋上了厕所到啊达拾去呀？难道屋的厕所跟前还放一堆胡几备用呢吗？

　　肖：那几年都是土厕所，人上了厕所就到偏坝（注：旁边）土厕所里随便寻个干净胡几就擦了么，走的时候用铁锨铲点土把大便一盖就对了。

　　李：哦，我想起了，么些（注：许多）人的屋（里）都是人到猪圈上厕所呢，算上算吃猪，猪光想吃大便呢。农村的公厕也是围墙里面垫的土，人到土上上（厕所）呢。

　　肖：就是（那）么个。

　　李：大人用胡几呢，月娃（那）么碎一点总不可能用胡几吧？

　　肖：月娃了就用布尿垫给擦呢，脏了可洗；也有的用玉米缨缨，人快生得了，到秋天就老早把干净玉米缨缨收拾下，到时给娃用。

　　李：噢，明白了。

15.（女的来月经了）布里面缝点烂套（注：旧棉花），缝成马形，两头缝上带带，系腰上。

　　李：那你说（没有普遍使用卫生纸以前）女的来月经了用啥呢？

　　肖：布里面缝点烂套（注：旧棉花），缝成马形，两头缝上带带，系腰上。

　　李：缝上（好）几个换着用？

　　肖：就是。脏了一洗，换上另一个。洗上两三回就硬很，不软和了。

　　李：那阵人是不是洗了还不好意思公开晒？

　　肖：洗的时候就把人避开洗，晒的时候也晒到僻背处。

16.人生娃的时候，……身底垫的是灰包，就是用烂布缝个大包包，里面装的是锅底掏下的灰。

　　李：那没有卫生纸，人生娃的时候用啥擦血水呢？

　　肖：人生娃的时候，大多数都到炕上把半截炕上的席一揭，就到揭了席的半截光炕上生呢。身底垫的是灰包，就是用烂布缝个大包包，里面装的是锅底掏下的灰。也有的人屁股底下坐的是面面土，倒上一堆土，上头铺个啥，人坐上头。你<u>五妈</u>（注：大约1942年生）生娃呀给你<u>菊香妈</u>（注：同村妇女，约1937年生）说："你去到门上给我弄一拌笼土去。"你菊香妈不知道你五妈生呀，以为她要土做其他啥呀，就给提了一拌笼大疙瘩土进来。你五妈叫把土给她倒到房里面的地上，就坐上头生呢。你菊香妈说把她看得（寒）碜人的，她说她要是知道你五妈是生娃呀，她就给提点面面土，或者把土疙瘩给用锹拍（碎）嘎。

17. 生你姐呀是（19）67年4月，到屋生嘞。那阵"文革"呢，成天发传单呢，……我生你姐就用攒下的传单纸。……（1969年）生你哥呀用的是麻纸。是到医院生嘞，医院就给给一沓麻纸。

  李：那你生我几个呀用的是啥？

  肖：生你姐呀是（19）67年4月，到屋生嘞。那阵"文革"呢，成天发传单呢，你爸见了就拾，拾下了就攒下，攒了一捆传单，我生你姐就用攒下的传单纸。

  李：传单纸好呀不，跟这阵的书用的纸一样呀不？

  肖：那阵传单纸粗粗的，就和这阵人上坟用的烧纸一样。

  李：我爸还体贴很。

  李金海：一个屋呢，一家人么。我到教坊做工那阵，是用水泥浇铸模型呢，教坊你姑婆她（儿）媳妇快生娃了，你姑婆就提个拌笼去拾装水泥的牛皮纸呢，拾了她媳妇生娃的<u>当当</u>（注：时候）了用。

  李：牛皮纸硬得咋用？

  李金海：就么个用呢，有的人连硬纸都没的哈。

  李：妈，你生我哥呀用的是啥？

  肖：（1969年）生你哥呀用的是麻纸。是到医院生嘞，医院就给给一沓麻纸。

  李：麻纸是咋么个？

  肖：一张大小就跟咱那几年扇炕用的碎席盖（那）么大点，一张一张摞一搭，人用的时候就取一张或两张。可能是麻做下的，才叫麻纸，筋筋的。

李：可能就是汉中人说的"铁耙纸"？

肖：我不知道，反正咱这人叫"麻纸"。

李：生我呀你用啥嘞？到啊达生嘞？

肖：生你呀到屋生下的。用的是啥不记得了。

18. 上往年人把作难受扎了。

李：（一九）八几年用开卫生纸了以后，人上厕所、来例假了就都用卫生纸呢？

肖：刚开始光是女的身上来了（注：月经期间）才用卫生纸呢，平时还舍不得，平时上厕所用的都是废纸，像旧报纸、烂书、娃伙写毕作业的烂本本啦。到（一九）九几年了，我估计都到（一九）九三、九四年了，人才平时用开卫生纸了。

李：哦。

肖：你应该记得，人用开卫生纸了以后，身上来了用的是单布缝下的卫生带。你碎着些身上来了，我不是还给你缝来么？卫生带前后各缝一点松紧带，把卫生纸叠成长绺绺，夹到松紧带里，（卫生纸）就不跑了。

李：我记得。我（1990年）上大学了还用卫生带呢，我班上宝鸡有个女生看到了，拿了几个卫生巾给我，说叫我用嘎卫生巾试嘎，说卫生巾好用、方便，往内裤上一粘就对了。我刚开始还不相信，再一个总认为卫生巾可能贵很，不用。我同学给我褥褥底下压了两个卫生巾，说叫我试用嘎，我最后一用，果然好用，还不容易漏，才慢慢开始用了。

肖：给你说，这阵好很，啥都方便得，上往年人把作难受扎了。我结婚那天刚好身上来着呢，我娘用套给我缝了几个棉卫生带叫我用呢。那天客不是多很吗？后院也是你来了，他去了的，咱当新人呢不好意思到后院去换（卫生带），把我把作得。

19.（如果到屋里生孩子）农村有会接生的人，就叫来，叫人家帮忙呢，你像铰脐带呀啥。

李：妈，你那阵到屋生娃的时候自己生，不叫接生的吗？

肖：叫呢么。农村有会接生的人，就叫来，叫人家帮忙呢，你像铰脐带呀啥。

李：会接生的是自己学的接生，还是国家培训下的？

肖：老早些都是胆大的自个学下的，解放了才开始有培训的接生的。我生你姐呀就是叫河底岭东（一）个人，是国家培训下的咯。

李：给钱呢不？

肖：国家培训下这伙接生的，给呢，一两块钱，那阵可钱值钱。村里面没培训的这伙会接生的，一般不给钱，就是娃生了给人家做一双鞋啦啥的，把人家感谢嘎就对了。我生你姐呀你十婆到跟前呢，她说她不会铰脐带。

李：用剪一铰就对了么？

肖：人家害怕（如果）铰不好些，娃要是得个啥可怪她呢。那几年，娃娃肯得"四六风"啦啥。

李：铰脐带的时候剪子咋么消毒呢？

肖：给剪上滴几点白酒消嘎毒就对了。陈家沟个谁生了一伙娃，人家有经验了，每回生的时候就折个干净棒郎郎（注：干的玉米秆），到上头挎个糜糜（注：玉米秆的皮，两个长边较锋利）割脐带呢，人家说糜糜上没毒。

眉县李金海访谈

采访对象：李金海，男，1944年生。初中文化程度。居住于陕西省眉县金渠乡田家寨村二组。1962年初中毕业后回到家乡，担任过生产队记工员、出纳。1966年结婚，育有一子二女。1952年土改时家庭被划为上中农，1964年被补划为"漏划富农"。

采 访 人：李巧宁，女，陕西理工大学教师。

采访时间：2011年10月4日；2012年1月23日。

说　　明：采访对象为采访人的父亲。

1. 1964年把咱划成"漏划富农"……

李巧宁：爸，土改的时候，咱村里就王家一家地主吗？咱屋是啥成分？

李金海：咱是"富裕中"，就是富裕中农，人家说的是"上中农"，比"富农"成分低一些。"文化大革命"前，1964年有个"四清"运动呢，民主补课呢，补划成分，把咱划成"漏划富农"。你爷戴的是富农帽子，我们姊妹兄弟几个算是"地富子女"，在"文革"中就是"黑五类"，人家就要求"只许你们规规矩矩，不许你们乱说乱动"，说话都有人监视呢。

我记得（19）71年还是（19）72年的时候，生产队评工分（注：指在月底，大会讨论每个人每做一天活应该记多少工分）呢，给你评十分就是十分，八分就是八分。结果，给我只评了九分，我就问为啥只给我评九分，人家说"你语言上不注意"。我问我咋么不注意，人家说有一回批判你爷呢，我在电磨那里骂人家嘞，我说谁能证明我骂了，人家没办法了，后来就说雪艳（注：当时与采访对象同村的一名青年女性）能证明。雪艳当时是共青团员，屋里是贫农。我说我连杨雪艳的面都没见，她咋能证明。人家说雪艳听着了。那纯粹是莫须有的罪名。就给我评了九分工，我那一个月做了26天活，每天记九分工，那一个月的总工分就是26乘9。

2. 转社以前，咱这的女的基本不到地里做活。1954年冬转了初级社以后，人家说起是解放妇女呢，叫妇女到地里去做活。

　　李巧宁：土改的时候政府动员妇女下地做活呢，那之前妇女不下地做活吗？

　　李金海：<u>转社</u>（注：指转入初级农业合作社）以前，咱这的女的基本不到地里做活。地里的活都是男的做呢，做不过来了雇短工，女的专门在屋做饭、引娃、做家务。转了社以后女的才开始到地里做活。咱这是1954年冬转社嘞，1953年还是互助组。互助组是自愿的，你两家、三家关系好，你组成一个互助组，有的人还不参加互助组。

　　李巧宁：转社是自愿的不？

　　李金海：人家说起是自愿的。

　　李巧宁：人都愿意转呀不？

　　李金海：愿意么。

　　李巧宁：为啥愿意？

　　李金海：政府经常宣传呢，人的觉悟就跟上了；再一个，政府说慢慢要走上共产主义呢，土地归公呀，人这开了会，给人一宣传，就叫报名呢，人都在会上就报名入社了。

　　李巧宁：有没有不愿意入社的？

　　李金海：咱村没有，<u>上甘沟</u>（注：与采访对象所在村子西邻的村庄）有一户，就是石喜全家，他家说他要单干呢。

　　李巧宁：哦，那人还有主见哦？

　　李金海：他家一直到（19）68年才入社了。

　　李巧宁：他为啥后来想入了？

　　李金海：不入不行么。人家生产队把他的牛拉去，把他的地收了，他跟队长闹事，硬把牛往回拉，最后生产队把他的地给了一片叫他种去，后来这一片地生产队都不给他了。他在咱在这一片都是有名气的，说他是"背个牛头上北京"。生产队把他的牛拉去没一年，因为喂养不好，牛死了，那好像是（19）58年，生产队就把牛头一剁，牛肉放到食堂一煮，大家伙把肉一吃。他气得，嫌把他牛弄死了，把牛头一背到北京告状去了。

1954年冬转了初级社以后，人家说起是解放妇女呢，叫妇女到地里去做活，给人都评的有底分。像咱屋那阵有四个劳力：你伯，是（19）42年生下的，他不上学了，去地里做活，人家给他才评三分底分；你爷、你婆那阵三十几岁，一个评的是十分底分，一个是七分底分；还有一个瓜子（注：哑巴），是以前你爷到南山采药的时候拾回来的，在咱家做活，算家里一口人，也是十分底分。总共算起来咱屋就是30个底分。那是根据人的体质、劳动情况，在会上大家伙评呢。再根据劳力算"公有化"。

李巧宁："公有化"是啥？

李金海："公有化"就是社内公有积金，每个劳力需要交多少，全家所有劳力总共要交多少，算好后，再把你入了社的大农具，比如说牲口、马车等折价，从应交的"公有化"里面刨去大家具的折价，如果有剩余，就是应该给你找的钱，如果不够，差多少你就应该再给人家农业社交多少。比如说摊下来每个劳力应该交"公有化"100元，咱屋的劳力折成标准劳力是三个，应该交300元。可是咱入社了一头大牛、一头骡子、一个大车，共折价500多元，农业社就应该给咱退200多元。但是这200多元不给你现钱，在账上挂着呢，是说以后集体宽裕的时候再给你一点点地退。像咱队的高舵，他屋入社时只有17亩地，算下来应该交170元"公有化"，没啥大农具，这170元就也在账上挂着。以后年终分配的时候比方说他应得200元，就先把他这170元扣上一部分，今年扣几十元，明年再扣几十元，直到扣完为止。

李巧宁：哦。那"公有化"以后，我婆就到地里去做活呢吗？

李金海：她就去做么。

李巧宁：她天天去呢吗？

李金海：那不是。地里有活了去，没活了就不去。到（19）58年的时候就天天到地做活呢。1958年"吃饭不要钱，做活不记工"那阵，能做活的人除了在食堂做饭的以外，都必须到地里做活去。食堂饭做好了，队里有个锣，队长一敲锣，四周八下做活的就回来吃饭了。后来，谁做一天活，队里就给画一个"囫"，就是给画个圈圈，累积起来，每一个男的一个月应该出勤多少天、女的应该出勤多少天，到年终了根据你出勤的情况象征性地给你每个人发点钱，这个五块，那个三块。那几年人不是说"着急没办法"的时候就说

"干急没囵"嘛，就是这个"囵"。

李巧宁：我婆她那些妇女身上不囵了，生病了到地里做不成怎么办呢？

李金海：那你给人家干部请假么。

李巧宁：人家准假呢不？

李金海：准呢。但是你一个月的"基本出勤日"要够。

李巧宁：那阵人都娃多，妇女有娃拖累呢么，挣不够"基本出勤日"怎么办？

李金海：那人家不管你拖累。（19）58年那阵，你婆到河底（注：地名，离采访对象家约十里路）修公路呢，你二姑还碎呢，你婆就把你二姑抱上去给人家修路去了。

李巧宁：是她自愿去修呢，还是人家派去修呢？

李金海：人家派去的。

李巧宁：去修挣工分呢不？

李金海：（19）58年不挣。咱们北面的这条公路就是（19）58年修下的，到（19）59年通车了以后，只是偶尔有个汽车过一下。那阵汽车太少得很。我们放学了提个草拌笼还去公路边看汽车呢，稀奇么。

李巧宁：那时把妇女都叫到外头做活，说是"解放妇女"呢，妇女真的就觉得自己被解放了吗？

李金海：那阵人家宣传就说以前妇女围着锅头转呢，新中国成立了，解放妇女叫妇女跟男的一样也能到外头做活了么。

3. 那阵活路太多，只显劳动力欠，没有剩余劳动力么。

李巧宁：入了（农业生产合作）社以后，集体搞副业呢不？

李金海：直到六几年了才搞副业呢，是集体组织下的，套两个马车给供销社啦或其他地方拉个货、拉点东西。像从营头（注：地名，今眉县营头镇）、常兴（注：地名，今眉县常兴镇）拉点货啦、煤啦，把金渠酒厂的酒给常兴车站拉一下。

李巧宁：组织这一点副业能行吗，像现在一样农村有那么多剩余劳动力，咋办呢？

李金海：那阵就没有剩余劳动力。外面的杂工太多，修渠、修路、修水库，每个队要派人呢，（每次）几十个地派。屋里的劳动力把那些庄稼就务不过来，像每年六月份割开麦，就没有闲杂人员，只显人少。把麦割了，用马车从地里拉到场上摞成麦垛，等全部把麦收完把麦垛揭开摊场、碾场，每天都是起早贪黑。每天后晌碾完场，人和牲口稍微一歇气，就赶紧套犁种玉米，弄完就到秋天了。那阵活路太多，只显劳动力欠，没有剩余劳动力么。

4. 寡妇再嫁要的彩礼比姑娘还贵。

李巧宁：你以前给我说我大姑、我大伯、你，你们五六十年代结婚都有彩礼。1950年《婚姻法》就颁布了，就反对买卖婚姻，人们就不怕要彩礼会被认为是买卖婚姻吗？

李金海：不怕。到啥时候在农村就杜绝不了要彩礼。说是提倡不要彩礼，但杜绝不了。你不给人家给彩礼，人家就不给你给女么。

李巧宁：从你记事那阵，咱们这里寡妇再嫁容易不？

李金海：寡妇再嫁要的彩礼比姑娘还贵。

李巧宁：为啥？

李金海：寡妇少，再一个寡妇能做活。

李巧宁：彩礼给寡妇娘家呢，还是给原来的丈夫家？

李金海：那是谁家的寡妇就给谁家，不给娘家给。说起就是人家花钱娶来的，就是人家的人啦，她要出门就要把彩礼给人家，要是不出门就继续到人家屋。

5. 生产经营方式变得多啦。

李巧宁：爸，你能给我讲讲咱们这里五六十年代农业生产经营方式的基本变化吗？

李金海：生产经营方式变得多啦。咱们这儿1952年土改的，当时富农的土地不动，就是把地主的多余土地给那伙贫雇农、那伙没地少地的人分呢。1953、54、55年提倡互助组呢。互助组是自由的，几家人合成一伙，你帮我，我帮你。比方说有牲口的，用牲口给互助组里这家把地种了，再给那家种，变工呢。1955年冬转的初级社。当时转初级社的同时，搞联合诊所，把各自经营的私人医生合到一搭搞联合诊所；还把那些私人的作坊都合到一搭，像咱这里有拂筶箒的、有纺线车的，都合到一搭。咱们家里原来就有一个纺线车，能（同时）放24个筒筒，都给人家交了。那阵叫公私合营。1957年二三月间转的高级社，把咱这原来的三个初级社，像田家寨初级社（注：即现在的眉县金渠乡田家寨村一组、二组）、上洪寺初级社（注：即现在的眉县金渠乡田家寨村五组、六组、七组）、下洪寺初级社（注：即现在的眉县金渠乡田家寨村三组、四组），合成一个高级社。

到1958年"大跃进"，墙上到处都画的是宣传画，给人鼓干劲呢。宣传画上画的人有的坐的卫星，有的坐的火箭，有的坐的瓜瓜牛（注：蜗牛），瓜瓜牛画得跟大笸箩一样大。坐瓜瓜牛的意思就是讽刺人速度慢得很。那阵咱们这里的秦矿岭上有个省劳教队，大多是右派在里面劳动改造呢，那些人里面有能人，这些画都是叫那些人来画的。当时讲全国一盘棋，讲粮、棉、油、钢产量要上去。当时有个口号叫"能叫眼睛熬成胶锅锅，不叫任务争豁豁（注：欠缺一点点）"。到处都跃进呢，放卫星呢。中小学学生都半工半读，半天上学，半天劳动。碎些的拾棉花，大些的到渭河滩摇铁砂，拿上铁锨、筛子，到河滩上看沙子被水冲成的黑楞楞，认为那里面有铁砂，就把那用铁锨铲到筛子里，在水里漂，把沙子漂去，剩下的那一点黑砂就交了，让拿去炼钢铁。农业生产上，哪个生产队产量高、劳动好，就给你插红旗；产量低、劳动不好的，就给你插黑旗。那时候人都吹牛皮，说"人有多大胆，地有多大产"，弄的有"吨产田"，就是说一亩地能产一吨。那时候讲一年的收成要"先国家，后集体，再个人"，就是先给国家交够公购粮，再留够籽种、集体的牲口饲料，最后再给农民分配。因为农民报的产量高了，国家的征购任务就多了，交了征购任务后，再留够籽种和饲料，能给农民分配的就少得很了，所以常年不够吃。

再一个，1958年大办食堂，一直办到1961年。食堂里吃饭按人头，一人一天或是六两，或是八两、四两。舀饭的时候一大马勺是四两，一碎铁勺是一两。人都是从食堂把饭打下了端回家，把散工回来的时候在路边、地边撅下的野菜淘一下，煮到从食堂打回来的饭里面。办食堂的时候，再加上炼钢铁，到人屋里收锅，有的人把那些有豁豁的不好的锅交了，把好锅藏了没交，有的人交了一个大锅把碎锅留下了。生产队不允许私人屋里开伙，人就偷偷地在门背后支个碎锅给饭里面煮点菜，为增加分量，屋里的人都能多吃一口。

那时候很多东西都是凭票供应呢。吃食堂那几年，私人屋里养的猪国家收呢，不准私人卖。但是，国家收的价低，人都想多卖点钱呢，就偷偷地把猪杀了拿去卖肉呢。1959年的时候，咱屋就杀了一头大克郎（注：公猪），天快黑的时候把杀猪的叫来偷着把猪一杀，把肉分成一斤的、二斤的、五斤的块块，每块上头贴上纸条，把斤两写上。然后把肉装到麻袋里，那时没有塑料纸、塑料袋，就往麻袋里一装，像出门绑铺盖一样，把麻袋一绑，往脊背一背，我和你爷一人背一个麻袋，到常兴搭火车。我站在背旮旯，把肉看住，你爷去买一张车票。车快到的时候，我就蹭到站台上去了。上车了把麻袋往座位下面一塞，就行了。到西安火车站下车以后，坐黄包车到八仙庵，我到僻背处躲着，把肉看着，你爷到市场上叫买主。看谁到处瞅着寻着买东西，就到跟前去偷偷问"要肉呀不"，人家要是想要，他就把人带我这来，给人家把肉一给，咱把钱一收。那肉卖起来快得很，一会会儿就卖完了。1960、61年咱这有的人卖馍，也是偷着卖呢。人家有的人粮食有多余的，就蒸上点麦面馍，都是拳头那么大小的，人穿个大棉袄，把馍往腰里一塞，到街上去卖。见到像买东西的人了，就凑过去低声问："要馍不？"要是人家要，就赶紧趁行人不注意把馍给买馍的人一给，把钱一收，就装着没事又走着去寻买主去了。1960年的时候，一个馍一块钱。那时候一斤麦国家收的时候才九分六厘钱。

办食堂和大炼钢铁把树糟蹋扎了，因为要解决燃料问题，就伐树，把那么些树都糟蹋了。1958年咱这里还搞过"八献"，献金、银、铜、铁、锡等八样东西，把私人的这些东西献给集体。最后也不知道落谁手啦。到1962年，国家下来一个政策，说要下放基本核算单位，咱们这里才分成七个生产小队，就是现在的七个组。

6.（分配办法）确实是变化多！

李巧宁：1957年转高级社以后，一直到人民公社解体，分配上有没有变化？

李金海：我前头说了，1958、59、60、61年吃食堂时候是按人头吃饭呢，一个人一月应该吃多少，把粮票给你一户一发，你自己就按着（注：指计划着）到食堂打饭。1962年食堂散伙了以后，分配上有时是人七劳三，有时是人八劳二，有时是人六劳四，有时是人劳各半，这是按人头分和按劳动分的比例。那几年有一句话说是"人劳各半，兰州贩面"，就是说，如果按"人劳各半"的分配政策，屋里劳动多的户就能多分些粮，就有余粮到兰州去贩卖。还有一句是"人七劳三，搞儿（注：差不多，稍微）能掀"，就是说，人七劳三的办法分配还行。这几种分配办法里，一部分是按人头分的粮，一部分是按劳动情况分的粮。就是要求每个有劳动能力的人完成每月出勤26天的"基本劳动日"，你要是完成了，就给你按一个成人的口粮分口粮，然后再根据你挣的劳动工分的多少给你分劳动粮。比方说一年产下的粮食除了给国家交公购粮、给集体留籽种和牲口饲料之外余一万斤，如果按人八劳二的分配办法，其中的8000斤粮就拿来当口粮分，剩下的2000斤当劳动粮来分。比方说全生产队的人共挣工分2万个，那么一个工分应分粮就是0.1斤，你今年要是挣了600个工分，就可以分到劳动粮60斤。

李巧宁：有的人完不成每月出勤26天的"基本劳动日"怎么办？

李金海：如果完不成，生产队就按你完成的多少情况扣你一定的口粮。有几年也实行过"基本口粮加奖励"的分配办法。这个办法平均主义的色彩浓厚一些，每个人都能分到一定的基本口粮，成年人每个人分得一样多，娃娃伙按年龄分，几岁之间分多少都有规定；此外，出勤多、工分挣得多的人能额外得到一些奖励粮。比方说饲养员，不管天气怎么样，一个月都能出勤30天，他一个月完成26天的"基本劳动日"之外，还多出勤4天，一年就多出勤48天；生产队在分给他基本口粮之外，会给他相应的奖励粮。

李巧宁：为啥分配办法变化这么多，要变来变去呢？

李金海：确实是变化多！这个么，主要是要既能照顾大多数人都分到一定的粮食，又要照顾劳动好的人的生产积极性，每年就根据粮食产量的多少看怎么分配能尽可能地减少矛盾，既不至于让人多劳力少的家庭饿肚子，又不至于过分打击劳动力多的家庭的生产积极性。

7.1959、1960，以后好几年都是一个劳动日值三四毛钱，分得好的年份也只六七毛钱，六七毛钱是偶尔的。

李巧宁：咱们这里1954到1958年人均年收入情况你给我说一下。

李金海：咱们这里是1955年冬转社的，转成初级社，1956年才开始分红，一个劳动日值五六毛钱。农业社是在一年的总收入里把公积金、周转金除了以后才给人分呢，分的时候如果你屋还欠农业社的"公有化"（注：指1955年冬季转社时，每户应缴纳给社里的公有化积金），就从你该分的钱里面把你屋欠的"公有化"扣下，剩下的就是你的收入。当时一个男全劳一天十工分、女全劳一天七工分，根据各人劳力情况，天天挣多少工是有差别的。当时咱屋的全劳就是你爷、你婆，还有一个你爷从山里引回来的哑巴。从我记事起，就知道你爷胃不好，1954、55年前后，我大约十一二岁的时候，有一次你爷就胃疼住在咱县中医医院。你爷挣不了多少工分，咱那个哑巴挣得多，也不过一年至多挣300个劳动日。1956年分粮时麦一个人220斤，玉米也是200来斤。那是当时口粮水平最高的一年，后来的几年就不行了，少得多了。1957年一个劳动日也是值几毛毛钱。1958年"吃饭不要钱，做活不记工"么，所以就谈不上分配，只是到过年的时候队里根据每个人的劳动情况，有的给发两块钱，有的一块钱，也有的几毛钱。1958年吃粮都在食堂，一个成人口粮是八两，到1960、1961年，一天就成六两了。"吃饭不要钱，做活不记工"持续了一年多些，到1959年冬可开始记工呢。1959、1960，以后好几年都是一个劳动日值三四毛钱，分得好的年份也只六七毛钱，六七毛钱是偶尔的。咱队劳动价值就是1979、1980、1981年最高，一个劳动日值八毛多钱，因为那几年允许搞副业，咱队派出了一些人搞副业，挣了些钱。

李巧宁：年终分红是怎么分呢？

李金海：你一家人一年的劳动比方说是5000个工分，折合500个劳动日，一个劳动日的价值是四毛钱，你一年的劳动价值就是200块钱。会计再计算一下平时给你家分的粮、油、肉等东西总共值多少钱，比方说值90块钱，就用200减去90，剩下的110元就是你屋年终应得的钱。有的人家里分的东西的总值超过劳动价值，就是倒贯，欠集体的钱了，给你记到账上，下一年再顶。

李巧宁：像咱们村的分配情况在咱县里属于啥水平？

李金海：只能算是中等。咱是平原，可是没多少副业收入。像常兴公社的梁村、南寨，还有眉站的魏家堡，都有渡口，放船就有收入，所以人家的分配水平就高一些，一个劳动日能上一块多。山区一开始比平原差一些，但是1958、59讲"花果上山"，全县平调劳力，把劳力调到山上去修地边梗，栽果木，到1964、65、66年果木开始结果了，山里的收入一下子就高了。

李巧宁：入社以后到包产到户以前，人一年到头在农业社或生产队劳动，年终分些粮食，分钱不？

李金海：分呢，只是分得少。

李巧宁：钱那么少，人又不能自由地搞副业挣钱，家里如果有个红白喜事能周转过来吧？

李金海：一般能。那时钱虽然少，钱可值钱，办个事花不了几个钱。再一个，菜是集体的，每家每户有菜票，用菜票到集体那里把菜一弄，只花钱买点肉，做饭啦、端盘子啦帮忙的都是（自）个村的人，不花钱。那阵咱村就是两个人谁家有（红白）事了就叫去做饭，一个是你十婆，一个是东头的银全他妈。那阵待客只是几席，人不多。

李巧宁：一般人平时还可以从哪里来钱？

李金海：比方说生产队要去县城买化肥呢，你去买，就算出差，一天给你三毛钱，你回来了到会计跟前开个领条，去一领。这种机会少很。

8. 我1962年（从学校）回来以后到队里当的是记工员、出纳。

李巧宁：你哪一年上学，哪一年不上了的？

李金海：我是1953年九岁了开始上一年级的，我记得有一篇课文是"学校门儿大大开，念书娃娃走进来"。就这么一句就是一课。还有一课是"盘盘坐，吃果果，妹妹睡着了，给她留一个"。1957年我念四年级了，暑假的时候咱们这有个驻社干部把我们叫到学校给上政治课呢，讲1967年农村新景象是"楼上楼下，电灯电话"，"点灯不用油，犁地不用牛"，"社社钢磨转，人人吃机面"。1958年学校半工半读，早起上一会会儿课，后响就去生产队拾棉花啦、割豆啦……，大炼钢铁的时候，我们在<u>陈家沟</u>（注：渭河南岸的村庄）住过，也在<u>河底</u>（注：渭河南岸的村庄）住过，都是早起在（学校）院院里上一会会儿课，然后就到渭河去淘沙，在沙里面淘铁砂呢。我1959年上的初中，1962年毕业了。我1962年回来以后到队里当的是记工员、出纳。记工员就是人家上工的时候你拿个账本到地里去看谁做啥活呢，给把工一记，（天）黑了你再把每个人的劳动手册给人家一填，做的啥活、多少工分，你一填。出纳就是生产队买个啥呀、给牲口看个病呀都要从出纳跟前支钱。那阵在出纳跟前放的最大数目的现钱是100块，用完了以后你把存折拿上叫会计去银行取。

李巧宁：出纳敢挪用公款呀不？

李金海：不敢。那阵人家说"贪污和浪费是最大的犯罪"么，不敢挪用。再一个，人家那账讲"日清月结"呢，每月到月底了，有两三天你啥都不做，出纳和会计就给人家把账要结清。

9. 咱这好像是（19）68年开始宣传（计划生育）的。

李巧宁：从你记事起，咱们这啥时候讲计划生育的？

李金海：咱这好像是（19）68年开始宣传的，咱这么大一个队，东头就只有刑德禄家老婆、马桃这两个人去（计划生育）嘞。咱西头的你菊香妈，人家要她去（计划生育）呢，她骂得不得了，不去，最后人家强行把你二伯（注：指菊香的丈夫）拉去给结了个男扎。那阵去计划生育了人家还给给二斤糖票、二斤肉票，允许你买二斤挂面，叫补营养呢。

李巧宁：为啥要叫她这几个人去（计划生育）呢？

李金海：说起就是她这几个人在人家要求结扎的年龄杠杠上呢。（19）73年那一拨人多，光咱队就去了十几个妇女，你妈就在那一拨里，人家强行叫去结扎呢。我记得人家说北京有个教授1957年就提倡计划生育呢，国家批判呢。毛主席有一句话是说："世间一切事物中，人是最可贵的，一切奇迹都是人创造的。"毛主席说起还鼓励生育呢，鼓励人多呢。

10. 咱们这里就是你来贤伯结婚的时候把事省了，他是1958年办食堂的时候结的婚。

李巧宁：那你是哪一年结婚的，结婚前的彩礼是多少？

李金海：我是1966年结婚嘞。结婚前，你舅家婆说，你二姥要娶你二姥，人家你二姥家要多少彩礼就叫你爷给你妈多少彩礼。你舅家婆是把给女的彩礼给你二姥家，她不多要也不少要。你二姥家要了400元，你舅家婆就说你妈也要400元彩礼。你爷不同意，嫌400元多，最后说的彩礼是300块，你爷就这都没给你舅家婆给够，好像只给了200块，说是以后有钱了再给，都没再给。你爷那人，唉！

李巧宁：300块钱彩礼在当时算多不？

李金海：在当时算一般情况，要的多的彩礼就是400来块。

李巧宁：我伯是哪一年结的婚，彩礼多少？

李金海：你伯是（19）60年结的婚，彩礼好像是200块。咱们这里就是你来贤伯结婚的时候把事省了，他是1958年办食堂的时候结的婚，都是吃食堂呢。咱队是在王家那里建的食堂，做的饭厅，家家屋里不许开伙，也没粮食开伙，"吃饭不要钱，做活不记工"么，他娶媳妇的时候媳妇娘家来一席人，食堂给把客一待就行了。你知道么，咱队的王老九爱抬杠说笑，说你来贤伯爱占便宜，连娶媳妇都不待客，叫队里给待呢。

李巧宁：如果有人结婚，食堂是专门给做饭，还是只给提供平常饭？

李金海：是给专门做酒席呢。

李巧宁：那是不是到婚龄的人都抢着结婚，因为食堂给把酒席一办自己不用花钱么？

李金海：那不是。那个时候政府把领结婚证卡得很严格，不到年龄人家不给发结婚证。那时候人都不像现在农村有的娃不到年龄不领结婚证就让结婚，那都是领了结婚证才结婚呢。再一个，人都不知道政策会变，都以为以后就是社会主义了，都是吃饭不要钱了，谁也预料不到以后会吃饭要钱么。咱们村当时百十来户人，就只有你来贤伯一个那阵在食堂不要钱结的婚。

李巧宁：男方生产队对女方来宾的人数会限制吧，如果不限制会不会女方来很多人，增加食堂的负担？

李金海：不限制。女方不会来客太多，因为咱陕西省当时政策是统一的么，咱村的食堂吃饭不要钱，其他村的食堂也不要钱，人家女方的人在自己村也能不要钱吃到饭，没必要跑到你男方食堂去吃。

李巧宁：我不知道转了农业生产合作社和人民公社化以后，比方说人结婚要做家具，有木匠不？

李金海：有么。

李巧宁：木匠算是给集体挣钱呢，还是给自己挣呢？

李金海：他算是替集体出去做活呢。他出去做活，回来按一天多少钱给集体一交，集体就给他把工分记上。那阵农村基本上的统一工价是一天一块五毛六，你如果出去做活，你回来了一天给集体交一块二毛钱，剩下的三毛六是你的，算是工具折旧费，你拿的工具出去做活，你的工具的折旧费。

吴旗县苏万英访谈

采访对象：苏万英，女，1939年4月14日生。20世纪50、60年代居住于今陕西省吴旗县白豹镇，家庭成分为贫下中农。现居住于甘肃省庆阳市华池县林镇乡张岔村东沟组。1957年结婚，共育有六个子女，分别出生于1958、1960、1962、1965、1968、1970年。

采 访 人：杨永霞，女，陕西理工大学思想政治教育专业2007级学生。

采访时间：2010年1月25日。

说　　明：采访对象为采访人的舅奶。

1. 扫盲就像学生娃一样……

杨永霞（以下简称"杨"）：舅奶，你是什么时候出生的？

苏万英（以下简称"苏"）：我1939年4月14日生的。

杨：咱们新中国成立时你还记得吗？

苏：记也记些，再都忘记了。

杨：那新中国成立时，你们当时高兴不？

苏：那会儿什么都不懂，都是些娃娃，人家说成（立）啥就成（立）啥，高兴着了。

杨：那个时候你们那的女娃娃上学的多不？

苏：刚开始没有，到最后只要能上学的都去上了。

杨：为啥刚开始没有而后来有呢？

苏：后来有条件上，想上学就可以上学。

杨：那时的学费贵不？大约是多少？

苏：学费不贵，但不记得是多少。

杨：你那时想上学不？

苏：哪有不想上学的？我7岁时娘家妈妈就殁了，8岁上就被童引到婆家，18岁就结婚了，还顾得上上学呢？

杨：那你五六十年代时生的我那些<u>娘娘</u>（注：指姑姑）和<u>姑舅大</u>（注：表舅）上过学没？

苏：都上过，（你那些娘娘）都小学，有上半年的，有上一年的，就是你两个姑舅大都上了初中，初中毕业。

杨：那我那些娘娘是不想上学还是你不让上了？

苏：（我）不供了，那供养不起，那会没钱不能供。

杨：我那些娘娘都上了一年到二年就不上了，她们识下字了没？

苏：那会也没识下几个字，那阵都碎着了。

杨：那我那些娘娘不上学了是帮人干活了，还是你直接就给瞅对象了？

苏：那会瞅对象还小了，回了家了都给家里帮忙了，<u>下苦</u>（注：指干农活）了。

杨：五六十年代你们那里有没有办过扫盲班？

苏：扫嘞么，我还念过。扫盲就像学生娃一样，一晌午吃过饭后不休息，还不能误劳动，吃过饭学习一个多小时，晚上从地里做活回来一吃饭又学习。还学学生娃学的那个语文，我们主要学字，光教语文，不教算术。那就像学生娃一样，隔几天人家还考呢，你学不下还不行。

杨：到扫盲班去识字的女的多吗？

苏：那时女的男的都参加，所有年轻人18周岁以上的都参加学习，就是老人不参加。女的挺多的。

杨：你们当时对扫盲班兴趣大吧？

苏：都可积极了。我那时学得很差不多，识了些字还帮人家写过信，来信也会念，现在忘光了。

杨：那时扫盲班办了多长时间？

苏：我记得时间不长，一二年。

2. 我是被童引到婆家的，……结婚啥都没有。

杨：你们那女孩子多大开始找对象？

苏：刚开始时（年龄）碎碎的就给人（注：指许配人家）了，从到最后就大了（才给人）。

杨：具体多大年龄？

苏：以前，有指腹为婚的、订娃娃亲的，三四岁就许给人了，后来十七八岁给人。

杨：你是娃娃亲还是指腹为婚的？

苏：我是生下来以后许给人家的，七岁我妈一殁就被童引到婆家了。

杨：那个时候女的找对象有啥条件？

苏：能有啥条件，娘老给谁就给谁了。

杨：要什么彩礼？

苏：要彩礼，但彩礼不高，再就没啥了。

杨：那你那时候彩礼钱是给响洋还是给啥？

苏：那时候就是响洋。

杨：你那时候彩礼要了多少响洋？

苏：我不知道么，那时候碎着，光听人说80块钱响洋啥的。

杨：新中国成立后，咱们中国颁布了《婚姻法》，既有结婚自由，也有离婚自由，那时你们那的女的婚姻有变化不？

苏：变化了，但不像现在。

杨：有些什么变化？

苏：女的上了十四五岁才许给别人，言彩礼，过几年后结婚。

杨：对男的有啥条件不？

苏：没啥条件，那会儿好像没啥条件。

杨：只要两人愿意还是只要父母愿意？

苏：只要父母愿意就可以了。

杨：那个时候，女孩有没有自由恋爱的？

苏：刚开始没有，最后就有了。

杨：那如果（两个年轻人）谈好了，父母不愿意咋办？

苏：子女愿意，父母愿意那就都好。如果父母不愿意最后还得听父母的话，那时还是不由本人，由双方父母决定。

杨：那个时候，你们那什么样的女的好找对象？

苏：都好找了，吃苦耐劳、肯干活、爱做家务的更好找。如果女的是个工人，就能找到好婆家。

杨：那时女孩子找对象喜欢什么样的小伙子？

苏：那时女的都是娘老做主，人家给找个啥（对象）就是啥（对象）。

杨：女孩就没有多少选择的余地？

苏：就是。

杨：那你也年轻过，即使你是订的亲，你心目中理想的男子是什么样的？

苏：那阵心里也总想找个好的，但不由你了。

杨：怎么个"好的"？

苏：家庭好、人好的那种。

杨：人好是相貌好还是品质好啊？

苏：那阵光景好、人好，也说不出，就是觉得好就行了……

杨：你是啥时候结婚的？

苏：我18（岁）结婚的。我那时给童引过来，解放后，人家说不到（结婚）时间，让我回我娘家去，让往回走。人家不让童引媳妇，都往回赶，让（女的）满18岁才结婚。

杨：那你结婚（向男方）要了些什么？

苏：结婚啥都没有，连被子啥都没给我缝下，就那么个把婚结了。这边我婆家妈妈也殁了，那边我娘家妈妈在我七岁上也殁了，还要啥呢？就当时（把我）卖了80个响洋（作为彩礼），再什么都没有。结婚时（新）<u>壮衣</u>（注：棉衣）啥的都没给，穿的黑长夹烂棉袄，棉花絮絮真是掉得！外边穿黑咔叽单袄，套个黑裤子，里边烂衣服套外边那么个衣服，还要啥？

杨：那你那时（结婚时没有新衣服穿）心里难过不？

苏：难受还不是难受着了，那没人么，娘家妈妈和婆家妈妈都殁了，家人让你咋个你就得咋个！

杨：当时家里有些啥啊？

苏：什么都没有，家里只有个吃饭桌子。

杨：有没有缝纫机啦、录音机啦的？

苏：没有，见也没见过，还想那么些呢！

杨：那时新房里有新<u>纱毡</u>（注：指羊毛毡）不？

苏：哪有呢？给我铺的烂纱毡汇成的片片，在底下铺着。结婚时买了个不知用什么线织成的厚毯毯就那么一疙瘩毯，连铺盖都没缝，都是烂铺盖。

杨：你结婚时举行了什么样的婚礼？

苏：我那时结婚，这边婆家妈妈殁了，早上起来结婚前起了一盆面，<u>去乡政府把婚一结</u>（注：指到乡政府领了结婚证），（天）黑了回来还要蒸馍馍，（腊月）三十晚上<u>把床一铺</u>（注：铺床是当地婚俗中比较郑重的一项，一般是请儿女双全的妇女来铺好新床上的被褥）就好了。

杨：有没有摆酒席、请人吃饭啊？

苏：没有摆酒席，就叫了两个人<u>翻了一下床</u>（注：即"铺床"），就完了。啥都没举行，我娘家爸爸都没来一下！

杨：人家那时的风俗新媳妇三天不让干活，你那时几天才干活啊？

苏：我哪有啊？给你说结婚那天还起了一盆面，还在蒸馍馍着呢。

杨：<u>我舅爷</u>（注：指采访对象的丈夫）那时穿的新不？

苏：不新么，都就那样烂，烂衣裳外边套个单布衫和单裤子。

杨：那当时其他女的结婚时摆酒席不？

苏：有的摆了，有钱的大部分都摆了。我就因为婆家娘家都没人，所以也就没摆。

杨：那其他新媳妇结婚几天以后开始干活？

苏：刚结过三四天以后家务活就开始干了，<u>回门</u>（注：当地婚俗，一般新娘结婚第三天和新郎一起回新娘娘家，表示让新郎认亲）以后就开始干活了，做饭了啥的。

杨：下地干活不？

苏：干。刚开始下地干得少，后来成立了农业社，人家<u>定工</u>（注：指有劳动定额任务）着了，一家人都下地一起出工呢。

杨：你觉得什么样的婚姻才是好婚姻？什么才是幸福的婚姻？

苏：我想过找个光景好的、人差不多的、有老人的，但已经迟了，也就不想了。

杨：你觉得什么样的夫妻才是好夫妻？

苏：有工作的、光景好的那就好么。

杨：你觉得你和我舅爷好不好？

苏：好着了。

杨：那你觉得你的同龄其他人的婚姻怎么样？好不好？

苏：有过得好的，有过得不好的。

杨：你认为咋样的算"好"，咋样的算"不好"？

苏：不吵架、打架，算"好"的。我们两个没吵过架，永都没打过架，我觉得我们俩就是好夫妻。

杨：你们俩常是谁说了算？是我舅爷还是你？

苏：那时都是男的说了算，女的是（男）人家说啥就是啥。

杨：你觉得两口子能过得好，但和婆婆公公生活不到一块，算不算好夫妻？

苏：那种情况在那阵可少了，几乎没有。

3.（坐月子）一上40天该干啥都干啥了。

杨：上次你说你有六个孩子，四个女子两个儿，1958年生的第一个，1960年生的第二个，1962、1965、1968、1970年相继生了后面的几个。在你怀孕期间，让你们休息不？

苏：不让休息，继续下地，给你些轻些的活，都是临生前几天才干些轻活，都干活着呢。

杨：你们想休息不？

苏：想休息呢，人家不给你休息你咋？我在生第一个孩子时，头一天还在推碌碡磨着呢，第二天黑了就生下了，就那个（坐月子）待了40天，一上40天该干啥都干啥了。公家规定的，一上40天就得劳动。

杨：你生孩子时，有没有请过接生婆？

苏：没有。哪有？

杨：其他人生孩子时有没有请过接生婆？

苏：那阵没有，都在自己家中生，没的接生的。

杨：那会儿生孩子都不害怕？

苏：不害怕，那会儿也顾不得怕，都记不起怕！

杨：那有危险怎么办？都不怕？

苏：除了人家有娘家妈妈的，把娘家妈妈请来，再谁也不叫。

杨：那万一有危险，你们咋处理呢？

苏：那阵我们都没想过，肚子里往出来抱了，就在家里，不像现在去卫生院了。

　　杨：那要是难产咋办呢？

　　苏：没想过难产，顾不得那些。实在没办法才去卫生院，一般从没想过去医院。

　　杨：你在坐月子时候生产队有没有照顾，给你补助吧？

　　苏：没，啥也不补助。

　　杨：你生我大娘娘和我碎娘娘这段时间，两个娘娘年龄相差好几岁。生我大娘娘时没有补助，生我碎娘娘时也没有补助吗？

　　苏：没有。就是不知生哪个着，那时并灶（注：指吃食堂）了，就那一个月，人家给了30斤麦子和一些小米，一满月就不管了，都到一搭吃。

　　杨：你在生我大娘娘时，在坐月子期间让你干家务活着不？

　　苏：三天以后就在家做饭了，不下地干活；一上40天就在外面下地干活了。

　　杨：干活时分轻重不？

　　苏：不分轻重，人家干啥你干啥。

　　杨：生了娃娃满40天了就要出去参加生产劳动，娃娃怎么办？

　　苏：大人出去劳动时，碎娃娃由大娃娃看着。我们生的第一个娃娃碎着时，我们妹妹给看着。

　　杨：舅奶，你们那时生了那么多孩子，有没有想过这是累赘啊？

　　苏：那累了么，咋不累。

　　杨：有没有想过说不要生了？

　　苏：想过不要生，可那阵又没有计划又没有啥，生多少就是多少。

　　杨：那你们有没有想过你们家里本来都很穷，又生那么多孩子，万一有孩子被饿死或孩子受饿？

　　苏：想过，那又有啥办法？

4.（男女）在一搭（劳动）呢，人家做啥你做啥。

　　杨：自从农业社以后，干活要分工分，给女的分工分不？

　　苏：分了。吃罢饭，女人有劳动好的和男子挣一样的工分，一天是十分工，干得不行的，有八分工，或者看情况给工分。

杨：你们干的啥活？不跟男的区分吗？

苏：不分，在一搭呢，人家做啥你做啥。

杨：哦，那一样的活，男的工分多，女的工分少，男的最大工分是多少？

苏：男的是十分工，女的干得好的是十分，还要带早（注：指包括早饭前的劳动）；不带早全是八分。

杨：那你还记得初级社和高级社的区别不？

苏：挣的工分都一样。

杨：那并灶后给你们挣工分不？

苏：并灶时不挣工分，并灶散了后才开始挣工分。

杨：1958、59年不是搞过大炼钢铁运动么，你们那会搞过没？

苏：没。

杨：那你听说白豹（注：地名，指陕西省吴起县白豹镇）或其他地方炼钢铁没？

苏：没听说过，我们那没有。

杨：那你参加过修水库、水渠公路之类的工程没？

苏：我知道这些了，但我没有参加过，那时家里没（老）人，外边"出差"（注：指被派出去干活）我不出去，就是在本生产队修梯田，我参加过。

杨：那你修梯田时有几个孩子？

苏：大概有两三个。

杨：最大的大概多大？

苏：有十二三了。但是人家修路、修水库那阵最大的大概只有几岁。

杨：要是把你抽调走，孩子谁照顾呢？

苏：那他们（注：指生产队）也知道家里没（老）人（帮忙看孩子），就不抽调。

杨：干那些（修路、水库等）活有工分不？

苏：有了，那个时候已经挣上工分了。

杨：假如在干这些活时，有事给请假不？

苏：可以请，看情况，三天了、两天了都给放。

杨：你喜欢在外面干活不？

苏：喜欢了，但家里走不了。

杨：那你们那时在家里做哪些家务活？

苏：做饭，做鞋，缝被子，喂鸡、狗、猫、猪，大一点的牛牲口都在生产队养着，是集体的。

5. 我的苦一直都没有变轻。

杨：你听说过五六十年代的"妇女解放"没有？

苏：忘了，我不记得。

杨：比如说男女平等，听说过没？

苏：这个我听说过，那阵讲过男的女的要平等。

杨：你们女的那时在外和男的干的同样的活，回来还有那么多家务要做，你觉得累不累？

苏：累了么，咋不累？

杨：那你有没有想过怎样才能让你（负担）减轻一下？

苏：没有想过。就那样忍受了。

杨：你们常和你们那的同龄女的聊天不？

苏：那阵也不，也不想那些。

杨：你觉得解放以后妇女地位有没有变化？

苏：那发生了，最后就有变化了么，也有些（找对象）相一个性格差不多些的，苦轻些的。

杨：那你的苦变轻了没？

苏：我没有，我的苦一直都没有变轻。

杨：你记得那时政府对妇女有什么宣传不？

苏：宣传不让娘家包办卖女子，让自己找对象么。

杨：你知道哪些反映当时农村妇女生活的歌谣或故事不？

苏：我都忘完了。

杨：你觉得五六十年代的生活好还是现在好？

苏：那肯定是现在好，以前绑在生产队人家让干啥就干啥，现在由自己做主，比那时好！

杨：你有没有在家说话算数过？

苏：没有，从来没有。

杨：那你们那有没有女的当家的？

苏：有了，可少。

杨：她们因为什么才能当家？

苏：那种情况的话，就是男的不行，女的肯定要当家。

杨：舅奶，你觉得什么样的日子才是好日子？怎样才能过上好日子？

苏：我没有想过。

吴旗县许青珍访谈

采访对象： 许青珍，女，1944年生。20世纪50、60年代居住于今陕西省吴旗县白豹镇，当时家庭成分为贫下中农。1962年结婚，共育有六个子女。1973年移居今甘肃省华池县林镇乡张岔村东沟小组。

采 访 人： 杨永霞，女，陕西理工大学思想政治教育专业2007级学生。

采访时间： 2010年2月10日。

说　　明： 采访对象为采访人的同村邻居。

1. （我家）离学校近，才能上上学了。

　　杨永霞（以下简称"杨"）： 奶奶，你对新中国成立有印象不？

　　许青珍（以下简称"许"）： 那时我还小呢，没有印象。

　　杨： 你记得你那时生活的地方是啥样子？

　　许： 我们那时生活得不好么，在白豹（注：地名，指陕西省吴起县白豹镇）老城子里住着，不过现在修建得可好了。

　　杨： 那个时候，你们家是什么成分？

　　许： 贫下中农。

　　杨： 你们那时有地不？有多少地？

　　许： 地是有了，也不多，大概有多少，我晓不得了，（是）娃娃么。

　　杨： 解放初期土改时，把地主、富农的地给贫下中农分了，给你们分过没？

　　许： 那时我还是碎娃娃，都在学校跑着了，吃上点，跳着蹦着玩了，又不管那些事。

　　杨： 你还上过学没？

许：上过嘞。

杨：你上学上在啥程度？

许：上到五年级。

杨：你那时上学是家里供你了，还是你要上了？

许：家里供了么，我们最小的三个都上着了。

杨：你们一共姊妹几个？

许：姊妹九个。

杨：你是老几？

许：我妈走（注：改嫁）在许家，我是老大。我妈头一方（注：初嫁的人家）赵家我大殁了，娃娃多没办法，（我妈）又走到许家。

杨：那时家里有钱供你上学了？

许：有也捏过（注：将就，一点点）了，也是没钱，叫艰（注：拮据，艰难）得。（我家）离学校近，才能上上学了，再不然也上不了学，家在上面了，学校就在河湾那了，近近嘞。

杨：那你们那时还是白豹镇里住着了，还是贫下中农啊？

许：贫下中农么，那时白豹也是农村人，是这二年才修建好了。那时只有个商店，有个公社，有个卫生院，再什么都没有。

杨：你那时上学贵不？

许：不晓得贵不，多年都忘了。

杨：你们那时上学时，女生多不？

许：多了么，那时学生多，几（个）班呢，女生多多的。

杨：那时候女的都是因为离学校近才让上学的吗？

许：嗯。

杨：你那时想上学不？

许：想了，当娃娃时想上学了，稍微大一点时就不想上了，学不进去了。

杨：那父母乐意让你们上学了？

许：乐意了么。

杨：为什么？

许：那就我们三个碎的，在家里也没事干，大些的能劳动的都劳动着呢。

2.（我的对象是）自己谈的。

  杨：你是什么时候结婚的？
  许：我们18（岁）上结的婚。
  杨：你还记得你结婚时的情景不？
  许：不记得了。
  杨：有彩礼不？我舅奶（结婚时婆家）还给了80个响洋呢。
  许：我那时（彩礼是人民币）三百几，我没有响洋。
  杨：那你那时结婚有新衣服穿不？
  许：穿的也有，就是一两身。
  杨：给你们穿着啥衣服？
  许：我记（得）穿一个绸绸袄，再穿一个蓝裤子，再就穿些随身衣裳。
  杨：那我苏爷（注：采访对象的丈夫）穿的啥衣服？
  许：我不知道了。
  杨：那时结婚新娘都是绸子衣服么？
  许：大部分都是一样。
  杨：你们结婚时盘头不？
  许：不，那时哪有个盘头的，也没有个花花。
  杨：你们结婚时候有（酒）席没？
  许：有了，只不过没有咱们现在家菜多！再都和现在差不多。
  杨：你结婚时的新房里有没有新纱毡？
  许：都是旧的，那时人穷得哪来个新的？
  杨：被子那些是新的不？
  许：那些是新的。
  杨：你们那时女的多大了开始找对象？
  许：都是十八九（岁）。
  杨：你是自己谈的，还是父母给你找的？
  许：自己谈的。
  杨：那你那时谈的时候，父母左右你思想不？
  许：没有。
  杨：那时自由恋爱的多吧？

许：多了么，那时女的都开始自由恋爱。

杨：那以前有没有自由恋爱的现象？

许：以前都是包办的，听我妈说都是包办的。

杨：你们那时找对象有啥条件？

许：我那时候要求是学习好，你苏爷那时学习好，人家万一当官了我该是趁享福了，就是那个要求，结果……

杨：你们俩是同班同学？

许：不是，人家比我高两班。

杨：你们那时咋敢自由恋爱了？

许：那时新《婚姻法》颁布了，以前那都是旧社会，新社会兴（自由恋爱）。

杨：那你们那时自由恋爱时你害怕不？怕人说闲话不？

许：不怕。

杨：那你们那时什么样的女孩子好找对象？

许：长得漂亮的、家庭好些的也好找对象。

杨：是工人家女孩好找对象不？

许：那时（我们那里）哪来个工人，没有工人，都是农村人。

杨：那你们那些同龄女孩都喜欢什么样的小伙子？

许：喜欢当兵的么，家庭好的，也与相貌有关，也看人品呢。

杨：你结婚后几天才让你干活了？

许：也两三天，又没有婆婆。

杨：在地里干活还是在家干家（务）了？

许：那就做个饭了啥的，再也不做啥。

杨：你们这边我苏爷是老几？

许：就他一个儿子、三个女子。

杨：你那时当家不？说话算数不？

许：不当家，说话也不算数。

杨：你觉得怎样的夫妻才是好夫妻？

许：夫妻，那一个人疼一个人就是好夫妻。

杨：你为什么觉得一个疼一个才是好夫妻？

许：那一个不疼一个能过好光景了？

3. 你大娘娘上了几天学，没啥吃，……连学校也不去了。

  杨：你 18（岁）结婚，那你生过几个孩子？

  许：<u>往这里走时</u>（注：指 1973 年移居甘肃时），有三个孩子，再的三个都是在甘肃这生的，<u>你大娘娘</u>（注：指采访对象的第一个子女）今年 46（岁）了。

  杨：那时你让你的孩子们上过学没？

  许：那时你大娘娘上了几天学，没啥吃。那时生产队给评下救济粮，<u>稻荍</u>（注：指高粱）推成面，蒸（着）吃稻荍面窝窝和<u>稻荍面和和饭</u>（注：读音"huo huo fan"，指面糊糊饭），涩咧咧的，一天吃不下去，<u>坐在硷畔上哭鼻子</u>，连学校也不去了，也供不起了。

  杨：那我二娘娘上过学没？

  许：没有，那个没上过。

  杨：我三娘娘上过学没？

  许：大概上到三年级或是四年级，另外两个都上到四年级。

  杨：那我大娘娘上学有多贵嘛，还上不起了？

  许：无论多贵那不上了，一天吃不进去，哭得一天不去学校，饿得。

  杨：她那时是在校上灶还是在家里吃？

  许：家里吃了，家里没啥吃就不想上学了。

  杨：那说明我那些娘娘还是想上学的，是吗？

  许：想上也饿得上不成了。

  杨：你上过学，现在还认识字不？

  许：忘光光了。

4. （扫盲班）就教些农村用的字。

  杨：你知道解放初期举办扫盲班那些事吗？

  许：记着了，但我没有上扫盲班，我们家她姨娘人家上过嘞。

  杨：你记得那时怎样上扫盲班了？

  许：扫盲班就是生产队召集起来，在谁家来学了，人家给教了。

  杨：给教些啥嘛？

许：就教些农村用的字。

杨：只教字，不教算术么？

许：那个怕没教。

杨：教唱歌不？教些什么歌？

许：唱歌教了，那时就唱《三大纪律八项注意》，再唱的有"日落西山红霞飞……"，唱的歌是多了，就是我记不起了。

杨：你觉得那时的扫盲班是实实在在地搞了，还是搞形式了？

许：是实在的。

杨：那学的字多不？

许：她姨娘人家跟上扫盲班学了些，回来又自学，白识字（注：只会读，不会写），现在稍微个报纸都能念下去，今年也有70岁了。

杨：识的字主要是写信了，还是因为其他的？

许：不是写信，就嫌不识字着。

5. 人家干啥我们（孕妇）干啥，有的怀娃娃还抱的粪斗子抓粪呢、揭地了。

杨：你结婚以后在生产队干活不？

许：干么。

杨：那你在生产队干活都干些啥活？

许：生产队啥活都干了，就是没背过、没抱过粪装子（注：粪袋子）。

杨：你抱不下去？

许：我拿不动。

杨：你那时怀孕期间生产队让休息不？

许：不，那时生产队根本就不休息，一直做的。正在地里做活，肚子疼得，跑回家里到养下（注：指生下）娃娃了，一进门就养娃娃。那时的生产队和现在比不成，现在单干，婆姨女子可享福着了。

杨：是生产队让你们干活，还是你们自己要主动干了？

许：自己也要干了，那时讲（工）分吃（饭）了么，挣不下（工）分该吃不上，分不下粮。

杨：那你们在怀孕期间干活，生产队照顾你们不，比如说干些轻活什么的？

许：照顾啥？人家干啥我们干啥，有的怀娃娃还抱的粪斗子抓粪呢、<u>揭地</u>（注：指用牛耕地）了，背（重物）那些（生产队）该不让背。

6. 都在自己家里养（娃娃），谁去卫生院了？

杨：那你生我那些娘娘时有没有接生婆？

许：没有，都在自己家里养，谁去卫生院了？去卫生院哪来的钱了？

杨：那就没有接生婆来接生？

许：没有。谁来给你来接生了？

杨：那时女的生孩子都是这样吗？

许：都是这样。

杨：你生孩子时你害怕不？

许：不害怕。

杨：你们都不害怕？发生危险咋办？

许：那时，出危险就出了。

杨：那万一难产怎么办？

许：难产就叫医生，稍微能生下就在家里生了。

杨：你坐月子时，生产队给你们照顾不，比如给粮了什么的？

许：不照顾。家里有啥吃啥，有米吃米，有面吃面。面可少了，主要吃的是黄米、小米，吃面的时间可少了。

杨：你坐月子时可以休息多长时间？

许：大概是一个月时间。

杨：你是满月开始做饭了，还是没满月就做？

许：满月了做饭，不满月没有人时，也得做饭么。

杨：该没在坐月子期间下地干过活吧？

许：那没有。

杨：苏奶奶，你们那时候啥时候开始搞计划生育？

许：计划生育？大概是六几年。

杨：你们那时还想再生孩子呢，还是没办法了（才不生了）？

许：谁想再生呢？真是特别累，都抢着去计划戴环。我们那回生产队去了七个戴了六个，我没戴，我是风湿性心脏病，那病戴不成环。我们堂妹刚戴一会儿头上水掉线线往下淌，脸红得，肚子疼得，也戴不成。不然我就不会生这么多孩子。

  杨：你觉得计划生育好，还是不好？

  许：好么。娃娃少了大人不累，娃娃也不受罪么，能吃好穿好么。

7. 男的一天十个工分，女的八个工分。

  杨：你还记得初级社、高级社时入社的情况不？

  许：入社那就是老百姓都入了农业社，由社长管了，让你干啥你就干啥。

  杨：你记得人民公社不？

  许：记着了。

  杨：你记那时妇女下地干活挣工分着不？

  许：挣着了，（自从）入了社以后就挣着了。

  杨：男的和女的挣的工分一样不？

  许：不一样，男的高着，女的低着。男的一天十个工分，女的八个工分。

  杨：有的女的干活很争（注：厉害），有挣十个工分的没？

  许：晓不得了，大概有了，女的一般都是八个工分。

  杨：那女的工分在初级社、高级社时有没有变化？一直都是八分？

  许：一直都是八分。

  杨：（19）58、59年大炼钢铁，你还记得不？

  许：大炼钢铁听说过，我们那块没有，不晓得在哪儿炼着了，我们白豹没有炼过。

  杨：你们那块那时干啥着呢？

  许：白豹还是生产队，还在劳动。

  杨：你参加过修水库、水渠、公路之类的工程没？

  许：那些都没，我参加过修梯田大会战。

  杨：那你啥时候参加的？

  许：忘了，那时我都有两个娃娃嘞。

  杨：那时最小的孩子多大了？

  许：你二娘娘才是一岁多点，你大娘娘两岁多。

杨：你修梯田时谁在家看娃娃？

许：我们他爷爷在家看娃娃着了。

杨：他是年龄大了，还是不想（去生产队）干活？

许：人家年龄大了，不干了。

杨：那你那时修田有工分不？

许：有了，一天挣八个工分。

杨：那你们在修梯田时要请假给放（假）不？

许：放了么，请假人家给放几天就几天。

杨：你那时喜欢参加这些工程不？

许：挣工分了么，那该喜欢了，挣下工分好（分粮）吃了。

杨：那你那时干些啥家务？

许：家务就做个饭么，再没啥。

杨：不做鞋么？

许：做了么。不做穿啥了？衣服也自己做了。

杨：被子也自己缝吗？

许：都自己缝了。

杨：那时你们家里喂猪、喂鸡着不？

许：喂着了。

杨：你们那时喂大牲口着不？

许：大牲口没有，那时大牲口都是生产队的，自己只准喂些鸡、猪。

8. 转合作化、生产队，男的和女的都能在一搭了。

杨：你们那时听过"妇女得解放"之类的宣传没有？

许：听过么。

杨：你觉得"妇女解放"是什么意思？

许：妇女解放了，和男的一样平等。以前女的让折磨得连个男人也不敢见，听年老人说，来个客人（女的）都在家了，门都不叫出。

杨：你觉得妇女怎样才能解放？

许：那时愣得懂得想啥了？就知道下苦，那时的婆姨女子都可愣了。

杨：你有没有想过，怎样让你和其他妇女解放了？

许：想是想过了，那时想妇女解放了、妇女自由了，哪里都能去，和他们男人一样么，还能见世面。那时把些妇女都窝在黑圪崂，门也不能出，连个人也见不上。

杨：你觉得怎样才能把你们这些问题解决了？怎样才能和男的一块见世面？

许：那解放了该就自由了。

杨：那怎样才能解放，解放又不是一句话？

许：转合作化、生产队，男的和女的都能在一搭了。

杨：哦，你认为搞合作化、生产队对妇女解放有好处？

许：是么，再不就不得在一搭么，一家不能去（另）一家。

杨：那你觉得你十几岁时妇女解放了没？

许：我十几岁时（妇女）解放了，女娃娃都可以上学了。

杨：除了自由恋爱外，你们那时妇女解放还表现在哪？

许：女的可以出去见世面了。

杨：女的在家里的地位变化了没？说话算话不？

许：变化了，妇女一解放，人的觉悟思想高了，啥都有了。

杨：你结婚后在家里说话算数不？

许：当娃娃时，啥也不知道，都大人做主。结婚后我想走就走哪了，也没有人管了，有（钱）了，啥衣服也买了，啥吃的也买了。

杨：你记得那时政府宣传妇女的标语口号、歌谣、快板等没有？

许：有是有，我又不参加那些活动，有娃娃了都在家里看娃娃，不记得了。

杨：那时有个刘巧儿，就是自由恋爱争取妇女解放的那个，你们有没有听说过？

许：没有。我一天在家里了，谁还来家里给你宣传了？

杨：苏奶奶，你从旧中国走到新中国到现在，你觉得现在和过去相比，有哪些变化？

许：现在好么，吃穿都好了么，条件多方便么，想走哪里坐车就走了，想回来就回来了。我们那会儿小娃有病了，在卫生院，那会儿是公社医院，去检查，（医生）说（小娃是）感冒了……。（第）九天头晌不行了又背去检查，说肝子胀大了，叫引到吴旗华池透视去，白豹没有（透视的），就背上（小娃），步行到华池。走到华池坐到炕上，脚疼得都扎不到地上，七十多里路呢。现在是想到哪里去就去了，你看多方便，去卫生院看病也方便。我们那会儿把小娃耽搁得，到华池还等着检查不上，人多很。最后检查说是消化不好，正说抓药哩（医院）打下班铃了，人家不抓了，叫下午上班了来抓；下午上班了，上午给检查的那个人又没来，另一个医生问："你们这娃娃提前给你们解决了没有？"人家（把"检查"）叫"解决"。我给说消化不好么，医生说："你们这娃不是消化不好，是肺上的病。"我说那你给检查一下。（医生）检查一下说："这娃娃可厉害呢，可能是肺炎，要晚上12点很快透视。"晚上12点就抱去透视么，我抱着呢，你苏爷在<u>单面</u>（注：旁边）站着，叫快透视。……到晚上<u>头半时</u>（注：前半夜）给抓了<u>些</u>药，打了一针；到半夜起来，黎明了又吃开了、喝开了；第二早上起来还要坐起来，我们就把他扶起来叫坐下。

9. 腊月二十几，婆姨女子三四个、五六个几个一块走着到陕西省这边要饭去了。

　　杨：苏奶奶，1960年前后闹饥荒时，你们是咋样渡过的？

　　许：那时我妈家还可以，<u>转大灶</u>（注：办公共食堂）时偷（偷）地藏了些粮，我们在学校晚上回来，偷地给我们做上点<u>燃饭</u>（注：指粮食和菜混合在一起的饭）。还怕生产队知道，在炕洞里边烧炕时偷地埋上几个洋芋吃，饿是还没饿。

　　杨：其他人饿的话咋办？吃啥？

　　许：有的没啥吃就那么支（撑）着了，就像淮安川（注：地名）王德海他们那边<u>元城</u>（注：地名，在甘肃省庆阳市华池县）的人，腊月二十几，婆姨女子三四个、五六个几个一块走着到陕西省这边要饭去了。

　　杨：有饿死的吗？

　　许：饿死的不晓有没有，白豹我娘家那反正没有，但有饿肿的。我们过年推麦子呢，那<u>些</u>（没东西吃的人）看见爱得，晚上住下坐说："哎，你们还推麦子了、生豆芽菜了，我们都没有。我们把那<u>黄盖</u>（注：一种植物）叶子捡的吃完，又在地里捡的吃<u>云盖</u>（注：一种植物）叶子，就落下来的那些……"

杨：那过年她们吃啥了？

许：那就凑合着出去讨的要的一点，回去鼓捣一下。要不下的，谁晓得咋过年，吃啥。

杨：要饭的都是女的，还是有男的了？

许：有男的了，男的也一天几泡子人往过走了。

杨：你觉得那时闹饥荒是什么原因？

许：有的是生产队搞得不好，有的是天旱。

杨：那和吃大灶有没有关系？

许：噢，（吃大灶）把粮食浪费了，我们白豹那年可浪费多了。那时社员觉悟高，大路上往过走的（不认识的）人都叫回去（让在大灶）吃饭，一直吃烂杆（注：指一无所有）了，吃得自己都没了。

杨：那你们是怎样渡过饥荒的？

许：以后就不吃大灶饭了，就那么个破了。最后生产队把粮食分在各家各户，自己做的吃。

杨：你们吃大灶饭时有没有偷地藏粮食的？

许：有了么，我妈那时就偷着藏点，娃娃多么。

杨：万一让人们知道怎么办？

许：知道了（人家）就（把偷的粮食）收拾走了。

杨：批斗不？

许：批了么，咋不批？批的是豪绅地主、反革命，贫下中农一般不批。把那些批得真是，站板凳呢，打死缓活的，用水激活，那都是反革命，阶级不好，成分不好。

杨：打富农不？

许：打了么。

杨：那啥时候开始不打这些成分不好的了？

许："文化大革命"（结束）以后就不（打）了。

10. 有吃有穿就对了，还要求啥呢？

杨：你觉得怎样才能过上好日子？

许：人勤劳，好好劳动才能过上好日子。人懒得啥也不做，没苦咋会有甜呢？

杨：你的理想中的好日子是什么？

许：有吃有穿就对了，还要求啥呢？再要求高咱们又达不到。

杨：你觉得现在社会中妇女的地位提高了没？表现在哪？

许：提高了，政治思想好了，觉悟高。

杨：苏奶奶你叫什么？

许：我叫许青珍。

杨：你希望把你的故事编在书里不？让后人知道你们的生活？

许：我希望了么，我噻，（小时候）也没有受多大罪，我最小么。我哥哥和我姐姐那时（受罪）受扎了。

杨：咋受罪了？

许：我哥哥那时候八岁就揽工了，揽工时候叫狼吃了，那会儿狼多。

杨：你们那时候没啥吃，想没想到把狼打死了拿回来煮着吃？

许：那你想哪能打着吗？有一次，我跟上我哥哥拦羊拦牲口耍，那时候羊、牲口多……

杨：你姐那个时候咋个受累了？

许：我姐那个时候拦牲口么，给有钱人拦牲口么。那时没吃没穿，哪像现在。

杨：那她结婚时是怎么个情况？

许：她们都是包办，有的好，有的不好。我大哥揽工把脚腕歪了，一直拐的拐的。

杨：那最后说下婆姨了吧？

许：谁女子给（他）呢嘛？那（一）拐（一）拐的，脚腕跟前有个大疙瘩。

横山县高占莲访谈

采访对象： 高占莲，女，1941年生，1958年3月结婚。未上过学，只上过一个多月扫盲班。婚前居住于陕西省横山县波罗镇前梁村高兴庄组，婚后居住于陕西省横山县李家洼村郭水湾组。共育有六个子女，分别出生于1959、1962、1964、1967、1969、1972年。

采 访 人： 郭冉，女，1988年生，陕西理工大学思想政治教育专业2008级学生。

采访时间： 2010年2月20日。

说　　明： 采访对象是采访人的祖母。

1. 解放以后就男女平等了，女娃娃念书的也就多了。

    郭冉（以下简称"郭"）：奶奶，你今年多少了？

    高占莲（以下简称"高"）：七十了。

    郭：七十了？属甚的？

    高：属蛇的（注：1941年生）。

    郭：则咱新中国成立的时候你还记着吧？

    高：哎呀，不记。

    郭：奶奶，就是新中国成立的时候，你听人家说嘞了没？就我爷爷，我老奶给你说过那些事没？

    高：那时候<u>锻得</u>（注：被赶得）顾上说那么些了？（哪里）像<u>尔个</u>（注：陕北方言，现在、今天）闲下一天说这个说那个了么？

    郭：新中国成立以后，咱们这上学的女娃娃多吧？

    高：新中国成立了以后就多了。

郭：为什么上学的娃娃就多了？

高：就是人家这个解放了，男女都一样了，人家这个女娃娃上学的也就多嘞。

郭：我听说那时候让男娃娃上学的多，让女娃娃上学的不多么？

高：噢，那过去就是男娃娃念书的多，女娃娃就不让，男女不平等么。解放以后就男女平等了，女娃娃念书的也就多了。

郭：噢，这么个。则学费贵吧？

高：不贵。

郭：不贵？则你干给我介绍下么。

高：那时候一个娃娃报名费才两三块钱。

郭：连书费着吧？

高：连着了，就都有了。

郭：那时候我五个熟老子（注：指叔父伯父）都上嘞嘞？

高：都上嘞嘞，就你二爸没上。

郭：我娘儿（注：指姑姑）也上嘞嘞？

高：上嘞嘞，初中毕了，高中没考起。

郭：我二爸是自己不上了，还是你不想让上了？

高：你二爸不念么。

郭：为什么？

高：老师上来叫也不念，老师说人家将来都机械化都要识字了。他说他将来就掏苦菜、喂母猪，他也不念。

郭：奶奶，则那时候的学费也不贵，那时候的女娃娃想念书吧？

高：想了么。学文化该到（注：应该）就不一样么，没文化就设周（注：指愚笨）的你看能做个什么？

郭：父母亲想让女娃娃们上学吧？

高：想了么。那时候解放了，都就男女平等了，就都让上念了么。

郭：你那时候咋的也想让女子也念书了，没想过说是让男娃娃念书爬也出去？

高：女娃娃也一样么。

郭：也一样？

高：一样么。则干念出个都不是一样的？平等了，平等了么。

郭：你们那时候就思想上也觉得平等了？心里面觉得没有男女差异？

高：没。

郭：奶奶，则你思想上还先进了么。

高：我就那么一个女子，我想她考到哪我供到哪，她（自）个没念起么。

郭：那我五个熟老子都上过学，就我二爸没上过。则我<u>大大</u>（注：指爸爸的大哥哥）那些最高是初中毕业，还是高中毕业？

高：初中毕业，都初中毕业。

郭：都初中毕业？

高：嗯，你大大高中也没考起。

……

郭：那时候有没有说是让（没考上高中的出）高价上（高中）的？

高：那阵人家又没那个，<u>我们干</u>（注：指我们自己）说不供了，你没念起，高价<u>多个了</u>（注：指很贵，很花钱），都让你们高价上，我们哪有钱了？

郭：那时候上高价得多少钱？

高：呀，那时候估计上了四五十就算高价了。

郭：四五十块？

高：噢。

郭：也不贵些啊。

高：那时候的四五十，顶尔个四五千多。

郭：那时候关于上学，你还记得有比较清楚的事么？关于上学方面的。

高：呀，那个咱也没念过书，就是一天老抱住农业社劳动，<u>顾得分</u>（注：指挣工分）了还，顾得个查看人家那么些了？

2. 扫盲：晚上给你教了，白天忘得光光的。

郭：奶奶那你认不得字哦？

高：不识字么。

郭：那你听说过咱们这的婆姨们上过扫盲班吧？

高：上过，我也上过。

郭：你也上过？上扫盲班的多吧？

高：多嘛。就黑夜的时候妇女们就都来了。人家<u>横中</u>（注：当地的横山中学，简称横中）的大学生就上来给你辅导。

郭：横中的大学生？

高：噢么，横中大学生上来都来辅导了么。

郭：你应该说是大娃娃们。则上来给你们教些甚？

高：就教扫盲那种，农业社又是种豆子也、种谷子也、就给你教"豆"字也、"谷"字也，就农业社种什么就给你教什么，就那么些字。

郭：那你还记得什么事情，就关于上扫盲班的？

高：再也什么嘛，晚上给你教了，白天忘得光光的，能顶事了？

郭：你感觉起作用吧？学到的字还多吧？

高：反正人家有记性的都起作用了，郭水湾的婆姨们那一个没起作用。

郭：你感觉自己起作用吧？

高：没作用。

郭：为什么？

高：说没作用，咋个没作用？那么多的娃娃，一天脑子烧的，又要出去劳动，又要家里这一茬，可愁了，还顾得个扫盲识字。当时人家给教了，给画下了，<u>投</u>（注：等到）第二天倒忘了。

郭：人家光给你们教些字哦？

高：哦，就写字，考了么。

郭：不教那种唱歌了，跳舞了？

高：不，那些不，就说教你扫盲识字。

郭：那时候谁说提倡实行上扫盲班的？

高：谁晓得了？那时大概（毛）主席说的，都下来，都就那么个，都要识字了，都就扫盲了。

郭：那时候实行开的时候，咱们这儿就都开始实行了？

高：都开始实行了。

郭：扫盲这个事实行了多长时间，你还记着吧？

高：啊，有一个来月。

郭：才一个来月？

高：哦，则人家叫干那个，没办法了，为了完成任务么。

郭：那你自己感觉上那个好不好？

高：……好么，只是自己没记性，<u>像你们有记性噻一天念书该知道咋个</u>

了么（注：像你们有记性的话就能学些东西）。

3. 找对象：我们那时就见见，还是娘老子包办着了。

  郭：奶奶，则咱这的娃娃一般多大年龄开始找对象了？

  高：那时候刚解放了，解放了就是这个提倡晚婚了么。

  郭：你给我说多大年龄？

  高：提倡晚婚了，就是男的是20（岁），女的是18（岁）。

  郭：18（岁）？则你们结婚也不早么。

  高：我妈说我18（岁）结婚（的时候），人家庄里的人笑话说一面拖大人，一面拖娃娃。则我还<u>灰的害不下</u>（注：傻得不明白），咋个拖娃娃。

  郭：什么意思？

  高：<u>养也么</u>（注：意思是女子到了该生孩子的年龄），（说我妈）把女子养活大了（才嫁）。

  郭：哦，这么个意思。则那时候找对象要什么条件了？

  高：也没条件，就是主要人家能看起你，再了就是两件衣裳，还能有什么条件？

  郭：你们那时候还让看了？

  高：看了么。

  郭：相亲了？

  高：嗯。

  郭：跟现在你看见有什么区别没？

  高：跟现在的区别可大了。你们尔个都是自谈了，我们那时就见见，还是娘老子包办着了。

  郭：我听那个老婆婆说是见也见不上么，直接大人就给包办了？

  高：噢，那个（老婆婆现在）该到八十几了。我那时还来看嘞。解放了让看了，让看了，看嘟嘟，可我不晓得那个（相亲是）咋个，<u>也照也没照</u>（注：指没有敢看对方）。就那么个。

  郭：就我妈那些那辈就说看了，再就喝酒了，再选日子了，<u>引</u>（注：指娶亲）了。你们那时实行这么些程序吧？

  高：就那么个么。

郭：解放前后找对象这些条件有区别没？

高：区别可大了。

郭：你觉得跟现在有什么区别没？

高：说区别可大了，区别可大了……

郭：你给具体说说噢么，呵呵，说详细些么。

高：你说那阵老人们把你一给，你愿意看起、看不起了，娘老子一包办就给了。人家什么时候酒一喝就来了看你，就是引你的日子。尔个了，你们则自己谈了，则看那个咋个，了解咋个情况。那阵了，就老人一给，就算给成了。

郭：哦，那时候人接引你们是不是骑毛驴？

高：嗯。

郭：毛驴头上戴朵大红花？

高：那戴着了。

郭：人家现在该是奔驰、宝马（车）引媳妇子了。

高：噢，那阵就是牲口头上挽点红布绺绺。

郭：你就在上面坐着了？

高：噢。

郭：你干具体给人说下，比如说吹手了那些，介绍一下。

高：哪有个吹手了？什么（都）没。

郭：不是说前面有个吹手引人的么？

高：我们穷的哪有个吹手了？

郭：你脑上又戴个红布布？

高：牲口脑上戴个红布布，（不是）我脑上戴个红布布。

郭：不给你脑上盖个红布布？

高：不，什么（都）没。

郭：脑上戴大红花吧？

高：不戴着，那阵哪有了？我就梳捆长辫子。

郭：则来了人家闹新房吧？

高：不。就把你往来一引，往那个炕上一坐，背坐转，给你放个斗（注：一种量具），点个灯。

郭：你们那时候点什么灯？煤油灯？

高：麻油灯。

郭：噢。则你们那时候出嫁，人家该肯定摆席了么。则吃的饭咋了？

高：吃饭吃些大杂烩，豆芽、粉（条）、蓝脑浇点肉，叫"蓝脑一浇"（注：是一种菜名，在菜的上面放些肉）。

郭：你们吃得好擦饭（注：也叫"擦擦饭"，是当地一种把高粱、玉米、青稞等粗粮煮在一起的食物）么哦？

高：噢，就那么个倒算好了。过事情，（摆酒席）尔个的噻几百块几百块，那阵你舅爷爷（注：指高占莲的兄弟）来了才给我行五毛钱的礼。再就朋亲们来了二毛的、一毛的，就行这么些礼。

郭：你那时候礼一共收了多少？

高：大概还不知道有没有100块。

郭：你们朋友弟兄给你记多少？

高：哪有个朋友弟兄了？那阵就是庄客（注：同一个村庄里的人）了，李家洼全部（招）待着了，（每家）都来一个的。

郭：你们吃好的就吃那么一天？第二天吃吧？

高：第二天没了。

郭：没了？则该总有剩下的了么。

高：那阵就像尔个的（招）待一天，早上饸饹、糕，晌午就大杂烩，就那么个倒算吃好了。

郭：则建国后你是不是觉得女娃娃在婚姻上比以前还自由些了？

高：自以后的娃娃们可自由的多了，人家一天谈这个谈那个，我们那时那样的话，人家笑话死了，（说）哪个女子又是跟上人家谈了，七长了八短了……

郭：那时你结婚算迟的啊？

高：噢。结婚已经在18（岁）上了。

郭：那你们庄（村）顶早的什么时候结的？

高：顶早的十六七就都（嫁）走了，十五六上（也有）。

郭：奶奶，你说你18岁结的婚？那结婚以前要了什么彩礼？

高：要了200块彩礼，四身衣裳。

郭：什么衣裳？

高：粗老布。那时还能有什么了？就那种花花布。

郭：那你还记得你那时候结婚是什么样子？

高：呀，记不下。

郭：比如咱们说引人了、订婚了、定日子了这样的？

高：这个也就这么个。

郭：跟现在（一）样样的？

高：尔个是都坐车，那时都是骑毛驴，骑马。

郭：回门回几天？

高：回一天。

郭：那时候一天？

高：噢。头一天去了，第三天就回来了。

郭：我不是听说尔个两三天么？

高：尔个也是一天。

郭：噢。那结婚的时候新郎穿什么样的衣服？

高：就穿些卡叽（注：布名）了、四布（注：布名）了。我那时穿得还算新着了。你爷爷穿你老奶的一条烂黑四布裤子，烂壮裤（注：指夹层填充有棉花的裤子）套烂黑四布裤子，就咱们现在撂掉的裤子都比那强；又穿个烂袄子，盖个烂被子；就缝了一只被子，给我缝了一只新被子，就那么个。

……

4. 你老奶那时还没解放，说是要小脚了，说大脚人家就没人要了。

郭：那我老奶（注：指高占莲丈夫的母亲）没给你们说她们那时结婚的情况？

高：你老奶13（岁）上结婚，15（岁）的时候就养下（娃娃）了。

郭：我老奶现在活着的话就已经九十几了？

高：九十六七了。

郭：则我老奶那时常给你们提她们那时候吃些什么、结婚了这种事吧？

高：没说那时候13岁上童养（媳）地来，15（岁）上倒养下（娃娃）了。

郭：那时候什么样的姑娘好找对象？

高：就那时小脚的人好找对象，一大脚，人家倒说没人要了。

郭：嗯，（当时脚）这个问题是关键。

高：（人家）说那个脚大吧？一说，嗯，小脚，那还能行。不说（人）样子，一大脚，倒没人要了。

郭：你现在说（的是）我老奶那时候的情况？

高：噢。你老奶那时还没解放，说是要小脚了，说大脚，人家就没人要了。阳畔（注：地名）郭应华娘的脚这么大，（很长时间）就没人要。（后来）郭应华老子把那个问上（注：娶上），说（是）一大脚，就藏在人群旮旯里，怕人家看见了。

郭：那时候的女人都缠了？

高：都缠了。有的缠的只有一张扑克牌那么大，走的时候前一拧，后一拧，站也站不住。

郭：不缠脚自解放后开始实行的？

高：哦，自解放以后毛主席上了以后就不缠脚了。

5. 有水地了，还擦擦（饭）不断，有的连擦擦饭也吃不上。

郭：你们平时吃些甚？

高：平时？平时那二年（注：改革开放前那些年）咱们的年头也不好，吃枝子个蛋蛋（注：用糜子皮做的一种食物）、酸菜、擦擦饭，就吃这些。

郭：就顶好的？

高：噢。这还算不错的，有的人连这么个吃不上，有的就扒的吃榆皮，吃糜枝子（注：糜子壳），吃谷枝子（注：谷壳）。咱们那时还算可以的，就吃青稞、玉米，就吃这么些擦擦饭，再就糠窝窝（注：用麦子皮、谷子皮、糜子皮等做的食物）。

郭：你们那时候的生活水平还算可以的哦？

高：噢。有水地（注：指可以人工灌溉的土地）了，还擦擦（饭）不断，有的连擦擦饭也吃不上。

郭：那时候的人苗条了么哦？

高：嗯，那时候的人，应胖的还胖着了。

6. 你还要欢欢地，一吃就快快（往地里）跑。

　　郭：那你结婚以后几天开始干活的？这个知道不？

　　高：我往（这）来一走（注：指刚嫁到李家，刚结婚），（回）门一回来就人家说是<u>坐七坐八</u>（注：当地传统风俗，新娘婚后第八天回娘家住七天后再返婆家）、<u>坐对月</u>（注：当地风俗，新娘婚后满一个月回娘家住一个月）了，（到）我又没了，人家就叫开始劳动上了。回门回来农业社就劳动上了。

　　郭：回门回来，当天就开始了？

　　高：噢。

　　郭：不是说有的地方说新媳妇三天不下厨房么？

　　高：噢，人家有的是。我们那时哪有这么些事了？

　　郭：你们那时候都干些什么活？

　　高：劳动么。山里劳动，种地、打坝、修梯田……，就做那么些。再就是回来这一群（孩子），再<u>挖抓</u>（注：指赶紧，紧做慢做）地吃上口，再刮起身（去地里干活）。那时候李家洼可严了，你谁可迟了，（说你是）懒汉，给你划把大树，大树底坐着了，你则披凉凉着，批判你了。你还要欢欢地，一吃就快快（往地里）跑。

　　郭：那时咋地批判了？迟到了也批判了？

　　高：噢，一天上大会。毛主席手上就是上大会能行。

　　郭：一般咋地批判了？就站大会？

　　高：就是批判你不好，说你这么个、那么个，（说）你不向先进的学。

　　郭：那时候先进的人都是咋样的？

　　高：先进就是人家一天劳动、跃进。

7.（怀孕）不休息，那时候临养着还要拿个羊粪簸箕抓粪了。

　　郭：奶奶，那你有几个娃娃？

　　高：六个。

　　郭：就养了六个，活了六个？

　　高：养了七个，活了六个。

　　郭：那个如果活着的话，是老几？

横山县高占莲访谈　　157

高：老六。

郭：那时候因为什么原因娃娃没包起（注：指没活下来）？

高：生下就是肠梗阻，就没了。

郭：那时候怀孕休息吧？

高：不休息，那时候临养着还要拿个羊粪簸箕抓粪（注：指用手把动物的粪撒到地里）了。

郭：那时候还下地干活吧，怀孕的时候？

高：干了，咋不干？你就往下一养（注：生下孩子），给你放40天假，连满月。40天头上如果你不可（注：指参加生产劳动），人家倒又把你的（工）分给扣了。

郭：没办法噢，是生产队那些要求的噢？则你（40天后）干活的时候人家还给你特别照顾吧？说你有娃娃了，对你好些？

高：不照顾，一天到地了就是响午放你、黑了放你，再就一下也不照顾。

8. 一天苦那么重，没好吃喝，娃娃瘦瘦的，（生孩子会）有什么（危险）？

郭：你那时候生娃娃请那种接生娃娃的婆姨吧？

高：不。

郭：咱当地的婆姨们养娃娃都就这么个？

高：都就这么个。我们这一辈都就家养，连个老娘婆（注：指接生婆）也不叫。

郭：你们就不怕养娃娃发生什么危险？

高：一天苦那么重，没好吃喝，娃娃瘦瘦的，（生孩子会）有什么（危险）？

郭：不怕？

高：不怕。

郭：呀，万一咱们当地的婆姨们有什么危险了？

高：尔个的人都怕有危险了。那时候有什么危险了？

郭：那时候有危险咋的处理也？

高：有危险就叫医生。

郭：有医生了？

高：有呢么。

9. 那看你（妇女个人）的本事了么，有本事的了就跟男人拿一样的（工分），没本事的了就挣六分七分。

  郭：那时候人民公社对妇女一天下地劳动给多少工分？

  高：那看你的本事了么，有本事的了就跟男人拿一样的，没本事的了就挣六分七分。

  郭：咋的衡量你有本事还是没本事了？

  高：你跟男人干一样的活，人家抓粪你也抓粪，男人揭地你也揭地，这就跟人家挣一样的。有的就光点个籽，就挣个六分、七分、五分，就那样。我那阵一般常挣十分。

  郭：你那时在女人里面算（工分）高的哦？

  高：人家男子汉做什么我就弄过来做，就跟他们挣一样的。

10. 炼钢铁给人家捡石炮，人家叫拉摇杆，就那么用手拉着炼铁。

  郭：那时候咱们这搞过大炼钢铁运动吧？

  高：搞过么，（19）58年嘞嘞。

  郭：奶奶，（你）太聪明了。

  高：整（个）一冬天。

  郭：妇女参加吧？

  高：参加了。

  郭：那搞了多长时间？

  高：炼钢铁我们在殿市（注：地名，是横山县的一个乡镇）那边做了一个月，然后在水利上挖水壕。

  郭：女人也参加了？

  高：都参加着了。

  郭：一般都干些什么活？

  高：炼钢铁给人家捡石炮（注：指又圆又硬的小石子），人家叫拉摇杆（注：指风箱的推拉杆），就那么用手拉着炼铁。修水利是到水利上挖水壕，修水壕面。黑夜的时候给人家夜战打黑豆（注：指通过拍打使黑豆去壳），20副连枷（注：一种农具）站下"哐哐哐"地给人家打黑豆。

郭： 就记这么些哦，还有什么吧？

高： 炼钢铁就是一个月的时间。

郭： 人家给你们记工分着吧？

高： 记着呢。

郭： 记多少了？

高： 那时候人家是集体，也记不清了，也不知道给我们每人记多少。

郭： 那你那时候参加过修水库、修公路这些活动吧？

郭： 公路上没参加过，就是参加过修水壕。

郭： 水库这种修过吧？

高： 没有。

郭： 你什么时候参加过（修水壕）的？

高：（19）58年。

郭： 具体情况你还记着吧？

高： 让我看，我是（19）58年3月（嫁）来的，一来了就开始在农业社劳动，10月的时候去了殿市。在殿市炼了一个月的钢铁，又去了雷龙湾（注：地名，横山县的一个乡镇）修水壕、打坝。

郭： 前后一共有几个月？

高： 腊月二十七八的时候才回来。

郭： 第二年再没弄？

高： 第二年再没弄，就一直在家嘞嘞。

郭： 那时候能请假吧？就修水壕的时候。

高： 请不开，一下也请不开。

郭： 那你是觉得修水壕好，还是在生产队干活好？

高： 生产队干活能在家，修水壕一下也到不了家。那时候还不习惯。我那时候3月来的，常想我妈，哭鼻子着了。

郭： 你该不要想嘛。

高： 那时候么，现在嚏我一辈子不回，也不想。

11.（妇女解放了）就是说妇女提高了，男人能说的解下的咱们也能说了。

郭：那五六十年代妇女干家务活有哪些？

高：就做饭<u>一天</u>（注：指每天），（给）你留自留地（的活要干）。农业社前晌劳动了，晌午一趟趟还要自留地做，再就晚上黑夜夜战给你自留地收夏天，一天苦可重了。

郭：你那时候听过"妇女解放"吧？

高：早就解放了，咋的还解放？

郭：对女人的权利，比如说比以前自由，受人尊重，平等了？

高：没那种事。跟男人平等，那就人家做什么你也做什么。

郭：那还是不平等么，对女人还不是很尊重哦。

高：噢，则男女平等就是男人能办到的女人也能做到么，不要说咱是个婆姨女子。

郭：就这样的意思，则那时候听过妇女解放吧？

高：听过，一直说着呢。

郭：那你觉得（19）58、59（年）那时候妇女得到解放了没？

高：得到了。

郭：那表现在什么方面？

高：就是说妇女（地位）提高了，男人能说的<u>解下</u>（注：音"害哈"，指懂得）的咱们也能说了。过去了，（女的）说一句，（男的）就说"嘴少些"。

12. 不要骂不要打的夫妻就是好夫妻。

郭：那你认为那时候什么样的婚姻是好婚姻？

高：就现在的婚姻是好婚姻。

郭：我的意思是你那个时候认为，那个时候的思想，你觉得什么样的婚姻是你心目中比较喜欢的？什么样的夫妻是好夫妻？

高：不要骂不要打的夫妻就是好夫妻。

郭：你记得政府当时对妇女有什么宣传没？

高：有了。

郭：就比如口号了，标语了？

高：说妇女（地位）提高了，你今天婆骂了、公骂了，明天汉打了，就提倡你离婚的现象，就说你受那样的气的话你就可以离婚。

郭：噢，那么有那种像如口号了、唱歌了对妇女宣传的这种？

高：有了么，还不是就是生产队起身劳动还唱。

郭：唱什么歌？

高：那时就是"东方红"了，又是"太阳升"了，就是毛主席活着的时候那些歌。

郭：那（19）50年咱们国家颁布了《中华人民共和国婚姻法》，53年开始宣传，强调婚姻自由、男女平等。这种你晓得吧？

高：晓得了么。

郭：那你给我大体介绍下。

高：那时候提倡晚婚，就是男人20（岁），女人18（岁）。

13. 那时候的互助组哦，就是咱们种地就像变工的一样，今天给你种，明天给他种，就这样在一块了；然后又到了农业合作社，又合作到一块，再就入了农业社。

郭：那时候土地改革你晓得吧？就是把富农、地主的那些土地分给贫农、下中农。

高：那时应我爸他们说过，谁家有钱就划分谁家，谁家有吃的（就分谁家）。那时候我还小，你说你有了，人家就一群在你家挖粮来嘞。

郭：那你们那时候属于富农还是贫农？

高：我们贫农。

郭：（19）54—57年全国大多数农村开展了农业合作化运动，先组织了互助组，再组织初级社和高级社。转社、入社这种你知道吧？

高：晓得了么。

郭：给我介绍一下。

高：那时候的互助组哦，就是咱们种地就像变工的一样，今天给你种，明天给他种，就这样在一块了；然后又到了农业合作社，又合作到一块，再就入了农业社。

14.(公社化)那就把地都收到一块,不说你的、我的,咱就都是一块了。

郭：那1958年开始人民公社化运动,全国大多数农村组建了人民公社,实行土地归公,集体劳动。你晓得吧?

高：那就把地都收到一块,不说你的、我的,咱就都是一块了。今天这架山上了,明天那架山上了,一起劳动了,就那样。

郭：那时候就那样,那你还有什么事情记得吧？粮食咋的分的？

高：就是按人,大人吃十成,娃娃吃八成、七成,就碎娃娃,就按这样分；再就你工分挣多,你还能按比例分点,挣少你就给人家出粮价；你的分没挣够,比如说你们家有七八个人,分没挣够,吃粮你就把粮价给人家出出去,人家谁的分多就给谁了。

郭：那（19）57—58年开展了两条路线——资本主义路线和社会主义路线大辩论,这个你知道吧？

高：呀,那个我说不了。

15. 咱这川畔畔上人家还一直给吃救济粮,但还饿得爬不动。

郭：（19）59年到62年全国经历了自然灾害,就是挨饿的年代,你晓得吧？

高：晓得了,咱们也饿很。

郭：给我说下？

高：饿得打不来粮,吃不上。打点粮都上交了,那时都有任务了,要交粮了,往仓库咱这川畔畔上人家还一直给吃救济粮,但还饿得爬不动。

郭：那你那时候亲眼见过饿死的人？

高：亲眼没见过。

横山县高占莲访谈　163

略阳邓素莲访谈

采访对象：邓素莲，女，1944年11月生。小学三年级文化程度。1965年结婚。婚前居住于今陕西省略阳县西淮坝乡西淮坝村邓家庄组，婚后居住于陕西省略阳县西淮坝乡西淮坝村邓家庄组。生育有三个儿子一个女儿，他们分别出生于1966、1968、1971、1973年。

采 访 人：侯乐，女，1988年生，陕西理工大学思想政治教育专业2008级学生。

采访时间：2009年8月7日；2010年2月23日。

说　　明：被采访人是采访人的义母。

1. 那天梁家河村的伍元花扭了秧歌，还唱了一首歌："解放区呀嘛呼儿嗨，大生产呀嘛呼儿嗨，军队和人民亲哩哩刷啦啦索罗罗呔，解放区呀嘛呼儿嗨……"

　　侯乐（以下简称"侯"）：你是什么时候出生的？

　　邓素莲（以下简称"邓"）：1944年11月。

　　侯：新中国成立的时候您还记得吗？什么样子？

　　邓：（我）那时才四五岁，隐隐乎乎有点印象。记得听大人高兴地说："解放了，解放了。"但我确实还不知道啥叫"解放了"。不过那几天真的很热闹，全村的人都上街游行、打锣鼓、扭秧歌，还听有的人高兴地说："嘿，扭转乾坤了！有好日子过了！"记得最清楚的是，那天梁家河村的伍元花扭了秧歌，还唱了一首歌："解放区呀嘛呼儿嗨，大生产呀嘛呼儿嗨，军队和人民亲哩哩刷啦啦索罗罗呔，解放区呀嘛呼儿嗨……"

2. 哪有不想上（学）的？不过条件有限也就白想了。

侯：刚解放咱们这里的女孩子上学的多不多？

邓：上学的人不多。

侯：为啥？

邓：原因主要有：一、家庭环境差，而且有重男轻女的思想。我舅婆婆（注：母亲舅舅的妻子）生了九个女儿，最后终于生了一个儿子，那真是合家高兴，就因此她丈夫和公公婆婆也对她好了。一般家里都有三四个（孩子），多则八九个，女儿大多都要替父母背弟弟妹妹，没机会去上学。二、那时主要是私学，一般人上不起，除非有钱人家可以让女儿去认几个字。三、当时缺吃少穿，要穿就要自己纺线织布，大多数女孩都要干这个。主要是用棉花，就要先去籽，再把棉花弹开，用手搓成捻子，再纺线织布。有时还用"电叶"，就是板蓝根，把布染成葱白色。如果要用钱，就自己揍树皮造纸，再拿到集市去卖。最后一个原因就是那时订娃娃亲，女孩还小就被婆家叫去干活。

侯：那时上学学费是多少？

邓：一块二。

侯：女孩子想上学不？

邓：哪有不想上的？不过条件有限也就白想了。

侯：父母乐意让女孩子上学不？为什么？

邓：父母一般都不让女孩去上学，因为那时有"再强的女子锅边转，再瞎（注：指没有本事）的男子游周县"的说法，并且大部分父母都有"女儿终究是人家的人，是要嫁出去的，上了也白上，对自家没多大用处"的思想，所以，女孩大都是"割草喂猪、洗衣做饭、料理家务"的命运。

3. 我的四个孩子都是高中毕业，大的上的是兽医班，其余三个上的是蚕桑班。

侯：您有几个孩子？

邓：四个，分别是（19）66年、68年、71年、73年生的。

侯：四个都上过学吗？

邓：都是高中毕业（注：指的是职业高中，设在略阳县徐家坪镇），大的上的是兽医班，其余三个上的是蚕桑班。我自己没咋上学，就想着一定要让我的孩子上，再苦再累也要供他们上。还是望子成龙呢么！记得老二上学时家里有点紧张，没办法，我就在菌种厂给烧灶，一晚上三块钱。快天亮时回去睡几个小时，到吃早饭时又起来在菌种厂装菌种，一天一块五毛钱。坚持了大概五十天，挣了二百多块钱，自己也累倒了。当时觉得应该买点东西做个纪念么，就买了一个大缸，十五块，后来分家时给了老大，用了装面；一个小缸十三块，分给了老二么。

侯：那么苦为啥一定要供姐姐（注：指被采访人的第四个孩子）上学？

邓：就那一个女儿，稀罕呀！再说儿子都上了，不少这一个女儿！就算家里人都不支持，我也要让她上。哎，说到这，都怪我因为看见本地一个女子在外面上学，上着上着就跟着别人跑了，我怕她也这，就把她叫回来了。再说那时嫁女儿都嫁得近，就把她嫁给了附近的亲戚。要不然，她也可以毕业后在外面找份工作么，过得更好些。现在想想都怪我把她留在了家里，学也白上了，现在跟我一样！

4. 那时我们的班主任是赵老师，来家里吃饭时还要帮忙（做家务）。

侯：你上过学吗？什么时候上的？

邓：我上过学，（19）51年上学。

侯：上到几年级？

邓：上到三年级。

侯：后来为啥不上了？

邓：家里兄弟姐妹比较多，而且父亲身体不好，自己是最大的，要帮助家里干活，还要供弟弟妹妹上学。

侯：你能说一说你上学时候的事情吧？

邓：记得我上学时，家里是贫农，兄妹又多，只有几毛钱的学费也交不起，就让老师在我家里吃饭，用老师的工资顶学费。那时我们的班主任是赵老师，来家里吃饭时还要帮忙（做家务）。赵老师帮着搅搅团（注：指一种玉米面做的食物）时，会唱"搅团要得好，三百六十搅；搅团要得滑，屁股要甩圆"。就那样，也上了几年学。我们都利用寒暑假和周末去剥木皮（注：一种树皮，据说可用来加工橡胶）、捡橡子，才几分钱一斤；或去拔马莲根，去麦地里拾麦穗，挣学费。

  侯：您现在认识字吗？

  邓：识几（个）字，不过就是人家说的"斗大的字不识一升"。主要还是没空学，开玩笑时说是："没眼看，两只眼睛咋看得过来呢？"再说时间一长，也就忘得差不多了。

5. 那时我正在上学，晚上就去（扫盲班）给别人教，觉得自己很了不起呢！

  侯：五六十年代咱们这里办过扫盲的识字班吗？

  邓：办过，我印象很深。当时挨家挨户地叫，说是要开夜校，进行扫盲。

  侯：当时扫盲班具体是什么样子？

  邓：当时扫盲班办在学校，也就是第二生产队的祠堂，大约有五六十人吧，四个班两个教室。每天晚饭后，关系好的就约在一起去上学，但迟早不一，先去的先学，有两个小时左右，要自己带上煤油灯、纸（注：是自己制的，很薄）。哪有铅笔？都是毛笔，还要自己研墨，主要是学校的老师教，年级高的学生在下面帮忙，教一些简单的字和算术。

  侯：妇女上扫盲班的多吗？

  邓：人多哎，那时思想统一，上面说啥就是啥，只觉得所有都是为了老百姓好！（政府）只要一句话，人人跟着走。再说了，大部分妇女都没进过学堂，都觉得好奇，况且人也多也热闹。别人都去，如果自己不去心里也不舒服，也就你叫我，我叫你，结伴去了。不过条件不好，有的要看孩子，而且照的是煤油灯（有的人嫌费油）。

  侯：你去上了吗？

  邓：那时我正在上学，晚上就去给别人教，觉得自己很了不起呢！我那时候虽然在念书，但经常会被生产队队长安排到徐家坪和马蹄湾（注：都是本地的粮站所在地，徐家坪离被采访人的娘家约 40 里远，马蹄湾离被采访人的娘家约 30 里远）去送粮。哪怕只背一点点，也必须得去，当时每家送五斤，是定了的。大人忙，没空去，小孩就得去。

  侯：咱们这里的扫盲班办了多长时间？

  邓：二十几天。上面催，下面就办，上面松，下面也就松了。

侯：在扫盲班妇女学到的字多吗？

邓：咋说呢，（办扫盲班）是个政策，可以说混了几天，学不到啥。催得紧了就去，慢慢的，政策松了人也就少了。不过好多人都学会了认钱、算账。"不识字真可怜，千元的票子当百元"，所以，再不识字的人也学会了认钱算账。

6.（姑娘找对象）只要政治上没啥问题就行，再就是门户要清，尽量嫁得近。

侯：（你年轻时）咱们这里一般女孩多大开始找对象？

邓：大部分十七八就找了。

侯：找对象一般有啥条件？

邓：只要政治上没啥问题就行，再就是<u>门户要清</u>（注：指家族没有狐臭患者），尽量嫁得近。

侯：解放前和解放后女孩子在找对象方面有差别吗？什么差别？

邓：差别肯定有。解放前，不像现在要求的一定要达到一定年龄、还要征得双方同意才行，只要男方给女方家里大人说好就行咧。条件好的还有简单的彩礼，比如两瓶高粱酒、两身新衣服；差一点的，双方家长挑个良辰吉日直接把女孩叫过去就完事了。解放后，男女双方可以见个面，征求本人的意见，父母管得少了，对门户的要求也松了，找对象的年龄推迟了。对女孩来说最重要就是开始慢慢地可以自己选择对象，自己掌握婚姻了。

侯：解放后女孩是不是在婚姻上自由多了？

邓：自由多了。

侯：为什么？

邓：解放后，颁布了《婚姻法》，反对包办婚姻，提倡婚姻自由。每次开会都要讲。如果干部领导知道哪家大人反对儿女的婚事，不管三七二十一先把父母批评一顿，然后促成年轻人的婚事。

侯：这些自由还表现在哪些方面？

邓：男女双方可以提前见个面，如果不同意可说么。再不行就找亲朋好友给父母说说。实在不行就私自在一起，但往往女方的父母从此不认自己的女儿了。

侯：你们年轻时什么样的姑娘好找对象？

邓：在农村，先看门户，再有就是家里的成分不高——不能是地主。有的也说只要能干活的、脾气好的、听父母话的。记得听别人说"你们看那谁家的女子，嘴巴都那么厉害，眼睛都会说话，肯定是个能干、精明媳妇"。想法不大一样。

侯：姑娘们找对象喜欢什么样的小伙子？

邓：以前哪有自己找的，全是包办，也就没啥喜欢了。慢慢地自己找的时候，主要看小伙子强不强、精明不，那时人想的是只要人强，啥不是人干出来的？只要好好干，一定能过上好日子。

侯：你那个时代认为什么样的婚姻是好婚姻？

邓：只有男女双方自愿同意的才算好婚姻，要不然还是买卖、包办，双方都不会幸福，后悔没用的，靠自己争取。

侯：什么样的夫妻是好夫妻？为什么？

邓：孝敬父母，与邻里关系处得好，人正，不偷奸耍滑、道人长短，好好干活的。

7. 记得（出嫁）我那天早上哥哥嫂嫂把我送过去时，男方家里人还没起床，哥哥就在门外喊，等着人家起床、开门、接人。

侯：你是什么时候结婚的？

邓：（19）64年，那时提倡晚婚晚育，所以结婚比以前迟了。我们后面一批大概25岁才结婚。

侯：结婚前要了哪些彩礼？

邓：那时条件差，我们这里也没有这个规矩，况且正在倡导"破旧立新"，也就没人提要彩礼。（家境好的）提两升高粱酒，给女方扯两身衣裳就可以了。那时有"不图秧田水地，只图有个精灵女婿"的说法么。

侯：您结婚那时候的婚礼是什么样子的？

邓：那时根本不知道啥叫"婚礼"，也不像现在还要看生辰八字，挑个吉祥日子体体面面地嫁过去。俗话说："暖春时节，小鬼小神都上了天，人间安宁。"我就打春前后，收拾好自己的衣裳，由哥哥、嫂嫂早早送过去。记得我那天早上哥哥嫂嫂把我送过去时，男方家里人还没起床，哥哥就在门外喊，等着人家起床、开门、接人。

侯： 当时结婚新郎新娘穿什么衣服？

邓： 大部分都随便穿，只要干净，整洁就行。我好像穿的是新的蓝色衣服，新郎就穿的平时的衣服。很随便。

侯： 结婚后几天开始干活的？

邓： 两天后就开始了。到他们家第一顿得吃好的，好好地耍几天，才开始正式干活。早些年听说，新媳妇第四天要做"四刀面"。（注：也称"试刀面"，一种说法是，做此面一以试新媳妇的刀工本事，以新娘将擀好的薄面条先切四刀宽面，表示婚后的日子"宽裕顺利"；另有一种说法认为，切面时要求新媳妇最多只能歇四次手，如果歇手次数多于四次，则说明新媳妇刀工不好。）那意思是第五天开始你正式成为家里的人，告诉灶王爷，你是家里掌勺做饭的了。但我们那时，有的去了就开始干活。

8. 我初八干完活，有点腰疼，十二（日）就生下了你大哥。

侯：（你结婚后）干些什么活？

邓： 那时要挣工分换口粮，大部分妇女都上地干活，好多挣些工分。地里能干的活都干，锄草、挖地、播种子、打土块、平地、割麦、玉米……，晚上回家还要熬夜做鞋、纺线织布做衣裳。反正，一天到晚有干不完的活。

侯： 你们那个时候怀孕休息不？

邓： 休息啥？我初八干完活，有点腰疼，十二（日）就生下了你大哥。还有任家后（注：地名）一位孕妇干活回来，要做饭，刚挑水回来，就生下孩子了。

侯： 怀孕期间是主动到地里去干活，还是不得不去？

邓： 挺着个大肚子谁想干活呀？生产队和家里人倒没人硬要你去，但自己觉得不干不行，要为孩子去。

侯： 到地里干活生产队有照顾不？

邓： 每个人都要"向工分看齐"，都要"为自己劳动"，哪有人照顾？顾得上能干就干呗！

9.（在家里生孩子）怕也没用。

侯：你生孩子是在家里请的接生婆吗？

邓：哪有？都自己生的，没听说过接生婆。你们都是从电视上看的，我们这没听过（接生婆）呀。

侯：是不是当地的妇女生孩子都是这样的？

邓：一个样，也没有奶粉，大人吃得不好，奶水也不多，就给孩子喝甘草水。生完孩子，条件好的会给大人喝鸡蛋汤，叫定心汤。现在让喝红糖水，那时就喝"干椿芽水"。以后就吃点稀饭。

侯：在家里生孩子心里不害怕发生危险吗？

邓：有啥害怕？都一个样。但也听人家说过难产的死胎，大人小孩都死了的。当时有说法："人生人，吓死人。儿奔生，娘奔死，阎王殿里隔张纸。"不过，怕也没用。

侯：一旦有危险，一般怎样处理？

邓：有啥办法？也没有现在的安胎药、催生针啥的，只有等，干着急。再不就是把你扶起来让你在地上活动，管你多疼。生下孩子如果不哭，就拍几下或提起来抖两下。孩子如果生病不吃饭，就用薄荷水、姜开水冲服鸡胗子。大人生完孩子，就用布条把艾草绑在孩子肚脐眼上，就是因为没有医生。

侯：坐月子时家里和生产队对你有啥特殊照顾不？

邓：家里人就让你在屋子里待一个月，不让出房门，也不用干活。生活上，会比平时吃好点，偶尔煮个鸡蛋，喝碗稠稠的稀饭，面条比平时煮软点、多放点油。生产队嘛，就不用参加劳动了，其他没啥。

侯：生完孩子可以休息多长时间？

邓：一般一个月，也有最多两个月的。然后就开始干一些轻活，主要在家附近，方便给孩子喂奶。

10. 当时好多甘肃那边的人因生活困难，逃荒到这。

侯：公社化时，咱们这里吃食堂吃了多长时间？

邓：大概一年多。当时干啥都是集体干，那时在<u>三国浪</u>（注：指当地河边的一个地方）用水磨（给食堂）磨面，分工协作，一个队一个磨，没白天没黑夜地干，还要用箩儿箩，为的是把面再过滤一遍。小孩也去帮忙，挣两分工。记得一个甘肃人，叫<u>李龇牙</u>（注：这不是他的真实名字，只是因为他长着龇牙，人们这样称呼他），因生活困难到这磨面，他经常边磨面边唱歌："我来到人家的地方上，一来乡俗不一样，二来言语搭不上。"当时好多甘肃那边的人因生活困难，逃荒到这。村上的人把他们统一安排在一起，吃一顿饭后，就送到别的地方。

侯：食堂里吃得好不好？

邓：还可以。

侯：是不是女性的家务负担因为不用在家做饭而减轻了？

邓：是的，因为当时集体干活，在食堂吃饭，家里啥也没有，也不要烧锅做饭，也不用做家务，只用干活挣工分，就在晚上加班做鞋，纺线织布。

侯：不够吃咋办？

邓：不够吃就借呗。先要写申请，再交给生产队，由队委会、大队长批。（19）58、59年，粮食很紧张，实在没有吃的，就把洋芋叶和面搅成糊糊，把米糠用箩儿过一遍，细的和玉米面和在一起蒸馍。后来国家发了购粮票，让困难户自己去马蹄湾、徐家坪领粮。

11. 如果农活干完了，就会把劳力拉出去修路……

侯：搞了食堂化后，生产队要求女的下地劳动吗？

邓：是。那时让人们去"大开荒""挖荒地"，但肥料不够，没有化肥，只能上农家肥，再加天气不好，产量很低，收成不好，政府不逼，催得不紧，人们也就不去劳动。当时，我父亲身体不好，不能到地里劳动，生产队就经常叫他去开"懒汉二流子会"，对和他一样很少到地里干活的人进行批评。

侯：人们为啥不愿意主动到地里去劳动？

邓：那时讲"广种薄收"，产量很低，一亩地二三百斤，分的粮（按人头分，其余的要靠家里人的工分换）根本不够吃，人没积极性。再说也没人种蔬菜瓜果啥的，也不知道种植油菜、喂猪，现在想想都不知道饭是咋做的！

侯：当时在生产队干活累不累，忙不忙？

邓：又累又忙。开荒时下午也不让回家，在劳动的地方休息。如果农活干完了，就会把劳力拉出去修路，修好多路，没有休息时间。只过年时，（腊月）三十和（正月）初一休息两天。

侯：有小孩的妇女下地干活或者出去修路时，年幼的孩子谁管？

邓：奶奶管。家里没粮，奶奶只用看好孩子，小孩吃不饱，经常挨饿。当时吃饭干活都以哨声为准，叫"干活时，磨洋工；吃饭时，狗跑疯"，是说人都不好好干活，吃饭却很积极。

侯：你现在回想起来还怀念食堂化的时候吧？

邓：不，一点都不。那时干活太累了，也有人偷懒，饭也吃不饱。不过那时真的很热闹。

侯：初级社、高级社以及人民公社化后，生产队妇女下地干活一天给多少工分？

邓：根据年龄、分工不同，有七分、六分、五分。每天收工后，由生产队长把大伙召集在一起评分，很公正么。工分的记法一般为：全劳，比如青壮年男子一天八分；半劳，比如妇女、老人一天五分。吃大锅饭时，全劳八人一组，盛饭用大勺子盛；半劳也是八人一组，饭量比全劳少；幼儿园、托儿所把孩子按年龄分，分饭也不一样。蒸馍的面也要用器具量，馍也有大小。这些都是为了公平。

12. 我们这有铁矿石，就采矿炼铁，在地上挖个大坑，一层柴一层矿石来炼铁，把它叫"闷炉"。

侯：咱们这里（19）58、59年搞过大炼钢铁吗？

邓：记得那时全国都在搞，我们这也搞。据说要和外国人打仗哩，炼钢铁制造飞机大炮。这一搞把外国人吓跑了，干了半个月也就撤回来了。我当时在上学，学校组织了"柿子慰问团"，让学生背着柿子去慰问炼钢铁的人。路不好走又远，到了那只有被评上劳动模范的人才可以吃柿子。之后，学生又被叫到普贤殿山上炼铁。我们这有铁矿石，就采矿炼铁，在地上挖个大坑，一层柴一层矿石来炼铁，把它叫"闷炉"。

侯：妇女参加吗？

邓：妇女当然要去，当时政策严，管得紧，没人敢不去。

侯：妇女都干些什么？

邓：人都要住在那，做饭少不了妇女。再有就是做背柴、背矿石等杂活。

13. 当时工地上的铁匠只有杨铁匠一个人，他就唱："八百多人修渠（哩），一千多人送饭（哩），全靠我杨铁匠一人。"

  侯：你参加过修水库、水渠、公路之类的工程吗？
  邓：在苇子沟（注：村名）沟口修过水渠、公路。
  侯：啥时候参加的？
  邓：是在（19）56年。
  侯：具体啥情形？
  邓：那时才12岁，就已经去干农活了，只要是能干活的人都得去。人都在那住着，没白天黑夜地干；后来离家近了，就有家里人送饭。当时工地上的铁匠只有杨铁匠一个人，他就唱："八百多人修渠（哩），一千多人（注：指不少妇女带着离不开身的小孩子一起）送饭（哩），全靠我杨铁匠一人。"
  侯：参加这些劳动有工分吗？
  邓：都有工分。
  侯：可以请假吗？
  邓：不允许请假。当时还是生产队（注：应为"农业社"）呢，每个队长（注：应为"社长"）都有一本花名册，要是半天看不见你，就到家里找人。总而言之，催逼得很紧。
  侯：您喜欢去参加这些工程，还是喜欢在农业社或生产队干农活？
  邓：两样活都不好干，不过参加工程更艰苦，又不敢不去，都怕开会批斗呢。相比而言还是干农活好一点。

14. 当时有"多吃菜，少国债"的口号。

  侯：您还记得50年代末、60年代初的饥荒吗？
  邓：记得。那咋能忘呢？
  侯：那个时候咱们这一带饥饿的情况严重不严重？
  邓：不是很严重。因为当时有国家管，国家调粮，哪怕分的少，也有，基本上可以维持生计。
  侯：有人饿死吗？
  邓：在我的记忆中没人饿死。

侯：当时渡荒的办法有哪些？

邓：国家调粮，给每家每户（分）购粮票，自己去粮站领。再一个，自己去挖点野菜，配着吃。

侯：没有粮食，主要吃什么？

邓：就只能吃野菜，也少，不过当时有"多吃菜，少国债"的口号。

侯：什么时候情况好转的？

邓：大概（19）63年就慢慢变好了。

15.（讲的"妇女解放"）就是不用再裹脚，在婚姻上有了自由，可以自己选对象，在家庭中男女平等，女的可以当家作主，可以出远门。

侯：您五六十年代听说过"妇女解放"没有？

邓：听过，土改以后就在讲妇女解放，提高女权么。妇女慢慢有权了，可以说话了。还记得当时的一些顺口溜："楼上楼下，电灯电话""耕地不要牛，照亮不要油""树上喇叭哇哇响，点灯明晃晃"。但人们全都不相信，说那是在吹牛：不要牛，用啥耕地？广播上发出声音时，人们既害怕又奇怪，全都跑去看那个喇叭，还以为是神仙下凡，都跪拜起来。

侯：当时讲的"妇女解放"是怎么回事？

邓：就是不用再裹脚，婚姻上有了自由，可以自己选对象。在家庭中男女平等，女的可以当家做主，可以出远门。

侯：你认为妇女咋样能得到解放？

邓：要是有强迫就不断地反抗、要求。如果出现（对妇女权利）侵犯的，就上报政府，求保护。

侯：你认为五六十年代妇女得到解放了吗？

邓：当时正提倡，应该说初步解放了：一、不要求妇女裹脚了；二、丈夫、婆婆不打媳妇了；三、可以表达自己的意见了；四、在家中地位提高了；五、在婚姻中有一定自由了，可以做决定了；六、可以"出家门"了。

侯：你还记得当时政府对妇女有什么宣传吗？

邓：当时，每天村上喇叭都喊"妇女与男子要平等，要提高妇女地位，提高女权；男女一切权利平等，家中办事，夫妻两人要商量"。

16. 太忙了，根本没空（耍）。过年时，荡秋千耍一下而已。

侯：你知道哪些反映当时农村、妇女生活的歌谣或故事吗？

邓：那时有个歌谣叫《想五谷》："想啊想啊实想哩，想得眼泪长淌哩，想得肠子扭绳哩。想啊想啊实难过，眼泪打转双轮磨，我三天没喝上半碗汤！"

就说说我自己的婚姻吧。我 16 岁就被许给了人家。那个时候我父亲身体不好，我又是家中长女，还有七个兄妹，家里要烧柴或者有啥体力活，就叫那个定了亲的小伙过来帮着干，就这样他给我家里背柴就背了三年。慢慢的，我年龄大一些了，也知道婚姻自由了，知道如果自己不愿意，不会像以前一样被绑到男的家里。知道那是政策不允许的，有政府撑腰。我和另一个男的已经谈好（对象），就告诉我父母，谁知道他们不干，对我又骂又打，还把我在家里关了几天。没办法，我也铁了心说，非那男的不嫁。僵持了一段时间，我父母还是不同意，我就自己偷偷地跑过去，在他家里躲了几天，托人给家里人说情。这和先前定亲的人家成了仇人，父母也不认我了。直到我要生孩子时没人照顾，我母亲不忍心，才认了我。

扫盲班时的歌谣："吃完饭，洗了碗；抱上娃，上学去；学写学算学唱歌。"

反对封建旧婚姻的歌谣："封建旧婚姻，提起真痛心。王家庄有个刘桂芳，从小许给人，三岁把婚定，十五接了走。花轿子落到火坑里，眼泪滴到锅盖上。"

侯：五六十年代有啥休闲娱乐不？

邓：那时候有啥耍？可以说没有，一闲下来，就在家纺线、织布、缝衣服，还要纳鞋底，而且还要熬夜干。

侯：那么妇女也就没有啥娱乐方式了？

邓：基本上没有。太忙了，根本没空。过年时，荡秋千耍一下而已。现在想想，看看那时简直太苦太累了，一切都是为了活下去。总之，那时活得又苦又累又没意思。

洋县张秀兰访谈

采访对象：张秀兰，女，1931 年生。读过高中，1949 年结婚，婚前居住于陕西省洋县龙亭镇双苗沟，婚后居住于陕西省洋县龙亭镇高原寺村二组。共育有六个子女。20 世纪 50、60 年代的家庭成分为地主。

采 访 人：熊乐，女，1989 年生，陕西理工大学思想政治教育专业 2008 级学生。

采访时间：2010 年 8 月 5 日。

说　　明：采访对象为采访人的邻居。

1. 法院老于说："我就是来贯彻《婚姻法》的，你要来离我就给你离么，不然我就成违法的了。"

　　熊乐（以下简称"熊"）：你是什么时候出生的？
　　张秀兰（以下简称"张"）：（19）31 年。
　　熊：新中国成立的时候你还记得吗？什么样子？
　　张：记得嘛，解放那年就是（19）49 年，咱这里解放就是（19）49 年，毛泽东在天安门宣布嘞。古历（注：农历）是十月十五（注：公历 1949 年 12 月 4 日）（洋县）解放的，很顺利就解放了。那时候说解放，人们心里都高兴很，盼望很哩。（19）50 年，解放第一年，还没土改，都混混摸摸地（注：指不知不觉地）过了一年；（19）51 年，人平等，地平均，大家心里都欢喜很；（19）52 到（19）53 年农村妇女翻了身，童养媳、包办婚姻（19）53 年政策贯彻完毕也都离婚，贯彻《婚姻法》，女权提高了么；土改，地权平均了么，（19）54 年集体互助，土地入社，归集体，集体转高级社，土地合并，人们欢欢喜喜，一起劳动哩幺。

熊：新中国成立的时候咱们这里有什么节目庆祝吧？

张：没得。那时候洋县法院那个老院长叫老于，我和他在一起干过活，弄那个查田定产嘞，在麻道乡嘞，麻道乡、纸坊等五个乡<u>割了</u>（注：划分了）一片子，弄了四个月哩。（19）53年于院长还在咱这贯彻《婚姻法》嘞，宣传、说理幺。一个农会主任叫田水清，我们差不多在一块住着哩，离得不远，他<u>爱说凉话</u>（注：指怪话）很，（是个）老农会主任，麻子。他<u>骚轻</u>（注：此处指爱闹着玩），人家贯彻《婚姻法》哩，他回去跟他女人说风凉话了："人家说（离婚自由）那话哩，咱俩就去离（婚）去！"<u>算说</u>（注：一边说）俩人笑得啥似的。老于不了解情况，（对田水清）说："你是干部哩，你说离就离。"给俩人离了。离了后，老于说："这下子离了嘛，你们俩人同居可就是违法的。"给俩人办了个招呼。俩人在家里哭得啥似的，连日子也过不成了。他们俩人本来当耍哩，离了俩人才在屋里哭哩。哭了有半个月，连啥都干不成了，也过不成日子了，俩人只在屋里哭哩。

熊：那有复婚么？

张：嗯有，那也需要一段日子哩，过一段时间才能复哩么。法院老于说："我就是来贯彻《婚姻法》的，你要来离我就给你离么，不然我就成违法的了。"那会儿第一部法律就是《婚姻法》，为妇女翻身哩么。

2. 好的定得多，坏的定得少，这是为社会主义打基础哩么。

熊：那土改是……？

张：就是平均土地哩么，把地主的土地没收了，归农民所有，然后家家给分土地。土地给分了，以后才入社呀。第一步搞的是组，变工组。变工组就是换工的组，你给我干活，我给你干活；第二步才入成初级社，后转成高级社。那个时候工作细致得很。那搞运动哩么，一个运动连一个运动，都是运动式的，这个运动搞的啥、那个运动搞的啥，一声吼，不管搞啥，都是运动式的，压倒一切。

熊：土改时你家里是什么成分？

张：那该家里是地主成分，穷得不得活，秧田是一亩三分，地有四亩半。家里有九口人，田地只那么一点点，给定为地主成分是因为家里有剥削量，家里请人干活，主人没有劳动，家里有长年放牛娃。因为是地主成分，所以土改时没有给补土地，到了（19）53年查田定产才给补。以前家里有土地，但人口多，算下来没有多少，才补了一些土地，村里人说我们是"量（着）吃的地主"（注：指非常穷，吃粮不仅要精打细算，还经常要买）。

熊：那土改完了是啥？

张：土改完了是查田定产，就是把所有土地都国家掌握了。拿咱这来说，眼能看到的荒山、荒岭、野坡、水流，什么都算在内，土地有好的，有坏的，把田地分成等级，定成产量，归类定等。地是地的等，田是田的等。分出来以后都给定的产量，好的定得多，坏的定得少，这是为社会主义打基础哩么。查田定产把一切障碍都解除完了，把土改遗留问题都解决完了，但搞个运动不一定能搞彻底，里面肯定还有一些漏洞。查田定产第一阶段（一个地方搞）20天，（咱们这里各个地方）共搞了半年。第一阶段就是解决土改遗留问题，那运动大得很，搞了五六个月哩。那是落实土地哩，哪个地方的土地哪里人做，都要有名有姓地给弄出来。查田定产后国家都掌握了，这以后才转农业社嘞，最后才转成公社，成集体了的。

熊：公社是啥？

张：公社就是人民公社，五位一体的人民公社，工农兵学商，就是公的。变工组入成初级社，初级社才入成高级社，高级社以后才公社化，才吃大锅饭嘞，大跃进嘞。

熊：提留田是啥？

张：那是单片抽出来的，是高级社后民办教师的工资、大队小队的公杂费用，提留田就是供这些的。

熊：那（提留田）是每家都有哩么？粮食要给公家交了是吧？

张：提留田是属于集体的，是公家的么。土改的时候把人口分割成标准人口，不是你有几个人就给你分几个人的地，我们那时候是九个人吃饭哩，给分了六个人的标准人。

熊：为啥才六个人？是不是有年龄限制？

张：不是的，每户都折算成标准人，人家是算好的。

3. 我是在铁炉子上工作嘞。

熊：咱们这里"大跃进"的时候是不是也搞大炼钢铁运动了？

张：有哩么，咱村也弄嘞，人都走光了。（19）58年吃食堂，（19）61年才没有吃了。

熊：妇女也参加炼钢铁了吗？

张：有哩么，少。男的能干啥，女的就能干啥，生产队给男女都安排的有活。大多数女的在家干农活、做庄稼，我是在铁炉子上工作嘞。<u>樊沟</u>（注：地名）有一个火炉，（炼）铁炉拿碳烧哩。

熊：（炼铁炉）在哪建着嘞？

张：<u>双庙沟</u>（注：地名），炼铁炉在那放着哩，<u>麻东</u>（注，地名）也有。把石头捡来炼铁哩。（陕西省）镇巴县也炼嘞。开的铁厂么，在各山里开的矿，用矿来炼的么。山里没有铁，把矿石挖出来炼。

熊：那时候不是吃大锅饭嘞么？

张：就是吃大锅饭嘞。

熊：我们历史书上写的，那时候吃大锅饭有的地方每家把锅弄去炼铁嘞。

张：国家把每家的烂铁都收去了，用钱买的。每家给规定的任务，看你给弄啥铁，完成任务就行。（19）58年冬天开始的。

4. 一类妇女最高七分，二类是六分。

熊：初级社、高级社、人民公社化后，生产队要求女的下地劳动吧？

张：自动干哩，不叫就去。不做就没工分、没报酬、没啥分，都抢着干哩。

熊：妇女下地干活给多少工分？

张：一类妇女最高七分，二类是六分。

熊：咋分类哩？是按年龄分，还是……？

张：按年龄分了么，社员（开）会（决）定的。

熊：妇女下地干活有没有啥差别？

张：能力就是差别，上年龄的铲，年轻人担，（19）59、60年以后才造秧田的，（19）61、62、63年就整个造好了。

5. 去干有工分，（自己）不去心里慌，而且年轻人爱热闹。

  熊：你参加过修水库，水渠，公路之类的工程吗？

  张：参加过，那时候参加过修水库。（19）59年参加了龙王潭水库的工程，全洋县的人都来（修那个水库）。（19）57年是各处打池塘么，就是那运动么。我们就光劳动，担哩挑哩的，人多。修龙王潭大坝的时候上了一万四千人。龙王潭水库工程是那时洋县的第一大工程，那时生活紧张，你不去就没吃的。我去担土<u>一天都没铆空</u>（注：指连一天都没休息过），整整去了七个月，把人做得！那龙王潭大概有一万七千方土，宣传员天天宣传每个地方的功效，上了多少人；拔红旗，谁起得早就把红旗拔走了，咱们村的秧田就是龙王潭水库修好后造出来的。

  熊：修龙王潭水库时候你有几个娃？

  张：那时候家里就有了三个娃，最小的两岁半。

  熊：被抽调去参加这些劳动时，娃谁照顾？

  张：屋里的老人家，就是娃的婆哄哩。

  熊：参加这些劳动有工分吗？

  张：有工分哩嘛，评比哩。按数字记工，一天一个人挑五六十担土，回到农业社，然后给记工哩。

  熊：可以请假吗？

  张：能请，有要紧事可以请。

  熊：您喜欢去参加这些工程，还是喜欢在农业社或生产队干农活？

  张：喜欢参加这些工程。人多么，集体都去，没得人强迫，都是自愿去的。去干有工分，（自己）不去心里慌，而且年轻人爱热闹。

6. "马梅英，年十八，有人给她找婆家，就是男子懒沓沓。那样的男子我不要，劳动英雄才爱他。"这是一课书么。

  熊：咱这里一般女家（注：女性）多大年龄开始找对象？

  张：哎，解放后《婚姻法》宣传了，才让十八结婚。（原）先哪有啥，十五六（岁）、十七八（岁），不等十八（岁）就结婚了。咱村里还有十三四岁就嫁人的，<u>一点点人</u>（注：指姑娘还很小）由爹娘把婆家就寻了，女家知得道啥？

熊：我婆说她<u>那该</u>（注：那时候）就（嫁）来得早了么？

张：嗯，你婆那该是11岁就引来的，就是童养媳么。

熊：那时找对象有啥条件吧？

张：（哪里）有啥条件哩么？解放后就没啥条件了，新婚姻法规定男女自由，只要好就行，就不让老人家给找了。

熊：《婚姻法》颁布后还有18岁之前结婚的（人）没有？

张：没有，都不敢了，人的思想都也进步了，让女孩子长大了才结婚，不让小着结婚。

熊：解放前和解放后有啥区别吗？

张：有差别，解放后生活好了，人勤劳动，生活都改善好了。不过给苏联还债的时候紧张了好几年哩。

熊：女孩子在婚姻上是不是比以前多了点自由？

张：就自由了么。父母都不管了，找对象是自己看，像那种买卖婚姻、压迫婚姻，都自由离婚了；自己找自己中意的，离婚的也不多了。

熊：包办婚姻没了，是吧？

张：嗯，就是。通过宣传，人们思想变了么，（要不）为啥说是婚姻自主了。那时政策都说着了么，不让父母包办婚姻了么。先前结婚前不见面，封建婚姻有三从四德么。

熊：那时候女家找对象，什么样的好找？

张：一类姑娘好找，有人才、有肚才的。识字的、能干的、孝顺的、勤劳的好找。

熊：姑娘们喜欢找什么样的对象？

张：谁都喜欢强的么，能干的、有头脑的、家里有点房子的。"马梅英，年十八，有人给她找婆家，就是男子懒踏踏，那样的男子我不要，劳动英雄才爱他。"这是一课书么。

熊：那是你们的课文哦？

张：噢。

7. 我结婚那天就是抬的轿，摆的酒席。

熊：你是什么时候结婚的？

张：我是解放那年结的婚，（19）49年，那时刚17岁。

熊：都（要了）什么彩礼？

张：有些人要些彩礼，有些人不要，我那时候没要啥彩礼。刚解放不管是国家还是私人都穷得很，也没啥彩礼。（19）51年那个时候（政府）不主张要彩礼了，（结婚）就是扭秧歌，（新娘）走路（到男方家）哩么。

熊：那你结婚时候婚礼是什么样子？

张：那时候（结婚）流行摆酒席、抬轿，我结婚那天就是抬的轿，摆的酒席。但解放后就慢慢没（抬轿）了。

熊：新郎新娘穿啥衣服？

张：缝一件新衣服穿上了么，（我是）缝个红袄袄么。

熊：那新郎穿啥，长袍么？

张：穿的是<u>长大衫</u>（注：指长袍）。（19）50年以后的都是短衣服，穿新式衣裳，就没人穿长大衫了。

熊：你们那个时候结婚前和结婚后头发有变化不？

张：结婚前就是你辫着哩，结婚就是<u>挽纂</u>（注：指头发在脑后挽成髻），所以先前就说夫妻是<u>帽盖</u>（注：指头发）夫妻。解放后说是妇女翻身哩，（头发）就剪（短）了。

熊：你结婚后几天开始干活的？

张：我结婚呀就快解放了，我结完婚在娘家住了三五天后，回家就开始干活了。那是冬天，在家里干一些家务活，不在地里去，就是织布、纺线、做鞋、缝衣服之类的活。咱们这也没得"新娘三天不下厨房"的说法，那时候基本结完婚就开始干活了。

熊：你那个时代认为什么样的婚姻是好婚姻？

张：家庭和睦、自由选择对象的婚姻是好婚姻。

熊：什么样的夫妻是好夫妻？

张：恩爱、勤俭持家、孝顺父母的就是好夫妻，因为夫妻恩爱、孝顺父母、勤俭持家了，家庭自然和睦了，自然是好婚姻。

8. (脐带)自己就剪了么,都提前准备好的,剪子、线线,准备好,一满(用)草,把月娃肚上的脐带剪了,扎住。

  熊: 您有几个孩子?

  张: 六个。

  熊: 那时候怀孕能休息不?

  张: 休息啥?休息不了。那时候想挣工分,没工分就没吃的,都想挣点工分,没人静静地坐那。要挣工分哩,也得干家务活。

  熊: 孕妇干活有照顾不?

  张: 有照顾,但很少,就是干一些轻活。

  熊: 你生小孩的时候是不是在家里请的接生婆?

  张: 没有,谁都没请,人的思想<u>那个的啥</u>(注:指保守得很)!

  熊: 那脐带咋断开?

  张: 自己就剪了么,都提前准备好的,剪子、线线,准备好,<u>一满</u>(注:全部)(用)草,把月娃肚上的脐带剪了,扎住。有的生不下来,把人都失误死了。

  熊: 那时候女的生娃都是这样的哦?

  张: 都是的么,痛苦得你看……

  熊: 在家里生孩子你害怕发生危险么?

  张: 害怕么,没法。

  熊: 是不是也发生过危险现象?

  张: 有得么,(有的)娃<u>一落草</u>(注:指刚落地),大人就死了。

  熊: 那也不抢救啊?

  张: 不,不抢救,<u>只该啊由哪家里</u>(注:指是否抢救主要还看主人家里的情况)。

9. 娘呀,吃啥哩?有啥吃的哩?

  熊: 生了娃之后可以休息多长时间?

  张: 可以休息一个月。出了月就得到地里干些轻活。

  熊: 那坐月子主要吃啥哩?

张：娘呀（注：表示感叹），吃啥哩？有啥吃的哩？日子过好的有吃的，日子过不好的有啥吃的哩？

熊：有鸡蛋吃吧？

张：没有。

熊：那坐完月妇女到地里干活，小孩谁经管？

张：屋里老人家给看管。

10.（冬学的）具体情形我也不大清楚，只记了一些顺口溜："太阳落，娃子交给她婆婆，背上书包上冬学。"

熊：五六十年代咱们这里办过扫盲班吗？

张：办过，有专门扫盲的，速成识字班，妇女上冬学。

熊：妇女上扫盲班的多吗？

张：不甚多，太忙了，纺线、织布、做鞋袜、缝衣服、编草帽、做营生（注：干活、劳动）、做饭、洗锅、喂猪……。冬天上冬学，我没上，因为念过书，只有三年级的程度，虽然认识的字不多，但还认识一些，所以（冬学的）具体情形我也不大清楚，只记了一些顺口溜："太阳落，娃子交给她婆婆，背上书包上冬学。"

熊：新中国成立后咱这女孩上学的多不？

张：上学的多了，扫盲哩么，男女都上学，手里有了个把钱，可以活动周转开了。

熊：学费贵吧？

张：学费也不贵，只是几毛钱、一块钱。学费是集体给，村里有提留田哩。

熊：那时候女孩想上学吧？

张：女孩大部分都想上学。屋里人也让上哩，手里有了余钱，而且识字是好事，思想上都很高兴。人民翻了身，都想上学。

熊：你五六十年代生的孩子后来上过学吗？

张：都上过，我共有六个孩子，都上过初中。

11. 单偏有宣传政策，（讲）男的能干啥工作，强女的就能干啥工作。

熊：你五六十年代听说过"妇女解放"没有？

张：听说过。

熊：你们认为五六十年代妇女得到解放没？

张：解放了么，人们思想都解放了，妇女唱歌、扭秧歌，心里高兴。妇女翻身了，婚姻上解放了，男女婚嫁自由了，自由选择对象，离婚也自由了；干活女的也有了工分，都抢着干；上学，男女平等，女孩也上学；在家里，妇女的地位提高了，有了话语权，没有封建思想了。

熊：解放前妇女不下地哦？

张：嗯，解放前妇女在家干家务活，织布、纺线、经管娃……就是她们的活。我小时候，我姑们（被）关在一个屋里织布纺线，不准出来见人，不准姑娘出来<u>问人</u>（注：指和陌生人打招呼），解放了就没有那了啊。

熊：您还记得五六十年代政府对妇女有什么宣传吗？

张：有哩，<u>单偏</u>（注：专门）有宣传政策，（讲）男的能干啥工作，<u>强女的</u>（注：能干女性）就能干啥工作。

熊：比如有什么标语？

张：有哩么，忘哩哈。

熊：有啥歌吧？

张：歌多死了，都学哩么，就像《白毛女》呀，唱革命歌曲等。

熊：你知道哪些反映当时农村妇女生活的歌谣或故事吗？

张：只记得宣传组演过《白毛女》《刘胡兰》，还教唱《东方红》《闪闪红星》《翻身农奴当家作主》那些歌。

熊：你还能记得五六十年代主要有哪些休闲娱乐方式不？

张：根本没休闲的余地，连休息的时间都没的，加夜工太乏困，最后都连话都不想说了。

洋县周昌彦、罗平珍访谈

采访对象：1.周昌彦，女，1938年10月生。1956年结婚，婚前居住于陕西洋县洋州镇周家坎，婚后居住于陕西洋县洋州镇西南坝村五组。20世纪50、60年代婆家家庭成分为贫农，娘家家庭成分是中农。共生育有六个子女，分别出生于1963、1964、1965、1968、1969、1972年。2.罗平珍，女，1933年6月生。1949年结婚，婚前居住于陕西洋县黄南坝（即今黄安镇），婚后居住于陕西洋县洋州镇西南坝村六组。20世纪50、60年代婆家家庭成分为贫农，娘家家庭成分是中农。有一子，1955年捡来的。

采 访 人：陈伯达，男，1991年生，陕西理工大学历史学专业2009级学生。
采访时间：2011年8月26日。
说　　明：采访对象周昌彦为采访人的祖母，采访对象罗平珍为采访人的邻居。

1.（洋县）那时候乱死了。

陈伯达（以下简称"陈"）：你是什么时候出生的？

周昌彦（以下简称"周"）：我是（19）38年的，属兔。

罗平珍（以下简称"罗"）：我也不太清楚，就是三几年，我属鸡（注：据推算，为1933年出生）。

陈：（新中国）成立的时候，就是1949年你还记得吧？这个消息你是怎么知道的？

周：一开始不知道，人小。

陈：最后知道了吧？

周：最后人家都说哩，都知道了。

罗：那就是（19）49年，解放的那年。

陈：是的。咱们这里有什么庆祝活动吧？

罗：没的，那时候乱死了。把洋县（县城）的国民党撵（到）<u>黄安</u>（注：地名，位于洋县县城之南）去了。

陈：国民党退到黄安以后，再往哪里跑？

罗：往黄安跑，往<u>黄家营</u>（注：地名，位于洋县县城之南）退哩，有些在<u>黄南坝</u>（注：指现在的洋县黄安镇黄安村，位于洋县城南，和西南坝村仅有一条汉江之隔）认识人的，就藏在那里了，藏在那里把衣裳换了再回来。

2.（国民党）那时候就是要捐要税哩，要款哩，什么税都要哩。那个儿"拉兵""拉夫"。

陈：国民党的时候，您还记得吧？

周：有啥不记得？那时候就是要捐要税哩，要款哩，什么税都要哩。<u>那个儿</u>（注：那时候）"拉兵""拉夫"。拉兵就是给人家当兵，拉夫就是抬<u>伢</u>（注：方言，读"nia"，"人家""别人"的意思）哩。那阵周家坎你巴（注：指采访对象周昌彦的母亲）家楼上，你舅爷们都吓得藏在上头。有些人只要听到"拉兵拉夫"的来了，都跳到<u>小窖</u>（注：当时农村一种储藏粮食的地下仓库）里头，<u>满到</u>（注："到处"的意思）藏哩。

陈：那你们娘家都是哪里的？

周：<u>周家坎</u>（注：指洋县洋州镇周家坎村，位于洋县城北，今国家一级保护动物朱鹮的栖息地）。

罗：黄南坝。

3.（土改）那时候，咱们家就你巴和巴爷，分了一间房，你爷在解放军里当兵。不是你爷当兵的话，就没事。

陈：解放后，接着就土改，你还记得吗？

罗：就是的，分地主家东西、房屋、土地。

周：是的，批斗地主，咱们家就改的地主家的房。

陈：你知道给各家各户划成分吗？

周：知道。

陈：那咱们家是个什么情况？

周：咱们家那时候是贫农。周家坎你巴爷（注：曾祖父。此处指外曾祖父）家差一点就给评个富农，但是人家没有剥削量，全部是人家亲手做下的。那时候评剥削量，你请长年（注：长工）、放牛娃，请了几个就是剥削量。他们那时候评来评去是你周家坎老巴爷和小巴爷做下的，田里的路难走死了，收麦子的时候收稻子的时候，全部是你俩巴爷一担一担担上来的，没的车，苦死了。

陈：咱们家地多吧？

周：少得很。

陈：那娘家都是什么成分？

周：中农。

罗：也是中农，这边（注：指夫家）是贫农。

陈：那土改是按什么标准来的，按人头分？

周：是的。

陈：那一个人分得下一亩地吧？

周：知不道。

陈：那阵你们几个人分了（地主家）一间房？

周：那时候，咱们家就你巴和巴爷，分了一间房。你爷在解放军里当兵。不是你爷当兵的话，就没事（注：指分不到房）。

4. 那时候就才俩钱都还上不起，穷得都念不起，穷得吃饭都打怵哩。

陈：你（们）小的时候，村里头和你同一辈的人有念书的吧，像小女娃上学读书的？

周：我随记得没的。基本当时都穷，没钱，念不起。

陈：那你上过学吧？

周：我上过。我们家当时我是老大，你巴爷就送我去学校。

陈：在哪里念的？

周：在周家坎连戚氏（注：地名，位于洋县城西约几公里处）念嘞。

陈：你上到几年级？

周：我没有上过一二年级，那阵人大得很了，十三岁了，去（学校）就上的三年级。三四年级在周家坎念的，五年级就转到戚氏去了。我六年级上完就（到）民中（注：洋县的一所初中）去（读书）了。

陈：那就是初中上完了？

周：嗯。上了两三年哩。

陈：那交学费吧？

周：那时候要的少得很，俩钱。你姑（注：指采访对象的女儿）她们上高中呀，学费才五块钱。

罗：那时候就才俩钱都还上不起，穷得都念不起，穷得吃饭都打忾（注：形容十分贫穷）哩。

陈：那你们上完学给分（配）工作吧？

周：分哩。咱们那时候没有考虑那些事情。（人）家叫我到略钢厂（注：指略阳钢铁厂）去，回来户口都开到现在的工农街（注：洋县城内一条街道的名称），铺盖都打好了。我们一路（注：指一起）四个人，我们几个等了个扎，最后上头来的指示，又说略钢厂不要了，叫我们回去。那时候不像现在，封建得和啥一样，不叫女家到哪里去。

陈：不是都妇女解放了吗？还那么封建吗？

周：再解放，还是旧社会的旧风俗，都是从旧社会来的。不像现在女家哪里都叫去哩，那时候女家不叫出门。

5.（人）家（扫盲班）是农民识字，有个农民识字书哩，写的是《农民识字》，上头啥字都有哩。

陈：五六十年代农村里办过识字班、民校（注："农民业余学校"的简称）那些扫盲的，你知道吧？

周：知道。我那时在你巴家那里上过。上午家收了工的时候（去学），在那里学了一年哩，识的字还非常多。

陈：那是常年办，还是农闲的时候办？

周：夏天天气热得很,（中午）12点收了工，赶紧做点饭吃了，就去识字。

陈：去的人多吧？

周：人多，男的女的，不识字的都去。

陈：女的家一般都有多大年龄？

周：那阵我才十几岁，十一二岁。那些二十几、三十几，结了婚的都去哩。

陈：那家里的家务活谁做？

周：两小时嘛，黑家（注：方言，指"晚上"的意思）还有哩。

罗：那阵，家务活都做差不多了，喔（注：方言，指"那时"的意思）叫上民校哩。

陈：黑家是咋弄哩？

周：（天）黑了，吃了夜饭，没啥事了，都去学些（注：方言，此处并非量词，而是指时间，相当于"一阵子"）。

陈：也是两个小时吗？

周：黑家没长短，能多学一下。

陈：办了有几年？

周：办了四五年哩。

陈：那是生产队要求去上哩，还是？

周：（人）家没有要求，人家生产队给了（一）块（地方作为）学校，上午家12点前收了工，上到（下午）两点，都就去做活了。

陈：那给记工分吧？

周：不，喔（注：方言，"那个"的意思）给记啥工分哩？

陈：那是谁给教哩？

周：都是门上的（注：同村的）人，就是（人）家喔识字深的人给教哩。

陈：给你们教些啥？

周：（人）家是农民识字，有个农民识字书哩，写的是《农民识字》，上头啥字都有哩。

陈：那你识的字多吧？

周：我识的字非（常）多哩，那些字都会写了。

陈：那大家积极性都高吧？

周：（人）家每一中午都有人去哩。

陈：不收钱吧？

周：不收。教的人每天给记点工分。

6. 一解放,那时候有歌谣口号:"男二十,女十八,卫生院里去检查,只要双方没有病,就给发个结婚证。"

陈:你们那时候找对象要什么条件?

周:啥条件?只要娃子看(起来)<u>尖钻</u>(注:指聪明、有上进心)就好,又不分穷富。

陈:不是说要看成分,"以穷为荣"?

罗:对着哩,有喔事哩!解放后,地主家女子<u>给</u>(注:方言,"嫁"的意思)不出去,地主家娃子接不下媳妇的,就接寡妇。地主家,<u>名名</u>(注:名声)不好听。解放前,我娘家村子里有个老婆婆,她的几个儿媳妇就是,娘家是地主,富得很,还陪的有陪身丫鬟。

周:(解放前)地主家娃子<u>说</u>(注:"接"的意思)的媳妇赞死了(注:极好)。周家坎周宏儒家弟兄几个"镇压反革命"时候都枪毙了,(人)家的娃子们说的媳妇都<u>攒劲死了</u>(注:方言,"漂亮""厉害"的意思)。

陈:咱们这里女孩子一般多大开始找对象?

周:那阵十几岁(就找对象),十六七岁。一解放,那时候有歌谣口号:"男二十,女十八,卫生院里去检查,只要双方没有病,就给发个结婚证。"我们那阵是满十八。

陈:五十年代,你们婚姻上自由吧?

周:自由,那阵提倡自己<u>说对象</u>(注:"找对象""介绍对象"),一个要看上一个。

陈:那一般女孩子找什么对象算是好对象?

周:你要愿意,<u>一块</u>(注:方言,相当于"一个")看得上一块,不愿意就算了。

陈:有啥具体条件吧?比如说家境等。

周:那你要有点房哩。我那阵(嫁)给这边有啥房哩?一间间点房。

陈:那时候结婚要彩礼吧?

周:不不不,把我(嫁)给人家这里,你爷工作着哩,给你老巴爷了50块钱。你老巴爷人家没要,说我养活得起女儿,没有东西陪(嫁妆)就不给她陪了。

陈:别人也不陪东西吗?

周：陪，人家谁不陪？就陪的铺盖、衣服，这样那样都有哩。

7. 当时的歌谣口号："结婚证，两面红，两个名字站当中，你看光荣不光荣？"

　　陈：那你结婚的时候有婚礼没有？

　　周：没的。<u>走家门</u>（注：洋县农村结婚必要的一个环节，结婚前，男方要到女方的叔伯姑姨以及同门同宗中血缘关系较近的人家里送礼）有哩。

　　陈：有没有举行宴席？

　　周：我那阵结婚，有啥席吃哩？你爷他们去接我的时候，那阵粮食紧张死了，（你爷）回来带了点粮票，买了10斤机器面（给我家）提了过去，就给接的人下了点面吃。

　　陈：你结婚穿的是什么衣服？

　　周：就是大红花花袄袄，红鞋绿袜蓝裤子。

　　陈：有什么仪式吗？

　　周：没的。

　　陈：有结婚证吗？

　　周：结婚证有哩，结婚证领哩。当时的歌谣口号："结婚证，两面红，两个名字站当中，你看光荣不光荣？"

8.（我）头一天结婚，第二天就下厨房做饭。

　　陈：你那阵结婚几天后开始干活？

　　周：一结婚你爷就出去工作去了，在重庆工作哩，我就要开始干活。

　　陈：那你没有随他去重庆吗？

　　周：没有，他挣人家点工资不容易，挣三四十块钱，连他自己都养不活，我去干什么？

　　陈：那时候咱这里有说法"新媳妇三天不下厨房"，你知道吗？

　　周：知道。（可是）谁不下厨房？头一天结婚，第二天就下厨房做饭。这面你那个老巴眼睛<u>暮死了</u>（注：指视力很弱），（我）不下厨房，谁做饭呀？

　　陈：那结婚以后，你都主要做些什么活？

周：人家农业社里做什么就去做什么，锄地、打土……

9. 有哩，少。没的现在这就像换锄头把儿哩似的，早上结婚下午就离。

陈：五六十年代，咱们这里有丈夫打骂妻子的现象吗？严重吧？

周：（妻子）没有<u>不是</u>（注：错误）（丈夫）就不打。打骂没有多普遍，人家都好得跟啥一样。

陈：一旦打起来有人管吗？

周：（<u>一旦</u>）打了队里的人都劝说嘎，屋里老的都劝说嘎，谁不对说谁。

陈：五六十年代咱们这里有离婚的现象吗？

周：有哩，少。没的现在这就像换锄头把儿哩似的，早上结婚下午就离。

陈：咱们村里有吧？

周：没的。结了婚就金钉钉上了，就是人家的人了。

10. 我那有你大爹呀，还天天下地做活。

陈：你生了几个孩子？都是哪一年出生的？

周：六块。你<u>大爹</u>（注：指采访人父亲的哥哥）（19）63年的，你姑（19）64年，死了一个（19）65年的，你爸爸（19）68年，你<u>三大</u>（注：指采访人父亲的弟弟）（19）69年，你小大（19）72年的。

陈：你们那时候怀孕还下地做活吗？

周：做哩。我那有你大爹呀，还天天下地做活。快生的那天，还在现在<u>世林</u>（注：人名）家房后头挑田哩，还担了一天的土。

陈：那是不去不行吗？

周：那是愿去了去，别人说去做点活生得快。

陈：那阵做活是全部都去吗？

周：全队的人都做活。

陈：那你怀孕了，有什么特殊照顾吧？

周：那有啥哩？我还担了一天土，<u>海虎</u>（注：人名）他婆说："你娃（恐）怕就在黑了（临盆）哩。"我那天肚子疼了一天，收了工回到家你老巴还在推磨哩。那<u>安文</u>（注：人名）家有个磨，麦子收下了，你那老巴在那里推磨哩。

我说:"我现在给你弄不成(注:帮不了忙),我现在肚疼。"你老巴(责怪地)说:"那你也不早点说,那我两下弄完,叫你<u>大大</u>(注:指采访对象丈夫的父亲)把牛卸了(我就来照顾你)。"你巴爷立马来把牛就卸了,把牛拉到牛圈去了。事后你老巴一直怪我不早点说。我说:"我坐月了,家里要吃粮食哩,你也急着磨面哩。(要)不了家里吃什么?"

11. 我每一次一出月就去挣工分。

陈:那娃们小的时候你下地干活挣工分吗?

周:<u>伢呔</u>(注:语气叹词)!哪一天不给人家做活挣工分!

陈:那娃们上学的时候能挣工分吧?

周:(他们)放了假去干活挣工分,工分少死了,挣一点点工分。

陈:娃们小的时候谁给带?

周:你老巴跟你老巴爷。

陈:生娃的时候是请的接生婆,还是去的医院?

周:我坐月都在自己屋里,没有到医院去过,就是隔壁的老太婆来帮了一下忙。

陈:那时候生娃都请接生婆吗?

周:我没请过谁,就是隔壁的来,月娃生下给收拾了一下。我坐了六个月子,你姑<u>身底下</u>(注:指后面)有个娃子,六天就给死了。

陈:坐月的时候,生产队有什么特殊照顾吗?

周:伢呔!人家管你那些闲事!生毕娃一月不去做活,就是照顾。那个月在(坐)月子哩,出了月你愿去做了就去。我每一次一出月就去挣工分。

陈:你们那时候有计划生育吗?

周:没的。没人管,没人干涉。有了你小大,我们寻到医院去叫人家给我们"计划(生育)"哩!

陈:村里有人宣传计划生育吗?

周:有哩,那时候又不严。(如果)真正话像现在这么严,我哪里敢要<u>那些</u>(注:那么多)?不严。

陈:你那时候生孩子的观念是啥?

周:整个就是重男轻女,有些生的女子多了,家里人,特别是老的气大。

陈：那阵婴儿死亡的现象严重吧？

周：不严重。我那阵就是你姑后面那娃死了，人家说是有什么魔鬼哩。

12.（住在村）后面的文学他大，眼看死呀，他女子莲娥跟她弟弟往回抬了一桶饭，走路上给淹了，他大大问："淹哪里了？那我可不得够吃了？"（孩子们）说（淹）在路上。（他大）赶紧就出去找到淹饭的地方，趴在路上，用舌头舔。

陈：吃（公共）食堂你还记得吧？

罗：我们都是吃食堂过来的。

陈：咱们这里是什么样子的？

周：咱们队的食堂就在<u>世林</u>（注：人名）家现在住的那地方，门朝大路，一进门就是一大排<u>毛边锅</u>（注：一种特大口径的锅，直径有一米左右），就是<u>尿马勺</u>（注：一种类似勺子的圆形量具，勺把超过一米长）在里面搅哩，煮得咕嘟咕嘟的，（锅）里面稀得（很）。

陈：锅里面煮的什么？

周：苞谷糁糁、米。

罗：还有高粱，我们还吃过高粱。

陈：那吃饭限量吧？

罗：一人一尿马勺。

周：大人小娃不一样，大人就是一尿马勺，小娃没的18岁，给你多半勺。做饭的人是村里的，选出来的。

陈：吃食堂你们交粮吧？

周：队里收的粮食都在队里，你手里有啥粮哩？

罗：队里把粮食都收走了，自己屋没的粮食。

陈：那要是吃不饱怎么办？

周：你自己想法子。割资本主义的尾巴，不准你谁家里（烟囱）有烟。（住在村）后面的<u>文学</u>（注：人名）他大，眼看死呀，他女子莲娥跟她弟弟往回抬了一桶饭，走路上给<u>淹了</u>（注：指由于晃动而把流质倒出来了一部分），他大问："淹哪里了？那我可不得够吃了？"（孩子们）说（淹）在路上。（他大）赶紧就出去找到淹饭的地方，趴在路上，用舌头舔。日子难搞扎了！

罗：你饿了，（如果）自己在家里做点饭吃，人家说你是资本主义。没有啥吃，那时候在地里去扯点苕蔓，再磨个扎，再用箩子（注：一种筛东西用的农具）过面面，再把渣的东西炕成坨坨，就吃的是那些。

陈：那咱们队里那时候有多少人？

周：我户口随一回来，才一百三。现在着了三四百（人）。

13.（人吃的）红苕、稀汤苞谷糁糁，倒了狗都撑不上的饭。

陈：那1959、1960、1961三年困难的时候您还记得吧？

周：知道。村西首（注：西头，西边）松柏（注：人名）他大就给饿死了，你们叫姑爷。他修水库呢，死了，没啥吃。喔人是个好人家。他家那阵是富农，让他去修水库。那时候都喊叫没啥吃，队里的人懒死了，都偷懒，去做庄稼，都藏这儿藏那儿，庄稼做得霉死了，麦子才这么高（注：比划大概有50厘米左右）。地里做活，做多做少一个样。

罗：我们六队杨顺（注：人名）他爷，饿得很，吃吃苕，就给噎死了。红苕还给你算的是口粮，还要拿称给你称哩。

陈：那阵的口粮还有什么？

周：红苕、稀汤苞谷糁糁，倒了狗都撑不上（注：形容极稀）的饭。都浑身肿得很。

罗：哪有啥吃哩？都哪里有劲啊？在地里去拔人家一个萝卜都没有劲。有些人说吃绿胡豆能治浮肿病，才吃实在了，大家就吃，结果还把肿消了。（吃）绿胡豆，吃（胡豆苗的）尖尖。从秧秧上摘下来，把豆豆剥出来，多少下一把米，就是胡豆蒸饭。那阵我们吃的，还不及现在的猪食。

14. 先是评成分，成分评了才斗（地主恶霸）。

陈：20世纪五六十年代是怎么待客的？

周：我光记得我（1956年）结婚那时候，待自己亲家门（注：指宗亲），用你爷买的挂面给（客人）炒的浆水下的面。我家门里（注：同祖同姓的村里人）有个地主家爱板爷（注：指爱面子），（孩子结婚时，他）老早就在食堂止了几天伙，（食堂）给称了三四斤米，泡来打成浆、蒸的面皮待客。

陈：你说地主家的日子也那么难搞？

周：那阵<u>改地主</u>（注：指土改中剥夺地主的财产）哩，把他们改得连贫下中农都不如。

陈：那你还记得斗争地主的时候吧？

周：记得。先是评成分，成分评了才斗。那阵先是恶霸，枪打的是恶霸。再是地主，还有穷地主。黄南坝罗汉杰就是恶霸，恶霸就是抢伢、偷伢。镇压反革命时，就把恶霸都枪毙了。咱们西南坝是九保，咱们全保人还到黄南坝去批斗地主嘞。

陈：你参加过批斗地主的大会吧？

周：那时候我人还小，跟大人们一块去看。一个高台子，地主立上头，底下的人就说："你把我怎么欺负了，你做贼来，你偷人家来……"

15. 一般都是争先抢后地做。做得多，工分高，"多劳多得，少劳少得"。

陈：人民公社那时候妇女下地做活能给多少工分？

周：我一天六分。

陈：一般都做些啥活？

周：<u>农业社</u>（注：当地群众把整个集体化时期都叫"农业社"时期）么，有啥做啥。锄地时候锄地，割麦时候割麦，栽秧时候栽秧，拔秧时候拔秧……

陈：那对妇女做活有什么定量要求吧，比如你一月得做多少天活？

周：没有，一般都是争先抢后地做。做得多，工分高，"多劳多得，少劳少得"。

陈：每天记工分是怎么记的？

周：一般全天是六分工，（如果）加工，（生产队）再一分一分地给你加（工分）。

陈：一般十分工能换多少钱？

周：那时候那钱少得呀！<u>钱硬</u>（注：指钱价值高），一般只值一两块钱。

陈：一年到头每个人能分多少口粮？

周：知不道，忘了。咱们家那时候分口粮分得多，按人头分一份，再按劳动力分一份，劳动力分一半左右。咱们家劳动力多，我和你<u>老巴爷</u>（注：

指采访对象的公公）住农业社干活，一般都做到天黑才收工，所以分的粮也多。

16. 在北山铁河炼钢铁嘞。

陈：（19）58、59年搞过大炼钢铁运动你知道吗？妇女去吗？

周：知道。你爷回来（注：1958年，采访对象公公病危，在重庆工作的丈夫回洋县安顿父亲的后事，不久，父亲病逝，丈夫再未回到重庆，据说那时候有规定，一旦离开，不论情由，便再也不能回去了）就去炼嘞。村里男人们都去大炼钢铁，妇女不去大炼钢铁，都在农业社做活。激情高啊，砸锅炼铁。不过咱家穷，就是些锄头镢头，还要干农活，就没有拿去炼铁。当时炼铁都去东山炼，在东面铁河（注：洋县铁河乡，在洋县县城向北约40公里处）炼，没有在村里。

罗：没在东山，在北山铁河炼钢铁嘞。我没有去，叫我老汉去哩，我老汉胃病犯了，疼得去不成，可去大队下粉去了。

陈：下粉是干什么？

周：那阵咱们村和东嘴（注：地名，现在和西南坝村比邻）在一搭哩，村里下粉条（注：用手工做粉条）哩。

17. 那时候嘛，人家能给你啥？就是挣点工分。

陈：你参加过修水库、水渠、公路之类的工程吗？

周：参加过么。任家湾水库、周家坎傥河水库、白石水库我都去过的。修过公路，但不多，有人叫了就去一会儿。

陈：大概是什么时候参加的？

周：就是（19）57、58、59年左右，结婚前在娘家做，结婚后到婆家来了也做。

陈：是挣工分吗？

周：那时候嘛，人家能给你啥？就是挣点工分。

陈：能请假不？

周：有啥特殊情况了请。

18. 白天做一天活挣工分，黑了回来了做一会儿（针线活）。

陈：那时候家务重吗？

周：重么！屋里活多死了。当时家务都是你老巴做，晚上收工后，我回来再帮着做。

陈：有熬夜做的吗？

周：有些活黑了只能加夜做。白天做一天活挣工分，黑了回来了做一会儿。那时候没有电灯，都是照的煤油灯，煤油灯搁桌子上照着，给你爸爸他们纳半晚上的鞋底。唉！那时候苦死了！

陈：你纺过线、织过布吗？

周：纺过、织过，那都是我做下的，我纺得快得很。（咋能）不纺线不织布？你爸爸他们结婚（用的布）都是我织下的，每一家子儿床铺盖里子面子都是我织下的，四五床，还不算给（媳妇）娘家的。

陈：你们那时候有什么娱乐活动吗？

周：能有啥娱乐活动？（到）地里去了你说些笑，他说些笑，就那些。

陈：有像什么快板之类的活动吗？

周：那人家是正月的时候弄。我那念书的时候在宣传部，正月时耍彩莲船、扭秧歌、唱歌、唱小调……

19.（妇女）翻了身了么，（可是）你不做活不得行，不挣工分不得行。

陈：您听说过"妇女解放"这话吗？

周：随（全国）解放就说你妇女解放了，说翻了身了。妇女翻身，就威（注：方言读"wai"，三声，"厉害"的意思）点了。旧社会，男的把女的打得跟啥一样。翻了身了么，（可是）你不做活不得行，不挣工分不得行。没结婚在周家坎做，结了婚以后随农业社给人家做。解放了，说女人是半边天，都去农业社做活。

罗：妇女翻身，就叫去扭秧歌，就说是妇女给解放了。

陈：您还记得当时政府对妇女解放有什么宣传吗？

周：解放以后，妇女们出来扭秧歌儿、唱歌。送粮食就有秧歌队，前头粮食走上，后头秧歌队扭上，给人家送公粮哩，往粮食局送。

陈： 现在回过头来看（20世纪）五六十年代的生活，你觉得怎么样，总体印象？

周： 那时候生活苦死了，人都没吃的，可都没人得心脏病、癌症那些怪病。现在生活好了，人可是得怪病，主要是现在人吃的东西，农药打得重死了，吃了就得怪病。

陈： 那时候，你们穿的衣服是啥样子的？

周： 穿的是大襟，就是扯襟（衣服的襟开在左面或是右面），上面两排纽襻。那时候，没啥穿，补丁穿烂再打补丁。

洋县路珠琴访谈

采访对象：路珠琴，女，1943年8月（农历七月初六）生。1963年结婚。生育有四个子女，分别出生于1964、1966、1970、1974年。婚前居住地为陕西省洋县五间乡路家坡；婚后居住地为陕西省洋县谢村镇下溢水村六组。20世纪50、60年代娘家家庭成分为贫农，夫家家庭成分为下中农。

采 访 人：史维，女，1987年生，陕西理工大学历史学专业2007级学生。

采访时间：2010年2月20日。

说　　明：采访对象为采访人的奶奶。

1.（即将解放）喔时候都把共产党叫的"红头"。

　　史维（以下简称"史"）：婆（你）是属羊的，那就是（19）43年出生的，是吧？

　　路珠琴（以下简称"路"）：噢，就是嘛，羊年（生的）。

　　史：解放时的事你还记得多？

　　路：没解放时……喔时候都把共产党叫的"红头"，听说"红头"来杀人呀，都吓得往山里跑去了。喔些女家都装聋装瓜，再不就是脸上糊些黑的，只害怕叫人抓了去。解放后人就不怕了。

　　史：那不是你和屋里人也都去山里了？

　　路：没，我们没走。我们屋里小娃多，还有老人，深山又没有亲戚，就没去。不说走不去，去了又能咋的？只有几个亲戚在浅山，还不是一样？

　　史：那咋着？听天由命？

　　路：听天由命嘛。年轻的、有亲戚的人家都跑了，剩下几家就等死嘛，听天安排。你没亲戚的去了也没吃的,还是一样饿死。

史:那当时"红头"来了之后的真实情况是啥样样的?

路:嗯……,记不清楚了,就是城门里架了三座大炮,之后就听说洋县解放了,就是这话。

史:那时对共产党有啥概念?认为他们是咋样?

路:没啥概念,才几岁的娃嘛,知道啥啊?

史:那后头呢?

路:后头就知道了嘛,瓜女!我(19)74年还入了党哩。

2. 我还是十岁的时候,人家有"民校"哩嘛,下午家上,我上了两年就上小学了。

史:(19)74年就入党?!那是咱们屋的老党员呀!

路:就是嘛。

史:婆,那你那妇女队长是喔时候当的吧?

路:是(19)72年(当的),一直当到(20)05年。

史:妇女队长都做些啥工作?

路:号召务农嘛,搞些宣传一类的。

史:随解放时的土改,给屋里分地主家的东西来吧?

路:分了的。分的田,家具。

史:嗯……,(19)57年、58年那时说的一块叫"两条路线大辩论"是咋着的?

路:喔时候我们都还知不道,只知道说是社会主义跟资本主义的辩论,也知不道论些啥。我们娃娃家是不懂也不问,一天能吃饱就行。

史:刚解放的时候,村里上学的女家多吧?

路:不多,上不起嘛。只不过人家有哩,向喔大户家喔女家,人家就上嘛。

史:喔时候学费贵吧?

路:不贵!几毛钱。就是几毛钱也交不起嘛。我那上学会儿,我妈把屋里喔铜罐罐都卖了(给我交学费)。

史:你多大上的学?

路：我上学上得迟，都 12 岁了（注：1955 年）才上。把小学念毕，初中才念了两周，人家就叫把 15 岁以上的下到地里去做活哩。

史：那是所有 15 岁以上的人都去吧？

路：就是。说的是叫 15 岁以上的所有（农村）人都回自己屋里做活，不叫在外头（注：城镇）去。就跟后头喔下乡似的。

史：嗯嗯，只不过是在自己村里嘛，哦？

路：就是的嘛。

史：解放初期咱这有上扫盲班的吧？

路：有哩。开始叫的"速成班"，后头叫的是"扫盲班"。我还是十岁的时候，人家有"民校"哩嘛，下午家上，我上了两年就上小学了。

史：扫盲班都教些啥？学的人都积极吧？

路：就学点汉字，喔些女的都想上得很呐！谁不想多知道点啥！都爱得很！

史：那家里人支持吧？

路：咋说哩，我那上（着）上（着）就有人劝我妈，叫我不要去上了，都说女家去就学坏了。我妈硬是偷卖东西才把我供起（上学）。

3. 都一块比一块穷，（找对象）能有啥条件？身体好、能做活就行了。

史：婆，你们那时你多大开始找对象哩？

路：十七八，我那都 20（岁）了才找。

史：找对象要啥条件？

路：啥条件？都一块比一块穷，能有啥条件？身体好、能做活就行了。

史：解放之后婚姻上自由些了吧？

路：嗯，在喔之前都是屋里包办的，结婚前连女婿是光脸还是麻脸都不知道。解放了之后都自由了，有人给说（注：指介绍）对象了，自己就去看嘎。

史：哦，就是"红爷"（注：指专门介绍对象的人）给说，自己跟去看？

路：嗯。喔时候还要看"八"嘛，就是找块算命的，看嘎两人八字合吧。合了，也瞧差不多，那就结婚嘛。

史：啥样的人好找对象？有啥要求吧？

路：没的，能做活就行了，一般勤点、性性好点的都好找。

史：是不是还要长得好？

路：喔有啥哩？随自己心就行了。

4. 不要（彩礼），那都穷得（很），有啥哩？有的人结婚会儿喔铺盖、（床）单都还是借人家的。

史：你跟我爷啥时候结的婚？

路：（19）63年，第二年有了你爸爸的。

史：要啥彩礼、嫁妆吧？

路：不要，那都穷得（很），有啥哩？有的人结婚会儿喔铺盖、（床）单都还是借人家的。

史：结婚那会儿有啥摆设、仪式吧？

路：没的，啥都不弄，就来几个（亲朋）耍嘎、热闹嘎就对了。

史：摆酒、抬轿吧？

路：不，弄不起。

史：就男方去人把女方接回来就完了？

路：就毕了嘛。

史：你们那时候（结婚）穿啥衣裳？

路：跟平时一样，不过就是新的。我那时还自己做了一双绣花鞋，好看得很，路上头天的雨没干，路烂得穿不成，就没穿。最后跟娘家拿来的几块布一路给卖了。穷啊……

史：那结婚政府有啥要求？

路：有嘛！你听人家说是："老乡们，请坐下，没坐的你就圪蹴下（注：又称"锅蹴"，意为蹲下），我给你宣传《婚姻法》：'男二十，女十八，先把身体来检查，检查身体没毛病，我给你们发个结婚证。结婚证，两面红，两个娃娃在当中。手拉手，肩靠肩，咱二人回去搞生产，搞生产！'"

史：婆，你们喔时候认为啥样样的两口才叫好两口？

路：有文化、精灵，做啥有文明、聪明，说话有分量，喔人人都夸哩，也羡慕得啥似的。

5.（怀孕期间）一样抢活做，有你二大时，晌午还在地里呢，黑了回来就坐下了。

史："新媳妇三天不下灶火"这说法咱们有吧？

路：有哩，喔都是大户。咱们这一结婚第二天就下地，屋里活也做哩。

史：都做些啥活？

路：担粪、种地、收割……，啥活都做，还有屋里喔一大堆，人、猪……，白天在外头做，回来黑了忙屋里。

史：瞌睡吧？

路：瞌睡？有瞌睡也（被）忙走了。为了挣工分都抢活，一闲下来捆得做（着）做（着）饭都能睡着。

史：我爸爸他们四兄弟都是啥时候生的？

路：你爸爸是（19）64年的，你二大（19）66年，你三大（19）70年，要你四大的时候都（19）74年了。

史：你喔时候如果怀孕了能休息吧？是不是有啥照顾？

路：谁照顾？一样抢活做，有你二大时，晌午还在地里呢，黑了回来就坐下（注：指生下）了。

史：生娃时在屋里，还是上医院？

路：屋里。医院远，咱们也住不起，自己在屋里生。

史：害怕吧？万一有事了咋着？

路：害怕嘛，方便了就赶紧叫接生的嘛。

史：坐月时能歇多长时间？

路：至少一个月。我最早是一月满了，又过了三天才下地做活。

史：坐月有啥照顾吧，喔时候，比方说饮食上？

路：没的，咱们也是缺粮户嘛，穷得……，有块有钱点的亲戚来看我会儿给了几颗鸡蛋，我们都没舍得吃，给卖了。

史：我爸他们弟兄四个都上（过）高中嘛，哦？除了我三大上大学？

路：你爸爸跟你二大上高中。你三大他硬是要上大学嘛，就叫他上了。你四大跟你三大一样的犟，他可就是不想上学，初中还没念完就不念了，屋里也就没管（他）了。

6. 那1960年前后闹饥荒时我还吃过糠蛋蛋、榆树皮、芋头秆秆……，苦得很。

路：那1960年前后闹饥荒时我还吃过糠蛋蛋、榆树皮、芋头秆秆……，苦得很。

史：那咋吃呀？

路：没法吃能咋着？喔榆树皮吃多了，上大厕所时拉不下来，难受得啥似的。

史：那咋办？

路：咋办？女呀，说出来你笑话哩。几天上不出厕所，把人能憋死，就一人上，一人弄根棍棍往下来戳。苦得很！就是不闹饥荒，像咱们屋里人多、劳力少，是块缺粮户，也还是不够吃嘛。我记得那有回人家都去领粮，我也去。人家不给我，嫌咱们是块缺粮户。我边往回走边哭：娘家是块缺粮户，婆家也是块缺粮户，这命咋就这么苦！

史：那村上不给解决？

路：咋解决？都缺！有啥办法？

7. （女的干一天活）说的是七分工，其实都是给六块多工分。

史：初级社和高级社是啥？

路：初级社就是解放初土改后喔农业生产合作社。高级社是（19）56年以后，那范围大，把好些初级社连到一块管，管得也多了。

史：是不是就跟这阵喔村似的？

路：嗯嗯嗯，就是的。

史：喔时候女的干活一天给多工分？

路：说的是七分工，其实都是给六块（注：当地最常用的量词，此处相当于"个"）多工分。只有做活最卖劲、最突出的几块人能拿得够七分工。

史：五六十年代女的家家务活有哪些？

路：白天都忙着挣工分，黑了回来才做夜饭、洗锅、洗衣裳、喂猪，经常熬夜。你看我这眼睛霉得，都是黑了缝缝补补瞅（坏）的。我那时过年，每年都要叫你爸爸们穿新鞋，每年（腊月）三十熬个通夜给做。衣裳咱们弄不起，我就想，鞋一定要叫他们穿新的！

8. 外头做活整哉，一心一意地，该做啥做啥。

史：大炼钢铁时咱这炼了没有？女的参加过吧？

路：炼了的，喔时候男的挖、背，女的做饭、打杂。我们还去搞过文艺慰问的。

史：咱们这修水库、公路的时你参加过吧？

路：我喔时候有小娃没得去，那是（19）70年的土地岭公路跟阳安铁路（注：指阳平关到安康的铁路）嘛。我参加的时候都八几年了，修湑水河坝来嘛。

史：那都爱在哪干，在队里还是外头？

路：外头。外头做活整哉（注：不琐碎，不用操太多心，相比之下，在生产队干活还要同时操心孩子和家务），一心一意地，该做啥做啥。

9. 有块说梅花的（歌谣）我记着哩，梅花是块新媳妇的名。

史：五六十年代有"妇女解放"这说法吧？

路：有哩，随一解放就有。都说"妇女站起来了""妇女半边天""男女平等""三八妇女节"……

史：那你觉得妇女为啥能得到解放？

路：共产党好啊，救了咱穷人呀！先前女的都不出门。解放后还能外出、上学、看热闹……，自由了嘛，想做啥屋里也不阻挡了，只要不学坏，做啥都行。

史：婆，喔时候有啥宣传农村生活的标语、口号之类的吧？

路：有块叫"农业学大寨、工业学大庆"。前头我忘了，后头说的是大庆油田，叫都学习，积极劳动哩嘛。

史：那跟妇女生活有关的有吧，歌谣、快板？

路：有块说梅花的我记着哩，梅花是块新媳妇的名。"老乡们，听我言，听我给你们说快板。别的话，我不说，专把梅花来宣传。梅花拿副曲扁担，说是上山把柴砍。她娘赶紧拦住她，满脸带笑说了话：'昨天你才进我家，今天就去把柴打。新媳妇三天就下地,你咋不怕人笑话?''新妇女,爱劳动,不劳不动难平等。'麻武进门问他妈:'为啥不见梅花可?''她去上山把柴砍,快点吃饭去接她。'麻武一听心中笑,连忙去把草鞋找;蹬上草鞋撒腿跑,心急只怕接晚了。鸟回树林月上天,远看一人走下山;柴担足够一百二,软软的肩膀闪得欢。'你担这多累不累,你如累了我来担。''一步一步算个啥,再多我也不怕它!'两口进门娘端饭,拿出手巾叫擦汗,喜在心上笑在脸:'这样的媳妇儿真少见,真少见!'"

城固县陈素芳访谈

采访对象：陈素芳，女，1940年生。1958年以前居住在陕西城固县柳林镇代家山九队，1958年结婚后居住地为陕西城固县柳林镇街上。20世纪50、60年代娘家和夫家的成分都是贫农。生育过五个子女：马迎春（昵称：春女），女，1963年生；马明春，女，老二；马春丽，女，老三；马建成，儿子，老四；马春艳，女，老五。
采 访 人：李巧宁，女，陕西理工大学教师；陈海儒，男，陕西理工大学教师。
采访时间：2010年4月3日。
说　　明：采访对象为两位采访人的姑姑。

1.（土改）那时候，（穷）人积极得很，一分代价不给，跑得快得很。

  李巧宁（以下简称"李"）：大姑，你是哪一年出生的？
  陈素芳（以下简称"陈"）：我属龙，人家说是（19）40年生的。咱们这里解放的时候我十岁，跟着人家一起扭秧歌，很多人一起扭。
  李：有人组织的，还是自发地去扭？
  陈：那咱就不知道了，只记得很多人扭，很热闹。
  李：你还记得刚解放时咱们这里的土改吗？
  陈：那时旧社会穷人没粮吃，就借地主的，用斗啊升（注：一种量具）的，借一升还一斗。穷人当长工给地主干活，地主给长工吃的稀饭，给点馍，就是那样家。土改时中央到地方下来人，积极分子跟上人家去斗地主啊，去分东西啊。各村，这村那村的，地下党来选的有干部嘛，下去摸底。土改工作队就是些大学生，连男女都下来，穿的都是老百姓衣裳，跟那些农民谈话，你这村里啥情况，这才慢慢摸底，发展组织，发现积极分子。

李：就是"苦根",是吧?

陈：噢。然后今来给你家干活,你的情况是怎么怎么的,从你家庭来了解情况,你们这生活条件啊什么的。积极分子就说嘛,我们这哪家哪家是什么情况,哪家哪家是什么情况,就给人家汇报嘛。汇报了以后,人家暗暗地抽的那积极分子就去开会,人家给讲,就说我们这下来是做啥的,土改的,搞啥名堂啥名堂的。那时候,(穷)人积极得很,一分代价(注:指报酬)不给,跑得快得很。

李：跑得快的大都是穷的人?

陈：对。那时候穷人种地主那地,要给地主上租,没粮食吃借人家一斗给还斗半么,那等于说借人家十斤就要给还十五斤么。那会儿讲的"斗","斗"啊、"升"啊,借人家一斗,你接上谷子了还人家一斗半。有些他还不借给你,你给他做活了,他还弹嫌你这那了。吃呢,就是稀饭,弄点馍,就这样叫你成天给他做活。他土地多么,穷人土地少么,有的没地。土改工作组来了以后,暗暗地发展,天黑了开会,摸底。底摸好以后,就叫那些积极分子来,人家给讲我们这第一步定啥、第二步咋个样,土改以后土地就是要分到户。积极分子积极得很,一分代价不给,思想都高尚得很,思想最高尚了。

李：不仅男的积极,女的也积极,是吧?

陈：对。那时候讲男女平等,女的都解放了,出来跟男的干的都一样的。那时候的心情,那热情得!我们小娃家那会儿不显得,但是像你婆们,三四十岁的,四五十岁的,那高兴得、积极得……

李：她们不怕得罪人吗?

陈：不得,那会儿人多,人多嘛,富的人没多少,毕竟穷人多。再一个,政策来了,他还能把人咋样?有的他不满意,但他只敢在背后算计,表面上他不敢咋样。就说分他东西,人家工作组来了,大会、小会地开了,他也没办法,他也就算了。这到后来,女的就种庄稼。到初级社,也就是土地分到户干了几年,到一九五几年,又组织初级社。后来又是高级社,高级社毕了以后就是公社,土地又收拢来。那阵会儿生活困难、紧张,吃食堂,女的全部去做活路。

李：你对土改工作队还有印象吧,土改工作队是啥时候走了的,土改完就走了?

陈：我看……五几年吧，我五八年结婚过来，我婆婆妈给我说过一些，说村里哪块哪块是柳林第一个党员，是解放前地下党来发展的人，谁都不知道。说工作队那块女的很能干，五七年给开会说：我们要到别的地方去了，新的领导要来了怎么怎么地。这都是我婆婆妈给我说的。

2.（扫盲）那阵会儿像人家那20来岁的，30岁以下的，像我们这些半桩女女，都积极。

李：大姑，那你还记得土改的时候或土改以后，咱们这里办过什么扫盲班、教人识字之类的事吧？

陈：土改那时候，对那些不识字的，女的下午组织识字班。每天下午活路做毕了，书给你发上，村上腾几间房，坐的板凳都是自己端去的，坐那里人家教你识字。

李：你们当时识字的那个就叫识字班？

陈：冬天的叫冬校、冬学。

李：咱们这有过民校吗，就是农民业余学校？从识字班念出来以后识的字多了，再办一个更高层次的学习班。

陈：噢，那时候我们十几岁，人家那些十七八岁的，住了冬学的、识字班的，人家说又叫到哪儿去学，可能就是民校。人家有从那个里头上出来分工作的。

李：速成识字班你们上的时候有拼音吗？

陈：那光是汉字，哪儿有拼音？

李：有帮助认汉字的注音字母吗？

陈：不记得了。（冬学）才架势就是学"工人、农民、冬天、冬季……"，涉及家庭、生活的很常见的字，学"工人做工，农民种地"，就这些么。

李：识字班有课本吗？

陈：买的人家那书，上头有大字（注：毛笔字）、有小字（注：硬笔字），讲了以后叫人照着在本本上写么。

李：买本子买得起吧？

陈：自己买一张大纸，割开用针线缝个本本，二分钱。

李：男的女的都去呢，还是主要是女的？

陈：女的去的多，男的去的少。那时候男的有些识字，男的比女的识字的多。因为那阵会儿旧社会都是男的去念书的，不叫女的去念书么。

李：女的去识字班学习，家里的家务咋办？

陈：那阵会儿有个啥做哩？都是做庄稼么，下午做毕了按时把自己手边活一做，都把书包撅上就去了。

李：那学得认真吧？都认认真真地学吗？

陈：认真，还可以。

李：那<u>我婆</u>（注：采访对象的母亲，当时30多岁）那个时候上过识字班吧？

陈：没有，没有。

李：那她为啥不去？

陈：她们那年龄都顽固得很。那阵会儿像人家那20来岁的，30岁以下的，像我们这些半桩女女，都积极。

李：大姑，那你去过吧？

陈：去过。

李：那个时候你大概就是十三四岁。当时扫盲班在哪个地方？

陈：原来村里有个庙，在庙里头，有时也在私人屋里，人家给腾两间房。

李：谁教呢？

陈：上面派的有识字的给教。

李：大姑，你在识字班学了几年？

陈：那都是一阵学、一阵不学的，没学到啥名堂。像跟我年龄一般大的，有的去上学了的。咱们家庭里我们姊妹多，要照顾小的，成天就是寻猪草呀、割柴呀……

李：<u>小姑</u>（注：指采访对象的妹妹）上过学吗？

陈：她念到六年级毕业。

李：小姑小你几岁？

陈：四岁。

李：那就是1944年出生。她还可以上学，就你一个人没机会去上学。

陈：那我大么，没上学。（注：语气低沉、遗憾的）上啥？成天是背的猪草背篓寻猪草么、拾柴么，没柴烧么。

李：家里你们姊妹，除了你没上学，下面的五个都上学了？

陈：嗯。

3.（我没有上学）关键不是学费的问题，是屋里这些事情不得行，得经管弟弟妹妹。

　　李：解放后咱们这里很快就有小学了吗？
　　陈：就是，有了。
　　李：上学要学费不？
　　陈：五毛钱。上小学学费五毛钱，刚开始。
　　李：当时五毛钱那个概念你们觉得贵吧？
　　陈：不觉得。
　　李：只有五毛钱嘛，为什么我爷（注：采访对象的父亲）不让你去上个学？
　　陈：咋个去上呢？关键不是学费的问题，是屋里这些事情不得行，得经管弟弟妹妹。跟我一般大的女女有几个都去上学了。我们东头有个跟我一般大的，把学都上出来了，在外面都有工作了。还有乔狗（注：人名）的姐姐，比我大一岁，是上了学的。还有袁家坝坝有个女女，跟我一般大，也上了学的，都在外面有工作。
　　李：她们都上了小学、初中，然后一直再上学了？
　　陈：嘿，那时候一般都是上到六年级，尤其是年龄大一点的，上到六年级就很不错了，就可以出去找工作了。

4.（19）58年到（19）61年，吃食堂那会儿，生活那么困难，没人（愿意）出去工作，出去的还有回来的。

　　李：大姑，五十年代人们也像现在一样，读了书就想到城里去工作吗？
　　陈：那时候这个不太明显，刚开始土地分了，有地，后来在农业社，人们还是不太愿意离开农村。你想，（19）58年招工都没人去。
　　李：是吗？
　　陈：是。那时候农村那集体劳动那么恼火的，招工都没人去。有些去了家庭困难的，还有回来的。

李：哦。城市户口毕竟吃粮有保障，人不愿意到城里去？

陈：有这个观念我们这是近二三十年的事情，人们找对象开始找有工作的，具体不管啥工作，像铁路上的呀。（19）58年到（19）61年，吃食堂那会儿，生活那么困难，没人（愿意）出去工作，出去的还有回来的。像我们这，你姑父是（19）58年出去的，人家招工呢，报了名，出去到国棉三厂。

李：那时你们结婚了吧？

陈：结了，（19）58年结婚的，58年下半年你姑父出去的，招工招到西安国棉三厂。我们这还有个（男的），（19）61年生活紧张，把他招工招到西安户县工资挺好。在公路上，他操心一双老的在屋里，他自己又回来了。回来的多得很，我们三队你姑父的干大，也是招工出去的，一个字不识，招普工，就是干一般的活，他说他去呢。那时候识几个字就是有技术了。他去干了几年，说工资低得很，他屋里老的老、小的小，他又回来了。那时候都不愿出去。

5. 寻婆家光说成分好、这家人不做坏事，就行了。

李：大姑，像你们那个时候找对象讲什么条件？

陈：讲啥条件？只要成分好，那阵问成分。我们成分好，必须要找个成分好的，思想上各方面要好。

李：成分好的家里穷，会不会想到跟他结婚后生活会困难？

陈：那时候没想那么多，光想到做活、吃饭，吃饭、做活。至于有没有工作，不在乎。乔狗的姐姐，汉运司招工，她念了几天下午识字班，去考了，考上了。可是她结婚了，人家（注：指夫家）不让去，她就没得去。后来她的名额就叫戴家那块女给顶了。人家后来调到褒河、调到宝鸡，前几年才退休了。那时候对工作、不工作不重视，寻婆家光说成分好、这家人不做坏事，就行了。家庭条件那时候都一样的，土地是分下的，没房的（房子）也是分下的，没的啥条件。

6. 那都是人情关系了，帮忙。……出工资的少得很。

李：大姑，那你结婚过来的时候，姑父他们家多少人？

陈：她们三兄妹，他、一个弟弟、一个妹妹。弟弟十岁，妹妹大一点，十一二岁。

李：那你过来还要照顾弟弟妹妹。那大姑父的父母那个时候年龄大不？

陈：大么。那阵会儿就是做集体活，饭吃了就去到地里做活。

李：两个老人也要去做活？

陈：老太婆脚小，人家不叫去。

李：哦，她是裹脚。你结婚时候老太婆有四十多岁了吧？

陈：差不多了。

李：那她平时就是在家里做个饭呀之类的吧？

陈：对。有的时候，周围邻居有小娃的，家里没有老的，不到地里挣工分不行，她就帮着经管一下小娃。

李：帮谁家看了孩子，谁家匀给她工分吧？

陈：不。那都是人情关系了，帮忙。那阵会儿活路看得要紧，一天都不能耽搁，（给帮助自己经管小孩的邻居）出工资的少得很。女的白天给农业社做活，黑了做你的针线、家务。

李：那时候咱们这里的人，穿的衣服都是手工做出来的吗？

陈：都是做出来的，织布，不会织的买人家的布。有的是自己把棉花纺出来，纺成线，拿给人家会织布的让人家织，付给人家工钱。那时候用<u>小机织布</u>（注：织布机是窄口的，织出的布是窄幅的）。

7.（食堂吃饭）有限制，记的有册册。

李：你刚结婚那阵儿，生产队晚上加班不？

陈：一般不咋加班。加班是在（19）60年、61年，这时候是劳动最紧张、吃食堂，屋里不做饭，几个队一个食堂。到吃饭时节食堂把饭做好，你把盆盆碗碗端上，人家给你舀，端回去一家人吃。

李：咱们这里吃食堂不要钱，吃了多长时间？

陈：吃了<u>年打年</u>（注：指大约一年）。

李：那这一年多时间每户需要给食堂交粮食吧？

陈：交啥粮？又没给每户分粮，有啥去交？

李：那吃饭有限制吧？有些人饭量大，有些人饭量小。

陈：有限制，记的有册册。你家有五个人，今个打了几份饭，有规定，只能少打不能多打。来了客人，跟食堂关系好的，你给食堂的人报一声，人家给做上，打饭时给多打一份；关系不好的，来了客人没办法，只能把自己家里人的饭给匀出来一些。

8.（妇女队长）带领妇女下田干活，下水呀。妇女有特殊原因给妇女队长请假，妇女队长给安排干活，不叫人家去动水嘛，就是这些事。

李：大姑，你当干部是从啥时候？是一结婚就当的吗？

陈：我是（19）58年结的婚，58年下（半）年当的。

李：你（19）58年结婚的时候，咱们这一带流行领结婚证吧？

陈：领。我结婚时还不到实打实18岁，给说一下就行了。

李：那你结婚不久就在队里当妇女队长了，好厉害呀！那么妇女队长主要干什么？

陈：那时在生产队干集体活，大队有妇女干部，生产队有妇女队长，像带领妇女下田干活，下水呀。妇女有特殊原因给妇女队长请假，妇女队长给安排干（注：读一声，旱地）活，不叫人家去动水嘛，就是这些事。

李：那会不会有的女的不想下水干活，没有特殊情况就假装有呢？

陈：那时候这种情况是极个别的，也放她去，毕竟你一个月不可能来两次例假嘛。

李：如果是来例假，几天可以不下水？

陈：一般是三天。三天可以不做重活，到院坝里去做轻活；人家到农田里做活，院坝里（要是）没活，就给安排旱地活，做手手活，不叫担挑。比方说担尿水，男的一挑，女的一挑，不能叫来例假的女的担。

李：像怀孕呀、刚生了孩子呀，在这方面都照顾吧？

陈：都照顾。（怀孕的）月份大了，三四个月了，不让担挑么，农田里活都能做。生了娃以后，过40天，就安排做近活。给娃吃奶么，做轻活。就是那样。

李：当妇女队长主要给妇女安排活呢，还是自己也要做？

陈：领着妇女做活，自己也做嘛。

李：那么妇女好领导吧，听从指挥不？

陈：也好领，也是看人的威望。

李： 耍奸溜滑的有吧？

陈： 你像这生产队下蒜，男的挖槽槽，女的下蒜。有些是把蒜撒到槽槽，有些是一块一块地按，有这种情况。不过，队长看呢么。撒到的也能出来，不过就是出来得迟一些。人么，有细米（注：指节省的、心细的）的，有不细米的；有的老实干，有些耍滑头。不过，那阵会儿耍滑头的人少。

李： 男的和女的干一样的活，像担尿水呀之类，把女的挣得。我看有的材料说，在一些地方女的得妇女病，如子宫下垂之类，咱们这里有这种情况吧？

陈： 那时候没的。那时候担尿水，一分工一挑，你感觉你自己不行了，你去做手手活。做手手活一天是八分工。你感觉你身体好了，一挑尿水一分工。很多人愿意担呢，有些怀娃都怀那么大了，还担呢。

李： 那不怕出了什么事吗？

陈： 很少，那时候很少。后来到（19）60、61年人又吃不饱，活又扎实，有得病的。

9.（当脱产妇女干部）给你一个大队，你和人家大队的干部不协调搞好（关系），人家就要歧视你哩。

李： 大姑，你当妇女队长当到什么时候？

陈： 我是（19）58年下年当的，到60年下年出去了。先是妇女队长，60年到大队当妇女干部。后来天天下调令，就出去了，当脱产妇女干部，离家远，每月回来一次。你姑父在外面，在西安工作。我调出去在（城固县）谢河乡。

李： 你调出去的时候家里老人、我姑父阻拦不？

陈： 没的他（注：指丈夫）说的。老太婆和老太爷挡么，挡他挡去，没小娃没啥的，挡也挡不住。那时候吃食堂么，生活困难，家里生活差，都在屋里，唉。人家专门派的妇联干部来给他们（注：指家里老人）做工作，谈话，谈了以后就下调令。调令一下，三天之内就要去上班。

李： 你是走着去上班？

陈： 我们这儿的民兵连长，我们高辈，把我们叫娘的，送我去的。把铺盖啥的给我背上，我走着去的，那阵会儿没车。

李：你出去当脱产妇女干部，主要干啥？

陈：跟男干部工作一样么，一人给你分一个大队，所有的工作你都得干，不光是干妇女工作。统一开会，你传达会议精神，宣布干部……，任务多得很。

李：你出去的时候，（19）60年那阵，工作难度是不是大得很？

陈：大么。不过那阵会儿做活，人都还积极，饭啦啥的给做好，吃了都去做活，没说啥的。

李：人没有怨言是不是因为管得严，谁要埋怨了就开会斗谁？

陈：斗你不说，像我们，给你一个大队，你和人家大队的干部不协调搞好（关系），人家就要歧视你哩。那时候生活紧张，跟我一起调出去的，说食堂生活不好，人家给咱说好晚上去她那去耍，去了以后干部就在一起摊摊馍（注：煎饼）吃，人家叫我呢。

李：你敢吃吧？

陈：敢吃。那阵会儿生活标准低，有啥不敢吃的？人家看我是个女的，没叫我到食堂吃，把我安排到五保户家。那个女的有一个小娃，家里有个xue（二声）房，我就住那个xue（二声）房。她给我做饭吃，一天吃三斤，给她一斤粮票、两毛钱。那时我还是二十几岁的小女女，人家对我挺好的。

10. 完全饿死我没见过，那都是连饿带病。那阵会儿也照顾哩……

李：1960、61年你出去当妇女干部，发现咱们这一带妇女浮肿、干瘦的情况严重不？

陈：咋不严重？严重嘛，就是给人家加大粮食嘛、多舀饭嘛，也照顾人家，政策上照顾，民政局到季节、年底照顾。那个时候啥都紧张嘛，油啊、肉啊、糖啊，就是这些嘛，都给人家发票票嘛。

李：那时候的照顾都是少量的吧，几两啊、几斤啊，是不？

陈：那肯定是。

李：你见到有人饿死吧？

陈：没见到，反正有浮肿的。我们家里老太爷就是浮肿的，浮肿了一年多，到我那去走一天，从柳林到谢河去要走一天，挂个棒棒，又没车。走去了叫他歇下，我赶紧到食堂里支些粮叫炊事员给做些饭吃了。第二天早上又给他把饭吃了，他又慢慢走回来。那时我们兄弟，你姑父的兄弟这么大（注：用手比试身高，表示是个半大小伙）去我那，（天）黑了，食堂蒸的红萝卜，<u>这么长</u>（注：用手比示一巴掌长），他抱去了，抱到院院去吃。天黑了，找不到他，后来找到了，食堂赶紧用小碗给撮了一点小豆、一碗米，给他做了些小豆蒸饭，他吃了<u>两平碗</u>（注：指两大碗），哈哈哈。后来我去乡上开会，大队那个保管又用撮马勺给他撮了这么一堆柿饼。人家看他吃得太多，不好说他，我刚好开会回来，人家给我说，小心他吃坏了。我赶紧跑去给他说，别吃了，黑了别吃多了……

李：哈哈，那都是把人饿得，看见吃的就馋。那死的是什么情况？

陈：完全饿死没见过，死的那都是连饿带病。那阵会儿也照顾哩，你看今个睡床上不得起来的那些，把粮食给领回去，菜给撒回去，家里人按着给做着吃。有时间哩给多给两斤粮，不是粗粮，都是细粮。

李：妇女坐月子给照顾吧？

陈：照顾。坐月子那40天给多给几十斤粮食、菜、油，都照顾得好。那时候人都没啥怨言，都老实，（干部）说啥就是啥，不像现在脑筋活络。

李：哦。社会管得严？

陈：管得严不说，解放了，一会儿土改了，一会儿又是合作社了、吃食堂了，都感觉政策满意。有极个别不满意的，一般情况他不说，有这种人。吃食堂，一阵阵吃上、吃不上的，吃树根，到山里去挖葛根，组织人去挖。挖回来洗，洗了搁磨上推，推的那浆浆澄成粉。挖的那烂红苕，那阵会儿国家不是有粮食任务嘛。

李：就吃那些，人都很少有怨言？

陈：有啥怨言？没的。

11.（五六十年代）是政府呀、干部呀，都把妇女捧得高。可是妇女成天就是干活、吃饭、养娃，就是这么一回事。

李：是不是困难时期人肚子吃不饱，怀孕的人减少了，生娃的人少了？

陈：也没影响，有啥影响？你看前些年那学校里小娃多得。直到哪一年了才限制人口，七几年了吧，生的孩子才少了些。

李：五六十年代没有用卫生巾，妇女来例假了到地里去干活时采取什么措施？

陈：那时候有钱的、讲究的用<u>这么大</u>（注：用手比试如一尺半长）、四四方方的铁耙纸，也是一种纸，很细，很柔软，可以使劲往开拉，比现在这卫生纸还结实。（经济情况）一般的用（布）片片那些，弄脏了洗嘛。那时候把那（布）片片洗了，有洗干净的，有洗不干净的，嫌丑，都挂在阴处阴干。以后三八妇女节人家就给讲，我们女同志用的东西要挂在有阳光的地方，暴晒、杀菌、怎么怎么地。那时候都挂在阴暗处，不叫家里任何人看到的地方。

李：那个时候妇女病多吧？

陈：那时候没的。你说那时候夏天人做活做热了，像担尿水担啥的，把鞋脱了往屁股下面一搁就坐上，是做的那种布鞋。最后了医学上说的坐不得，鞋子上有脚气呀啥的。那时候妇女病没的，有啥病？

李：有没有人身体不舒服，但硬撑着？

陈：对，有这种情况。有些子宫下垂，是做活、做屋里的活做重了，担挑时候<u>这个地方</u>（注：用手指下腹部）不舒服。像这种情况，叫医生检查，真正是有啥病，做集体活不叫她做重活，让她做手手活。

李：大姑，子宫下垂是怎么回事？

陈：子宫往下掉，坠得难受。

李：她咋知道是子宫下垂呢？

陈：医生检查么。好比她说我担不成挑，别人肯定不愿意她，就问她你有啥病，她说我这、这不舒服。像这种情况就叫医生去检查，确实有病就不叫人家干重活。你要提供医生证明。刚开始那阵说妇女翻身了、解放了，政府可重视了，重视得很，妇女也是高兴得很。

李：你觉得现在的妇女地位高，还是五六十年代妇女的地位高？

陈：现在还是高。现在自己给高了么。原来是政府呀、干部呀，都把她捧得高，可是她自己成天就是干活、吃饭、养娃，就是这么一回事。现在这社会，人家都想的是怎么样做生意，怎么样把家搞好，干些啥。就是政府不说（妇女地位），我自己生活好了，过得活泼得啥一样的。

12. 那时候发展女干部，人家都说那跑跑就跑飞了，不准出去，多少都被拉回去了！

李：那时候人们把生男、生女看得重不？（如果）一个妇女生的女儿多，家里人嫌弃不？

陈：那做啥不嫌？那社会嘛，嫌嘛。我们是一块（注：一个）春女、一块明女，两个丫头，（19）63年生的我们春女，我是（19）62年下半年回来的，过年那时候。你姑父那时候是（西安国棉）三厂下马了，那时候所有退休干部、家庭生活困难的、工作能力不强的，等等，国家都叫回去，精减（城市）人口嘛。那时候国家企业、事业单位都是这样，你姑父就减回来了。

李：他回来，你应该挺高兴的吧？他帮你把家里那些事情料理一下，你在外面就没有后顾之忧了。

陈：他回来的时候我还在外头工作，人家就说闲话嘛，老的不愿意，（家里）女老的眼睛不行。那时候生活分下来吃了，有些食堂吃垮了，就把粮食按时按量分下来给你自己，你自己做着吃。

李：那是（19）62年了？

陈：嗯。自己做吃，她弄些菜菜哇哇的，粮食少嘛，她头天上午把菜淘好，她们喂的有兔娃，她说兔娃把屎都屙进去了，煮稀饭饭里都有兔娃屎。这种情况你姑父就受不了。那时候妹妹起发了，（家里有）弟弟、一双老的、你姑父。你姑父刚回来的时候他说的，是你还在外头干你的，人家叫我回来一年半载还叫我去，只要我不犯错误人家还叫我去。因为他是预备党员，那时候重视这个，我就说，嗯嗯。最后了人家老太爷不愿意，说是哪有儿子在屋里、媳妇在外头工作的？这块说闲话、那块说闲话的，什么"飞了"、"你在屋里头，人家在外头工作，不回你们这儿来了"……，他思想上就有点动摇。他最后一次到我那去，才开始他去都没说啥，那时候工作都忙么，人家开四干会，把我一个丢在屋里处理乡上这些事情。那时候收进度啥的，比说今这个大队做了多少面积的活，收了多少粮，种了多少地，每天下午要汇报。咱们一面电话捉手里，一面要写。我正趴在那写，他来了，我就把他望了一下，用脚指了一下那边有板凳，让他坐。我写毕一看没人了，（其实）炊事员看到他了，说把饭给他做上了。你想，十几个大队，整个汇报完，农业社那时候做的庄稼啥的名称又多得很，都要汇报哩，一样一样地汇报哩，咱们给人家写嘛。

李：人家派的人来汇报吗？

陈：各大队有会计嘛。

李：是会计跑到乡上来汇报吗？

陈：电话汇报。

李：各大队有电话吗？

陈：每个大队有一部。我们坐在这一只耳朵听，一只手写。我写毕了你姑父走了，吃饭呀一转转找不到他。我以前住过的地方他都去过，杨营、谢营、王家巷那三个地方我住过他都去过，他回来一年了嘛。我电话打这去没见他，打那去没见他，后来（才知道）他回家了。他回来后，我们住的旁边就是邮电局，邮电局那一家人原来就跟我们要得好，他跑去给人家说叫给我打个电话说一下他回来了。就从那以后，哎呀，不准我去（工作）了，闹啊闹啊闹啊，闹得这实在没法了，再说老的眼睛看不着是事实，妹妹又结了婚了，所以我这就回来了。他原来在屋里当的生产队会计，回来还是当会计。本来人家乡上看你姑父（对我在外面工作）有意见，区委干部说是叫给我说一下，叫我给你姑父说，叫他暂时先（在生产队）干着，到时候了把他调出去。既然我出去了么就把他也调出去，叫他当信用部的会计。还没来得及呢，老太爷不叫出去，你姑父也有了意见了，这事情闹得！那时候有多少人给我说"你要回去"！

李：毕竟在外面工作天地宽嘛！

陈：就是，再说了，在外头生活条件啥了要好得多么。把你姑父作难得啥似的，老的也没再说啥了。我给他说，你衣服脏了你背来我给你洗，烂了么你撤来我给你缝。可是后来他又变卦了，他一看他出去没向了就变卦了，就有了意见了。我看了一下还是（不回来）不行。有的不想回来，<u>人家</u>（注：指区、乡政府）叫回来；我想回来，人家又不叫我回来。这就再拖了几个月，人家说："要不，你写申请么。既然你家庭这情况，男的又（没有在外头工作了）回来了，有意见了，好长时间不来（找你）了，你咋个决定？"当时组织上要看我咋决定，正经我不回来也行，人家说你不回去也行，你根据你自己的情况（决定）。我自己看了一下，最后还是觉得回去吧。

李：大姑，你那个时候已经是党员了吗？

陈：那阵不是，是团员。

李：那个时候当个团员、党员都可不容易了，可厉害了，是不？

陈：是不容易。自己是妇联干部嘛，管青年干部，这都要管上。

李：那个时候男女还是很不平等。你说要是我姑父出去工作，咱一家人都支持；你要出去工作，家里这个也扯后腿，那个也扯后腿。

陈：嘿，那时候发展女干部，人家都说那跑跑就跑飞了，不准出去，多少都被拉回去了！我就从那就回来了，回来才修房么。

13. 我总觉得现在这社会好得很。

李：你（不当脱产干部了）回来是哪一年？

陈：（19）62年底、63年初。我们那时候修的房在后面，离现在这儿有段距离……。到（一九）八几年，我想在现在这修房，几个子女要是找不到职业，这在街上，可以做个生意呀啥的。当时你姑父不支持，他说一分钱没有，原来那地方住着好好的，你修这干啥？我那时候心劲大得很，我连说都没给他说，庄基批了以后，钱都是我借的，我养鸡、喂猪，买几百只鸡养。不睡觉盘算这、盘算那。成黑了睡旁边看（管）鸡，喂母猪。喂母猪时春女领着几个弟弟妹妹下午放学了打猪草，明女在家里做饭，管你做得坏好，你把这顿饭做了。母猪生猪娃了要喝豆浆，三女和四女就在手磨上推豆子。我们春女在家里受了苦了……。现在我说你看这社会好得，一度一度发展得好得，人穿的、吃的、住的这么好。那时候就说以后要"楼上楼下，电灯电话"，现在不是实现了？人家说有一种电话，说话的两个人离得再远能互相看见人，就像面对面地说话。你说现在这社会发展也快，国家政策简直好得很哪！关键是政策好，要不是我们这几年还在农业社都在做活呢。改革开放你看这改得好得，生产也上去了，粮食也多了，人也都有钱了；那阵那农业社做一个扎，一年四五个劳动力，一毛多钱一个工，你说你能分多少钱？所以你看那粮食产量也不得上去，各方面啥都不先进。

李：那时关键没有化肥，种子也不好，是吧？

陈：那时没有优良品种，没有化肥，全是农家肥，攒（cuan）草皮么。农业社做毕了挖个大坑，攒些草皮往里头倒，担些尿水往里倒，沤肥么。那喂母猪、喂牛都有任务哩，你给交多少担肥。好比你啥都没的，那不得行，你要交哩，不交农业社壮啥呀？你看现在这发展得好得！就从我来说，我总觉得现在这社会好得很。

14. 那时候（难产的）少。……（生的时候）快得很。

  李：那你（19）63年回来就生的我大表姐？

  陈：嗯，嗯。

  李：那你坐月子的时候<u>女老的</u>（注：指采访对象丈夫的母亲）眼睛又看不见，谁照顾你呢？

  陈：她眼睛看得只是不清楚，还能看见。那时候你大表姐生了，又没钱，又没吃的，割了一斤猪油，买了十几颗鸡蛋，就是那酒米，用这么大的碗，给我蒸一瓷碗酒米，舀一勺勺糖。

  李：那时候坐月子一般在家里能休息多长时间？

  陈：那看你能休息多长时间，反正是挣工分，你看你自己。

  李：你休息了多长时间？

  陈：休息了三十三四天。

  李：就赶快挣工分去了？

  陈：嗯。

  李：那小娃咋办？

  陈：搁屋里么，老太婆管。她做不成地里的活，她在屋里管。

  李：你生我大表姐的时候在屋里生的？

  陈：嗯。咱们这里是个乡（政府所在地），有卫生院，都没人去。那阵会儿有接生的，每一个村都组织的有接生员，培训的接生员，都是到上面去学习了的。

  李：你一叫人家（接生员）就来了？

  陈：嗯。

  李：接生员的水平毕竟有限，遇到难产呀什么的怎么办？

  陈：那时候遇到那种情况就往医院送。那时候（难产的）少。都做活，活动量太大，没有说是像现在，有的怀着的时候害怕掉了，没有那种。（生的时候）快得很。我生我们成娃的时候是（农历）五月间么，农业社里做活哩，打麦子。那时候有自留地了，自留地弄了些麦，七八十捆麦，感觉自己不对了，那天就没有去农业社做活了，赶紧把（自留地）那些麦摊上，用榪枷pia

儿、pia 儿一下一下地往出来打么。那时候老太婆眼睛一点都看不到了，打出来都半下午了，打出来又一挑锨、一挑锨把院里收拾了，黑了（成娃）就生下了。

15.（解放以后）虽然叫你（妇女）干活了做啥了，你自由么，不受家庭（太多）约束么，不受丈夫约束。

　　李：大姑，解放以后女的能出来当干部、当队长，想干啥就干啥，跟男的权利都差不多。可是，有的人说，那把女的当牲口一样地使唤着，叫她们干这干那，还不如以前叫女的光在家里干干活。你觉得呢？

　　陈：不觉得。（解放以后）虽然叫你干活了做啥了，你自由么，不受家庭（太多）约束么，不受丈夫约束。

　　李：就是说，妇女辛苦点，但是活得很自由。不像以前那样，虽然不用干太多活，但是被限制着，人家又看不起，把你骂来骂去的？

　　陈：对。那时候就讲，我们女同志翻了身了，咱们自己要把自己看得起。

　　李：你结婚的时候，（我姑父家）这边还有识字班不？

　　陈：没有，那都没了，那都上开学了，过去的就过去了。我（小时候）上了几天识字班么，又丢丢摸摸地，忘得差不多了，调出去（当干部）了才知道了（不识字的苦）。那阵会儿在农业社，像今做了多少活、多少人、多少工分，我立那，靠在树上就可以算出来。那阵记工分嘛，会计算嘛，我就可以算出来，脑筋灵得很呀。我刚调出去那会儿，<u>才架势</u>（注：刚开始），这开会、那开会，见了点字。再一个出去了，黑了没事了，点的煤油灯，我就坐那，捡人家发的那文件呀、书呀，走哪我看人家写的是啥字呀，这都记嘛。嘿，回去了像人家发的那文件，县上发下来各乡上学习，学的时候人家给脱产干部一人发一份，给我发一份，人家是按着上面讲，阅读一遍，还有是按照当地乡上实际再讲。我回来了，成黑了不睡觉，写么，写上面的字，认得认不得都写，第二天早上了才问人家，好比文件这一路有几个字，是啥字，<u>咱打号号</u>（注：做记号）么。每天早上去学习了，咱们问别人么。人家一说咱们就记下了，东西就念下去了。

　　李：噢，刚好需要认字呢，学习的欲望特别强，学得就快。

　　陈：黑了学写信，写这写那，不感到劳累，精神特别好。头一年去，第二年3月28就撒上文件，有些字还写不了，咱们自己按乡上实际情况、上面政策，讲哪几个问题，写些干条条，弄个本本，立那台上去给人家开妇女大会讲，腿都打战哩。咱没在那种场合讲过话，以前开大队会、小队会讲话，人都是熟人，开全乡妇女大会，你想，要多少人呢。自从那回破了胆以后行了，大会小会咱们都能讲了，根据实际情况就能讲了。

我从那写了申请回来，把几百块钱都写没了。当时人家下放回来的，（后来）国家一年给几百块钱，已经给了十打十年了，现在还给。像咱们这样写申请回来的，不给，人家说是你自己回来的。那人家有政策呢。

李：你当妇女干部那阵，过年过节组织妇女搞什么活动不，像唱歌之类？

陈：有么，（组织）年轻女女下午这些空闲时间、晚上排些节目，演出么。

李：当时唱的歌，你印象深的有啥不？

陈：记不起来了。有一年病了一回，送了一趟汉中，把好多事情都忘了。像我这些孙娃们的生日都忘了，有时间偶尔记起来，一会儿就又忘了。

李：那你还能记起以前的标语呀、口号呀什么的吧？

陈：解放以后标语、口号都是政策方面的，宣传么，具体内容记不得了。

16. （国棉）三厂恢复了以后，人家公函来调他，调他那时候我屋里困难得很。

李：我大姑父上过学吧？

陈：他六年级毕业。

李：那他念的书算多呢？

陈：嘿，六年级毕业相当初中呢，识的那些字。

李：（19）58年国棉三厂招大姑父去的时候是不是还考试了？

陈：考嘛。

李：咱们这去的人多不？

陈：不多，都不去。

李：那大姑父怎么想到要去呢？

陈：他说他在屋里没事，出去呀。他就去报名，跟他一个同学一路。他们俩人商量了一下，报了名，把他录国棉三厂，是车工；把那块录咸阳毛纺厂，是电工么。后来都回来在汉中。

李：那姑父是（19）62年回来的？

陈：（19）62年回来，人家说叫他三年以后又去。

李：那他真是三年以后又去的？

陈：是的，人家公函来调他的。（国棉）三厂恢复了以后，人家公函来调他，调他那时候我屋里困难得很。

李：是不是已经有两个孩子了？

陈：嗯，已经有明女（二女儿）了，明女那时候才两三个月，公函来了。（他）回来又害了场大病，农业社做活，担尿水，得的那叫钩体病。

陈海儒（以下简称"海"）：哦，是不是钩端螺旋体病？

陈：对，对。好了以后、身体恢复了以后有了我们二女，公函来了。咱们以前在外面当干部，回来了么人家还要叫当干部，还是当。

李：（你回来了）还是妇女队长？

陈：噢。人家这干部给做工作，我说："不，外头那么好耍都不干，挣钱都不干，回来搞这……"（人家说我是）老思想。妇女干部有一拨、没一拨地给做工作，后来这又才干么。乡上书记连文书，公函来了头一次没给（我们）说。人家说，哎呀，陈（素芳）那屋里叫<u>老马</u>（注：指采访对象的丈夫）再走了，那些重担给她一人撂下，又是兄弟，又是一双老的经常有病，又是两个小孩子，那……几日就把陈整死了。头一回人家没给说，又混了一周，到腊月的十七八了，他们跟我们大队支书几人商量了一下，书记说，就说么，这事情不给说呢，人家只知道了不是怪咱们哩？这都二次公函又来了调这老马哩，咱们不给咋个呀？还是给说一下。人家那女书记就跑来，说："陈，我给你说话。"我说："做啥哩？""老马呢？"我说老马在文川开会哩，开会计会哩。她说："噢，开培训会呢。人家二次公函又来了，他回来你给他说一下，看你叫他去吧？"我说："去吧，再苦我在屋里，都弄到屋里咋个呀？去么。"人家说："你叫去哩哦？我们都害怕你不叫去，没来说。"哎呀，说了一下我随后就赶紧叫邮电局给打个电话叫请假回来。回来说了一下，随着就办手续，走的时候连铺盖都没的，人家老太婆还罢了，说："农业社分的棉花你们的、我们的都在这，你撤去卖了，卖了给扯床铺盖。"这才给他缝了床铺盖，屋里老没两床铺盖（注：指屋里以前一直没有多余的铺盖），这他才走了的，腊月二十四走了的。这给我留下一摊，老太爷老太婆经常有病，一个兄弟。这后来了兄弟去当兵么，老太爷老太婆给我一人留下，两个小娃。这一年混一年，老（注：指以前）那也没病，也不熬煎说是今把我累倒了明咋个，没有那种想法。光说今忙忙碌碌一天，小娃盼吃呀喝呀，给洗呀缝呀的，一天又过去了。

李：哎呀，大姑，你看着瘦，但身体好得很。

陈：那些年没吃过药，有个病了睡一觉起来就好了。

17.（你姑父）就是这样换回来的。

李：姑父在国棉三厂待了多少年回到汉中（工作）的？

陈：去了十几年。去了以后人家有人跟他对换，我们这粮站有个女的说好跟他对换，她是西安国棉三厂跟达（注：指附近）的人，她搁咋（注：不知道怎么回事）分到咱这粮站这来了，所以她想回西安。你姑父又想回咱们这，他们俩人说好了。过年的，还没过年哩，她提前跑回国棉三厂去，人家把她看了一下说："不要，我们这是纺纱车间、织布车间，不要那眼睛斜起来的那些人。"她眼睛有点斜，本事是有，（国棉三厂）不要。这没法了，越来越这小娃一多，老人也都老了，这你姑父就跟人家汉中这边地质队的一个年轻小伙换。那阵会儿地质队光出野外，年轻小伙不好定媳妇，也是西安的人，人家是找的领导跟领导给换的："你回去在地质队哩。那也是好地方，离得近……"那时候地质队在铺镇这呢。（你姑父）就是这样换回来的。这工资高，那边工资低么。

李：哪边工资低？

陈：国棉三厂么。

李：地质队虽然辛苦，有野外补贴。国棉三厂没有补贴，但不辛苦。

陈：对。他回来么还是干他那样职业么，在车间，刨床上。

李：地质队还有车间吗？

陈：有嘛，车那些零件。

李：他没到野外去？

陈：没，野外去么他又不上山不做啥，后来做不动了下分队去管水么。管水就是一个山沟沟里给你搭的那临时房么，成天成夜地你光给人家送水么，水一开开就不用管了，你光管不出问题就对了。

李：管的是水闸吗？

陈：对。

李：基本上家里都是你一个人顶着，是吧？

陈：第一次修房，（在老院子）修那几间平房，是你姑父在屋里我们修下的。第二次修这些房你姑父不想修，我找人修的，那些瓦匠说："哎呀，你们掌柜的回来看都不来看一下。"

李：你现在跟他说起这些事，他后悔吧？

陈：他早都后悔了。这些房盖起来在这住了几年，他到后边（注：指老院子）去了一下，烂泥趟水的，回来他说："老实住在这边好……"

18. 那边你太爷死得早，……（你太）向大户人家赁块马骑上就走了，告状去了。

海：咱们代家山（注：指被采访人的娘家所在的村落）那边我们的太，就是你婆，你还有印象不？

陈：我没多印象了，你婆（注：指采访对象的母亲）没给我说过，是我们这边的老太婆（注：指被采访人丈夫的母亲）给我谈过，你的太那时是个神婆，发神么，这周围都知道。这边你姑父的婆，那边我的婆，都是小脚，但是厉害得很呀，两块一动这去了，一动那去了。这边的婆是打下官司的，那边的婆也是打下官司的。

李：怎么打的官司？

陈：比方有谁欺负了做啥了，哪有不对的地方了相欺了。那边你太爷死得早，（你）太个子又大，虽然是小脚，是神婆，本事大么，向大户人家赁块马骑上就走了，告状去了。还有你姑父这边的婆也是，（她们）两块要得好。是这块我的婆婆妈给我谈这闲。

李：你婆婆妈缠脚了没有？

陈：是小脚。

海：我婆就是你的妈，是小脚吗？

陈：大脚，她是缠了缠又放了的。

李：是半大脚？

陈：对。

……

李：大姑，我太去世的时候你多大了？

陈：我才几岁，三四岁，有点印象。啥印象呢，（给）她搭那盖头我也知道，来了些人我也知道，就是最后死了那节节我到现在记哩。就是把她搁那堂屋里，头上搭那块蓝的（布单），高头搭的这么大那块白花叫花环单那种，包袱单单似的那种。她说她死了以后那块要给她铺上哩，我不知道，铺上以后我就问，我是小娃家么噢，你婆就说："你婆说了的，人家叫把那块给她铺上。"现在电视上演的古装那些东西，蓝的上面扎的那花，在布上，是粗布嘛。她睡那块，我是小娃，去拉她手，我说："哎哟，妈，妈，她咋睡着不扭弹？"（我妈）说："死了。""死了是咋个？"说："死了就是那样么。"到今我记得得她睡那块那样子，其他我记不得了。

李：大姑，你说"她打过官司的"，意思是说她给别人打过官司的，断过官司？

陈：跟别人打过。你太爷死得早，那时候人家都嫌弃她，欺负，没得男太了，光有女太，你说呢？（她）盼了一个女一个儿，（她）一个人，人家看不起，男的死了，光一个女的了就是叫的"寡妇"，欺负着叫走么。<u>她性恶</u>（注：指性格强硬），叫改嫁，"不"。（她）也厉害，<u>跑到这</u>（注：指柳林街上）来，人家大地主家有马，赁一块，和你姑父的婆，两个认的两姊妹，骑上就走了，告状去了。

李：告谁呢？

陈：告大户人家么。那时欺负人都是大户人家，厉害很，谁都没法。我刚来这，刚结婚，人家都说，哎，你婆厉害得很，骑过马的，瘦瘦的，大个子，<u>嘴劲又大</u>（注：指能说会道）……

19. 我爸爸也是当下大队干部的。

陈：我爸爸也是当下大队干部的。

海：那是啥时候当的？

陈：是五几年、六几年了。先是指导员，当了当，当大队支部书记。那时候人家要把他往外边调哩。那时我在外边哩。

海：我记得小时我还问我爷"你咋又不当（干部）了"，他说是四清时被人告了，说他们饥荒时晚上吃粮。仓库有保管管着哩，干部有点权，晚上去弄点粮炕馍，被人告了。

陈：这是一个方面，另一个方面就是评了三类队。三类队我知道，当时我是调出去，评那些我知道。

20. 那时候大部分男的都去炼钢铁去了，都是些女的在屋做活哩。

李：大姑，你们以前到哪去修过水库吧？

陈：修过。

李：哪一年？那阵你有小孩了吧？

陈：没（小娃）。

李：那就是（19）63年以前了？

陈：嗯，以前。

李：是到哪修的？

陈：三岔沟么，千山水库，毕家河（乡）那（注：城固千山水库距访谈对象所居住的柳林镇约30余公里）。

李：去的时候是好多女的一块去？

陈：噢，那女的去得很少，去不到一半，像那些没小孩的呀。有小孩的、像我们这大多数干部，都去不了，派一个干部去领导你这一个生产队去的人。多数是男的去，女的在屋做农田活。

李：你当时去干的是啥活？

陈：筑水坝么，担土么，一挑一挑担土么，打夯么。

李：哎呀，你们弄得动吧？

陈：四个人一个夯。那时候修水库，在山里头好比这里有条河、有条沟，把这下坝筑起来，把水截住，上面的水截住。

李：去修水库比在生产队干活挣的工分多？

陈：差不多。主要是人家派你去，你就得去，我回来人家就再没叫我去，叫我在屋里领导这些妇女下农田去做活么。

李：那就是一些单身的、没小孩的去修水库哦？

陈：屋里走不开的没法去。像这近处我们（女的）都去了的，早上在屋里做点饭吃了，后来是食堂把饭做好给送去，早上起来就去。

李：近处的在什么地方修？

陈：就在代家山那坨坨，段家沟，独丘山那个水库（注：离采访对象居住的柳林街约七八华里）。那时候大部分男的都去炼钢铁去了，都是些女的在屋做活哩。

李：咱们这里炼钢铁的时候是你刚结婚，还是没结婚？

陈：结了，是结了婚以后的事，（19）58年、59年到62、63年都炼过。炼钢铁男的都去，能去的都去。

海：在哪儿炼，在北山（注：指秦岭）吗，南山（注：指巴山）？

陈：在褒河，我们这的戏都搬那去唱（给人鼓劲）。

李：为什么要到褒河去炼？

陈：哦，在褒河修水库，在碑坝（注：指南郑县碑坝镇，离访谈对象所在的城固县柳林镇约100公里）炼钢铁。

李：怎么跑到碑坝去炼钢铁？

陈：碑坝有炼钢厂哩么。南郑县的碑坝，咱们这都去了的，50岁以下，都是男的，女的没有去炼钢铁的，光去给做饭喽，个别的到宣传队。像人家那些女娃娃、学生，不上学了的，抽去搞文艺宣传呀，跳个舞呀，唱个歌呀，宣传宣传政策，广播那个形势呀，打夯了给喊个口号呀，这样那样给鼓个劲。其余女的全部是做农业么，屋里的庄稼要做么。

李：那个时候女的还是（农业战线上的）主力军呢。

陈：就是，男的都到外头哩么。

21.像我们小娃,过年了给你缝块红布衫么,就是那粗布,缝块绿裤么。

陈：（我小时候成天寻猪草、拾柴）把脚后跟冻得烂得，一撞（注：指稍一碰触），血长淌。冬月里哪有袜穿？自己做的鞋一穿。到年龄大了，你婆把线纺出来，叫人家给织布，她不会织。布织出来，她用那大针，用白线，双线，扎花，紧紧地把那白布捏成花疙瘩，叠成三角，紧紧地捏，紧紧地勒。再用膏（注：指染料）染，绿的、红的，染了之后洗净，晾干，之后把那扎的双线铰了，就是花的。

李：哦，绑出来的花。染的时候有的地方被紧紧地扎着，染料染不上，一解开线就成花了？

陈：那时候染的那不褪色么。像我们小娃，过年了给你缝块红布衫么，就是那粗布，缝块绿裤么。<u>娃娃家</u>（注：指男孩子）了给缝块蓝的、黑的。

李：染布是用什么染的？

陈：买的膏子，那时候膏子好，要啥（颜色）有啥（颜色）。锅里弄些开水煮，把膏倒上。

李：我以前听人说，染什么布要到塘里面用黑泥染？

陈：那是黑布么，把塘里几十年的污泥 bia（注：指涂抹）布上，<u>窝</u>（注：指放上一段时间油）哩。

李：会不会把线窝得不结实了？

陈：那时那棉花好，是真正棉花，是自己纺的棉花织出来的。不过，那也就是不结实，不咋结实。

李：那时脚上的鞋呀啥的都是自己做出来的？

陈：自己做么，就是黑布么，纳些毛沓沓底。

李：你小时候在家里做这些针线吧？

陈：小时候会纳底么，会做自己的鞋。

22. 解放了土改了以后，女女也好，男的也好，女老的、男老的都知道政策了，婚姻自由了啥的。

海：听我小姑说她小时候出<u>肤麻</u>（注：指麻疹），你还有印象吗？

陈：有。姊妹几个都出，不让他们在一块耍，他们不听，一个出，都惹上了，后来 ye 了内了（注：指转到体内了）。肤麻一 ye 内，人就不得活了，出在外头好，不要烧到身体里头去了。

李：那个时候小姑多大了？

陈：十来岁。

海：我小姑说她当时 11 岁。

李：那应该是 1955、1956 年了，大姑都快结婚呀？

陈：你想那时我都去晒草呀，分的那田我就去晒草么、锄草么，用锄一点点锄，第二天早上一点点晒田里；在屋里给做饭呀啥的，经管他们。

李：像你这么大年龄的女的，当时有被强迫结婚，就是有包办婚姻吗？

陈：也有，那时候就是<u>老的</u>（注：指父母）看下，两家觉得差不多了，结下（婚姻）。不过包办的很少。大部分人慢慢地，解放了土改了以后，女女也好，男的也好，女老的、男老的都知道政策了，婚姻自由了啥的，男二十，女十八，那宣传的力量大得很，大会讲，小会讲，还广播。也有个别的有（包办）。

李：你啥时候知道有了《婚姻法》的？

陈：我记得是土改了以后。我们去扭秧歌，人家就给我们讲么：妇女要自己看得起自己，要打破旧势力，要树立标兵、将来当先进怎么怎么的。

李：你们当时听了以后激动吗，那些话把人心里的热情一下子就鼓起来了？

陈：嗯，嗯，没有经历过这些事情，感觉心里特别新鲜，感到有干头似的。再加上那时是个小姑娘，跳也能跳，跑也能跑，叫做啥就做啥。

李：你有没有见过你这个年龄的有童养媳？

陈：那时候有，女女小小的就叫人引去，有那种情况。现在也有这种情况，比方说生了一个娃娃家，又去引了或者捡了一个女子，长大了两个结婚，人家说是自愿的。

李：那种虽然没有血缘关系，但从伦理上说是兄妹，是吧？

陈：对。我们街道上就有一家。那时那社会，人穷了，娃接不到媳妇了，就从小引个女女来。……改革开放以后，从形势上来看，从人民思想上来看，都发展得快得很。

李：人可以出去打工了，见的世面多了，另一方面，看的电视呀之类……

陈：就是，见的多了，人的思想一下都给放开了。

海：以前人们也不知道别的，现在的人接触的面广了，思想多元化了，想啥的都有。

陈：想啥的都有么，不过，现在人思想的大方向是对的，只有个别的走那些不正之道，大部分人是本分求财的，至少百分之八九十，是吧？一个村就有那么一两块、两三块（不走正道的）。

23. 现在这政策你看好得！

陈：现在这政策你看好得！不说我这家庭，就从整个社会来说好得很。

我们在铺镇耍，有几个老汉汉谈闲说："你到茶铺去呀？"说："嗯，我也到茶铺去呀。国家给我发的有钱呢，我不去咋个？"

李：老人们对现在的政府非常满意？

陈：满意，满意。汉台区现在又实行对60岁以上的老年人弄养老保险，弄养老这块哩。全国十个县市之内，十家，有汉台区哩，今年就实行哩。我们那天黑了看中央新闻，中央领导决定从今年、明年开始，全国普及60岁以上都有养老金……

城固县熊景宣访谈

采访对象：熊景宣，男，1946 年出生。陕西省汉中市城固县老庄镇熊家营村二组人。20 世纪 50、60 年代的家庭成分为贫农。
采 访 人：熊莎，女，陕西理工大学历史学专业 2008 级学生。
采访时间：2010 年 8 月 10 日。
说　　明：采访对象是采访人的同村邻居。

1. （她）忙得很呐，哪有那么多时间和心情，肚子都吃不饱还有啥心情去上扫盲班？

　　熊莎：爷爷，今我是想通过您来了解我太太（注：当地对曾祖辈的称呼）那一辈人五六十年代的生活情况。我太太是哪一年出生的？

　　熊景宣：1905 年。

　　熊莎：那到咱这里解放的时候她已经 44 岁了。我太太应该没上过学吧？

　　熊景宣：那肯定没上嘛，当时穷得很，农村里大多数人都没钱，男的都很少上，就别说女的了，村里大多数人都是文盲。再说了，在农村里也没叫女娃上学的习惯。

　　熊莎：那我太太解放后上过扫盲班没？

　　熊景宣：也没有。

　　熊莎：为什么呢？当时咱们这办扫盲班了，她咋不去上？

　　熊景宣：忙得很呐，哪有那么多时间和心情，肚子都吃不饱还有啥心情去上扫盲班？有那些时间还不如干点活。再说了，当时上扫盲班的人很少，女的基本上没有，男的也是寥寥无几。

　　熊莎：解放初，咱们这办扫盲班是经常的吗？

熊景宣：咱们这1952到1955年经常办。

熊莎：那上扫盲的人是不是自愿去的？

熊景宣：一般就是村里有文化、有知识的人或驻队干部，自觉自愿组织那些没文化的人在空闲时间去上课。

熊莎：那当时的扫盲班是什么情形呢？

熊景宣：一般在学校或大场上找块黑板，就教人们认字。

熊莎：刚才你说上扫盲班的妇女很少，难道那些干部就不动员妇女参加吗？

熊景宣：咋不动员？那些干部反复强调要求妇女上扫盲班，但屋里活那么多，不做没人帮你，妇女没时间去。

熊莎：那上扫盲班有效果吗？

熊景宣：有，当然有。当时我父亲也是文盲，上了扫盲班之后还能认一些字，还是有效果的。

2.（妇女要）带小孩、洗衣服、做饭、缝衣裳、做鞋、纺线织布、喂猪，等等，很多很多，最主要的还是织布纺线。

熊莎：妇女到底在忙什么？

熊景宣：忙家务啊，还有田地里的活。

熊莎：忙哪些家务呢？

熊景宣：带小孩、洗衣服、做饭、缝衣裳、做鞋、纺线织布、喂猪，等等，很多很多，最主要的还是织布纺线。

熊莎：为什么主要是织布纺线？

熊景宣：那时候家里穷，肚子都吃不饱，没那么多的粮食，不用整天做饭。而织布纺线可以挣点钱来补贴家用，所以呢，就得不停地织布，拿卖布的钱去买别的东西，同时还要买织布的材料什么的。

熊莎：我见过我婆织布，慢得很。那织布是不是要经常熬夜？

熊景宣：基本上每天都熬夜，不熬没办法，没布就换不来钱。

熊莎：那家务活那么多，空闲的时候男的会主动帮忙做家务吗？

熊景宣：帮啥忙哩！男的光忙地里的活，干完了回来光等吃饭，才不管你（家里）忙不忙。这些家务活都是女的干的，那是天经地义的。男的才不会帮忙,他们宁愿出去遛趟都不帮忙。

熊莎:那男的不帮忙,回来都干些什么?

熊景宣:回来没事了就出去听一会儿戏,闲谝一会儿。反正他们宁愿睡觉也不帮家里干家务活。

熊莎:那如果回来后饭没做好,或家务活做得不好咋办?

熊景宣:咋办?有的丈夫脾气坏,他要骂你哩,不但要骂,还要打你几下。

熊莎:那公婆会不会阻止?

熊景宣:多数公婆不但不阻止,还嫌娃打得不够,还会上去再打几下。这媳妇可不好当。

熊莎:以前那些公婆是不是都特别厉害?

熊景宣:是的,公婆都厉害得很,那是家里的家长啊。当时儿媳受公婆的欺压最重。

熊莎:那这是不是跟封建旧俗有关?

熊景宣:肯定有关。当时新中国虽然成立了,但咱们这农村地区从解放前一直到1956年,这种旧风俗、旧习惯基本没变,男女地位不平等,男尊女卑,妇女没啥地位可言,妇女就是受欺压的对象。那时一穷二白的,什么都没有,当时最重要的是恢复经济,没有精力去管农村的风俗习惯问题;再说了,农村本身就封闭落后,尤其是老一辈人,他们已经习惯了旧社会的生活,叫他们马上改变,他们都接受不了。

3. 男女挣的工分不一样,男的一天能挣十个工分,可女的只有七个,那已经是最高的了,有些只有五六个工分。

熊莎:我记得我太太缠过脚,是吧?

熊景宣:缠过,那时候的女孩从小都要缠脚,不缠就找不到婆家。

熊莎:那么小的脚咋样干活呢?

熊景宣:照样做呗,担挑一类的重活做不成,但农田里的轻活还是要做的。

熊莎:那都做什么呢?

熊景宣:拔草、挖菜、收割庄稼都能做。

熊莎： 光忙家务行不行？

熊景宣： 那要不得，人们都在忙，你光躲在家里咋行？再说了，土改后田是你自己的，屋里也就那么些人，一定要做。公社成立后，队里要给你记工分，凭工分分粮，不做就没工分，那就没粮了。

熊莎： 是不是队里让去干活，就一定得去？

熊景宣： 必须去，那是分给你的任务。

熊莎： 能请假吗？

熊景宣： 请是能请，不过你的工分就没了。

熊莎： 那干一天能挣多少工分，男女一样吗？

熊景宣： 男女挣的工分不一样，男的一天能挣十个工分，可女的只有七个，那已经是最高的了，有些只有五六个工分。

4. 对她们而言那都是无所谓的，干啥都一样，没有喜欢不喜欢、愿意不愿意。

熊莎： 20世纪50、60年代，我太太她们要不要参加修水库、修渠、修路之类非农业生产的工程？

熊景宣： 都要参加，队里会给每家每户分一些任务，这是你必须完成的，同时也会给你记工分。

熊莎： 那劳动的场面是不是很热闹？

熊景宣： 挺热闹的，大家在一起有说有笑，边干活边说笑。

熊莎： 有人偷懒吗？

熊景宣： 很少有人会偷懒，当时的人都还老实。

熊莎： 干活期间，如果有妇女还带的有小孩怎么办？

熊景宣：（小孩）一般都是大的经管小的，实在太小了，（母亲）要干活的话就（把孩子）拿绳子背在背上。

熊莎： 那（孩子的）婆、爷不照看吗？

熊景宣： 大家都各有各的事，都很忙，没有那么多工夫花在小孩身上，多数是母亲照看小孩。

熊莎： 那对妇女来说，他们是愿意参加这些工程呢，还是更愿意在农业社或生产队干活？

熊景宣：对她们而言那都是无所谓的，干啥都一样，没有喜欢不喜欢、愿意不愿意。不管在哪里，活都必须干，那是必须的。

5. 土改的时候，妇女都很少出门，公婆都不允许儿媳妇出门，管得很严。

熊莎：那当时有没有妇女在队里担任什么职务呢？

熊景宣：基本没有。

熊莎：为什么没有，是不是因为女的没地位？

熊景宣：这也是个原因。咱们这从解放前到1956年，基本上还是沿袭旧社会的传统习惯，男尊女卑，妇女不能出门参加什么活动，也不准她们大声讲话。土改的时候，妇女都很少出门，公婆都不允许儿媳妇出门，管得很严。

熊莎：那队里开会啥的，妇女会不会参加呢？

熊景宣：1956年前一般不会参加，新中国成立后过了五六年，共产党派一些党员在农村驻队，召开群众大会，向群众宣传新中国的各项政策，像《婚姻法》啊、男女平等、同工同酬，等等。就这样经过不断的宣传教育，人们的旧观念、旧思想逐渐有所转变。

熊莎：那假如公婆还是很固执，不让儿媳出门呢？

熊景宣：驻队干部会上门调解，说服教育；如果公婆实在太恶，就召开群众大会，公开进行批评，不允许公婆虐待儿媳。

6. 只有父母都不在了，女娃家年龄又小，没办法才会去当人家的童养媳。

熊莎：我太太那一辈人一般多大年龄找对象？

熊景宣：一般是十六岁左右，十七八岁的也多，当时也有小部分姑娘到了二十几岁才找对象。

熊莎：为啥有些结得那么晚呢？

熊景宣：有些家庭特别穷，劳力又少，就把姑娘留在屋里做活，直到年龄够大了不得已才嫁出去。

熊莎：那解放以前咱们这儿有童养媳吗？

熊景宣：有，但不是很多。女娃家如果父母健在或父母有一个还在，就不会把女儿送去当童养媳；只有父母都不在了，女娃家年龄又小，没办法才会去当人家的童养媳。

熊莎：那以后还有这种现象吗？

熊景宣：有也是以前就订好的，新中国成立后再有童养媳就犯法。

7. 1956年后，就经人介绍，双方年轻人还可以见一面，相互了解一下。

熊莎：姑娘家找对象有啥要求吧？

熊景宣：有要求。家世要清白，人要有出息、勤快什么的。

熊莎：什么样的姑娘好找对象？

熊景宣：你太太那一辈人，要求就简单，人要看着顺眼、缠过脚、温顺善良。到了五六十年代就有点变化了，女方最好模样俊俏、会识字、有点文化，还要缠过脚。

熊莎：刚解放那阵和解放前就没有什么区别吗？

熊景宣：还是有的。解放前，有人把女嫁给地主家，那是高攀了，多少人都羡慕哩；土改后，打土豪斗地主，哪家要敢嫁女到地主家，那是要受惩罚的。

熊莎：有啥惩罚？

熊景宣：集会批斗，把你也划入地主行列，还要严厉地批评你阶级立场不坚定。

熊莎：旧社会主要是父母包办婚姻，新社会有啥变化没有？是不是年轻人的婚姻自由了一点？

熊景宣：变化是有的，自由也有那么一点。旧社会结婚叫拜堂，1956年以前咱们这还是沿袭以前的旧传统，还是包办婚姻，结婚前俩人根本就见不得面；1956年后，就经人介绍，双方年轻人还可以见一次面，相互了解一下。

熊莎：那有没有反抗包办婚姻的？

熊景宣：很少有。1956年以后就很少有这种现象了，因为包办婚姻都很少了；而以前是包办婚姻，却基本上没人反抗，反抗不过嘛。

熊莎：五六十年代结婚都要的啥彩礼？

熊景宣：男方给女方买几件衣服，有钱的再给点钱，但都不多。

8. 有些孕妇在田里正干活哩，就把孩子生在田里了。

熊莎：我太太养活了几个小娃？

熊景宣：我们弟兄姊妹共七个。那时候养活的娃都多，多子多福，要有劳力，还要防老哩，每家最少也有三四个小娃。1957年开始实行节制生育政策，那是对妇女最大的解放。经过政策宣传，有些妇女就抛弃了多子多福的观念，生上三四个小娃就是多的，平均每家都养活三个左右。

熊莎：五六十年代妇女怀孕期能休息吧？还干地里活吧？

熊景宣：没时间休息，活照样干，家里的、外头的都要干，不会因为你怀孕了就伺候你、不让你干活。

熊莎：那干这些活都是主动的，还是被动的？

熊景宣：肯定是被动的嘛，谁不想休息？但是活在那摆着，不干不行。

熊莎：那在农业合作化时期和人民公社，集体咋要求怀孕妇女的？有照顾吧？

熊景宣：那时按工分分粮，工分少了就少分粮了，人为了粮食不得不干。

熊莎：那有没有说是在怀孕期，可以少干一点，但工分照给？

熊景宣：那不可能，没人帮你。

熊莎：怀孕时也没人照顾？

熊景宣：屋里人都忙哩，哪能有人照顾哩？不但没人照顾你，你还要干活。

熊莎：有没有说是劳累过度流产或早产的？

熊景宣：有。有些孕妇在田里正干活哩，就把孩子生在田里了。

熊莎：那妇女怀孕时吃的东西会不会好一点？

熊景宣：那时候的妇女苦啊，怀孕时吃的东西跟普通人一样，没啥区别。一是因为穷，大多都跟家里其他人一样，人家吃菜咽糠你也得吃，不然肚子饿。二是因为那时候可吃的东西少，就算有钱也买不到。

熊莎：那时候孕妇都吃些啥啊？

熊景宣：玉米糊糊、菜米汤、洋芋蛋、苕稀饭……。有的说妇女坐月子不能吃红苕，好多妇女吃的就是苕，没办法。

9. 接生婆也只是凭经验处理罢了，实在难产的只能等死了。当时咱们一个县才一所医院，又那么远，也没钱，只有等死了。

  熊莎：那五六十年代妇女生孩子是在家里自己生，还是找接生婆？

  熊景宣：顺利的话就在屋里自己生，要是难产，公婆就去找当地的接生婆。接生婆也只能凭自己的经验来处理，帮助不是很大。

  熊莎：那要难产咋办？

  熊景宣：接生婆也只是凭经验处理罢了，实在难产的只能等死了。当时咱们一个县才一所医院，又那么远，也没钱，只有等死了。

  熊莎：那因难产而死的产妇多不？

  熊景宣：一般是母亲能活下来而小孩死了，母子都丧命的就少了。

  熊莎：那妇女生孩子的时候家里人担心安全吧？

  熊景宣：担心是担心，可是没办法，只是干着急。

10.（坐月子）刚开始几天家里还有人照顾，过几天后就自己照顾自己，屋里能劳动的人基本上都就出去劳动了。

  熊莎：那在坐月子期间能不能吃到好吃的？

  熊景宣：基本没有，最好也就吃几颗鸡蛋。

  熊莎：那公婆对产后的媳妇关心吗？

  熊景宣：那要看情况的。如果生的是男孩，全家都宝贝得不得了，公婆会对儿媳嘘寒问暖，很是关心，不停地问需要什么东西，要不要吃的。可如果生的是女儿，那有些公婆就大大不同了，对你恶语相向，冷着个脸，不闻不问；吃饭时你也得出来和大家一块吃，不会对你有特殊照顾，错过了吃饭时间那你就别吃东西了。

  熊莎：那坐月子期间家里或生产队会给什么照顾吗？

  熊景宣：刚开始几天家里还有人照顾，过几天后就自己照顾自己，屋里能劳动的人基本上都就出去劳动了。生产队不管你是不是产妇，干活才给你记工分，不能干活就不给你记工分。

  熊莎：坐月子的妇女能休息多长时间？

  熊景宣：看情况而定，每家的家庭情况不一样，休息的时间长短也就不一样。一般坐月子的时间是 40 天，但是有的屋里活多，那就只能休息 20 来天。20 来天后就下床，家务活要干，地里活也干。有的情况更特殊，屋里既穷，劳力又少，不做不行，所以也就是休息上七八天，就得劳动了。

11.（农活）多得很，男的能干的，女的基本都干。

熊莎：咱们这里的妇女五六十年代下地干活主要干啥？

熊景宣：种小麦、碎土、撒粪、种油菜、点洋芋、种白菜、种苔、翻苔秧、挖苔、收小麦、插小苗秧、割水稻……，多得很，男的能干的，女的基本都干。

熊莎：咱们这里（19）58、59 年搞过大炼钢铁运动吧？

熊景宣：确实搞过，不过当时咱们这里的人炼钢是在略阳那边，从每家抽一个男的去那边炼。

熊莎：妇女参加吧？

熊景宣：别处我不知道，反正咱们村里基本上都是男的，女的没有。

12. 1956 年以前上学的基本上是男娃。1956 年以后，女娃逐渐地上开学了。

熊莎：爷爷，你是五十年代开始上学的吧？

熊景宣：对，当时咱们这里小学和初中合办，就在高田寺（注：地名）。

熊莎：你上学时，班上女生多吧？

熊景宣：比较少。多数还是男生，像我们班共 36 个学生，女生只有四五个。具体说来，就是 1956 年以前上学的基本上是男娃。1956 年以后，女娃逐渐地上开学了。

熊莎：为啥 1956 年之前女娃上学的那么少？

熊景宣：主要是有些父母还有男尊女卑、重男轻女的思想，不准女娃上学。

熊莎：那女娃上学是自愿的，还是……？

熊景宣：有些家里条件好的，有钱送女儿上学，再加上思想上也开放了一点；有些是女娃闹着上学，父母只好答应。但是女娃大多上不了几年就不上了，农村里辍学情况很普遍，不只是女娃，男娃也是。

熊莎：当时的学费是不是很便宜？

熊景宣：便宜嘛，跟现在就没法比。我那时上了四年学，连 15 块钱都没花到。当时书本啥的都便宜，比如说学费才一块，语文、算术两本书才七毛二分钱，五六个本子才一二毛钱，一个大字本才五分钱，上学的花费很少。

熊莎：花费这么少，为啥上学的人不多？

熊景宣：虽然当时学费啥的很便宜，但那时的钱值钱啊，而且屋里也没多少钱，再加上每家养活的小娃多，供不起，基本上就是大的上个两三年，然后退学供小的上。有些屋里大一点的孩子都上不成学，只能让小的上。

熊莎：上那一点学能有多少效果呢？

熊景宣：基本上也就是识些字，能看简单的东西，会做一点加减乘除之类的运算。还是有好处的，不至于在生活中被人骗嘛。

13. 1958 年转公社后，村里的妇女，有少数觉悟高的，入了党还参了政，在队里还会担任公职，有文化的可以在学校教书。

熊莎：新中国成立后咱们这里讲"妇女解放"吧？都讲些啥？

熊景宣：讲过嘛，共产党派驻队干部到农村宣传《婚姻法》，讲男女平等，实行同工同酬，尊重妇女，不允许歧视女性之类的。这些都是有道理的，讲得很正确。

熊莎：你觉得五六十年代妇女得到解放了吗？

熊景宣：说实话，五十年代农村的旧风俗、旧习气基本没变。要改变那种旧传统、旧思想是要有时间的，毕竟那时农村很落后，旧社会过来的人还占多数，旧思想还很盛行。

熊莎：那你认为当时妇女是不是需要解放？

熊景宣：当然需要。旧社会的妇女思想保守，又没文化，家务繁忙，田地里的活还需要干；要受恶霸的欺压，稍有姿色的，就被抢去做小；要受丈夫的欺压，要受公婆的欺压，丈夫和公婆稍有不满，就会把气出在媳妇身上，媳妇挨打挨骂是常事，在家里没一点地位，身心受到极大的压制和迫害。所以妇女亟须解放。

熊莎：那你认为咋样才算妇女得到解放了？

熊景宣：比如说妇女有说话权啊，以前妇女都不被允许有发言权；可以自由外出，不用缠脚，可以在队里担任职务，可以入党，等等；还有不受公婆的欺压，和丈夫有对话权，能过问家里的经济支出和收入。

熊莎：那你认为咋样才能使妇女得到解放？

熊景宣：多多宣传共产党对妇女的保护政策，实现男女平等，提高妇女在家庭和社会的地位，让妇女多参加集体活动，锻炼自己，开放思想。最重要的是要使妇女接受教育。

熊莎：那在土改、合作化、人民公社那阵子，妇女的解放程度有啥变化吧？

熊景宣：土改时进行斗地主、打土豪之类的，在斗争会上很少有妇女露面，公婆守旧，不许儿媳出门；合作化时期，有少数妇女可以出门，可以参加集体活动，像社里开会时屋里没人来就让妇女来参加；1958年转公社后，村里的妇女，有少数觉悟高的，入了党还参了政，在队里还会担任公职，有文化的可以在学校教书。

熊莎：你还记得当时政府对妇女有什么宣传吧，比如口号、标语之类？

熊景宣：像"坚决拥护共产党男女平等的政策""反对包办婚姻""我们妇女要解放，我们妇女要自由""妇女同胞们，我们要觉醒"……

周至县张秀花访谈

采访对象：张秀花，女，1931年2月生，1944年结婚。婚前居住于今陕西省周至县楼观镇焦镇村11组；婚后居住于今陕西省周至县楼观镇羊坡村二组。先后于1948、1950、1953、1955、1960、1963年生育有六个子女。
采 访 人：王沛，女，1987年生，陕西理工大学旅游管理专业2007级学生。
采访时间：2010年2月17日。
说　　明：采访对象是采访人的祖母。

1. 害怕很，成天打仗，有的部队来了把人能吓死，跟土匪一样……有的部队来了就好很，不拿百姓的东西。

　　王沛（以下简称"王"）：婆，你记得起你哪一年出生的不？

　　张秀花（以下简称"张"）：不知道，我能知道我是属羊的，今年平80岁（注：按年龄推算，她生于1931年）。

　　王：那你记得起解放前后的样子？

　　张：（那时）害怕很，成天打仗，有的部队来了把人能吓死，跟土匪一样，见啥抢啥，人都吓得往山里头跑。那时死的人不少，把好多青年娃都拉去当兵了，不去都不行。有的部队来了就好很，不拿百姓的东西。那时见部队来了，把人吓得跟啥一样，到处找地方都藏起来。我那时还给人家部队做了几天饭。那年代可怜很，整天过得提心吊胆的。最后国民党投降了，就不打仗了。解放那时人们都高兴得很，敲锣、打鼓、放炮，广播里也放歌宣传、庆祝。

2. 那时也没有几个娃念书，把人一天能忙死，连活都做不完。

　　王：你为啥没缠碎碎脚？

　　张：缠那有啥好的？连个路都走不稳。老早那政策就是不好，硬给脚里头塞些玻璃片片、瓦片片，把脚往烂割，把骨头往下按，肉里头就烂了，长的脓包。有六尺长的裹脚布把脚裹得紧紧的，把人疼得叫爷叫爸的，胡受罪哩。那年代就兴碎碎脚，财东家女子小小的脚就裹好咧，穷人家女子还能稍微大些时才裹，还要指望娃再做几年活。不裹也不行，大脚女子就没人要，找不到婆家。最后解放了就不裹脚咧。

　　王：你念过书没？

　　张：没有，那时穷得跟啥一样。我妈也只成了（注：指养活了）我一个娃，其他的都没成（注：指夭折）。哪来的钱供我念书？那时也没有几个娃念书，把人一天能忙死，连活都做不完。

　　王：那时十多岁的女子一天都需要忙什么呢？

　　张：成天手不停、脚不闲的，能干的都干，栽红苕、插秧、采桑叶、翻地、纺线、织布、去地里干农活、上山砍柴……，干的活多很。天没亮就出去，天黑了看不见了才回来，夏天有时晚上也趁着月光干活。那封建很，打场（注：指碾打粮食）的时候不让女的去干活，说嫌女人晦气得很，女的去场里了就出产不下粮食了。后来慢慢地就好了，女的也去打粮食。

3. 那时谁有钱给娃看病嘛？硬把娃作践死了。

　　王：那你总共几个娃？

　　张：我五个娃。本来六个（注：1948、1950、1953、1955、1960、1963年生育有六个子女），把一个娃小小的就没有了，都是害病没钱给娃看，硬把娃给耽搁了。娃名字叫娥娥，都三岁了，长得（令人）心疼很。那时你老婆（注：指曾祖母）还活着，说娥娥给婆把烟锅拿来，女子就过去拿去了，那女子又听话，又好看，你老婆爱那女子很。你老婆死了没几天，娥娥就得病拉肚子，我给弄些草草药吃了都没顶用。唉，把人难受得……

　　王：难道那时没医生吗？

　　张：有先生（注：指医生）呢。就是有（先生），哪来的钱嘛？就没钱给娃看病么。那时药铺子也有药呢，哪像这阵这么多的药、啥病都能看？那时谁有钱给娃看病嘛？硬把娃作践死了。

4. 我13咧（嫁过来），我家穷很……穷汉家女子给出去换个口粮。

　　王：你多大时嫁过来的？

　　张：我13咧（嫁过来），我家穷很，没啥吃，那时都一样，可怜很。我爸也死得早，我妈拉扯个我也不容易，（她）也没改嫁。没劳力哪能吃得饱？重活女人家哪能做得动嘛？不做也不行，一天<u>不动弹</u>（注：指不劳动）就没啥吃，就不能等着饿死么。穷汉家女子<u>给</u>（注：嫁人）出去换个口粮。

　　王：你那时结婚有啥手续没？

　　张：没的。两家大人一经同意就行咧，没有手续，也没结婚证。

　　王：那待客不？

　　张：有哩，那也简单很，简单弄些就行咧。弄些白菜，里面有几片肉，唉……，也就光是白菜，肉少很，<u>黄黄馍</u>（注：麦皮、玉米皮混在一起蒸的馒头）<u>就</u>（注：动词，和……一起吃）稀汤汤饭，就都把人吃得高兴很。正月跟如今一样，也要新媳妇出去走亲戚拜年，<u>人家给五分钱</u>（注：按当地礼俗，婚后第一年正月走亲戚时，亲戚要给新媳妇给一点钱，类似于现在的红包）都高兴得很。那时候钱真的值钱很，你看如今的五分钱连个啥都买不下，搁路上都没人拾，也都没有分分钱了。

　　王：你结婚时又没有汽车，咋从你娘家过来的？

　　张：我那时坐的轿子，四个人一抬。后来那些结婚比我迟的就坐的马车。

　　王：你结婚时穿的啥？有嫁妆没？

　　张：穿的红棉袄和蓝棉裤。有啥嫁妆嘛，一个褥子，要啥没啥的……

5. 婆如今这一身病都是月子里落下的病根子。

　　王：那你结婚后平时都干的啥活？

　　张：啥活都干，用笼子抬粪、抬水浇麦、打场、深翻土地……，干的活多了，啥活都干，干不完的活。

　　王：你怀娃时也要干那些重活吗？

张：那当然要干。不干就没有工分，挣不来工分就没啥吃。那年代把山上的野菜都挖干净了，吃嫩洋槐树叶子给娃下奶，树芽都被抢得光光的；半夜到生产队地里偷吃生玉米……。那把人饿急了，不吃没办法，总不能等着饿死么。

王：你坐月子时家里和生产队对您有啥照顾没？可以休息多长时间？

张：没有啥照顾的，活都多得干不完，老没有啥吃。地里也没有啥上肥料，全指望干蛮力，哪有如今这么好的肥料。后来搞计划生育了，一家如果只生两个娃的话，生产队就给发一斤白糖，一捆果子（注：油炸的麻花）。计划生育就是好，你看如今养个娃花钱多得，生得多了也养活不好……。我那时没福得很，刚生完娃没过几天，连满月都没过完，就去下地干活了，那时都是那个样子的。婆如今这一身病都是月子里落下的病根子。

王：那时咱屋住了几口人？能住下不？

张：那时都住的草棚，15 人住了五间草棚，夏天还好过，冬里把人能冻死，风呼呼的，也没被（子）盖，一天天地往过磨日子。对门乔家有钱，土改前 50 亩地，是中农成分，六几年（检查）漏划时间又要提升为地主，有十间半房呢，我忘了最后咋弄的。人老了，糊涂了，对过去的事情有的记不清咧。唉，过去的苦日子人就不敢想，把人难受得。我还好，活到 80 岁，跟着新社会还享了几天福。

6. 把人能挣死，……把人一天都忙疯了……

王：你们（年轻）那时去修过水库、公路不？

张：修哩，把人能挣死，把罪受尽了。三河（注：陕西省周至县的田峪河、马叉河、黑水峪三条河）归一（的工程）我都去了。只要（是）劳力，女的也去，往山里头背粮，在山里头挑野菜、砍柴、背石头、担水……，啥活都做。在生产队平整土地，整个冬里都干那活，拉架子车移土。我记得六几年有自留地的时间，村上有个老汉把自家攒的尿粪倒到地里去了，就被拉去批斗，带个高翘翘帽子游街。把那老汉气得说："我把这不倒我家地里去，难道倒你家锅炕去？"就为这被批斗着（注：读"zhao"，二声，指被批斗得很厉害）咧，把人打得不像啥了，把人吓得光害怕听说开批斗会，可怜得很。地里就没啥上肥料，就挖个坑把土架起来，底下用火烧，就把这（注：指用火烧过的土）往地里当肥料上。粮食就出产不下，老是没啥吃，炒些玉米皮、麦皮，一次就吃一点点，都不敢往饱吃，一顿饱了下顿就没有咧么，老是把娃们饿得哭，哭着哭着就睡着了。那年代的娃们哪像如今的娃们享福的哟！那时的娃们不是饿死就病死。唉，咋把苦日子熬出来咧，过去的事不敢提，心酸很……。那年你<u>大爷</u>（注：指采访人祖父的兄弟）给人家拉了一冬天的长工，领人家财东家一点点面，你大婆把那全烙成锅盔咧，把你大爷气得狠狠把你大婆打了一顿，嫌她把面糟蹋完咧。穿的衣裳都是一家人<u>关着</u>（注：指共同）穿，今天你穿，明天我穿。管啥冷暖，只要不露肉就行咧。各家都用架子车拉石头，用铁锤砸，吃不饱哪来的劲做活嘛？跟那年代的苦日子相比，我能活到现在简直都算命大。你爷可怜得没享过一天福，我 50 岁时你爷就得的胃癌走了，哪来的钱看病？埋你爷时家里没啥吃、没啥穿，你爸还到乾县念书，我给你爷说不行把你爸叫回来，让你爷见个面，你爷咋都不同意，嫌把你爸<u>书</u>（注：指学习）耽搁了，你爸就没见上你爷最后一面。埋你爷欠下的债可怜得都没啥给人家还，把你姑就托媒人给找个婆家，换些粮食才把账给人家还清。

王：大炼钢铁你还记得起不？

张：能。整天到山里、河滩去背石头，把人能挣死，不管大人、碎娃都去背；用锄头、斧头没日没夜地挖山，把石头用背笼从山上背下来，就背到咱南边<u>铁厂</u>（注：现在是一个地名，得名原因和 20 世纪 50 年代当地曾有一个铁厂有关）那里。咱这离山近还好找石头，其他地方远得很，也得那样背么，就在那里面炼呢。<u>收没</u>（注：没收）每家每户的木头，就把院子里的树都伐完咧，用大火烧个不停，各大队都炼。吃的稀汤汤饭，有时连黄黄馍都没有的。吃不饱咋做得动活嘛！

王：你记得你年轻那时候咋样解放妇女不？

张：就开大会宣传呢，大家坐到院子听人家给讲，还给墙上刷的字，我也不识字，知不道人家都写的啥。把人一天都忙疯了，地里的活都做不完，最后就没有几个人去开会了。

7. 多亏咱这南山给咱出产了不少东西，开春咧，树芽子都能吃，总得把肚子垫（一）下么，不然就饿死了。

王：你对五几年的土改还记得是啥样子不？

张：那就是把原来的一些大户、财东家的地先收回到村上来，上头派下来的干部记录好地亩数、村上的人口，下来就按人头给分地。反正前后都一样，可怜得没啥吃。

王：那土改给女的分地不？家里男的说的算，还是女的？谁当家呢？

张：那当然给分了么，女人也是人。家里有老人就听男老人的。那时都可怜得跟啥一样，一家子过日子，好几口人，缺衣少吃的，哪那么容易的？

王：是不是土改后没多长时间就搞合作化了？农业合作社是啥嘛？

张：农业合作社就在土改以后咧，家家户户都有地了，有些人家的地在一块，或邻里关系比较好的就相互帮忙，那叫个"互助组"。一个"互助组"达到四五户人家，就要叫上头给你开个社，那就叫个农业合作社。唉，我老了，糊涂很，说不清咧。像地主、富农不能入社的，我记得。地里头出产的就不够吃，合作社就办不下去，又把土地收回去，搞集体生产，办公社，像咱楼观公社，还有西楼公社、鹿马公社好几个呢，大得很。刚办公社那几年，年景不好，人都吃不饱，像咱村上那些河南的、安徽的外来户，都是那些年饥荒时来到咱这里的。咱这"金周至，银户县"么，有山有水，多亏咱这<u>南山</u>（注：指秦岭）给咱出产了不少东西，开春咧，树芽子都能吃，总得把肚子垫（一）下么，不然就饿死了。想起过去的日子，都不知道咋磨过来的，像我这命长的，活到80岁了，还享了新社会的福。如今的日子这样好，那时的人咋都想不到如今这样好，吃得又好，穿得又暖，种地也不累了咧。给地里上些肥料，庄稼出产得又好，就是天旱了还有井浇地，像以前，就把庄稼旱干了。

乾县辛月新访谈

采访对象：辛月新，女，1933年5月生。1950年结婚，共有五个子女，分别出生于1955、1958、1960、1963、1970年。婚前居住于陕西省乾县临平村，婚后居住于陕西省乾县周城乡董城村。20世纪50、60年代的家庭成分为贫农。
采 访 人：任雪艳，女，陕西理工大学思想政治教育专业2007级学生。
采访时间：2010年2月5日。
说　　明：采访对象为采访人的祖母。

1. 妇女在地里劳动，男的在外面劳动。

  任雪艳（以下简称"任"）：你啥时候出生的？
  辛月新（以下简称"辛"）：我是（19）33年5月出生的。
  任：关于新中国成立初期你有印象吧？
  辛：我记得（19）49年新中国成立的，后来妇女在地里劳动，男的<u>在外面劳动</u>（注：指离开自己村子在外做工），人们吃大灶，自家家里没有灶；妇女不劳动、不出勤就不能吃饭，晚上还有人找你谈思想、谈原因。当时劳动时妇女要推一个叫"轻便"的木车子，推玉米杆、推粪土……，能推啥（就）推啥，把人能累死！

2. 我女子为要钱买本子和笔，没少挨（家长的）打。

  任：五六十年代咱这有女娃上学念书吗？
  辛：有人念呢。我女子（在家里这几个孩子中年龄最）大，没念过书。

村子其他人家的女子念书去了，我身体不好，我女子就到地（里）劳动，（放工）回来做饭。

任：那她想念书不？

辛：她想念书，她舅给买本子、铅笔，叫她跟念书的人学识字，记她（劳动挣到的）工分。

任：当时念书的女娃多不多？

辛：当时女娃娃念书的还不少。人家娃她妈身体好着呢，娃回来有饭吃，人家娃能念，她爸她妈也愿意让娃念。社会发展需要人去识字呢，不念书社会就要不得。

任：当时学费贵吗？

辛：学费不太贵，但咱屋情况不好，我女子为要钱买本子和笔，没少挨（大人的）打。我女子记工分（等候生产队）把钱分了（以后）给她买本子、买笔念书呢。

任：你一共有几个孩子？

辛：五个，分别是（19）55年、58年、60年、63年、70年出生的。那个时候人都傻得很，没啥吃的，还要那么多娃，把一个个娃都饿得，吃不饱，就吊个命。

任：您五个孩子除了老大没上过学之外，其他都上过学吗？

辛：我这五个孩子，除了女子，男娃都上过学。我身体不好，女子照看我没上学，男娃基本上都上了个初中。

3. 扫盲班里人边看娃边听课，能学的字少得很！有些妇女边听课边纺线、纳鞋底……

任：50年代妇女都去扫盲识字呢，你去扫盲了吗？

辛：我没念过书，我妈走得早，我三岁时我妈就走了，没人管（我）。后来我在扫盲班上了几天，也没识几个字，娃多，身体不好，还得照顾老老小小。当时有条顺口溜："妇女们，学文化，最要紧。吃了饭，洗了锅，抱着娃娃上冬学。"那时候说是扫盲呢，妇女都要上学识字呢。

任：当时咱这妇女上扫盲班的具体情况是啥样子？

辛：扫盲班里人边看娃边听课，能学的字少得很！有些妇女边听课边纺线、纳鞋底……

4. 家里成分稍微不好点的娃不好找对象。

  任：五六十年代咱这的女娃一般多大开始找对象？都有啥条件呢？

  辛：女娃结婚一般就是 18 到 23 岁，有的年龄小。家里成分稍微不好点的娃不好找对象，那时候说斗地主呢，地主家的娃就不好找，有些地主家之间<u>换媳妇</u>（注：指换亲，A 家把女儿嫁给 B 家的儿子，B 家又把女儿嫁给 A 家的儿子）。那时候找对象就是向男方要箱子、缎子布料，后来就是大加重自行车，没有啥。

  任：那时候什么样的姑娘好找对象？

  辛：就是贫农、中农家庭的好找一些。还有就是勤快、锅上会做饭、麻利，还能下地干活，肯定就好找嘛。

  任：姑娘喜欢什么样的小伙子？

  辛：身体好、没什么毛病、精干有本事的小伙人都爱。姑娘找对象就打听看有没有那样的、年龄相仿的小伙子，合适的话，两个娃见面谈好了就好了。

5. 解放后，虽然也要媒人说呢，但两个娃还要见面谈一谈。

  任：解放前和解放后，咱这谈婚论嫁有啥区别？

  辛：变化大很！解放前，结婚就简简单单的，也没有多少嫁妆，就是箱子什么的。后来有了自行车、大柜子、缝纫机。现在就是彩电、洗衣机、电冰箱。现在政策好咧，科学发达了，人们也能吃饱、穿暖，那个时候的人都没有梦想现在这样子。

  任：解放后，女娃在婚姻上是不是多点自由了？

  辛：嗯，自由了点，娃的事还是由娃做主好一些。

  任：那自由表现在哪呢？

  辛：以前是父母找媒人说对象，等到结婚连对方的面都没见过，娃都要听父母的话。不是有"父母之命，媒妁之言"的说法嘛！解放后，虽然也要<u>媒人说</u>（注：指介绍）呢，但两个娃还要见面谈一谈，娃们不同意，父母也没办法；娃的选择自由了，这个不同意，就另选其他人。再一个，解放前女娃要缠小脚才好嫁人，解放后女娃不用缠小脚也容易嫁了。

6. 结婚前还没见过你爷的面，那时候就不兴遇个面啥，就那样跟你爷把婚结了。

　　任：您是多大结的婚？

　　辛：我17（岁）结婚的，先一年解放，第二年结婚的。当时还不知道啥，人家都说把我给到咱这村里了。结婚前还没见过<u>你爷</u>（注：指采访对象的丈夫）的面，那时候就不兴遇个面啥，就那样跟你爷把婚结了。我结婚时间有领结婚证、办手续了，那一年我17岁，在那个时候，<u>我就是大女子咧</u>（注：指结婚算是比较晚的了）。

　　任：结婚前都要了哪些彩礼？

　　辛：还要彩礼呢？没要啥彩礼。你爷弟兄们多，家里情况也不好，那时候兴缎子布料，给我就是<u>线绨</u>（注：一种用丝为经、用棉线为纬织成的面料，质地比一般绸缎粗糙，多用作被面）、一只手镯，还有一个棉车，纺线用的，是轱轮的，笨重很。

　　任：您结婚时的婚礼是啥样子的？穿什么？

　　辛：到我那时还好点，待客人、待村户咧，村里人送的被面多很，<u>你老婆</u>（注：指采访对象丈夫的母亲）给我炕上就放一个<u>老布</u>（注：也叫"粗布""土布"，是用纯棉线手工织成的布）床单和一个粗布被子。我们穿的就是纺的线做的粗老布染的布料做的衣裳，那时没有各种花色布料。我还穿个两片缎子做的衣裙，好看很。你爷穿的是黑缎子。

　　任：您那个时候认为什么样的婚姻是好婚姻？什么样的夫妻是好夫妻？为什么？

　　辛：那个时候父母包办婚姻，还不自由，对方家里有钱就好嘛，有响元了就好。夫妻间相互体谅，不吵架不受气就好。家里人之间和和气气，心平气和好好过日子就好。

7.（生孩子时）躺在半截炕上，炕的一头倒的是灰，上面盖一块席片，用灰来渗血。

任： 你结婚后几天开始干活的？

辛： 我刚（嫁）来没去地里干活，（家里）弟兄们多，媳妇也多，我是最小的（媳妇），也不让我到厨房做饭，你老婆给我一双袜垫，我就纳袜垫。隔了几年以后，新媳妇刚一结婚就要下地干活，陪的嫁妆就有一把铁锹，锄玉米地、间苗、拾棉花……

任： 您那时候怀孕期间能休息吗？还下地干活吗？

辛： 我五个孩子分别是（19）55、58、61、64、70年生的。那时候怀孕期间就不休息，还到地（里）拔菜，给一大家子人做饭，其他媳妇纺线、织布，到地（里）干活。刚开始还没吃食堂，在自己屋吃饭，到地（里）干活是自己要求去的。吃食堂以后，生产队（上工）铃一响，就得到地（里）干活，不干活没工分，没饭吃。

任： 生产队对孕妇有啥照顾吗？

辛： 不照顾，照顾啥呢？自个屋人口多、娃多，得吃饭，你就不干活不得行。

任： 你生孩子是在家里请的接生婆吗？是不是当地的妇女生孩子都是这样的？

辛： 我是在家里生的，去请接生婆，（但是如果）人家（正）忙，就自个生。妇女大部分都是要叫接生婆来帮忙。

任： 在家里生孩子害怕危险吗？

辛： 害怕也没有办法。躺在半截炕上，炕的一头倒的是灰，上面盖一块席片，用灰来渗血。血粘人皮肤上干后疼很。一般没有啥危险，临产前跟前都有人，有时候人还没来，孩子就生下了。一旦有危险，流血太多，人肯定害怕么，老人就用凉水（往产妇）脸上、身上喷，有些说要用蜡来弄。血流太多，有的就糊涂了，严重就有生命危险。

任： 坐月子时家里和生产队对你有啥特殊照顾没？可以休息多长时间？

辛： 没有。哪来啥特殊照顾？就亲戚来看看，拿几个鸡蛋。休息三四天就得做小孩穿用的，像鞋子、衣裳。过十天就得下炕做饭、洗衣裳，有的还没出月就得下地干活。

8. 那时候一天三晌干活，晚上才加工织布、纺线、纳鞋底。

任：初级社、高级社以及人民公社化后的生产队，妇女下地干活一天给多少工分？都干啥活？

辛：那时候都差不多一样，妇女一天给七个工分，啥活都干呢，打胡儿、拾棉花、拉架子车、收麦……（农历）二三月就锄草……

任：咱这里（19）58年、59年搞过大炼钢铁运动吗？妇女参加过这些活动吗？

辛：搞过，那就说炼钢铁呢。妇女不参加那些事，都是男的到钢铁厂去呢。

任：你参加过修水库、水渠、公路之类的工程吗？

辛：参加过，到羊毛湾（注：地名）修水渠，从（19）58年开始，到73年才修好咧。我去拉土、拉石头，男的女的干的活都差不多一样。

任：你去羊毛湾修水渠时几个娃咧？最小的娃多大了？

辛：那时候我都四个娃了，最小的三岁，会跑了，不缠人，我就去了。

任：参加这些劳动有工分吗？

辛：参加劳动就有工分，那时候男的一天十个工分，女的七个。

任：有事可以请假吗？

辛：一般不给假，除非有特别重大的事，实在不行的才给假。

任：你喜欢去参加这些工程，还是留在家里或生产队干活？

辛：我不喜欢去参加工程，那是生产队抽派去的，不想去不行么。在生产队干活还能休息一会儿，去修水渠就跟男的一样供人家用的料，不得停下来，累人很！

任：五六十年代妇女的家务事主要有哪些？

辛：妇女在家就是纺线织布，白天天刚一亮就得起来去地里干活。二三月锄草、务棉花等，到九十点回来做早饭、吃饭，洗完碗又到地（里）干农活，啥活都做。到中午一点多回来做中午饭，吃完饭又得到地（里）去。那时候一天三晌干活，晚上才纺线、加工织布、纳鞋底。

9. 解放后妇女就没有那么约束了……

任：你五六十年代听说过"妇女解放"没有？

辛：那时有呢，有"妇女解放"那回事。

任：你觉得妇女解放是怎么回事？

辛："妇女解放"就是没有以前那样封建了，以前过年村口荡秋千，妇女出去都不能耍。有一年正月十六，月亮亮很，我出去看人家打秋千，回来人家笑话我呢。解放后妇女就没有那么约束了，不用缠小脚，可以串门。还有就是女的在找对象上有选择权，在结婚前可以见对方的面。实施计划生育政策后娃少了，妇女不用为娃劳累了。

任：你认为五六十年代妇女解放了吗？

辛：那个时候还不太解放，只是提倡妇女解放，具体实施的还少。婚姻不自由，父母包办还很多，女娃上学的少，男女不平等，女娃大一些的就开始学着纺线、织布，照看弟弟妹妹；没有实施计划生育，妇女的地位没有提高。

任：你还记得当时政府对妇女有什么宣传吗？比如一些标语、口号、歌谣之类的？

辛：扫盲的时候宣传"妇女们，学文化，最要紧，不学文化没人要"，"吃了饭，洗了锅，抱着娃娃上冬学，学会、写会才有用"。还有其他好多歌谣，我现在记不起来了。

凤翔县欧玉芬访谈

采访对象：欧玉芬，女，1937年5月生，陕西省凤翔县南指挥镇页东村四组人。20世纪50、60年代娘家和夫家的家庭成分均为下中农。
采 访 人：刘维芳，女，陕西理工大学思想政治教育专业2008级学生。
采访时间：2010年2月15日。
说　　明：采访对象为采访人的祖母。

1. 那会儿娶新人的时候抬的有轿，有专门赁的新人穿的裙子。

　　刘维芳（以下简称"刘"）：婆，你还记得新中国成立的时候是什么样子？

　　欧玉芬（以上简称"欧"）：也没有啥样子，农村还有个啥样子！

　　刘：没有人家城里面热闹？

　　欧：当然没有，婆刚嫁过来的时候，第二天晚上解放了（注：凤翔是1949年7月14日解放的），那会儿八路军（注：应为"解放军"）（从咱这）经过呢，到咱家门口，吵的、叫唤的，车、人，听起来喊哩咣当的。

　　刘：人家热闹得很啊！

　　欧：这个队伍人家不伤人，我当时和尤方村（注：地名）东错（注：人名）他娘，还在屋里做姐姐（注：姑娘）哩。人家盖下点房，把房顶拆了，房框架还在，我们赶紧藏在里面，上（到）梯子上看呢！婆（嫁）来那天，拾掇了些碟子（注：指做了些较体面的饭菜），看我娘家那边来人呀不，结果人家（队伍）把饭菜吃得光光的。我娘家那边嫌（男方家里）给我没放鞭炮，队伍就帮忙在咱家门口打了几枪。

　　刘：嘿，当时还打枪哩？

欧：人家当时是<u>土八路</u>（注：应该为"解放军"），拿的有枪。（我结婚那天）别人帮我梳头哩，其他人说："看你当个新人把人羞得，新人身上穿得红堂堂的。"她们这边人家娶新人的时候，新人都戴的蓬头纱，戴的这样那样，看起来好得！我没有戴，我穿个烂裙子，红裙子。那会儿娶新人的时候抬的有轿，有专门赁的新人穿的裙子。

刘：那你顶盖头不？

欧：顶哩么，顶个盖头把头护严严的。进门时新娘夹个<u>什</u>（注：纺线织布过程中，用来缠经线的一种工具，也叫"经线轴"，陕西关中有的地方叫它"什"，读音 sheng，因与"顺"谐音，新娘进入新房时把它夹在腋下，表示婚后生活顺利），什上还绑个剪子。

刘：绑个剪子是啥意思？

欧：（因为剪子是用来裁东西的，"裁"与"财"谐音）说是能带来"财"啥的！……我穿蓝裤，人家说（忌讳）穿个蓝的，（因为"蓝"与"难"谐音，如果穿蓝）以后越活越难。（你爷家里）给我连个啥都没做，做啥哩！婆出嫁的时候，（娘家）连个谁都没来，就只来了个我伯、我爷，就来这么两个人么，（其他）谁都没来。

刘：婆，你当时要彩礼不？有啥彩礼啊？

欧：要哩嘛，钱也要哩，粮食也要哩。

刘：钱一般要多少？

欧：我忘了。那阵一般（女方向男方）要<u>一石</u>（注：dan，十斗为一石，大约四五百斤）麦、三张粗布，布是男方家里自己织的。

刘：婆，你（们）当时什么样的女娃好寻对象？

欧：婆那时有庚帖，写下个婚单，说是合婚哩，你<u>爸爸爷</u>（注：曾祖父）当时还拿到<u>陈村</u>（注：地名）让人家写下的婚单。

刘：你们那时女娃娃寻对象寻咋么个男的哩？

欧：谁寻啊！都是介绍下的。（我和）你爷是<u>明财</u>（注：人名）他爸介绍的。我来的时候，你爷到城里学手艺去了，我就没见过你爷的面，一直到嫁到咱家里来那一天。（之前）就没见过，认不得！

刘：你结婚多长时间开始干活哩？

欧：第二天早上起来就要到厨房试刀哩。

刘：试刀？看你做的手艺如何？

欧：噢，人家给揉点面，叫擀去。我当时一早起来把脸洗了、头梳了，人家给我拿了点豇豆叫我去切，看我手艺哩。后来又给我揉了点面，叫我擀去。

刘：你那时候怎么个两口说是好两口？

欧：那阵（结婚时双方）都年龄碎碎点，也不知道啥，寻下的下家不好了，过不到一搭就打捶哩。好两口就是穷也就对了、富也就对了，那阵人穷得跟啥似的。刚刚解放了离婚的人也多多的，你看新凤（注：人名）他姐那会儿干干净净个人，开会、当这个、当那个，结婚后打捶闹仗，慢慢地这不就离婚了嘛！

2. 我上速成班认识下的字不少，临后有了你姑，（学下的字都）忘光了，顾了操心经管娃娃了。

刘：你把我姑、我爸怀下了还到地里做活吗？

欧：那时才刚解放，女人不怎么到地里干活。第二年冬，就开始念速成书嘞么。

刘：就是扫盲班哦？

欧：噢。人家有书哩，上课哩么，老师给教识字哩。你爷那阵还跟着在识字班教了几个后响。婆忘性大很，把念的都忘了，人家给讲说："旧社会，好比似，重男子，轻女人……"

刘：接下来就说"新社会，怎么样"？

欧：对。念的书上还说："天越旱，地越干，打井一年又一年，浇地一担又一担，锄地一遍又一遍。"一晌晌地念。

刘：你记得牢很！

欧：我头脑里事太多，当时学下的差不多都忘了，你大婆（在速成识字班）认下好多字，她活着的时候记的东西多很。

刘：婆，你当时学下字多不？

欧：多；那阵还写几日几日做啥活，写稿子，能写一串串，现在都忘光光的。那阵我打下影格写大方（注：指写毛笔字）。写下的字好得！学校教女人的先生说我写的字比五年级学生写得都好。我上速成班认识下的字不少，临后有了你姑，（学下的字都）忘光了，顾了操心经管娃娃了。

3. （女娃娃）可怎么能不想上（学）哩？想上没钱。

  刘：当时新中国成立后，咱这里女娃娃上学多不？

  欧：等到后来都叫上哩，到你姑她们那时候都叫上哩。你大姑、你碎姑把书没念下，你二姑念下了。你爷当时没有钱，除了你二姑其他几个娃娃都念了一下下。

  刘：当时学费贵吗？

  欧：不贵，学费不贵。

  刘：我大姑、碎姑当时想上学不？

  欧：可怎么能不想上哩？想上没钱。你姑要一毛钱、二毛钱，你爷都没有，叫你姑没念书了。你大姑那阵念了个一年级、二年级，你碎姑也念了一下下。到临后叫你爸爸念，你姑就没念了。

  刘：当时叫男娃念书哩？

  欧：你不去人家就来叫哩。

  刘：你和我爷想让我姑上学不？

  欧：想么，没钱。

4. 我怀送给人家的那个你碎爸的时候，都快生娃了还帮着翻地哩。

  刘：婆，你当时生娃娃时在家请接生婆不？

  欧：请哩！

  刘：是不是咱这里都是这样啊！

  欧：当然不是，也有例外的。婆头一个娃是个女子，得了"四六风"，死了。生头一个的时候我 19 岁（注：1955 年）了，把连生（注：人名）他娘叫了一下，她来给帮的忙。我 22 岁（注：1958 年）了生的第二个，是个儿子，正月生下，做了个满月，出月第二天就死了。这下来就抱养下你大姑……

  刘：你当时生孩子时觉得危险吗，担心吗？

  欧：那不操心，不担心。婆一辈子坐了好几个月子，接下来你爸、你二姑、你二爸、碎爸、送给人家的那个你爸（注：此处指采访人父亲的弟弟）。

  刘：你当时坐月子时，生产队照顾不？

  欧：照顾啥哩！把人没饿死算好哩。生你碎姑时，差一点把人饿死，挖着吃地里的蔓根。刚开始的时候，人家赶哩，到后来，人都挖着吃，把（生产队）地里的菜子（注：油菜）都挖着吃光了。

刘：婆，你坐月子的时候，我爸爸婆（注：曾祖母）怎么做呢？

欧：你爸爸婆在屋里也哄你姑、哄娃娃们、看门，你爸爸爷和你爸爸婆成天在地里挖蔓根、挖野菜，把菜择下，放在锅里煮一下吃。那阵咱家穷很，家里啥都没有，别人家有哩。

刘：啊！婆，你坐月子的时候就吃这些吗？

欧：就是吃这些。坐两个你姑月子的时候，你姑婆（注：爷爷的姐妹。此处指采访对象丈夫的姐妹）等几天就把挖下的蔓根择得好好的，提个篮子带过来，还（从她家里）带点黑面来。你姑婆她家里另外种的有地、养的牛，情况还罢了。

刘：你坐月子坐了多长时间？

欧：娃娃出了月就算了么。

刘：你怀孕了休息不？

欧：开始怀的几个娃那时,（妇女基本）还不到地里去；到（怀）后来（那几个娃时），就到地里啥活都做。

刘：是你自己要做还是生产队叫你做？如果不做可以吗？

欧：生产队给派活哩么，不做没办法、没工分，当时挣工分哩。我怀送给人家的那个你碎爸的时候，都快生娃了还帮着翻地哩。

刘：你干活的时候，生产队照管你吗？

欧：不管。你自己挣下工（分），人家凭那给你分粮、分柴。

5. 当时咱们这附近两个队合在一搭，下地做活的时候女人多得很！

刘：婆，那土改、农业合作化、人民公社化你还记得不？

欧：那都是国家叫怎么弄就怎么弄呢。你看这阵买鞋、买衣服……，那会儿可怜得！没有吃的没有烧的。刚刚解放了，查田定产的时候，你爷还给人家丈量土地、做这样做那样。

刘：集体化的时候女人在生产队一天能挣下多少工分？

欧：当时咱村有几个和我同龄的女的，一天比婆还多挣五厘工！

刘：那你一天能挣多少？

欧：我七分、六分。女人们大多是六分工，人家给你评哩。你做得好了人家就给你涨（工分）哩，夏忙的时候给人家<u>丢摞</u>（注：一种农活，用木叉把麦草递到草垛顶部）、割麦，和男人一样翻地……，做这样做那样，人家就给你加工分哩么。

刘：你们成天在生产队做啥活哩？

欧：啥都做哩！割麦、翻地……，反正叫你不闲。队里的地多得很，每年（农历）二三月光锄草就锄好长时间。当时咱们这附近两个队合在一搭，下地做活的时候女人多得很！

刘：婆，咱这（19）58、59年搞过大炼钢铁没？

欧：搞过么。男人都被叫去炼钢铁了，你爷也去了。女人不去，女人们就割谷子、割豆、挖红芋，做这样做那样。那年咱队里种的红芋特别大。

刘：婆，你给人家修过水渠、公路没有？

欧：婆没有修过水渠。那一年天旱得很，我到八旗屯担水，去浇岭上的玉米，浇地。

刘：咱这里的女人们有去修渠的没？

欧：有哩。到<u>五渠湾</u>（注：地名）修水利的时候，你爷去修，你大姑去修，你爷和你大姑都修了有一个月。

刘：当时我大姑多大年龄？

欧：十四五（岁），你碎姑也去了一月哩还。

刘：修水利的时候人都干啥活呢？

欧：你姑去给人家掀车车。你爷是男人，给人家干重活。<u>你爸爸</u>（注：指采访人父亲的一个弟弟）12岁六年级毕业，没有念中学，到北山有个农场去做活，半个月回来一次，背上面、拿上馍馍再去。开始去的时候你爷给买了个新镢头，回来时已经把镢头这么长一截尖尖挖得磨去了，把婆（心疼你爸爸）难过得！

刘：当时去干这些工程挣工分吗？

欧：挣哩，到北山去走的时候还给五斤麦面，去的时候背一些糁子、玉米面，自己做着吃！你爸爸每回回来了，我给蒸点玉米面粑粑馍，搭上点盐放在锅里给炕得黄黄的，叫去的时候背上。

刘：中途能请假回来吗？

欧：如果要回来取个啥东西，你请个假，人家就叫回来取哩。

6. 当时把罪受扎了，就没时间休息。

刘：婆，你五六十年代，家务活都做什么？

欧：纺线、织布……，那阵又不扯布穿，又不买着戴，要做鞋、做衣服，白天劳动，晚上纺线织布经常做到天都快亮了。当时把罪受扎了，就没时间休息。队里不给借畜力用，（女人们）除了在生产队劳动，还<u>掀磨</u>（注：指用人力推石磨子磨粮食）嘞。

刘：掀磨子磨啥哩？

欧：有啥磨啥，麦、玉米、谷子、<u>稻菽</u>（注：指高粱）……。那阵麦比较少，玉米也少，咱挣下的工分少很，分下的也少。我掀磨子，还把你碎姑架到磨子上，叫她站在磨子上帮着掀。

刘：你们当时做鞋不？

欧：怎么不做哩？不做的话光着脚啊？做鞋、纳鞋垫。把织下的白布染成红的给缝棉袄，染的黑的、蓝的缝裤子。从来不买布，用啥买哩？又没钱。自从进了农业社，人天天就不歇。（19）58年生下<u>波波</u>（注：访谈对象孙子名字）家你爸爸，我身体不好，你爷给我吃了两副猪肝子，吃了缓过来了，到大炼钢铁那会儿好了，就成天又去推粪、送肥、挖闲墙。反正成天忙哩。

7. 人家说（妇女）解放了就解放了么。经常开会，不住劲地开会！

刘：婆，你们五六十年代听过"妇女解放"没？

欧：那阵进了农业社以后人家说这个呢！叫女人把纂纂解开，头发铰了，刚刚解放的时候女人都还梳着纂纂。

刘：婆，你感觉解放是怎么样的？

欧：刚刚解放了还给<u>八路军</u>（注：应为"解放军"）做鞋，人家给铰个鞋样（让照着鞋样做），把鞋做得厚厚的，把鞋帮都纳严。我和你爸爸婆还做了两双，做好了人家就有人来收。

刘：你感觉你那阵解放了没？

欧：也没有啥，人家说（妇女）解放了就解放了么。经常开会，不住劲地开会！动员你这旧思想，给你贯彻新政策、讲卫生，叫你好好地和屋里搞团结，不打搥不闹仗。

刘：你们当时政府有啥快板、标语、口号、歌曲来宣传吗？

欧：歌像"东方红，太阳升，中国出了个毛泽东，他为人民谋幸福……"，其他基本都忘光了！

刘：有宣传女人的歌吗？

欧："女娃娃，本性细，年长十七八岁……"歌多很，都忘了。

刘：你都是学下的吧？

欧：噢，开会的时候人家有人给你讲、给你教，还唱的"海啦啦啦，海啦啦啦，天空出彩霞呀，地上开红花呀。中朝人民力量大，打败了美国兵呀。全世界人民开口笑，帝国主义害了怕呀！……"你们现在唱的有的歌就是我们那会儿教的。还有一个歌叫《纺线线》……，开会的时候人家给你教嘞。

刘：婆，你觉得当时女人的生活好吗？

欧：好啥哩！有吃的人（才）生活好么，没有吃的，人还有啥生活？

凤翔县罗氏访谈

采访对象：罗氏，女，20世纪30年代生，陕西凤翔县南指挥镇页东村四组人。
采 访 人：刘维芳，女，陕西理工大学思想政治教育专业2008级学生。
采访时间：2010年2月15日。
说　　明：采访对象为采访人的邻居，曾祖母辈。

1. 要是人家说起这个女娃伙勤劳，会给人家做饭、做家务，针线活好，身体没麻达，这个女娃伙就好找对象！

　　刘维芳（以下简称"刘"）：爸爸婆（注：曾祖母），你们过去的时候觉得嫁什么样的人家好？

　　罗氏（以下简称"罗"）：让婆说起来，一般一家人有三间瓦房，一间做个厨房、一间给他爹他娘住、一间自己男人孩子住就满足了。再就是婆婆对媳妇好些，再把孩子给咱照管一下，男的能吃得了苦，把庄稼活样样都能拿得起，两口子不经常吵嘴打架，这样就对了，就好得很咧，还要怎么样啊？

　　刘：你们那时候怎样的女娃好找对象？

　　罗：要是人家说起这个女娃伙勤劳，会给人家做饭、做家务，针线活好，身体没麻达，这个女娃伙就好找对象！谁像你们现在（女娃）只操心念书，啥活都不会弄，一天连饭都不会做，等着别人做着吃！看把你们如果放在过去怎么吃呀？

　　刘：爸爸婆，你当时找对象的时候，想找怎么样的？

　　罗：哎！过去找的话，到地里会干活，是干庄稼活的好把式，会过日子，就行了，没啥多的要求。

2. 当时去上速成班基本上是粗识字，能认识100到200字。

刘：听说你五六十年代念过识字班，当时咱这的识字班是怎么个样子？

罗：咱村里办过速成班，临后可叫耕读班，就是半耕半读。当时去上速成班基本上是粗识字，能认识100到200字。

刘：爸爸婆，当时具体是啥样子嚯？

罗：条件非常差，只有一个先生，没有桌凳，上课去的时候要自己端个小凳子。我在扫盲班里学了半年哩！

3.（修水库的）工地上女人多很，主要是用架子车在大坝上拉土。

刘：你五六十年代给人家修过水渠、公路没有？

罗：婆参加过。第一次参加的水库就是咱凤翔县五渠湾（注：地名）的群力水库，当时工地上的女人多很，主要是用架子车在大坝上拉土。当时是按一个生产队是一个工地划分的。水渠我也修过，主要修支渠和斗渠。这些活都记工分，队里女人换着上工地，每次一个生产小队，大约20人左右，其中10个是女的。到工地后，一月时间再换别人，反正这一个月当中不能请假。

刘：爸爸婆，你当时几个娃娃了？

罗：我当时已经有五个娃娃了，最小的四岁。

刘：那你去修水库，谁照管这些娃娃？

罗：叫娃他爷他婆哄娃娃。

刘：爸爸婆，你感觉在工地上劳动好吗？

罗：从那个时候过来，叫人现在想起来，还喜欢在生产队干活的这些情景。

刘：你喜欢？！

罗：就是。最主要是人多，热闹！

刘：咱这（19）58、59年搞过大炼钢铁没？

罗：搞过。那阵村里大约有300多户（人），大炼钢铁时我记得有三四座土炼铁炉。女人们参加炼铁，主要是向炉子里填煤、看火，转运废铁，做这些。

4. 女人们除参加生产队劳动外，就看管孩子、照顾老人、做饭、磨面，屋里一家子人穿的衣服都是自己用纺车纺的线，自己织的布。

刘：你生孩子的时候是在家里请的接生婆吗？

罗：嗯。咱这边都是这样的，一直到（19）80年左右（才有改变）。在家生的时候也害怕有危险了，就叫接生婆先处理。

刘：万一接生婆没办法怎么办？

罗：就找村里医生，还有附近的医生。

刘：你（19）50、60年代，家务活都做什啥哩？

罗：女人们除参加生产队劳动外就看管孩子、照顾老人、做饭、磨面，屋里一家子人穿的衣服都是自己用纺车纺的线，自己织的布。当时家务活很重，白天去参加劳动，有的屋里没有他婆他爷给看管孩子，（女人们）上工的时候只能把一两岁的孩子锁在屋里。唉，让人现在回想起来难受很！晚上在油灯下纺线，一直到十一二点。每天晚上就睡四五个小时，有时甚至熬到天亮，家里人穿的鞋子都是手工制作的。

刘：你觉得女人的解放是怎么个？

罗：就是你一天走出家门抛头露面，没人说你不守礼节；人家讲说，破除了封建买卖婚姻；接下来找对象、结婚就比过去自由多了，也多多少少有了点自己选择的权利了。

佳县郭子珍访谈

采访对象： 郭子珍，女，1941年12月13日生，1961年初中毕业。1962年结婚。1962年以前居住于陕西佳县金明寺乡，1962—1984年居住于陕西佳县朱官寨乡，1984年随丈夫迁居陕西省铜川市王益区至今。生育有五个子女，分别出生于1964、1968、1970、1972、1974年。20世纪50、60年代娘家家庭成分为中农，婆家家庭成分为贫农。

采 访 人： 韩伟，男，1989年生，陕西理工大学思想政治教育专业2007级学生。

采访时间： 2010年2月10日。

说　　明： 采访对象为采访人的外婆。

1. 我小时候没吃过多少苦，生活条件也好一点。

韩伟（以下简称"韩"）： 外婆，你什么时候出生的？

郭子珍（以下简称"郭"）： 我是1941年出生的，我出生的这个家庭在当时那个年代来说算比较富裕的，是上中农，家里有60多亩土地，还要雇人来种地，所以说我小时候没吃过多少苦，生活条件也好一点。后来实行土改后，大部分地都分给别人了，只留下一少部分。

韩： 你能记得新中国成立时候的情景吗？

郭： 新中国成立的时候我大概七八岁了，还是听得大人们说的中华人民共和国成立了，毛主席还上天安门城楼讲话了。只可惜那个年代贫穷落后，没现在这么现代化，能有电视看，那时最多就是听个广播，有的地方还没有广播，外面的事情还不太了解。唉，说起以前的事还是历历在目，人们都知道（19）47年毛主席转战陕北，（19）48年土地改革，（19）49年成立国家，（19）50年开始《婚姻法》。

2. 当时办扫盲班的时候，我还算老师给他们上课呢。

  韩：你是哪一年上的学？

  郭：我是1951年上的学，那会儿（家里）不要女的上学，就去偷偷听，趴在教室外面。最后家长同意让念了，那是后话了。

  韩：新中国成立后咱们这里的女娃娃上学的多不多？

  郭：新中国成立后，女孩子上学的比以前的能多点，但是父母还是不让上。农村人就是重男轻女思想严重，看重男娃娃，说女娃娃将来嫁人了，是外姓人家的人了。我算是幸运的了，我大还比较有眼光，思想比较进步的，刚开始我每天都跑去偷听那些男娃娃上课，我大看我爱上学，最后就同意我上学了。那个时候上学不像现在这样方便，主要是上私塾，几个娃娃的家长合伙请先生教书。那时候还有教书的老先生，用的是<u>土盘</u>（注：木头做的方盘，里面装有黄土）、石板，用木棍棍在细黄土上写。

  韩：女娃娃普遍想上学吧？

  郭：当时的女娃娃们都特别想上学，大多数家长就是不让上。我们村一个女娃娃也想上学，天天哭着闹着，他家人就是不同意，没有办法最后还是不让她去。唉，父母思想比较进步的还是少数。

  韩：你是上过学的，咱们这里办扫盲班你参加吧？

  郭：我是1955年考上乡完小，1957年考上初中。当时我学习还比较好，在我们农村来说就是有文化的人了，办扫盲班的时候，我还算老师给他们上课呢。唉，那时妇女的积极性可高了，都来参加扫盲班学习。那时编的顺口溜是"ｂｐｍｆ，ｄｔｎｌ，加油力干哟"，先学拼音，学会写自己的名字，教一些简单的字。

  韩：咱们这里的扫盲班是啥时候办的？

  郭：1956年开始办扫盲班的。

  韩：持续了多长时间？

  郭：大概是1956到1958年末吧。

  韩：你当扫盲班教师当了多长时间？

郭：就是利用放暑假时间教课，教了两个假期。

3. 一般找人家的标准是"一军二干三工人，至死不找受苦人"，对军人特别崇拜。

韩：咱们这里一般女孩子多大年龄开始找对象？

郭：咱农村女娃娃一般到18岁就是大龄了，一般16、17（岁）就要嫁人了，父母早早地就想把你嫁出去，能给家里减轻负担，主要是省口粮。

韩：找对象有哪些条件呢？

郭：一般找人家的标准是"一军二干三工人，至死不找受苦人"，对军人特别崇拜。编的顺口溜是"洋袜子一蹬，松紧带一绷，就跟你结婚"。洋袜子、松紧带这些东西在当时就算是最时髦的了。还要三转（注：指自行车、缝纫机、手表）一响（注：收音机）。这是60年代的事，当时实行婚姻自由后，女娃娃也有了选择的余地了。解放前都是父母包办，13、14岁就有结婚的。听我母亲说，她15岁就结婚了，婆家管得很严，婆姨女子们根本没有一点自由。家庭不好的人家，当时（结婚）就借别人家的（新）被子。

韩：新中国成立后女孩子是不是在婚姻上比以前多一些自由了？

郭：新中国成立后实行新《婚姻法》，妇女们在婚姻上自由多了。实行自由恋爱，结婚后如果你受管制，日子没法过下去，你马上去乡政府可以办理离婚手续。以前包办婚姻时是"荞面皮打糨糊纸不粘，两口子没感情怎能过日子"；以后逐渐自由了，是"灯呱呱点灯半炕炕明，酒盅盅舀米不嫌你家穷"，主要强调俩人的自愿。

韩：什么样的姑娘好找对象？姑娘们找对象喜欢什么样的小伙子？

郭：当时女娃娃要是有一点文化的就好找对象。女娃娃最喜欢找军人、干部、工人，说到底就是想找一个吃公家饭的男人。没念过书的就找个肯出力能劳动的，家庭条件过得去的就行了。

4. 我娘家不要彩礼，是婆家自愿送的，送了二斗米、二斗面、400元钱。

韩：你是哪一年结的婚？

郭：我是（19）62年结的婚，算是晚婚了。

问：当时国家是不是提倡晚婚？

郭：那会儿没提倡晚婚。

韩：你结婚时要彩礼了没有？

郭：我娘家不要彩礼，是婆家自愿送的，送了二斗米、二斗面、400元钱。

韩：400元钱，很多吧？

郭：那会儿物价高，钱不值钱了，一斗米值100元。那时的老干部都跑回家不工作了，回家种地，靠工资不够吃。当时在生产队劳动一天合三毛钱。

韩：我外爷当时一个月工资大约是多少？

郭：42元。

韩：你结婚时婚礼是什么样子？

郭：唉，当时的结婚证就是奖状，上面还印个奖状字样。我老头当时在外面工作，算是找了个公家人。结婚当天和现在比起来就老土了，男的穿了一身（当时最时髦的）中山装，我里面穿了一件夹棉袄，外面套了一件他从外面带回来的条绒外套，算是好衣裳了。我们当时还举行了简单的婚礼，要在<u>天地窑窑</u>（注：指自家院子里供奉的天地爷）前磕头，还要<u>见大小</u>（注：当地一种婚俗，在婚后第二天或第三天一早，新娘要拜谒公婆和家族中的长辈，家族中的平辈和晚辈也要来见新娘，以这种方式让新娘与男方家族中的人相互融合），早上起来去问老人好。

韩：你结婚后几天开始干活的？

郭：他家的母亲早年就去世了，只有父亲一人，家里没人干活。我嫁过来后，结婚第二天就开始干活。因为家里没劳力，没有女人，我来后才像一个家了。听我母亲讲，解放前，结婚当天要面向墙壁坐，第二天就要开始干家务了；解放后就是第二天回门，回来后就要开始劳动干活了。

韩：你认为什么样的婚姻好？

郭：我那时上过学，找一个<u>门外的人</u>（注：指有工作的人）就算是特别满足了，就是好婚姻。当时人比较单纯，也没想那么多，感觉挺知足的。

5. 我生完娃三天后就开始自己干家务了，40天后就下地干活了，苦得很。

韩：你一共几个孩子？

郭：我一共生了五个娃娃，老大（19）64年出生的，<u>挨身身娃</u>（注：指娃娃之间年龄相差很小），前面四个是女娃，最后一个是男娃。农村人，你家里要是没有男娃娃，村里人就看不起你，要骂你，在村里就抬不起头，所以说我们村家家都有四五个娃娃。当时的思想就是不生男娃誓不罢休。我们邻村有一家生了十个娃，九个女娃、一个男娃，当时在周围是出了名的超生户。

韩：你这五个孩子都上过学吧？

郭：我算是上过学的，我也亲眼看见过没文化人的命运，所以我生的五个娃娃不管男女，再苦再累一定要让上学。

韩：那个时候怀孕期能休息不？干活有照顾不？

郭：那时怀孕期间也不休息，要一直劳动，直到生孩子时，才准请假。满月后不到百天就要下地劳动，那时也没人照顾你，因为那个时候都是那样。有时队里稍微有点照顾，有时也不照顾，就是为了挣工分，一天也挣不下五分钱的工分。我家没劳力，只有我一个人劳动，娃娃们又小不懂事，唉，吃了不少的苦。

韩：你生孩子是在家里请的接生婆吗？

郭：我生的五个娃娃都是在自己家里生的，娘家妈来照顾，接生婆都不要，没有去过医院。因为我们那里还是比较偏远落后的，离医院比较远。

韩：当时妇女都这样吗？在家生孩子不怕危险吗？

郭：都是这样，也不感觉有啥不妥。现在想想真不知当时是怎么过来的，不敢想象。

韩：您坐月子时家里和生产队对您有啥特殊照顾不？可以休息多长时间？

郭：我生完娃三天后就开始自己干家务了，40天后就下地干活了，苦得很。你看现在的女人生娃真是太享福了，啥也不干还这毛病那毛病，太娇贵了。我们当时生产队里给你订出勤，（每月）一定要干够26天，不够要扣工分，所以不敢多休息，都抓紧参加劳动。中途休息时就是跑回家给娃娃喂奶。那个年代大伙都是这样，也不觉得有多苦。

6.吃大锅饭时，每家只能留一口锅，其他都不能留，全部炼钢了；每家每天晚上的尿也要收集起来制作火药。

韩：初级社、高级社以及人民公社化后的生产队妇女，下地干活一天给多少工分？

郭：唉，一天最多五六个工分，工分不值钱。男劳力好的十个工分，婆姨们不行，干不了，最好的也就是六个工分。

韩：都干些什么活？

郭：就是做地里活、搞基建修梯田大坝呗。

韩：咱们这里（19）58、59年搞过大炼钢铁运动吗？

韩：（19）58、59（年）大炼钢铁的时候，吃大锅饭，收集尿用来制火药，每家晚上的尿早上起来送去。每家只能留一口锅，其他的都砸了，全部炼钢了。唉，胡闹嘛。

韩：具体啥情况？

郭：当时天又不下雨，大旱，人饿得不行了。一顿饭吃几大碗稀水（注：粮食放得极少的稀饭），那都不顶饱，人都饿浮肿了，吃苦菜，吃苜蓿，凡是能吃的都吃。从外面拉来玉米碴、薯片、萝卜干吃……，（19）63、64年才慢慢转过来。（东西）都是按票买，攒一年也不够给新婆姨买一件衣服。唉，主要是自然灾害，还要给苏联还债造成的。

韩：用尿制作火药是咋回事？

郭：是把尿收集起来放在大锅里加热，蒸发后留下的结晶，里面好像有硝铵成分，做人工火药，修水库或其他的建设使用。

7. 当时我特别羡慕别人家的女人，心想我男人要是个小队长我该有多享福，也不用受苦了。

韩：你还能记起生产队那时候的其他什么事吧？

郭：记得每年到了秋收时，白天收割，到下午天黑时才开始分粮食，那时是最难为人的时候：你去早了不行，去晚了也不行。去早了说你不劳动、吃粮还积极得不行，去晚了说你不劳动还不来早点。把人弄得不行！没办法，（我）每次都先派一个娃娃去观察开始分粮没。分粮时生产队的小队长说了算，因为我家没男劳力，每次给我家分的都是不好的，洋芋是最小的烂的，就这我也不敢吭气。我们家五个娃娃和我一块去（往回）背粮，大娃背大布袋，小娃背小布袋。我家老小那时才八岁，天黑看不见，我们就打着手电筒深一脚、浅一脚，一个挨一个摸黑往回走。有时要往返好几趟，走得特别快。男劳力多的人家，女人们、孩子们根本不用去背，人家的女人们出来说话都特别气势。我丈夫在外面工作，一年挣的钱只够我们娘几个买口粮，可是在别人眼里你家男人是公家人、挣钱人，别人就不可能关照你。当时我特别羡慕别人家的女人，心想我男人要是个小队长我该有多享福，也不用受苦了。当时我们大人都去修农村简易公路，修大坝，小娃娃是大娃娃看着，后来生产队派年龄大的人看娃娃给工分。

　　韩：修简易公路、修大坝是哪一年修的？在哪儿修？

　　郭：1958年大跃进开始修的，在自己的村里生产队上，有时候还去外村联合修。

　　韩：能请假吧？

　　郭：那时不让请假，队长也不放假。唉，不干不行，可受罪了。

8. 我家主要是没有劳力，我老伴在外面工作，所以说家里门外都要我一个人干，大娃娃还能帮点忙……

　　韩：五六十年代妇女的家务活主要有哪些？

　　郭：那个时候的农村妇女家务活主要是缝缝补补、做饭做衣，啥都干。娃娃的衣服，老小的刚做好，老大的又烂了。我家主要是没有劳力，我老伴在外面工作，所以说家里门外都要我一个人干，大娃娃还能帮点忙，不过我家的女娃娃也都能干，当时村里都叫我家是"杨门女将"，娃娃们也吃苦了。

　　韩：那时宣传妇女解放不，是什么意思？

　　郭：妇女解放就是能上学了，自由了，能出门了，不像以前婆姨女子根本就不能出头露面，特受压制，地位低下。虽然是解放了，也不像现在女人们能顶半边天。

　　韩：你还记得当时政府对妇女有什么宣传吗，比如有什么标语、口号、歌谣、快板等？

　　郭：那时《婚姻法》宣传，当时编的有歌、快板、说书。记得有一段是"旧社会黑洞洞的枯井万丈深，井底下压着咱老百姓，妇女在最底层。看不见那太阳、看不见天，数不清的日月、数不尽的年，做不完的牛马、受不尽的苦，谁来搭救咱……"当时妇女们是最底层，现在的社会颠倒过来了，要说妇女也是半边天了，媳妇是婆婆的天了。

9. 现在回过头来看看，以前就一个字，"苦"。

  韩：现在回过头去，你能概括一下你父辈在五六十年代的生活吗？

  郭：解放前一般男娃很小就说媳妇了，我母亲比我父亲大一岁，还是缠的小脚，过门后就要干特别重的家务活，全家几十口人的饭、衣服，有时还要下地劳动……。解放之后我父亲晚上还要去上<u>冬书</u>（注：也叫"冬学"或"扫盲班"，是为了提高农民文化水平，冬季晚上举办的识字班，老师的工钱大家一起均摊，学习的主要内容是识字，学会写自己的名字）。（他）瞎好是识字人，思想比较超前，当时有做生意的头脑，有时搞点副业，后来叫人批斗得不行。我主要是我父亲叫我上学，他还是相对开放的人啊。妇女不识字，命运就是不行啊，要吃不少苦。和我一块去上学的还有结过婚的妇女，她们的男人在外工作，她们就要上学认字，要不然男人家就不要了。

  韩：您回想过去和现在的生活有什么不同吗？

  郭：唉，现在回过头来看看，以前就一个字，"苦"。不过，苦中还是有乐的，人们没有太多的想法，咱们国家整个贫穷落后么，我们那时几乎没有什么好耍的，再说也没有时间。家里的、地里的，忙得很，有点时间也是婆姨女子们聚在一起，一起做做针线活，拉拉家长里短，说笑话，开开心，穷快活么。不像现在这打麻将、打牌、看电视……，要啥有啥，真是不可比，相差十万八千里……

  韩：你知道哪些反映当时农村、妇女生活的歌谣或故事吗？

  郭：有个歌："洗了手，和白面，打发三哥哥上前线，任务摊在定边县，三年二年不得见。三哥哥当兵坡坡下，二妹子涧畔上灰塌塌，有心拉上两句知心话，又怕人家笑话。"

佳县崔领珍访谈

采访对象：崔领珍，女，1941年生。1959年结婚。婚前居住于陕西省佳县关庄乡崔家圪村三组，婚后居住于陕西省榆林市佳县兴隆寺乡古城梁村。共生育有五个子女，分别出生于1960、1967、1968、1971、1973年。20世纪50、60年代的家庭成分为中农。

采 访 人：秦宁宁，女，1990年生，陕西理工大学心理学专业2008级学生。

采访时间：2009年8月10日；2010年2月7日；2010年8月2日。

说　　明：采访对象为采访人的祖母。

1. 该就那种可厉害的婆姨才跟着了么！

秦宁宁（以下简称"秦"）：娘娘（注：佳县一带称呼奶奶为"娘娘"），你是1941年出生的昂？

崔领珍（以下简称"崔"）：嗯，我今年该68（岁）了么。

秦：对着了。那娘娘你记新中国成立着了不？

崔：记着了么，则该大人们都说新中国成立嘞，人民翻身嘞，能当家做主人嘞么。

秦：那娘娘你那阵能解下甚（么）是新中国了？

崔：唉，解不下该就听大人们说了么，就能晓得日子肯定比以前的好。那阵八九岁了估计也解不下甚。

秦：则娘娘，土地改革那阵你们家是什么成分？

崔：我们家那阵是中农。

秦：给你们家分土地了没？

崔：土地不动么，不分人家的，也不给人家分么。

秦：那你们家那阵有多少地你晓得了不？

崔：听说是有25垧（注：指一人一牛一晌可耕种的土地，大概2.5—3.5亩）。

秦：则你们家土改以后生活好了没？

崔：就那么个，没变么。

秦：则土地改革后，女的在家里的地位升高了么？

崔：升高了么！有了共产党，女的翻身了么！

秦：则那阵还斗地主嘞？

崔：嗯，听大人们说斗了。

秦：则女的斗了不？

崔：不么！

秦：则我爷爷说（女的）跟着了？

崔：该就那种可厉害的婆姨才跟着了么！

2.（集体化时期）一群人就做营生就拉话，说嘞笑嘞，可红火了！

秦：娘娘，你该记农业合作化着了嗯？就是农业社那阵么……

崔：嗯，记着了。

秦：那阵你们家的人愿意入社了不？

崔：先没入么，则该第二年下愣子（注：指冰雹）了我们才入的么。

秦：则入了社你们家有几个人挣工分了？

崔：就我爸爸、我妈、我，三个么。

秦：则那阵家务劳动谁做了？

崔：我、我妈还有我姐姐么，我姐姐那阵该有病了不可（注：去）地了咯么。

秦：则你见农业社那阵的生活有以前好没？

崔：一样。

秦：那人民公社是做甚了？

崔：该就吃食堂、修梯田、打坝、挖旱井么。

秦：那咱们这吃食堂吃了多少天？

崔：我们那（里）那阵好像吃了十几天。

秦：则食堂里吃得好了不？

崔：不好，肯定不好么！吃也吃不饱，也不好吃。

秦：则女的是不是不用做饭了则闲下了？

崔：闲下了？越忙了！修梯田、打坝、挖旱井，可忙了还……

秦：那就是女性的负担没减轻嗯？

崔：嗯。

秦：那你们家的人那阵乐意吃食堂了不？

崔：不乐意么。

秦：为甚？

崔：又吃不饱又不好吃！

秦：则那阵生产队要求女的下地劳动了不？

崔：要求了么。女的修梯田、打坝、挖旱井那些么。

秦：则大人们可地了咯，娃娃们咋办了？

崔：家了撂着了么，有老人的该给老人撂着了么。

秦：那你尔个怀念那阵的集体劳动了不？

崔：怀念噻不怀念，就是可红火了！一群人就做营生就拉话，说嘞笑嘞，可红火了！

3. （1960年前后的饥荒时期，咱们这里）则该就吃两颗救济（粮），再推的吃玉米芯芯，蒸的吃苦菜窝窝那些。

秦：娘娘，那你记得（19）60年前后的饥荒着了不，就是年成？

崔：记着了么。

秦：则咱们这饿得厉害了不？

崔：可厉害了！饿噻没人饿死。

秦：则那阵的人们吃甚了？

崔：则该就吃两颗救济（粮），再推的吃玉米芯芯，蒸的吃苦菜窝窝那些。

秦：则情况几时好转下了？

崔：年成估计有三四年吧。

4.（我找对象那阵）也没甚条件，一般就是有粮食，人老实则行嘞么。有的就看大人了，大人愿意的话没东西也行。

秦：娘娘，你们那时候咱们这的女子娃娃一般咋么大大结婚了？

崔：一般的都18、19（岁），还有早的也有迟的，该都看大人了么，不由各自么。我18（岁）了你爷爷24（岁）了结的婚么，（19）59年。

秦：则那阵时兴各自找对象了不？

崔：不，都各自晓也不晓得，（做）娘的跟老子的则跟人家说好了还。

秦：那阵宣传《婚姻法》了没？

崔：宣传嘞么，就开会讲了么，说要自愿结婚了那些。

秦：则那阵找对象有甚条件了？

崔：唉，也没甚条件，一般就是有粮食，人老实则行嘞么。有的就看大人了，大人愿意的话没东西也行。你老外爷（注：指采访对象的父亲）那阵该就说你爷爷是个好娃娃，你爷爷家那阵穷得连个甚也没有的，我死活不愿意，不是也（嫁）来了？

秦：你看见新中国成立以后女子娃娃们找对象是不是比以前自由了？

崔：嗯，自由了么。

秦：你不是说都听大人的了么（为什么还说自由了）？

崔：听是听大人的，就是我们结婚那阵人家（政府）该要双方都愿意了么。我可了领结婚证那阵，我舅舅则该给我教的说："人家问你愿不愿意，一定要说愿意了。"可了嚓，人家问你爷爷愿意不了，你爷爷说愿意了；人家问我了，我一下没说话，把个我舅舅急得！（人家）又问了我几遍，我说："不愿意还来了？"我舅舅则该才不急了。

秦：嘿嘿嘿，实际上嚓不愿意？

崔：则不愿意也没办法么。

秦：则你们那阵咋号女子娃娃好找对象？

崔：女子娃娃都好找着了，小子娃娃们该怕闹不下姨婆了么。女子娃娃都小小的则问出个了（注：指订婚）还。

秦：你那阵结婚时，女方向男方要的彩礼多了不？

崔：不多，都穷得甚没有的，还要甚了？一般则该就180（块钱）了、（或）240（块钱）了；那阵说斗了，一般该就三斗（小）米、三斗麦子。我那阵要了二斗（小）米、二斗麦子跟 140 块钱。你爷爷那阵穷得连个娘老子都没有，临后（注：指后来）还不晓给了嘞没。

秦：则你结婚那阵咋么办婚礼了？

崔：你爷爷那阵穷得甚也没有的，就请的些亲戚跟几个老小吃了三顿饭，哪跟尔个似（的）吃席了？那阵就吃一顿糕，就那号可粗（糙）的糕。

秦：则你们结婚穿些甚？

崔：我的是我爸爸到兴隆寺赶集给我两块钱买的布衫，你爷爷不晓借的穿谁的那么个大布衫、大鞋。

秦：则我爷爷还要借了？

崔：不借没有的么。

秦：则娘娘你结婚后几天开始做营生的？

崔：我就办事那两天没可地了，再的话天天可着了。

秦：则意思你甚营生也做了么？

崔：嗯，不做没人做么。

秦：则你认为哪号的夫妻是好夫妻？

崔：该就是常不淘气、不打架，都可以关心对方那号的就是好夫妻么。

秦：则你看见你跟我爷爷是不是好夫妻？

崔：你爷爷打噻没打过我，就是我一开始就对他不满意么：他长得太<u>猴</u>（注：不高大）了，那阵家里也太穷了。

5. 养你二姑姑那天，早起吃罢饭我到沟里灌了两回水回来，刚把水倒下噻，则肚子疼起嘞，我裤子一脱，就养娃娃。

秦：你有几个娃娃？？

崔：五个。

秦：分别是哪一年出生的？1960、1967、1968、1971、1973 年，是不是？

崔：我解不下么。该就你爸爸不要殁了噻该 49（岁）了，你大姑姑属羊的，你二姑姑属猴子的，你三姑姑属猪的，你<u>猴姑姑</u>（注：指最小的姑姑）比你三姑姑又小两岁么。

秦：那就对着了。则娘娘你那阵怀娃娃着可地了不？

崔：可了么。

秦：则能不可了不？

崔：能是能（不可地）了，（但是）不可不给挣工分么，则该不行了么。

秦：则你们可地了，有人照顾你们了不？

崔：谁照顾？都各忙各的了还。

秦：则你的娃娃该都是各自养（注：分娩）的，没人接生么？

崔：唉，各自养的么。养你二姑姑那天，早起吃罢饭我到沟里灌了两回水回来，刚把水倒下噻，则肚子疼起嘞，我裤子一脱，就养娃娃。

秦：啊？则跟前一个人也没有的？

崔：没。娃娃养下我还清醒着了，赶紧把裤子穿上，把娃娃拉席边底下一放，坐下就烧火，一阵把米汤熬出，则血迷得甚也不知道了。则该等你爸爸回来看见了，你爸爸一自（注：一直，从小）就那个灵活，则叫的上头你老娘娘、你大娘娘，下头聚财娘你也叫娘娘的，叫下一家人，才把我弄醒来的么。

秦：啊呀，则你不怕？

崔：怕甚了？怕也没办法么。

秦：则你们那阵坐月子吃些甚？

崔：就喝米汤么，就三天时吃一顿面，七天时吃一顿面么。

秦：则你坐月子的时候，家里和生产队对你有甚特殊照顾没？

崔：有甚特殊照顾？家里穷得甚也没有的，就吃两根挂面，喝一点米汤么。生产队还特殊照顾了？不可（地）了连工分也不给挣还。

秦：则你们能在家了神（注：休息）多少时间？

崔：一般的婆姨们都过了100天才可地了，我常40天则可嘞。

6. 一群人在一起做营生了，一个队还跟一个队比赛，看谁家先做完，可红火了。

秦：则你快结婚那阵，就咱们周围搞过大炼钢运动没？

崔：搞过么，各家各户把所有的铁的东西都送到大队可了，让炼（钢铁）了。

秦：则女的参加炼钢运动了不？

崔：有的参加了，有的不参加，人家有本事的就参加着了么。

秦：则她们做些甚？你晓得了不？

崔：我们可也不可，哪个能晓得嘛？

秦：娘娘你该参加过修梯田、打坝那些了？

崔：修梯田、打坝、挖旱井，我都可过。

秦：那阵你有几个娃娃？

崔：那阵好像就是养下你二姑姑嘞嘞，该就是有三个娃娃么。刚养下你二姑姑，我（生完孩子）刚过40天则可了劳动了还。

秦：则你可了劳动，娃娃们就家里撂着了？

崔：撂着了么。你爸爸则大了些了，（我）能引上可（地里）了。他们<u>猴的</u>（注：指年龄小的）就家里撂着了么，你爷爷连个<u>老人</u>（注：父母或祖父母）也没有的么。

秦：则你们参加这些劳动有工分了么？

崔：有了么。一群人在一起做营生了，一个队还跟一个队比赛，看谁家先做完，可红火了。

秦：则能请假了不？

崔：能是能了，就是没人请。有事的人都一阵把各自的干完则回来干活嘞，嫌请假扣分了。

7. 就是那阵白天可忙了，（家务）都要黑夜做了，还没电。

秦：你们那阵女的的家务活有些甚？

崔：该就是打扫一下家、做饭，给家里的人做鞋、缝补衣裳，还有照看娃娃、洗衣裳、纺线线、织布那些，跟尔个差不多。就是那阵白天可忙了，（家务）都要黑夜做了，还没电。那阵该白天忙得可地了，黑的则该点上马灯纳鞋底子、上鞋了么。

秦：<u>那得话可受了么</u>（注：意思是"那是不是可累了"）？

崔：尔个看见可受了，那阵嚷还能行，人们都就那么个么。

秦：则你们那阵衣裳也黑的洗了？

崔：那则该就响午回来一阵，抽空空则洗出个了么，不跟你们尔个是，洗的水一盆一盆地倒了。那阵就随便洗一下，共用一点点水么。

秦：娘娘，你还会织布了？

崔：会了么！我那阵还是个好织布的了！一天织的布就能缝一件衣裳了！

秦：这么厉害！则织布不是要线了么，线哪来了？

崔：就用那个捻砣，拿棉花捻了么。我那阵常把捻砣放得低低的，线吊得长长的，捻得细细的……

秦：则那阵织好的布是不是还要染颜色了？

崔：布织好则该送的染房了染个了么。

8. 我们家那阵是全崔家圪最有东西的，不是说没钱，我爸爸们该是说女娃娃念书没用，则该没让我们念么。

秦：那新中国成立以后你们那女娃娃念书不？你跟我老姨姨们（注：指采访对象崔岭珍的姐妹们）念书嘞了没？

崔：没，没念么。那阵该有你大老舅舅（注：指采访对象崔岭珍的兄弟）跟二老舅舅了，他们念了，我们没念么。我们家那阵是全崔家圪最有东西的，不是说没钱，我爸爸们该是说女娃娃念书没用，则该没让我们念么。

秦：那你们各自就不说你要念书了？

崔：那阵解也解不下还，就盘算女子娃娃们不能念书，该就听大人们的了么。

秦：噢，则那阵学校的学费书费贵了不？

崔：不跟尔个似（的）。那阵就要几毛钱么。那阵的钱该值钱么，一个大人揽一天工才能挣一两毛钱。

秦：那你们那阵想念书了不？

崔：想了么，看见人家们可学校，爱的还。

秦：则你们可学校耍个了不？

崔：一天可忙了，有时间了就可（学校）耍一阵，人家上课了，我们则该走嘞么。那阵女子娃娃们都不念书还。

秦：五六十年代那阵咱村是不是办扫盲班嘞嘞，上扫盲班的女的多了不？

崔：多了么，全村的人都扫盲了么。也有人拿个布绺子（上面）写些字让（人）认了，认罢才让过了么，认不得不让过。

佳县崔领珍访谈　287

秦：那你们那阵学到字嘞么？

崔：学到嘞么。那阵就家里的这些盆、碗、勺、筷子这些都会写嘞么，就是尔个都忘嘞么。

9. 那时候也看娃娃们了，各自不想念了则该没法念了么。

秦：则我姑姑们念过书了么？

崔：她们该顶都念嘞么。你爸爸的话还到兴隆寺念嘞嘞，还有你二姑姑（也到兴隆寺念嘞嘞）。你二姑姑那阵该懒，怕做营生，就让她念书了么。她那阵打乒乓可厉害了，可多人都能认得她了，都说那个<u>左连瓜</u>（注：左撇子）打乒乓可厉害了。她那阵到兴隆寺打乒乓还奖的奖状嘞。你大姑姑不晓得念书念的几年级，就（在）咱村念罢再没念。

秦：则我大姑姑学习好了不？

崔：她<u>就是那么个</u>（注：指情况一般）。你三姑姑那阵做营生可能行了，就没让她念书。

秦：哦，你们那阵是看谁做营生能行不让念书，谁懒不做营生让谁念了？

崔：那时候也看娃娃们了，各自不想念了则该没法念了么。你猴姑姑就念了一顿各自不念了么。

10. 该就是女的结婚不用光听娘老子的嘞，还要看个人愿不愿意了；女的不用缠脚；女娃娃们也能念书；女的跟男的一样样地可地里那些么。

秦：娘娘，你听说过妇女解放没？

崔：听说过么，那阵的人都说了还。该就是女的结婚不用光听娘老子的嘞，还要看个人愿不愿意了；女的不用缠脚；女娃娃们也能念书；女的跟男的一样样地可地里那些么。

秦：则你看见妇女咋能得到解放？

崔：该就是共产党给咱们江山打下来了，妇女们撑起半边天了么。

秦：则你看见你们年轻那阵妇女们得到解放了么？

崔： 得到了么，就我刚才说的那几样得到了么。

11. （五六十年代）就可忙了。

秦： 娘娘，就你刚<u>问的这来</u>（注：指刚刚嫁过来的时候）跟我爸爸们刚养下那阵，你们的生活咋么个？

崔： 该就那么个么。该就吃<u>些</u>豆糊糊、高粱饭、蒸窝窝么。那阵的豆糊糊就放几颗米，黑豆面碾得碎碎的，黑豆皮皮不拉出弄，就放一点点，熬得黑黑的、<u>糊糊的</u>（注：稠稠的），就喝那么些糊汤汤么……

秦： 则高粱饭了？

崔： 那阵的高粱饭可涩了，碾得可粗了，就嫌费米了，连个米也不放，就熬一些高粱擦擦则吃嘞还。

秦： 则蒸窝窝了？

崔： 那阵的窝窝就差不多都是<u>些糠</u>还。那该也比光喝稀豆糊糊强么。

秦： 娘娘，则五六十年代的生活给你的总体印象是甚？

崔： 就可忙了。

蒲城徐秀珍访谈

采访对象：徐秀珍，女，1924年生。1941年结婚，居住在陕西省蒲城县宣化镇；丈夫去世后，1951年改嫁至陕西省蒲城县荆姚镇东街村二队，即现居住地。20世纪50、60年代丈夫家的成分是贫农。

采 访 人：惠文娟，女，陕西理工大学思想政治教育专业2007级学生。

采访时间：2010年2月8日。

说　　明：采访对象为采访人同村的村民，按辈分，采访人称呼采访对象为"婆"，称呼采访对象的丈夫为"爷"。

1. 解放了以后，我还在青年队给引队（扭秧歌）哩，腰里系着红（布），手里拿一个帕帕，切面刀腰里别着。

　　惠文娟（以下简称"惠"）：你啥时出生的？

　　徐秀珍（以下简称"徐"）：我现在（虚岁）86了。

　　惠：是1925年出生的。

　　惠：那新中国成立的时候，你还记得不？

　　徐：啊，那都记得，那听人说哩，那也记得。解放了以后，我还在青年队给引队（扭秧歌）哩，腰里系着红（布），手里拿一个帕帕，切面刀腰里别着。

　　惠：扭秧歌哩，热闹不热闹？都有哪些活动？

　　徐：热闹么，打旗旗的、敲鼓的……。（我）头一个（丈夫）不是在咱这里，（我跟）头一个17（岁）了结婚，在宣化（注：指蒲城县宣化镇）哩。（改嫁）到他爷（注：指现在的丈夫）这，（我）二十几了。到这时，就解放了。解放以前在那些（注：指在宣化镇时），没弄啥。到这些，就是有博博他大伯

（注：指采访对象的儿子，1952年出生）时，还（推）举我（当）青年代表。咱有娃哩，又不识字，老早又不念书，我这姊妹八个，就我是老大。我现在是把两个兄弟、一个妹子都<u>下去了</u>（注：指去世）。

2. 老早那就是的，老封建么，说"女娃十二三，都不离娘的裙边"。

惠：就是你小的时候，女娃上学多不多？

徐：那不多。到<u>我手里时</u>（注：我们那个年代），那都是少数。有那财东叫的专门的先生给（娃）教认字哩。

惠：那你的父母愿不愿意叫你去上学？

徐：愿意。那可没有女娃去（上学）。老早那就是的，老封建么，说"女娃十二三，都不离娘的裙边"。<u>老些</u>（注：原来）常那样讲。现在女子大了，满到处跑哩，打工去了、念书去了。老早里，还有十四五（岁）结婚的，十五六（岁）娃都抱下了，我那还最迟了，长得大了（才结婚），17（岁）了么。那<u>五顺</u>（注：人名）妈你知道不？

惠：我知道。

徐：五顺妈，那人认的字多。那老早她爸是先生，回来给她一天一张网格（叫她练字），那（他爸）白日在（学）校里黑了回来，给她排（字）哩。那认的字多，那爱看戏本子，我也爱看，爱那老戏。

惠：你那（没上学）主要还是当时没有条件？

徐：在我娘家，姐妹八个，那就叫四个小子上（学）哩，四个女子没上学。

惠：那不让你念书，那主要是叫你做啥哩？

徐：做活哩！一双一双袜子都缝哩，不是现在说你有钱哩，买一双。老早你十几了，结婚的时候，院里有那纺线的工具，纺下的线，粗的陪（嫁）俩个，细的陪（嫁）三个，你早早地就准备嫁妆了。

惠：那你那几个兄弟念书念得多不多？

徐：念得多，我老大兄弟下去了，开化那藏民哩，那都远得太太的了，开化藏民哩（下去了的），（埋）在那藏民的烈士公园。我屋里还有个老四兄弟，老三在铁路上哩，在这<u>钟家站</u>（注：铁路车站）上哩，给扳闸哩。

3. 娃大了（自然）叫念（书），那念得好坏是自己的事，你再有钱供，（娃）不念也不行。

  惠：那你五六十年代生的那些娃上过学没有？
  徐：上过么。
  惠：都上过？
  徐：噢。
  惠：那当时为啥愿意叫娃上学？
  徐：当时都叫娃念书哩，谁都是那。我那（娃）还不好好念，没上过高中，基本都是完小毕业。我老大19（岁）了（的时候），当了三年兵，可回来了。
  惠：那就是你那时还愿意叫娃上学，为啥？
  徐：那时叫娃六岁、七岁、八岁念书去，都叫娃认字哩，那不是说有啥原因哩。娃大了（自然）叫念（书），那念得好坏是自己的事，你再有钱供，（娃）不念也不行。

4. 那不贵，（但是）那没有的，那挣不来钱，光是种庄稼哩，这锄地呀弄啥呀的。

  惠：解放后咱这女娃上学不上学？
  徐：那有的上哩，有的不上。
  惠：那女娃上学多不多？
  徐：不多。
  惠：为啥女娃上学不多？
  徐：没钱么。我大女子今年都46（岁）了，当时念书还念得好，后来不念了。三块、两块（钱）都拿不出来。那屋里做庄稼哩，她爷又不挣钱，她爸的文化浅，我还没进过学校，娘家姊妹八个，跟下（注：指比采访对象年龄小的）那几个兄弟认几个字，那还不太给咱教。
  惠：那学校要的学费贵不贵？
  徐：不贵，三四块钱。那不贵，（但是）那没有的，那挣不来钱，光是种庄稼哩，这锄地呀弄啥呀的。我那三儿三女，那他爸弄一点馒头，穷得，没啥吃；他爸做哩，黑哩织布呀纺线呀，没啥吃。

  惠：那没啥吃，吃啥哩？

  徐：在地里挑点（野）菜了吃，（娃）他爸会织布么，织些布换粮食。黑哩叫娃纺线，点的清油灯、煤油灯，<u>老早</u>（注：指以前）没电。

  惠：那时咱这的女娃愿不愿意去上学？

  徐：愿意么，有的人愿意。……

5. （我）不得（经常）去（扫盲班），有娃哩。

  惠：那你现在认得字不？

  徐：认不得。

  惠：自己的名字会写吧？

  徐：不会，不会写。我那名字给我写下，叫我见了可（是）能认得。

  惠：那解放后，一九五几年、六几年，那个时候咱这有没有办过妇女扫盲班？

  徐：办过。办过都叫去哩，那是天天黑了扫盲哩么。老早念的语录多得太太哩，我娘家是南边滩里徐家的，往徐家去，出这东门，我这现在是在东门外哩，<u>劳儿</u>（注：人名）那店店那是东门口，城门不是拆了？我（嫁）在这时，那（城门）都60年了。就在那城门那里办的（扫盲班）。

  惠：那咱这当时办的妇女扫盲班，妇女去的多不多？

  徐：那我可不知道了，（我）黑了管娃哩，在屋里哩。

  惠：那你都没去过？

  徐：去过，去过，<u>都少数</u>（注：指偶尔去过）。

  惠：那你为啥不常去？

  徐：不得去，有娃哩。老早哩（娃）没人管，那娃要吃奶，（娃年龄）一个跟一个，一个比一个大四五岁。

  惠：那你在屋里除了管娃，是不是还有其他活哩？

  徐：那缝衣服呀，一双袜子都要缝哩，那娃，这么高的、四五岁的，袜子都要缝哩，哪有现在有钱了就买哩。哪（像现在）出去把钱拿上，把衣服一穿都回来了。（现在）你看那刚生的娃，这么长的，（有卖的）那长袄、小脚裤子……

惠：那扫盲班你还去了几回？

徐：去了几回，去了（学些字）回来就忘了，记不下。

惠：那你当时去那扫盲班的时候，你觉着那人多不多？

徐：多么，去的有哩，谁黑了说没事了（就去了），有的还夹着娃（去）。那人多得太。

惠：婆，你还记不记得当时，你这先后（注：指妯娌）几个有没有去上过扫盲班？

徐：去过么，她（们）都认不得字。

惠：那去了现在都不认得字了？

徐：那还是去一下、不去一下的。跟我年龄小的（去的人）多哩。我这老三（先后），我叫三嫂哩，但咱（嫁）来得迟，我比她大十七八（岁）哩，再在的话就七十多（岁）了，今年都过世三年咧，她就去过；我二嫂还跟我小几岁哩，也去过。我那时心不静，屋里（事情）搁不下。人说看那吃了做啥去呀，还管娃呀。看，要是到地里去，就穗杆子、拐子（注：纺线工具）都拿地里（抽空做），黑了回来还是纺线呀织布呀。那时没啥吃，说过年呀，腊月二十几都没啥吃，撩（注：指用针线缝）下些（布），弄些白线把两个单子（注：床单）、三单子撩下，拿出去换了 60 斤麦子，还要（供）那么些人（吃）哩，人多。就那，还有人说你撩的那（针线）咋呀……，我回来还气地说，黑了（一边）怀里夹个娃吃奶哩，（一边）织布，哪知道（咋撩的）；你还嫌不好，你知道我咋弄的……

6.（解放后找对象）那都要同意哩，那还叫见哩么……

惠：你那时候咱这一般女子娃，多大年龄才开始找对象哩？

徐：那都十七八了的。那时毛主席定下的，男长 20（岁）、女长 18，合乎这条件才是正当的。

惠：解放前头里女娃找对象都是几时？

徐：那还是人家来给说（对象）哩。人家来说了，那个时候不见面，嫁鸡随鸡、嫁狗随狗，介绍人光（给）那家长一说这是哪块的，说那屋里都有啥哩、家长咋样……

惠：那双方都不见面？

徐：不。

惠：那光家长去说愿意就对了？

徐：有（的）那托人（打听）哩，说哪块的离得近，让到哪看一下，(托的)那（人）就说那娃好。

惠：那解放前头里咱这找对象一般都要啥条件哩？

徐：那个时候要啥条件哩？或者说一捆（棉）花，有（的）那说一（个）布、两（个）布，一个布估计四尺。（娘家问男方）要下了给你陪（嫁），要不下就不陪了。那（男方家里）给（布）边边拉一道红线，说那是给娘家的，白布弄个红边子，说起四尺，实质是三尺八的。那时（男方）拿下啥，（女方）都（拿）在街里卖哩。

惠：那咱这解放前和解放后，娃找对象差别是啥？

徐：都没有啥差别，那等到结婚都同意了。解放后说，领取结婚证，过的好光景。

惠：那解放前是不是包办婚姻？

徐：那也不包办。包办的是少数。咱也是听人说，咱手里也没过过那，有这<u>外面人</u>（注：指成年男子）、<u>屋里人</u>（注：指已婚妇女）或自家人看娃小，把娃给（别人）换钱哩。

惠：那等于是把娃给卖了。那像你那几个，你妹子啦，当时是多大才找对象该？

徐：那都大，那都是十七八。现在一下到二十几（才找对象）了，那个时候没有那么大的。

惠：那毛主席那个时代找对象的时候，对对象有没有要求？就是看对象屋里有没有钱或者是贫农呀、还是中农呀，有没有这种说法？

徐：那贫农跟贫农能当亲，下中农跟上中农、富农不打搅，上中农、富农娶媳妇不好娶。

惠：那当时有没有寻当兵的？

徐：有哩么。

惠：那是不是寻当兵的跟贫农的比较多？

徐：贫农、中农、下中农，我（找的）这就是贫农，我那<u>家长</u>（注：指公公）五个儿子、两个女，<u>老婆</u>（注：指婆婆）三十几就下去了，他就跟男寡妇一样，照看这些娃大了。

惠：那咱这在解放后，女娃在婚姻上是不是比以前自由了？

徐：那都要同意哩，那还叫见哩么，或者是不答话，暗里一见，或者是明里，谁要见就在这一过，（或者是）看咋弄哩。

惠：那还是要娃愿意以后才定哩？

徐：噢，噢，有的娃还不愿意。

惠：那个时候有没有像谈恋爱的，像现在一样？

徐：没有，没有那。

惠：都是经过介绍人说下以后，双方见面？

徐：对，双方一见面，你同意我同意，那是暗里见；明的见都对了。

惠：毛主席那个时代那姑娘找对象，喜欢啥样的男娃？

徐：那要看那（女）娃咋看，说是要第一是成分。照我这大女（嫁）给板桥渡，那干妈的姨给她找的，板桥渡张家的，是贫下中农。

7. 那我这是先说了一个（对象）是17（岁时），（改嫁）到这时28（岁）。

惠：那你跟我这爷（注：指采访对象现在的丈夫）的婚姻是由家长说的还是？

徐：介绍的。

惠：那你当时见面哩不？

徐：那见哩。那当时是亲戚，那谁在谁家去都见哩。那时（他）在兴平念书哩，青年从军他报下的，那屋里的家长都不愿意他去，那偷地跑了。随去（注：指刚刚去的时候）一般是枪连，后来把那转成炮兵连，他一直往前扑哩，炮兵连、坦克车，你都知道。坦克车在那打仗哩，毛主席的毛岸英，那时十七八，现在我都86了。你这爷15（岁）去（当兵）的，25（岁）回来的，那打对了（注：指打仗结束了）就回来了。

惠：那你啥时候跟我爷（注：指采访对象的丈夫）结婚的？

徐：那我这是先说了一个（对象）是17（岁时），（改嫁）到这时28（岁）。11年里，（嫁）给在那块，下了一辈子苦，给人家做了11年，跟那长工头一样，跟下他那儿子，那屋里……。这里是（你爷）在那兴平念书哩，当兵走了，那时（政府）器重他屋里，还有俩哥一兄弟（都当兵了），这一走都走了。

（我）跟下这里种麦子呀、种秋呀、锄呀、畔呀。

惠：那你在这边结婚的时候是 28 岁？

徐：噢，到这我 28 岁，他（注：1922 年生）比我大三岁，31 岁了。

惠：那结婚前不是要彩礼哩么？

徐：那个时候一份礼 240（元）。我娘家那时也不在乎那，知道我在人家屋守寡 11 年了，给娃寻得对象就不在乎（彩礼）……

惠：那你结婚时婚礼是啥样子的？

徐：那没有咋，那老早就是那。你知道老早那娶寡妇，（天）黑了或者是早上天没亮悄悄把你一叫。

惠：黑了叫哩？

徐：噢，黑了叫哩！我那结婚时是白天，还在县里该。

惠：那你结婚的时候在婚礼上都没有举行过啥？

徐：那没有，那给亲戚一说，亲戚一来。结婚时，在厨房前拜个堂。

惠：那你当时跟我这爷穿的啥衣服？新郎新娘穿的啥衣服？

徐：不，那还穿啥哩？外面人（注：指新郎）不穿啥，这里面人（注：指新娘）也不穿啥。我那时还是夏天，（农历）四月天气。老早那一个蓝衫子，一个黑裙子，老早都穿的那。

惠：那不戴啥？

徐：不戴啥。

惠：那我爷穿的啥衣服？

徐：那还是一身，弄的灰色的衣服。那时就他爸一个，他妈死得早。

8. 老早那不是在地里，就是在屋里纺线织布。

惠：那你结婚以后几天才开始干活哩？

徐：哎，那就说不来了，今儿来今儿下午要去（干活）就去了，那谁管你哩？我结婚那月里锄麦子哩、掘菜哩，老早那都是掘苜蓿呀、锄麦呀、在地里挖扁豆呀……

惠：那不是说，在民国时期，就是蒋介石那个时候，说是陕西有些地方说"新媳妇三天不下厨房"么？三天不干活么？咱这有没有那习俗？

徐：有哩，有哩，有的那十天都不去都由她的，那也不是说那强迫的。

惠：那解放后，政府就开始宣传说"新媳妇第二天就可以干活了，要那不怕脏、不怕累"？

徐：那有哩，有哩。

惠：那解放前和解放后关于这方面有没有变化？就是说新媳妇干活这方面？

徐：没解放前做（活）哩，解放后还是那。有的还不是第一天来，第二天就下苦哩？

惠：那解放前，说是像有些媳妇就不在地里劳动，就干也是干家务活？

徐：都去（地里）哩。老早那说"再坏的男人都游州过县，多好的婆娘都是在锅边转"，那都是自由的。那有家长的（媳妇在地里）做得少，没有家长的做得多。

惠：那你那时都有些啥活？

徐：老早那不是在地里，就是在屋里纺线织布。

9. 怎样是好婚姻，那就是在这屋里畅快了好，这家子人都待咱好，那这就是好。

惠：婆，你那个时候认为什么样的婚姻是好婚姻？

徐：怎样是好婚姻，那就是在这屋里畅快了好，这家子人都待咱好，那这就是好。你再到这屋里跟这家长再（合）不到一块了，家长今寻事（说你）做啥不对，明寻事呀，这就不好。

惠：那你觉得什么样的夫妻是好夫妻？

徐：两口子好了就是好夫妻。老早那谁知道？你看那电视上，看现在，看谁跟谁不对离婚哩，（老早那）跟那一辈子不打架、不搁掌就对了。那说家有贤妻，男人不做坏事么。就是那不论啥事，婆娘还起作用哩。

10. 哎，（怀孕了）老常都是小跑，还跑得跟不上。

惠：那你有几个孩子？

徐：我六个，三个儿三个女。

惠：那时候你怀孕期间能休息不？

徐：不，那一天老常做（活）哩，忙忙紧紧地。

惠：那你怀孕，那人不是说要小心一点哩么？

徐：哎，那时就不管那事。那啥都做哩，不休息，啥都做哩。

惠：那肚子多大了，做啥都不方便？

徐：那可没有的。才有了（身孕）的，那啥都做哩。那有的说，不做啥（娃）还<u>跌</u>（注：指掉下，流产）了，怀不住。我那就不管，晒麦哩、给张口袋哩……。那时<u>上大灶</u>（注：吃公共食堂）收拾粮食，一天五六十<u>桩</u>（注：指长约1.5米、宽约40多厘米的口袋），天天筛粮食。

惠：那你当时是主动劳动，还是不得不劳动？

徐：不劳动，你人就分不下粮食，自动地就要去哩。

惠：那就是说是在农业社了、在生产队的时候你不是主动去，但又不得不去？

徐：就是的。

惠：那生产队有没有要求你去地里劳动的时候？

徐：那也有哩，那说你不劳动那就把工分一扣，你就分不下粮食了，也吃不上了。现在你随便磨面粉，100斤粮食些，剩下半袋子麸子。那个时候那给你说，这么大的小簸箕，（磨面粉的时候）一下一倒，一下一倒，这块那爷爷有磨面机子，一天磨几千斤麦哩，<u>磨得干净</u>（注：指剩下的麸子很少）。

惠：那在怀孕期间，你在生产队干活有没有得到照顾？在家里干活有没有得到照顾？

徐：不，那谁管你那事？（你是）给你（自己）生娃哩。

惠：那队长都没说把那轻活派给你？

徐：有那，有那哩。有时说这年龄大的（去筛粮食）。就那筛粮食也不轻，不让你蹲着做。黑了割麦子时，你（怀孕）蹲不下了，让你用钯钯割，或者这么长的铁板板你可以跪下弄。我可嫌麻烦，我就做了，就是将身子立下，用手耧哩，你耧给五下用脚往前一踢，可再耧五下，都是腰子弯下。

惠：那就是在怀孕期间在生产队干活，干的活也不轻？

徐：不轻，不得轻。那推粪去，回来了（往锅里）把水添上，锅一收拾，柴架上让（火）烧着，回来再看火灭了，可再烧、添些柴可走了。那有时还说头一晚上把菜都切下，第二天早上早早起来，锅收拾了，水烧了，就下米呀、做啥呀，把柴添上就走了。回来了，那队里的队长还没回去哩，你就急得赶快做（饭）。（如果）你回来（上完）厕所再去、再叫娃吃（奶）、再耽搁，半天一个饭做得还没吃到口里，可打铃（叫上工）哩。哎，老常都是小跑，还跑得跟不上。

11.（在家里生娃）那害怕那咋？那说婆娘都是铜心铁胆。还能有啥办法？

惠：那你生娃的时候有没有给屋里请接生婆？
徐：请哩么，是邻家百亲（注：指本家族或关系好的）的老人（来接生）。
惠：那没有去过像那卫生所了、医院了？
徐：没有。
惠：那当时咱这跟前妇女生娃是不是都是这样子，都是请的接生婆？
徐：有的就是的，有的那谁家的老婆给人收娃（注：接生）哩（就请过来）。那都是好生的娃，难生的娃就是你请下接生婆也生不下。好生的娃，你把脐带逮住用剪刀一剪就对了，跟前有啥（东西）哩，（拿过来）把娃一擦就行了。就是用布布子啥了，把娃擦一下，脐带一剪。
惠：那你在家里生娃觉得害怕不？
徐：那害怕那咋？那说婆娘都是铜心铁胆。还能有啥办法？
惠：那有没有发生过危险？
徐：没有。
惠：那你知不知道咱这有生娃的时候发生危险咋处理？
徐：那谁咋知道哩？那都在个人屋里哩。那说谁拾了娃，子宫大出血，有那哩，那是我队里安娃他哥商娃的婆娘。

12. 坐月子这段时间，我跟你爷俩个互管哩……

惠：那你在坐月子这段时间里，家里和生产队有没有给你有特殊的照顾？
徐：我没有。我队里有一个，那是连胜他妈那时，那（生产队）给拿的黑糖了啥的、鸡蛋，看（望）该。我没有。
惠：那家里哩？家里有没有在坐月子这段时间对你有啥特殊照顾？

徐：坐月子这段时间，我跟你爷两个互管哩，这先后都是各顾各屋里。那时我娘家有妈哩、有婆哩，给我烤些干馍。那时打馍划不来，你要借人石头呀、借人锅呀，再叫些人帮忙打，你吃他吃（打的馍又）完了，那花价大么。那要吃再（把蒸的馍）一烤。慢慢地咱娃也多了，这（娃）想吃那（娃）想吃，有也吃不到（我）嘴里，咱是大人，都给娃了。

惠：那你生完娃能休息多长时间？

徐：那就是几个月哩。

惠：那你休息的还时间长？

徐：那休息时间不长，那大的、小的都要你管，还要给做饭哩。你下地，月娃还要吃奶哩。那也没有人说让你做，你自动的。

13. 那就是你到啥时候了做啥……

惠：那咱这初级社、高级社还有人民公社，那妇女干活，生产队一天给多少工分？

徐：那时的（十个）工分就（值）两毛来钱。

惠：那你下地干活都做啥哩，都干哪些活？

徐：那就是你到啥时候了做啥，或者拔（棉）花苗（注：指间棉花苗）哩、锄（棉）花哩……，把（棉）花苗拔完、一锄，等几天（棉）花这么高了可弄掉花骨朵哩。再就是一年把玉米掰下了，倒到车上，拉走了。掰的时候你掰去，有时掰回来可叫剥呀，剥到时间就叫你回去吃下些（饭）。

惠：那在初级社、高级社、人民公社里，这三个时期，妇女在生产队干活有没有差别？

徐：那有啥差别哩？那就是老年一排、青年一排干活哩。

惠：那五六十年代妇女的家务活主要都有哪些？

徐：那家务活就是纺线织布……，再那缝衣服，冬里的、夏里的，自己给自己缝的穿哩。还有给娃做一双袜子，冬里的是棉袜子，就是那白布里面装点棉花，就那样穿哩。这（农历）二三月里，就夹下（注：指做夹衣、夹袜）；再热得很了，就单皮。

14. 那我屋里（走）不得开，不然娃都给谁搁呀？（我）老汉去（炼铁）该。

惠：那咱这（19）58年、（19）59年有没有搞过大炼铁运动？

徐：那时候都有哩，咱村里有哩，大炼钢铁么。

惠：那你还去该？

徐：我没去。那个时候我就不能出去。

惠：为啥？

徐：那我屋里（走）不得开，不然娃都给谁搁呀？（我）老汉去该。

惠：那妇女有没有参加过大炼钢铁？

徐：有哩，那都到中街（注：地名）哩，那我邻家忠喜她阿家（注：丈夫的母亲），那时在大炼钢铁里做饭哩。

惠：那炼钢铁的时候妇女（除了做饭）还干啥活哩？

徐：那谁知道那在那里干啥哩？大炼钢铁咱没去。

惠：那听人说过没有？

徐：那都忘了。反正记得她在那里做饭哩，见了你叔叔一直叫哥哥、哥哥，她老汉也去（炼钢铁）该。

15.（修水渠、水库、铁路、公路）那可能回回都没把他漏过。

惠：那你参加过没有修水渠、水库、铁路、公路？

徐：那都弄过，那这块当时有该。

惠：那你去过没？

徐：我没去过。

惠：那我这爷去过没？

徐：那可能回回都没把他漏过。

惠：那咱这修水渠，我听我那头那爷说是六几年？

徐：那可能是的。

惠：那六几年，你有几个娃？

徐：那谁知道？那你拿着算这有多年。

惠：对，你说我算。你最小的（孩子今年）多大了？

徐：最小的给你说都39（岁）了。

惠：那就是1971年生的。

16.（妇女解放）就是慷慨了么。

惠：那婆，咱这五六十年代有没有宣传过妇女解放？

徐：宣传过么。

惠：那你当时认为妇女解放是咋回事？

徐：解放咋回事吗？那就是说妇女翻身了，那说是遭过家长（注：指公婆）的罪（的妇女）。咱没有遭过家长（的罪），老早在这没有家长，在那边有哩。那边的家长不难为咱，他儿不在，赶咱17（岁）他儿不在，跟我娘家是亲戚。在这有大儿、二儿，那娃吃啥，都给我哩。给你说的是实在话，在（第一个丈夫家里）那干了十几年，那时他（家）也种了60亩地该，耕不上、做不完，那时屋里也乱得……

惠：那你当时觉得妇女咋样才能解放？

徐：那我也想不来那。怎样才能解放，那就是不太那样虐待了，那也就是见了人家能慷慨说话了。

惠：那像以前哩？以前妇女咋样？

徐：以前那妇女，娘家来人，这好比今那有个屏门，屏门外面搁个桌子，她娘家人都在那里，那阿家叫你去，你才能出去见你娘家人，哪怕是她爸叫哩，（阿家）再不叫去就别想出那二门。

惠：你认为五六十年代那妇女得到解放了没有？

徐：五六十年代，那后来人都那个些（注：指好一些）。

惠：那你觉得妇女的解放主要表现在哪些方面？

徐：就是慷慨了么。老早里到地里去，照我这年龄，那个时候说做媳妇，说到地里拾麦子去哩，还把裙子穿下，还穿的裙子，在外面见了人还拜哩；出了城了，到地里拾麦子，把裙子一脱拴到笼拌子（注：篮子的提梁）上，那做啥（活计）过程里，那（裙子）还是不（会）烂。裙子用布做下的，或者你平常在你娘家去了（穿）。那老早也有绿的红的那裙子了啥，到地里去都穿的，那都图啥哩啥讲究。

惠：那解放后就没有这种情况了？

徐：那就没有了。赶我手里受苦都少了，我这脚都是那个时候拆了的，那个时候七岁都裹脚哩，我这脚都疼得。

惠：那解放后，宣传妇女解放，那就解放了？

徐：解放了。老早那大脚，最后人都说那好。那缠下脚血脉不活，拾下娃了都不行，伤娃得太。我都没有（缠多长时间），就我还把两娃<u>伤</u>（注：指夭折）了，（比如）那老大女。那年<u>麦里</u>（注：收割麦子的时节），（农历）五月十三生那女子，白胖白胖的，那叫的咱这（的）人（接生），那娃下午生下来还好好的，可说给娃舀一脸盆水给洗一下。那脐带剪的一扎，有点短。那就说叫舀一脸盆水晒到那一洗，我说你要洗就洗，黑了娃就（发）烧哩，后来抱到<u>先生</u>（注：指医生）那叫看哩，就那不行。那阵咋可说是个女子实在不行就不要了，到县里去了两次都说不行了……。你都没有吃过那麦杂，麦子熟了，看起来还是那稠面水子，把那弄回来，把那大麦、小麦都弄回来，搁到地下，拿刀一直刹，一刹，拿簸箕一簸么，那一簸那还光得很，那一簸后再一磨再一淘，把那戳成条跟饸饹一样……，你把那调上光的还好吃。我那生那女子那就吃的那。

17. 人说老早（女）人那脚（可以放）在醋碟里。

惠：那你这脚原来缠过？

徐：缠过么。缠的那（时候）我有我婆哩，我婆没有女就我爸一个，那（她）生下娃没奶，你看现在有羊哩，那个时候也没有家长，我婆没有亲妈，有那九娘哩，那是山里人，老打她里，拿粗棍啥（打她）。你应该知道老早那打牛马那棍吧，抽出来，拿起来打哩！把头打得一个个疙瘩，她拿手一摸棍又打到指头上，我都记得那，一下这指头半截都是黑的，那（她九娘）打她头哩她这么一拦就这么了。那（她）之后受的苦还多。我七岁裹脚哩，我婆是<u>门头大汉</u>（注：身材高大），(她)说抱我哩，她不想说拆那裹脚。我婆那脚，我婆那舅管的她，那脚都握到这了，那就把这掰开，把这洗哩、洗哩。哎，那指头就是这，这大拇指头弄成个尖尖子。我外婆那脚都没有<u>锤头</u>（注：拳头）大，我外婆也是门头大汉的。

惠：那个子那高些，脚……那都站不稳？

徐：站不稳。站下跟柳毛腿一样，站下一直在动，反正站不住，就那样我外婆还打秋千哩。你把那（粗绳）拴成一个钩搭，打（秋千）时捉住绳，两脚蹬住那，一下蹬紧，挨住绳。要是你那脚再脱了掉在空里去了，那可把人一下跌下来了。我那缠脚是白（天）缠哩黑了拆哩，脚烧（疼），一直给我婆说哩。我妈没和我婆在一个炕上睡，我姊妹几个跟我婆睡的哩，袜子一脱，把那一拆，扔到炕头去睡。第二天我妈可打呀，她就坐在那，两腿搁到那可给你缠。

惠：那像你妈她有没有缠过脚？

徐：那缠的哩。那我外婆给她缠的哩。

惠：（你妈）她给你缠哩？

徐：她给我缠哩。那时候女娃都缠哩！到我那几个妹子跟前就不缠了，到我手里那都拆脚哩，慢慢的外面来的（人），坐的那轿车（注：指马或牛拉的车厢有盖的木制车），那是收裹脚（布）的人。就是那，你把脚拆了走不成，疼。

惠：你拆了，那可走不成？

徐：你看那缠惯了，缠惯了就跟人穿下的袜子一样。那小脚，缝的袜子这么宽些。那阵做的鞋，拿着指甲刻里，那薄薄的，那刻的鞋帮子上哩，跟大些那桃一样……，那老早就是那，就像高跟鞋。那裹脚把人难受得。人说老早（女）人那脚（可以放）在醋碟里。

惠：醋碟？

徐：你记不得，那醋碟这（么）大些，就跟那老早里卖甑糕的吃的那这大的白碟碟，就是那。老早里坐席，来客吃着饭去，就那四碟碟菜，一碟碟蒜、一碟碟油泼辣子或者那红萝卜或啥，那喝酒碟子，吃馍哩、吃饭哩，就那锤头大的小碟碟。

18. 记不起（当时对妇女有啥宣传了），那时屋里负担重很。

惠：那还记不记得咱政府当时对妇女有什么宣传？

徐：老早里宣传那咱咋知道哩？

惠：那你记不记得当时宣传的标语了、口号了、歌谣了、快板了什么的？

徐：啊，那现在都记不起了。我在那宣化的时候还给带队（扭秧歌）该。

惠：那你带队的时候有没有听说过这方面的标语了、歌谣了、口号了？

徐：当时知道，（现在）都忘了。老早那知道，那腰里系上一条红，这别一个切面刀，有的手里还拿着旗旗。

惠：那拿的旗旗，嘴里肯定还要说些啥哩不？

徐：说哩么。

惠：那大概是个啥？

徐：忘了，（当时）记得多得太，（现在）都记不起了。

惠：那有没有啥歌嘛？

徐：那老早那歌、语录多得太太的。那往哪块去、往我娘家去、你就往这<u>甘泉坊</u>（注：地名）去，你不念几条语录你不得过去。

惠：那你知道那些能够反映农村妇女的歌谣吗？

徐：记不起，那时屋里负担重很。

惠：那你有没有参加过那时那块妇女唱歌？

徐：那都去哩，之后我跟民周妈，民周妈做姑娘的时候念过书，之后队上还（选）举我（当）人民代表该，那我没去，没有念书。再（一个）你爷爷说忙得跟啥一样，还做啥去哩。我在宣化的时候（政府）叫我做啥我都去哩……

惠：婆，那你原来有没有当过啥公职？当过啥干部？

徐：没有。给（你）说就是（选）举（我当）青年代表该，我也不愿意，就没当，那嫌每天开会哩。在宣化当该。

蒲城县刘秀云访谈

采访对象：刘秀云，女，1943年5月16日出生。1961年结婚，婚前居住地为陕西省蒲城县平路庙乡东岭，婚后居住地为陕西省蒲城县东杨乡三兴村三组。共生育有五个子女，分别出生于1963、1964、1966、1968、1976年。20世纪50、60年代丈夫家的家庭成分为小土地出租。

采 访 人：缑小敏，女，1987年生，陕西理工大学思想政治教育专业2008级学生。

采访时间：2009年7月28日；2010年2月15日。

说　　明：采访对象为采访人同村的邻居。

1. 我是因为我妹子比我小七岁，要看她，没上学。

  缑小敏（以下简称"缑"）：你是哪一年出生的？

  刘秀云（以下简称"刘"）：1943年5月16日。

  缑：新中国成立的时候您记得吗？啥样子？

  刘：那时候才六岁，也不知道啥，有驻扎部队，不知道是毛主席的还是老蒋的。

  缑：新中国成立后，咱们这里的女孩子上学的多不多？

  刘：不多，但（一九）五几年就有扫盲班了。

  缑：上学学费贵不贵？

  刘：学费不贵，就几毛钱，但那个时候的钱很值钱。

  缑：女孩们想上学不？

  刘：想上学哩么！（和我）一般大的女娃有上学的，但上学也就几天就不念了。我是因为我妹子比我小7岁,要看她,没上学。

缑:父母乐意让女孩上学不?

刘:父母不愿意,重男轻女,男娃就叫上学,想着女娃不上学省钱,还能帮屋里干活。

2. 女子夜校,全女的,都积极得很;不想上的就在屋里做针线活。

缑:五几年咱们这办了扫盲班以后,到扫盲班去认字的女的多吗?

刘:女的多,女子夜校,全女的,都积极得很;不想上的就在屋里做针线活。

缑:当时扫盲班办了多长时间?

刘:办了好几次,每次基本上就是一个冬天。

缑:你当时对扫盲班的兴趣大不?

刘:大。但是现在连一个字都没记到。

缑:咱们这里的扫盲班当时是咋弄的?

刘:村上人少,有一个人教,也就是村上能识字的人教,(天)黑了大家一块找个地方学。(教的人)也不好好教,(学的)也不好好学。我那阵连6和9都不认识,分不清,还是解放后在生产队里打纸牌才把6和9分清。现在好了,也能打电话,你看我现在拿的手机。

缑:你认为扫盲班有效吗?是走形式还是实在地搞?

刘:有效果,记性好的就学下东西了。也不是搞形式。

3. 像我那时候,订婚,就是看上(男方)屋里的案(板)还大大的。

缑:五六十年代咱这大规模宣传过《婚姻法》吗?怎样宣传的?

刘:就是给你说那结婚的(最低)年龄,女的18岁,男的20岁。

缑:当时咱们这里一般女孩子多大年龄开始找对象?

刘:十五六岁的时候找对象,结婚女的满18岁,男到20岁。

缑:找对象一般有啥条件没有?

刘:没有啥条件。像我那时候,订婚,就是看上(男方)屋里的案(板)还大大的。(不过,他屋)连个水瓮都没有!

缑：你感觉解放前和解放后在婚姻方面有区别没有？

刘：区别，解放以前不领结婚证，以后就有结婚证了。解放以前，男女双方不见面，屋里人直接就定了，结了婚那男的才到房子揭盖头哩；还不能离婚，男方有钱的话也有可能会把女的休了。（19）49年以后新社会，先见面，就（算）是屋里人定了，你不愿意，（父母）也没办法。不过，还有见面时替亲的。就像有些人个子低，就寻个个子高的代替；长得太丑的，就寻个长得差不多的代替。那现在就叫骗婚。

缑：为啥会有这种变化？

刘：解放了么，后来还宣传那个妇女解放么。

缑：你是不是感觉解放后女孩子结婚比以前自由了？

刘：有些是的，自己可以寻对象，但少得很。

缑：姑娘都喜欢找什么样的小伙子？也就是啥样的小伙子好找对象？

刘：有钱的找有钱的，门当户对么！像教书的、解放军、当兵的这一类小伙子，家庭条件好的、煤矿工人都好找对象。

缑：你那个时候认为什么样子的婚姻是好婚姻？

刘：门当户对的，有钱的；结婚之前（男女双方）没见过，但（结婚）之后感情好（就是好婚姻）。（我们那时候）感情好的多，分裂的少，都忙着过日子。

缑：什么样的夫妻是好夫妻？

刘：不闹事，兢兢业业过日子就算是好夫妻。

缑：为什么？

刘：把日子过前去了比啥都好！

4. 我结婚的时候都解放了，也把辫子铰了，也没有盖头，戴的是蓬头纱。

缑：你什么时候结的婚？

刘：我是1961年结的婚。

缑：结婚前都要了哪些彩礼？

刘：几件衣裳、200块钱。那个时候纠结（注：指日子不好过），没啥吃，可怜得很很。

缑：那个时候一般女方向男方要彩礼，都要些啥？

刘：一般要一份半礼（注：一份礼为240元）——360元钱；衣服也就要四身，穷人家就要两身。更穷的直接拿粮食换哩，穷得都快饿死了，只要有吃的就算好了。

缑：那时候时兴自己找对象吗？主要是自己做主还是听父母的？

刘：不时兴（自己找）。谁还知道自己找对象？都是介绍人给介绍的。有的（人）是看上对方条件好，看不上人也不要紧。没办法，谁叫家里太穷、娃太多，日子过不前去？

缑：你结婚的时候是啥样子？

刘：我结婚的时候都解放了，也把辫子铰了，也没有盖头，戴的是蓬头纱。戴蓬头纱到六几年还有，到七几年就没有了。吃个农用车，娘家人把人送过来，待客时给人吃的南瓜包子。

缑：新郎新娘都穿的啥衣服？

刘：新郎穿的白衫子、蓝裤子，我就穿的红衫子、绿裤子，都是平布的。

5. 就算怀孕也要下地干活，凭工分吃饭，不得不去，挣的（工分）多，分的（粮食）多。

缑：你共有几个孩子？

刘：我有五个娃，一男四女，分别是（19）63年、64年、66年、68年、76年出生。

缑：你这些娃都上过学吗？

刘：我五个娃都上过学。那不是解放了嘛！屋里条件也能好些，记得我老四那时候的学费是一块四毛钱，老大老二小学毕业就回来看娃、放羊。剩下的三个都是初中毕业，念不动，也不好好念。

缑：你怀这些孩子期间能休息不？还下地干活不？

刘：哪还有休息？根本都不休息，干活一直干到快生了。你就是再累，也不休息！一些个人都是干活哩把娃就没了（注：指流产了）。唉，可怜的。就算怀孕也要下地干活，凭工分吃饭，不得不去，挣的（工分）多，分的（粮食）多。

缑：是自己要去的，还是不得不下地干活？

刘：生产队不强行你，但自己就去了，不劳动不给分粮。

缑：干活有照顾不？

刘：不给照顾，根本就不管喔事。

6. 有啥吃啥，20个鸡蛋，也没有个挂面，把人能穷死……

缑：你生这五个孩子是在家里请的接生婆吗？是不是当地的妇女生娃都是这样子？

刘：都是在屋里叫产婆。其他的有的是在屋里，有钱人家都到县城里的产院。

缑：在家里生娃，你心里害怕发生危险吗？一旦有意外，咋处理？

刘：害怕也没有办法，有的（妇女）坐月子大出血死了，也没有办法。村里就有人接生，我婆就给人家接生。

缑：你坐月子时，家里和生产队对你有啥特殊照顾没有？

刘：生产队给拿半斤红糖。

缑：妇女坐月子时候都吃些啥？

刘：有啥吃啥，20个鸡蛋，也没有个挂面，把人能穷死，苞谷面、红苕面、玉米面，一天就吃些这，还能吃一斤多红糖。最好的那次一个月吃了24个鸡蛋。（娃）出月五天（我）就干活。有人来看（望）了，拿的红糖我舍不得吃，拿到供销社卖了，那个时候没钱。有一回得病了，舍不得花八毛钱，最后（病）重了，花了200块钱，都是借的。

缑：下地劳动的时候娃咋办？

刘：叫娃睡到屋里。有时候把娃放到草笼里带到地里，有时就没有人管，（把娃）锁到屋里，（大人）活做完，（娃）从炕上滚下来，夹到木床缝，差点夹死。

缑：有人帮忙照看没有？

刘：照看不了，有劲的都到地里干活去了，老的连自己都管不了。

7. 那时候就不怕干活，新社会自由，旧社会不自由。

缑：你结婚后几天就开始干活？

刘：结婚的第二天娘家人把我接回去，在娘家熬三天，回来就上生产队干活。

  缑：都干些啥？

  刘：解放之前，女的就不下地干活，在屋里做饭、看娃。原来的人说的，"三十亩地一头牛，老婆娃娃热炕头。"解放后女的下地干活，有啥活干啥活，推、拉、担粪、割麦、锄地、平整土地、拉架子车、积肥、拉砖、出窑、装窑，两个人一架子车，最后一个人拉车……，回来了做饭、看娃。那时候就不怕干活，新社会自由，旧社会不自由。

  缑：累不？忙不？

  刘：忙么，把人一天都能累死，回去还要干屋里活，也就是女人活。

  缑：妇女下地干活一天给多少工分？

  刘：高级社、人民公社时候，地全都是生产队的，记劳动日，记工分。十个工分就是一个劳动日，一个劳动日一毛八分钱、两毛、三毛，一年到头分几十斤粮。

  缑：生产队要求女的下地劳动吗？

  刘：要求，<u>就是</u>（注：指即使）不叫你，自己也就去了，不去没啥吃！活少的时候就不叫去了，晚上就是织布、纺线、<u>纺穗子</u>（注：指把线缠成枣核状）。

8. 不愿意（吃食堂）也没办法，生产队不分粮食，没啥吃！

  缑：咱这吃食堂吃了多长时间？

  刘：1958年到1961年的前半年，也就是三年多。

  缑：食堂里吃得好不好？

  刘：喔能过好？（一天吃）六两粮食，吃的红薯蔓子、<u>龙头</u>（注：一种草本植物）、绿豆角皮。

  缑：是不是女人的家务负担因为不用在家做饭而减轻了？

  刘：女的不做饭可做活，（到地里）去劳动。

  缑：你家里的人愿意吃食堂吗？

  刘：不愿意！不愿意也没办法，生产队不分粮食，没啥吃！

9. 出去干活美么，能吃上馍，喝些稀饭。在屋里吃不上，穷得跟啥一样！

缑：咱们这里（19）58、59年搞过大炼钢铁运动没有？妇女参加炼钢铁吗？

刘：有哩么，我都去过。姑娘、媳妇、中年妇女，没有娃的（都去），有些老人也去。

缑：都干些啥？

刘：搬石头、抬煤，还是挣工分哩！

缑：你参加过修水库、修水渠、公路之类的工程吗？啥时候参加的？具体情形？

刘：我参加过，就是给修水利的，16岁的时候到那洛川修水利，我去那干了一个多月，叫窑门掉下来给把我塌了，所以就回家了，其他人一修就是一年。17岁的时候去平路庙（注：地名）倒（注：读四声，意思为修筑）红渠，挖水渠人多很，我修了四个月。那个时候（我）还没有结婚。有些人有娃，娃不吃奶了，就给屋里老人搁下；十五六岁的女子都必须去，都是挣工分。

缑：可以请假不？

刘：可以。

缑：你喜欢去参加这些工程，还是喜欢在生产队或农业社干农活？

刘：出去干活美么，能吃上馍，喝些稀饭。在屋里吃不上，穷得跟啥一样！不出去那也没办法，在（规定的）年龄里头哩！再就是年轻娃爱跑很。

10. 忙得跟啥一样的，还娱乐哩？

缑：五六十年代妇女的家务活主要有哪些？

刘：主要有织布、纺线……，衣裳、鞋都是自己做的。织布就是老早自家都有织布机子，屋里用的布一般都是自己织哩，黑了（成）半夜（地）织布，早上早早起来也是织布，瞌睡了倒一时（注：指睡一会儿）起来继续织。不织没办法，那个时候穷得买都买不起。有这样一个谜语"十亩长，八亩宽，里头坐个女人官，脚一踏，手一扳，嗑哩嗑噔都动弹"，说的就是织布机。白天干完地里的活，或从生产队回来，半后晌村里的婆娘一人拿个鞋底坐到村口，谝着闲传，纳着鞋底，那个时候也热闹！做衣裳就是自己织的那粗布，用尺子在身上比划好，用洋碱（注：指肥皂）画好、剪好之后，用缝纫机缝好。那个时候缝纫机都很少。

绶：五六十年代主要的休闲娱乐有哪些？

刘：忙得跟啥一样的，还娱乐哩？

绶：妇女有啥娱乐没有？

刘：女的就是一人拿一个鞋底，坐到一坨，一边纳，一边谝闲传。

11. 解放后（妇女）就自由了，可以出门。以前见了陌生男的不准说话，解放后，可以出去，（可以）做地里活。

绶：你五六十年代听说过"妇女解放"没有？你觉得妇女解放是咋么回事？

刘：有，（没有解放）那个时候妇女不出门；解放后就自由了，可以出门。以前见了陌生男的不准说话，解放后，可以出去，（可以）做地里活。

绶：你认为五六十年代，也就是土地改革、农业社、人民公社那会儿，妇女得到解放了没？

刘：得到了。记得小时候，我爹说解放了、女的自由了、可以自己找对象了，借着这话，（我）就给自己寻了一个对象。还有，像女的可以当干部、队长之类的，虽然很少。老早是不能离婚，打死都不行，打死就打死了，解放了不愿意就可以离婚。

绶：你还记得当时政府对妇女有什么宣传吗？

刘：叫妇女铰辫子，不叫挽泡泡（注：发髻）；开会时喊口号"妇女翻身了，妇女解放了"。剩下的都忘了，想不起来了。

12. 退了食堂，（食堂）散了，自己屋里做，改革开放了（就好了）。

绶：你还记得 50 年代末、60 年代初的饥荒吗？

刘：记得么！欠外国债，打下粮食还哩，加上天灾，（人都）没有啥吃。

绶：那时咱这的情况严重不？有人饿死吗？

刘：那时候严重，饿死倒还没见，就是饿不死也活不跃！

缑：没有粮食，渡荒咋办，主要吃啥？

刘：偷都没有地方偷去。就是偷哩，可怜的！

缑：情况什么时候好转的？

刘：退了食堂，（食堂）散了，自己屋里做，改革开放了（就好了）。

13. ……屋里二层梯住下了，太阳能、手机、电动车、摩托车啥都有了。

缑：60年代咱们这里搞过社会主义教育运动吗？怎样搞的，你还有印象吗？

刘：搞过，有么，那时候就是给你（补）定成分哩！分为地主、富农、上中农、小土地出租、贫农、雇农……，学习，开会，批斗。批斗对象就是富农、地主、右派。学习的啥，想不起来了，时间太长了。开会就是给你说不准做生意，不准养猪养羊，都到生产队干活去；你再干（做生意、养猪、养羊）那些事，就说你有资本主义倾向，剁你的尾巴。

缑：现在回过头来看20世纪五六十年代的生活，你觉得当时的生活怎么样？总体印象？

刘：那个时候只是一个穷，可怜的。那日子苦得呀，真不敢想，唉！还是改革开放好，党的政策好。你看这党，改革开放解放了咱，让咱现在过上了好日子，屋里二层楼住下了，太阳能、手机、电动车、摩托车啥都有了。唉，就是好！

蒲城县武东霞、惠尧登访谈

采访对象：武东霞，女，1933年生，1948年结婚后居住地为陕西省蒲城县荆姚镇东街村。20世纪五六十年代夫家的成分是中农。惠尧登，男，1930年生，出生于陕西省蒲城县荆姚镇东街村。

采 访 人：惠文娟，女，陕西理工大学思想政治教育专业2007级学生。

采访时间：2010年2月12日。

说　　明：两位采访对象是夫妻，为采访人同村的村民。按辈分，采访人称呼采访对象武东霞为"老婆"，称呼采访对象惠尧登为"老爷"，称呼惠尧登的母亲为"老老婆"。

1. 我今年77（岁）了，你问我几时出生的，我就不懂。

惠文娟：老婆，你啥时候出生的？

武东霞（以下简称"武"）：我今年77（岁）了，你问我几时出生的，我就不懂。

惠文娟：对，我把你77岁一记，我自己算？

武：我一个字都认不得，你老爷认的字不少哩。

惠文娟：你记得新中国成立时，咱这有没有搞过啥活动？

武：那，搞过。那人们就是扭秧歌哩、唱歌哩、跳舞哩，再还有成立什么的……，哎呀，我把那时候的事都忘了。（19）49年我才有多大些，我今年77了，你先给我算一下我当时多少岁了，看我几岁了。我不知道还能记起不？十几了还是几岁了。

惠文娟：你十六七岁（注：经推算，是1933年出生）。

武：那你爷爷（注：指武东霞的丈夫）比我大三岁。

2. 不愿意让她们去（上学），那只想做的卖布，纺的卖线哩！

惠文娟：那新中国刚成立那阵，咱这女娃上学多不多？

武：不多，就没有的。

惠文娟：不多？

武：哎，一个学校看（注：指大约，可能）有一个女娃，就有些男生娃还欺负哩。

惠文娟：那主要是因为经济原因，就是钱不够、学费太贵，还是有啥其他原因女娃不去上学？

武：哎，穷得很，都穷得很，就是地主家有。都是贫农了、雇农了。

惠文娟：贫农、雇农叫娃上学哩么？

武：不，叫娃纺线哩、摘棉花哩……

惠文娟：那是父母不愿意让女娃去上学？

武：不愿意让她们去，那只想做的卖布，纺的卖线哩！

惠文娟：那是因为家里有活哩？

武：家里也贫，贫的多得很，贫农、雇农。中农有些让娃上学，有些不让娃上学的。那，那穷得太，做一点馍糊煮馍（注：是一种稀饭）的哩，踏点蒜，那算还挺香甜的。

惠文娟：像你，当时还有其他女娃想不想去上学？

武：哎，那就不想。都学不动，又没有钱，就不想念。到我妹子，我妹子今年平70（岁）了（注：1940年生），上到四年级就再没有念，就摘棉花哩、干什么的。

3. 叫他上该，咱这几个（娃）都上该。

惠文娟：你跟我爷大概什么时候结的婚？

武：结婚时我15（岁）了，他18（岁）了，你算。

惠文娟：那就是解放跟前,（19）48年。你那最大的孩子什么时候出生的？

武：最大的属羊的，叫我看，我22岁时生的，我不知道什么几几年出生，你算。

惠文娟：那就是1955年生的。

武：那你算今年多少了？

惠文娟：他现在55岁。你的娃上学了没？

武：那上学哩，都上学哩！那到咱这就强了？

惠文娟：那就是经济条件好了。

武：好了，好了！

惠文娟：那家里人也愿意（叫娃上学）？

武：叫他上该，咱这几个（娃）都上该。

4. 我学的那期（冬学），每天下午，我独自一个人去学，我妈给我看门哩、管娃哩，我还写的那字、买下的本子什么的。

惠文娟：你认得字不？

武：一个字都认不得，连我名字都认不得。我还上过几天冬学，那还稍微能写我的名字，那还是怀里抱着娃上学该。现在连我的姓都忘得认不得了，不会写了。

惠文娟：那当时妇女上冬学的人多不多？

武：不太多，那先后两个只去一个。有两个先后，一姓许、一姓李，一叫许亚妮、一叫李亚妮，两媳妇叫一个名字，只叫去一个。今天下午你去，明天下午她去。去也学不下，每天下午把炕烧上才去哩！

惠文娟：那就学不下啥字？

武：学不下。我学的那期（冬学），每天下午，我独自一个人去学，我妈给我看门哩、管娃哩，我还写的那字、买下的本子什么的。<u>卖颜色</u>（注：指染料）的老汉说你写的字还罢了，比三年级娃写得还好，就那（现在）都忘得净净的，年代多得太了，连一字都认不得。

惠文娟：那你还记不记得当时办的冬学具体啥情景、啥样子？

武：那就是年年冬里办，唱的歌就是"吃了饭，洗了锅，抱上娃娃上冬学"；到二三月里就<u>没向了</u>（注：指结束了），就是做的卖布呀、纺线呀就紧张下来了。

惠文娟：那当时谁给你们教哩？

武：就是学校里的老师，学校老师出力先给一年级、二年级、三年级给这娃一教，然后给这些妇女教，教不下一时时就散学了。有些心灵的就能认几个字,就那(到后来)都忘完了。

5. 家里情况(如果)不好,为了钱的把娃不管咋样,只要人家给钱(就嫁)。

惠文娟: 你年轻那时候咱这女娃多大就开始找对象了?

武: 16、17(岁)就找下了。

惠文娟: 那找对象一般都要啥条件哩?

武: 嗯,要飞鸽车子,不给飞鸽车子就是200元。那时的200元难挣得很。就是这,14、15(岁)当亲的都多得太太。

惠文娟: 14、15(岁)都结婚了?

武: 唉,才是订婚。14、15(岁)订婚的多得太太,17、18(岁)就结婚了,二十几的都少得很,结婚来还是小小的娃。那(新中国成立前)就是包办的么,把你卖到哪就是哪么。

惠尧登: 那还就在以前,娃还连对方见过都没见过。

武: 就不准你见!

惠尧登: <u>舵人</u>(注:指父母)说到哪就是哪。

武: 大人说到陕南就陕南……

惠尧登: 个别的人家提倡婚姻自主,就是有点文化的就那样,农村大多数人都是大人说哪就哪。

武: 对!

惠文娟: 那这是不是解放前的情况?

惠尧登: 啊,那当然。旧社会,就说<u>不来</u>(注:指不确定)了,你这家穷、等着用钱的就(早早地把女子)卖了……

惠文娟: 就卖了?

武: 就(嫁)给(人)了,就当亲了。

惠尧登: 有些穷的寻的女婿跟她爸还大。这种情况多的哩。

武: 嗯,大得多的太多哩,女婿跟媳妇大12岁的多得匀匀的。<u>全登</u>(注:人名)家么,他那些姑(的丈夫)都是(比他那些姑)大12岁。全登妈和全登爸还是的,全登爸今年83岁。

惠尧登: 家里情况不好,为了钱的把娃不管咋样,只要人家给钱

（就嫁）。

惠文娟：给钱就行？

武：（全登他那些姑）她爸还等的吸烟哩，就是鸦片烟，她爸等的（要钱）吸那哩。

6. 解放后虽然提倡婚姻自主，但还要钱哩。

惠文娟：那解放以后，咱这里女娃一般多大才找对象哩？

惠尧登：解放以后，这时国家规定18岁。

惠文娟：那解放以后嫁女娃还有彩礼哩么？

武：有哩么！

惠文娟：那彩礼（解放）前后都有啥不同的？

惠尧登：解放前，最严重的、旧社会的话，就是（女子）一岁（年龄要）一担麦子，15岁就要15担麦子。还有个别的，你的家里情况有些特殊的话还要得多，多要几十担麦子。（女方家长）好一点的就是（向男方）要几担麦，三四担麦子。四担麦子，我跟你老婆（注：指惠尧登的妻子）就是四担麦子（彩礼），跟她家说的四担麦。那严重的时候，那就是国民党时，（19）49年、48年以前，是一岁一担麦。解放后虽然提倡婚姻自主，但还要钱哩。

武：说起不要钱，明的（注：指表面上）不要钱……

惠尧登：不要钱那孩子（咋）陪（嫁）啥弄啥哩？有些家里情况好，有些家里情况不好。

武：农村免不了，你看现在还是这样，现在城里还要得重了，还要车哩，还要房哩，还要啥哩。我说要房哩要啥的（女子），那些人你要下，养活得起？养活不起。现在这个事实一直是严重得很，非要房不行。你比如说农村有房哩，娶媳妇娶到城里面，再买房那也要有条件哩。

7. 那国家提倡（婚姻自由）哩么，随解放就提倡哩。

惠文娟：那解放前后女娃找对象有没有区别？

惠尧登：解放前是大人给找对象哩，解放后是自找哩。自找是自找哩，就是大人寻得（对）象，也是和娃商量哩，那这娃不愿意那还把她咋呀。那起码的是，寻（对）象先让娃同意哩，就是你大人说的先让娃同意，不同意那弄不成。

惠文娟：那解放后，女娃在婚姻上就比以前更自由些？

惠尧登：那当然，那强得多了。解放以后，那人家（注：关中方言用 nian 这个音代替）就提倡婚姻自主么，自找对象哩么。个别的，有说（注：指媒人介绍）的说哩，人家国家提倡叫你婚姻自主哩么，那就强得多了。你说那也怪，叫我看，几个包办的，同娃（注：采访对象的大儿子，1955 年生）是包办的，包办的还要让娃同意哩，那是大人说下的；有的还是（自己）谈下的（对象），你说他们还离婚哩？

惠文娟：女娃在婚姻上自由些了，都表现在哪些方面？

惠尧登：自由，就是大人起码先和娃商量。过去，那旧社会大人不管给你寻的啥（对）象就啥（对）象。

武：过去只要给钱。

惠尧登：你这婆，（结婚前）我都没见过，她也没见过我。旧社会就是这样——谁没见过谁。有哪家庭情况好，想把媳妇看一下，人家还不愿意。要看还不愿意，哈哈，不让见。

惠文娟：那为啥女娃觉得解放后比较自由？

惠尧登：那国家提倡（婚姻自由）哩么，随解放就提倡哩。刚解放些，这里离婚的还多得太。

惠文娟：主要原因就是国家的提倡？

惠尧登：我嫌过去包办的，这一句话就对了（注：意思是有这一条理由就可以堂而皇之地提出离婚了）。

8.都寻的啥（对）象？一时期也一时期的。

惠文娟：那解放后，啥样的姑娘好找对象？

惠尧登：那有些文化的就强。那永丰（注：指礼泉县的一个镇）有这么一回事：女的都18（岁）了，订下婚，那男的不要，（女的）说你不要（我）嫌我咋的了？（男的说）嫌你没文化。（女的说）嫌我没文化，我念书。（女的）一念就念到八次（注：是礼泉县的一个地名）上了。那男的不愿意的话，也是个借口。所以，有些女的解放头里不念书的，解放后都上学去了。

惠文娟： 那姑娘都寻（对）象寻的是啥小伙？

惠尧登： 都寻的啥（对）象？一时期也一时期的。刚解放些，抗美援朝中间，那姑娘就愿意寻当兵的。那这也是国家在造声势哩。对于农村，提倡贫农哩，（姑娘就喜欢）寻贫农哩。咱们东街这，没有地主，中农就是地主，就是那头海军（注：人名）就是小地主。小土地主实质就跟咱这中农是一样的，那点点地没有人做，就雇人做，再下来就是中农。

9. 咱东街一些个都是的，家里情况好的，媳妇都大。

惠文娟： 那你跟我老婆结婚时候大概就是（19）48年吧？

惠尧登：（19）48年该！解放头里该，（19）49年解放的么。那谁也没见过谁，那就不准见。那她爸等着用钱哩，哄（我们家）哩，说她多大（注：此处表示年龄相当大了）了。（我们家）这里当年龄大的要（注：指娶）哩，其实她还小着哩。（她爸）哄哩，为钱哄人哩么。

惠文娟： 那为啥要年龄大些的？

惠尧登： 年龄大些，家里等的用人哩么。我娶那么大的媳妇就能为我屋里干活，是不是？你婆跟你爷（注：指采访人的亲奶奶亲爷爷，"跟"相当于"比"）恐怕都大，是不是？咱东街一些个都是的，家里情况好的，媳妇都大。

10. 在旧社会，这块的家庭不算好，也是算差不多的，（彩礼）过于贵了（我们家）还不要（那女子）。

惠文娟： 那你跟我老婆结婚前她都要了哪些彩礼？

惠尧登： 四担麦子。

惠文娟： 就四担麦子？

惠尧登： 噢！

惠文娟： 再没啥？

惠尧登： 一布或两布，咱农民做的那粗布。

武： 就是买的老粗布或咱做的老粗布。

惠尧登： 要得多这块（注：指惠尧登家）可不给她。在旧社会，这块的家庭不算好，也是算差不多的，（彩礼）过于贵了（我们家）还不要（那女子）。

惠文娟： 那不愿意出麦子的折钱哩？

惠尧登： 那折钱哩么。

惠文娟： 那一担麦子能折多钱？

惠尧登： 那国民党时期那票子就说不来了，换了多回了。我八九岁的时候，那拿的毛毛钱认人，拿的几百元就没办法用，倒不开。以后换几次票子里，隔两年把票子一换，一万的准一百的。……有一时期，这一换这一毛是一毛，一两年后这毛毛（钱）就跟现在一样，没人要了。跟解放时，就换了一次票子，人把一块说成一万，一晚上就把钱换了，国民党换了好几次钱哩。最后蒋介石走的时候，把那叫金圆券，那票子是立棱子，<u>吊吊的</u>（注：指长长的），出来几天就几十万，一张就几十万，卖花生的，一篮子花生就是一篮子票子，新新的，连一个烂的都没有，物价涨得快得很。国民党临走的时候，共产党的地方发展哩，他的票子一直<u>往他那积</u>（注：指国民党的票子只能在国民党统治区用，而国统区的范围在不断缩小）哩。最后，还发银圆券。

11. 一般的、大多数的（新娘）都坐那（马）车！坐轿的是那情况好的。

惠文娟： 那你跟我老婆结婚的时候穿的啥衣服？

惠尧登： 穿的就是借下（别）人的蓝袍子。

武： 我（穿的是）红的。我就咱这袄，<u>一红</u>（注：指纯红、大红）裙子，那是借的红裙子。

惠尧登： 一个就是身上穿的那，结婚的那一天，租赁就跟戏上那一样：凤冠、袍，也有那披纱的。

惠文娟： 那你跟我老婆结婚的那天？

惠尧登： 嘿，那穿的袍。

武： 那是赁下的那车，还是……

惠尧登： 那车是咱西街的，不出钱，是亲戚的。

武： 亲戚，人家也租赁哩？

惠尧登： 噢。旧社会那情况好的，坐的是轿子，你见过结婚坐轿没？你可能在电视上见过。你对门那叫<u>玉川</u>（注：人名）就坐的轿，他的轿经常往出赁哩，也有袍和凤冠哩。

武： 那都是租赁哩，谁买那干啥哩？

惠文娟： 那你跟我老婆也坐轿，还是……

武： 不是。

惠尧登： 她就是咱过去坐的马车。一般的、大多数的都坐那车！坐轿的是那情况好的。

惠文娟： 那你结婚时，就像过去电视上演的拜堂，还是现在这种？

惠尧登： 那拜堂哩。

惠文娟： 那一拜堂后，就摆席让亲戚一吃，和现在一样？

武： 一样。

惠尧登： 一样，亲戚来坐席。

12.（好婚姻）那就是忍人任劳，一辈子没打架、没骂仗。

惠文娟： 那你认为那个时候怎样的婚姻是好婚姻？

惠尧登：（双方）没意见就对了。

武： 就是男的也愿意，女的也愿意。

惠尧登： 过去那妇女没有现在的交往，你认得谁？你跟谁（自由）找去？

武： 永不出去，男娃几天外面都不出去，还别说你是女子；女子也不哩出去，媳妇也不哩出去。家长拿个棍，在那看的哩，把门一插你就不哩出去了。

惠文娟： 那怎样的夫妻才是好夫妻？

惠尧登： 不打架、不骂仗就对了。

武： 那就是忍人任劳，一辈子没打架、没骂仗。若三天两头哭哭啼啼，偷得给娘家告罪哩，三天两头打架，就不好。

13. 那今去娘家、明去娘家，娘家也肯叫。

惠： 那咱这，就是蒋介石那个时候，咱这有没有说过"新媳妇三天不下厨房"？

武： 有过，说过，没做过。

惠尧登： 那新媳妇到第三天的时候，咱这有这么一个风俗：新媳妇在厨房给擀面哩，有些人估计糟蹋（注：指戏弄）新媳妇，给面上掺着米，让她搋不成，那是看你的本事哩。

惠文娟：那像我老婆结婚后，几天才开始干活该？

武：那十来天后才开始干活该。

惠尧登：那今去娘家、明去娘家，娘家也肯叫。娃娃（注：指新娘）小，（娘家）怕在这屋里不行，娘家过几天就叫了。

武：过粮食不会过，叫磨面粉不会磨。叫你扫地、倒尿盆、扫炕，叫你给父母抬水，每天抬水，那几年土地多得很……

14. 解放以后，有些男的到外面干活去了，生产队就靠妇女，有时候男的走完了。

惠文娟：那咱这新中国成立以后，是不是就宣传新媳妇第二天就要干活了？就是不怕苦、不怕累，新中国成立以后有没有？

武：有哩有哩！

惠尧登：那有哩，一般地（家里）不让干。（新中国）成立后各家都单干的，还没有放一块弄哩，又不挣工分又不咋，以后才分地该。

惠文娟：那像我老婆这样的妇女干活，一般都干啥活哩？

武：没入（农业）社干哩，入了社还干。

惠尧登：没入社以前，妇女锄地。

武：拉粪。

惠尧登：唉，那是入社以后的，过去就不让你拉（土）粪，那用车拉；（入社）以后生产队挣工分，就都干哩。

武：有的新媳妇今来，今下午就干哩。

惠文娟：那解放前后，结了婚的妇女，干活有啥变化没有？

惠尧登：旧社会，一般的妇女不太（下地）干活，就是在家里做饭，围着锅台转哩。解放以后，有些男的到外面干活（注：指修水利、修路、炼钢铁等）去了，生产队就靠妇女，有时候男的走完了。解放头里你婆（注：指采访人的亲奶奶）连前门都不出，我都认不得，解放我才认得的；（解放前）在你屋里去，你婆在屋里后头哩，谁见过？

15.（怀孕期间）那队长就安排轻点的活，重活叫（别）人家做哩。

惠文娟：那你跟我老婆有几个娃？

惠尧登：五个。

惠文娟：五个。那怀孕期间能休息不？

武：能。

惠尧登：那随解放的时候，那有娃娃的时候，那生产队还给你糖、给你鸡蛋哩，以后算算就把那免了。

惠文娟：免了？

惠尧登：以后再没有那样过，一时一时的。

惠文娟：在怀孕期间休息就不在地里干活了？

惠尧登：那些（注：指那时候，以前）生活紧张的她都想干去。那根据你的劳动给你评的有底分哩，一年要完成多少劳动，完不成劳动扣你的粮哩么。那评底分的时候还是根据年龄和体力哩，有的十分，有的九分、八分，有的妇女小孩三分了、二分了……

惠文娟：那像孕妇下地干活有没有得到特殊的照顾？

武：有哩有哩，那队长就安排哩。

惠尧登：就是做不了的那队长不让做。

武：那队长就安排轻点的活，重活叫（别）人家做哩。

16.（生孩子前我心里）害怕，那黑来还哭该。

惠文娟：老婆，那你生孩子的时候家里请的是接生婆，还是……

惠尧登：哪还有接生婆哩？有时候有哩。

武：那就是各人的大人（注：指父母）（帮着把娃）一拾就对了。哪还有现在在医院哩？

惠文娟：那是不是当时孕妇生孩子都是找大人哩？

惠尧登：有的叫接生婆哩。

武：有叫接生婆的，少。（大多数）都是邻家人给弄哩。我（生几个孩子）就没在医院去过。

惠文娟：那你当时生孩子的时候心里害怕不，有没有担心会发生危险？

武：害怕，那黑来还哭该。

惠文娟：那孕妇在生孩子的时候发生危险都怎样处理哩？

惠尧登：哪还有啥办法？就那医疗条件么。

武：那叫医生也没有办法看，就那样<u>过去</u>（注：指去世）了。现在人（生孩子）就能（叫医生）看。

惠尧登：咱蒲城县，可怜的，解放时才有个卫生所，还远得太。咱农村就是那<u>野先生</u>（注：指游医），个别野先生，就是几个老婆子。

武：就是几个老婆子，眼不强，老常急得忙得拾娃哩，把娃的<u>气门子</u>（注：指气眼，民间认为人的肚脐跟前有个气眼，对人体非常重要）给剪了。

17. 我今（娃）满月了住娘家待十天，40天就开始下了活了。

惠文娟：那像我老婆坐月子的时候，生产队有没有对她特殊照顾，就是叫她休息时间长，还是不管？

武：哎，不，那就不说照顾，是你啥时能（到地里）做你啥时候做。我今（娃）满月了住娘家待十天，40天就开始下了活了。我跟那<u>给娃</u>（注：人名），你该知道那给娃么？你五队的给娃，桂荣她阿家，随即过了满月，最后待了十天。本来想待一月，娘家穷得太，没啥吃，赶快送回来，就分下了（活）给拔呀、锄呀，一下就干得没完了。

惠文娟：那生产队（在干活轻重方面）有没有给予特殊照顾？

惠尧登：不。

武：那不，那不保护你。

惠文娟：那家里呢？

武：那家里你还想多做哩，那一家子要吃哩么。你工分挣得少，不给你分粮，你还要使劲地做哩。你这当咋，苦得太哩。

18. 总的说，妇女啥活都做哩。

惠尧登：解放后，五几年，（19）54年还是55年就实行粮票就定了量了。

惠文娟：那入了社以后，就是入社、人民公社化，生产队给妇女下地干活，一天给多少工分？

武：九分，（值）一封洋火烟（注：指火柴）。

惠尧登：凭底分，干一晌三分，有干三晌九分；体力重的（干一晌）四分；再过于体力重的，（一晌）给你五分。由合作社定量哩，重活工分高，轻活工分低，大多数妇女干的活都轻。

惠文娟：主要都干些啥活，还是锄地、种麦子？

惠尧登：棉花打掐、锄地……

武：换老墙么，就是拆土、抬土，你把笼拿下，我把棍拿下。

惠尧登：总的说，妇女啥活都做哩。

武：噢，啥都做哩。墙放完了，就给抬土、拉土。这屋里有架子车，拿那力气拉……

惠文娟：爷，初级社、高级社、人民公社这三个时期，妇女在地里干活（有变化不）？

惠尧登：哎，基本上没有变啥，只不过名字换了就是了。

19.（大炼钢铁）那去的人不少哩，我妹子也去该。

惠文娟：那咱这（19）58年、（19）59年有没有搞过大炼铁运动？

武：搞过。

惠文娟：那妇女参加了哩么？

武：去哩么！

惠尧登：那60来岁的都去该。

惠文娟：那在那都做啥哩？

武：（不）晓（得）都在那干啥哩。那去的人不少哩，我妹子也去该。在那和一个妇女聊得好，还拜亲成干姊妹，不知在那（具体）弄啥（活）哩，只说大炼钢铁哩。我没有去。

惠尧登：主要是给搬矿石，干啥……，就是炼铁哩，炼不下啥，没见炼下的铁，造声势哩。在耀县开会时，门口有这么厚、这么高一点铁，开大会哩，钢铁元帅就炼那大一点铁！

20. 喜欢做那个工程，做饭换工分哩。

惠文娟：老婆，你有没有参加过咱这的修水库、水渠、公路之类的活？

武：去该。

惠尧登：咱这人给修水渠跑到龙阳（注：地名，今蒲城县龙阳镇）、党睦（注：地名，今蒲城县党睦镇）那块修去该。咱东街的，给修去该。

武：唉，那不是在原仁（注：地名，今蒲城县原仁乡）该？

惠尧登：原仁是修铁路该。她在铁路上给人家拉土、拉石头、拉石灰。东边水利上，排线渠么，在荆姚公社给修世界桥哩。

惠文娟：那你在排线渠主要给做啥哩？

武：给做饭哩。

惠文娟：那我老爷去该没？

武：你老爷去该。

惠尧登：那个时期我在那给修排线渠该。

惠文娟：大概是啥时候？

武：那社娃（注：人名，采访对象的孩子）恐怕在念书哩，就是接着抱亚茹（注：采访对象的女儿，1970年生）嘛。亚茹属狗的，亚茹（当时）才这长短，人家说你这娃（注：指社娃）（能）给你抱娃（你可以去参加工程）。

惠文娟：那你和我老婆（当时）有几个娃？

武：就五个娃。最小的反正我去时才三两岁。

惠文娟：那像你跟我老爷出去劳动了，娃谁照顾？

武：（娃他）婆么，娃有他婆，你老爷有他妈哩，他妈和他爸管的哩。

惠文娟：那参加这些劳动给不给工分？

武：给哩！那给的（比在地里干农活）多些。

惠尧登：做什么活都在那里面摊着哩，国家就（让农民）分农业社的粮食哩。不是现在这，你这（在）城里（干活）给你钱，那时把人抽去给你把活一干还（是）给人发粮食。

惠文娟：那可以请假不？

武：那可以。那你就别想（要工分）。

惠尧登：那你就是干一天算一天（工分）。

惠文娟：那你喜欢干工程，还是在农业社给生产队干活？

武：喜欢做那工程，那做饭换工分哩。我记得满天的星星，跟上工头到那赶上给做饭哩，几天几天一回来，回来换洗衣服哩……

21. 在地里去都拿的活。

惠文娟：老爷，你眼中我老婆当时五六十年代的生活什么样？

惠尧登：一般，差不多，都过得去。随开始解放那几年，各方面都好，各种各的地。

惠文娟：那五六十年代妇女的家务活都是什么？

惠尧登：家务活，那你还想做啥哩？屋里的饭你还要做，娃娃穿的还要你来做，劳动还是你来做，那就是那事。

武：纺呀，织呀……，活重得太。卖哩么。缝一双袜子，就卖去了；缝个套袖，卖去了；做双窝窝（注：棉鞋），卖去了，做一双卖去了，做一双卖去了……。白有白的活，黑来织布纺线、缝袜子、缝鞋底、缝窝窝……，都是半夜时候该。熬夜哩。你不熬夜就不行，白天你还挣工分哩。黑来熬上半晚上，白天铃一打，就可干地里活去了。那走路都是小跑，小跑还赶不上……

惠文娟：妇女家务活不轻，所以说去地里干活都拿的针线活？

惠尧登：一休息下就做鞋做啥，就不敢休息，那要穿衣服（就需要动手做）么。……不像现在弄些啥拿钱买去，那（时）没有那么多钱。

武：在地里去都拿的活。拌（棉）花芽子呀、锄（棉）花呀、锄谷呀……，都拿的（有针线）活。队长说"休息"，（妇女）把鞋底就拿出来了，把袜子也拿出来，纳袜子的纳袜子，纳鞋底的纳鞋底。

22. 封建家长不压迫你了，那就强得太了。

惠文娟：那你听过没有咱这在五六十年代说过"妇女解放"这个事？

惠尧登：那当然，说哩么。随解放那就不离口，那区上开会就给你宣传哩。过去那公社就是区上。首先宣传妇女解放、婚姻自主，不管到哪都是。城市里面你这，我就在城里当工友，随解放进来就给掌柜的说把娃看宽些。掌柜的说，我还把他咋呀？把掌柜的气得哩！

惠文娟：那我老婆有没有认识到这妇女解放咋回事？

惠尧登：那还能不知道？解放是解放劳力哩，叫你啥都做哩。

惠文娟：老婆，你当时咋理解的？

武：我就不知道。

惠文娟：那，老婆，您有没有想到解放妇女就是解放劳力？

惠尧登：有那回事哩，那说起就像故事一样。女的早上开会去该，回来男的在屋里说你给咱做饭么。（女的说）今儿开会该——男女平等，这饭我不做。（男的说）那怎么办？（女的说）你做！（男的问）做啥呀？（女的说）擀面。谁擀呀？她让男的擀。男的晓还会擀么？男的把面擀上，她烧锅。把饭吃了，干啥？<u>出圈</u>（注：指清理牲畜圈中的粪土）！（男的说）那你挖呀还是推呀？（女的）挖不动的，推不动。她用那土车推不动，挖还挖不动。各有各的活，男的有男的的活，女的有女的的活。

惠文娟：那主要是解放劳力，但是还能体现出男女平等？

惠尧登：那当然，体现男女平等。就是你在家里那说话弄啥，你不能把我压制住，每个人就不会寻事、欺负你，家里说话平等、劳动各方面一样就对了。家里，老早男的说了算，女的说不顶事。那也是一般的，不是家家都是那。那过好日子的，那屋里的女的与男人是一样的，没有那专制的。

惠文娟：那，老婆，五六十年代，你有没有觉得当时妇女解放了？你有没有觉得比旧社会强？

武：跟旧社会强得多哩。看，旧社会，我<u>来些</u>（注：刚结婚的时候），迟睡是我，<u>早起</u>（注：早上），那<u>大人</u>（注：指大家庭的家长）一直喊叫我"起（床）、起（床）"。

惠尧登：再说，旧社会，自己不把个人在意。我出门，我给你说连枕头都不拿，你还顾得说黑来还枕枕头哩？黑来农村跟旁的一样，父母都没睡哩，你就不敢跑到那泡脚去了。父母叫你做活哩！你就是洗呀、咋呀，都要候父母睡下了，不叫你做啥了，你再洗脚。那叫你取个什么你半天不出来，（就）骂你哩。

武：（父母没睡）你就不敢（睡）。

惠文娟：那解放后，妇女解放还表现在啥地方？

武：那就是跟那啥一样的，（家长）也就不管了。封建家长不压迫你了，那就强得太了。

惠尧登： 家里的情况，就是那封建家长，也没有那么封建了。

惠文娟： 那你觉得当时的妇女是不是还需要进一步得到解放？

惠尧登： 解放到啥程度，那也就差不多了。不用说解放以后，就是旧社会也要求妇女解放哩，只不过没那么宣传。孙中山革命那还是解放妇女，不让你扎耳环、不让你缠脚，孙中山那个时候要求妇女解放、要求工人八小时工作，孙中山革命还是那。但凡有转过来扎耳环的，你把那咋呀？看，旧社会提倡解放哩，没人管那事；解放了，过于那样，政府就干涉哩。你要觉得婚姻不行，要离婚，那政府就支持哩。解放前，谁把你糟蹋了，都没人管。（解放前和解放后）不一样。

23. 给你唱两句，给你唱那土地改革。

惠文娟： 那你还记得政府当时对妇女解放有啥宣传哩么，就是有啥标语啦、歌谣啦、快板啦？

武： 有哩么，喊口号哩，从咱这一下喊到甜水井（注：当地地名）去："毛主席万岁。"每人拿个旗旗："毛主席万岁！毛主席万岁！"一下喊了一路。

惠尧登： 解放后，那唱的歌里就有哩。解放了，那女的，像你婆那年龄都是民兵，洋头子毛巾往头上一裹，插的花、扭秧歌、打腰鼓。我（们）这年龄，都会腰鼓、八仙鼓，没有我（们）不会的。那时正在年轻哩，二十来（岁）年纪，打腰鼓弄啥，都弄哩！

武： 就是那，我都当过民兵，扭秧歌。"毛主席万岁！毛主席万岁！"那就叫你弄哩。咱还当主任哩。

惠尧登： 是人民代表。

武： 噢，人民代表，选的我是人民代表。我老常跟上开会哩，宣传哩，今可在公社，明可在大队哩。

惠尧登： 城市里边，那专门让那高中学生体验群众生活，给那城里的妇女开会哩，一个（注：指一方面）锻炼学生，一个给妇女开会哩。解放后叫不认得字的（妇女），还叫上识字班哩！

武： 还叫上冬学哩。

惠尧登： 咱这还有上几天识字班，都有工作到现在的，那报社里叫排字去该，那善娃（注：人名）她舅母，在城隍庙里念了几天书，那就弄到报社里去（工作）了。

惠文娟：那你跟我老爷记不记得当时能反映农村妇女生活的歌谣或故事？

惠尧登：那老早，还是啥时候，说"进了农村，喇叭哇哇哇、水车哗哗哗……"，忘了。有那种歌哩。

武：给你唱两句，给你唱那土地改革。让我看，那是："土地改革都有每个村，都有每个村，把咱们大家翻了身，唱起了歌，大街上走呀，再不做愁眉苦脸的人呀，呼里呼呀呼嗨！"

惠尧登：那时咱东街，跳的舞："猪呀、羊呀，送到哪里去，送给那英勇的解放呀军……"宣传当兵，那时台子上演的那。

武：唱那刘胡兰，那我16（岁）了："她的名字叫刘胡兰，是咱们的好党员……"我都记得不多，就几句。

24.（国民党时）她先后两个，她年龄大，那个上（妇女班）的时间长，那把妇女的一、二、三、四册书，这么长的把那上完，现在起码那完小毕业都认不下那些字。

惠文娟：老爷，你眼中五六十年代的妇女，就像你的母亲或像我老婆，是啥情况？

惠尧登：反正我眼中，就拿我母亲来说，比我婆那个时候就强得多了。

惠文娟：新中国成立时我老老婆（注：惠尧登的母亲）有多大年纪？

惠尧登：我妈18（岁）生的我，新中国成立后，我19（岁）了，（我）妈都没40（岁）。

武：她恐怕36。我（嫁）来些她35。

惠文娟：那我老老婆上过学没？

惠尧登：上过，上过妇女班。

惠文娟：我老老婆还上过妇女班？

惠尧登：上过，国民党时。

惠文娟：国民党还有妇女班哩？

武：有哩，那还唱歌哩，你老爷还会唱。

惠尧登：那我妈只上了几天。她先后两个，她年龄大，那个上的时间长，那把妇女的一、二、三、四册书,这么长的把那上完,现在起码那完小毕业都认不下那些字。

惠尧登:都上过,<u>兴光</u>(注:人名)他妈都上过。抗战那个时候,那歌我能记下。

惠文娟:那老爷你给我唱几句?

惠尧登:字眼不准,那(时)我小得太。"大同富呀哎哦哎,教老百呀个啊哦啊,你看日本鬼呀么啊,哦,去杀敌呀,哎哎!"字眼对不对,那每天下午到学校来,给这些妇女教哩。抗战那些歌,我90%的都会,那我做娃娃时都唱那歌,到现在唱的黄河黄河啥、游击队啥,那抗日战争时那娃正唱哩。

惠文娟:那我老老婆,就是咱新中国成立后,上过那扫盲班没?

惠尧登:那她没有,那她年龄大啦!那恐怕就轮到你老婆那了。

25.……病下了,差点把命要了。

惠文娟:那我老老婆有没有缠过脚?

惠尧登:缠哩。

惠文娟:那新中国成立后她有没有去地里劳动过?

惠尧登:劳动过么,那她才三四十岁。(19)58年,她那场大病的。妇女到地里去,在地里担屎水哩,累坏了,病下了,差点把命要了。(那时)得下病就没办法,也没有好先生。

26.那谁照顾,谁给你照顾哩?没人管。

惠文娟:那像我老老婆当时有几个孩子?

惠尧登:就我弟兄两个。

武:啊,你老老婆就这两个娃。

惠文娟:那你还记不记得我老老婆当时怀孕期间,得到啥照顾?

惠尧登:那谁照顾,谁给你照顾哩?没人管。家长,那就是家里你想咋弄就咋弄,社会上没人管。条件也把人限制住。现在有电壶,过去哪有?黑来娃病想喝,我妈趴到那,用麦秆在铁勺里给娃烧点(开水)。

惠文娟:那盛水没有电壶?

惠尧登：没有。咱那锅，后面带一个小锅，白天谁喝（开水）都在那里面；来了客了，就给烧个茶弄个啥，平时谁还喝茶哩？……黑了，那娃病得不行，趴到那，这边搁个凳子，这边搁个火盆，弄点麦秆子，给娃热一下，温温的叫娃喝去！就那样的条件。冬天谁还想打炉子，哪还有炉子？

27. 那过去的妇女，黑来纺线是一定的。

惠文娟：那在你印象里，你觉得五六十年代的女的，像我老老婆当时都有哪些活？

惠尧登：单干时，你闲了在地里锄你的地，麦里你收你的麦。庄稼大了你叫人帮收，雇人收；自己尽量收，为省钱哩。再有，你娃娃的鞋、衣服你做。

惠文娟：那像我老老婆，是不是还经常熬夜哩，缝补衣服呀、纺线呀？

惠尧登：那过去的妇女，黑来纺线是一定的。那家家的妇女都是那样的。半夜半夜熬哩，一下熬到鸡叫。每天黑来，你睡一觉起来，（她）还纺线哩。你黑来睡觉，睡到这炕上能听到旁人的车子嗡嗡的，都能听着。晓（注：知道）谁都在纺线，都是那。

武：文娟，在你屋里，你爷、你老爷叫人坐夜哩。

惠尧登：我爸经常在你屋里，在你屋里跟几个伙计打牌哩，你爷在旁边看哩，让添（灯）油去，把灯头倒满，倒不满撑不到天亮。老早，吃的、点的是一个油，都是那清油。

28. 那反正是，那几十年反正是顾了嘴了，光顾了嘴了。

惠文娟：那像我老老婆，在五六十年代，有没有像你一样参加过修水库、公路？

惠尧登：那没有。那修的时候都到你老婆这辈了。

惠文娟：那你现在回过头来，你能给我概括出我老老婆当时在五六十年代的生活不？

惠尧登：刚开始那几年生活还差不多。咱农村主要是（19）58年大炼钢铁以后，受饿在这一回哩。大概就在（19）55年，国家就叫定量了，单位上都是定量的，有粮票哩，后来越弄越紧张了。那反正是，那几十年反正是顾了嘴了，光顾了嘴了。赶她（注：指武东霞）（嫁）来，我给你说，我炕上没添过一个被子，就有这些娃都没添过一个被子。拿啥添哩？光顾了嘴了，做的布都换了粮食。就像我这家庭，若有六七个鸡，就靠六七个鸡的鸡蛋，灌醋买盐，再没有收入了。挣上工分不多，不准你做啥（注：指想办法挣外快），那不让你做啥。

武： 不像现在，想做啥就做啥。那个时候可说你投机倒把哩，现在你做啥都准。

惠尧登： 那阵是吃的那啥都饿得，都没啥吃。

惠文娟： 那你给我具体举些例子，像那个时候的生活？

惠尧登： 那在排线渠上给修水利哩，早上起来都是一顿红薯，把这顿红薯吃了上工，那还是好的。再就是馒头里面搅的玉米，没有那些麦子。

惠文娟： 那我老老婆五六十年代的生活比起她解放以前咋样？

惠尧登： 看那就是一个家庭一个家庭的。

惠文娟： 咱就说咱这家庭。

惠尧登： 我妈一般都在屋里做，只是忙了锄地，麦里收割麦子。五六十年代，（她）也挣那工分哩，不过就是少，没有你老婆跟前做得多。

商洛市商州区任兴华访谈

采访对象：任兴华，男，1928年4月生，陕西省商洛市商州区杨峪河镇庙坪村六组人。1943年结婚。共育有四个子女。20世纪50、60年代的家庭成分是地主。

采 访 人：任丹利，女，1989年生，陕西理工大学文秘专业2008级学生。

采访时间：2009年8月6日；2010年2月15日。

说　　明：采访对象是与采访人同家族的长辈。

1. 土改前有40多亩地，当时我家里人少地多，没有劳力，我当时在学校里（上学），土地是广种薄收。土改时土地按人口分配，我家的土地就减少了。

　　任丹利：你对新中国成立初期的土改有印象吗？

　　任兴华：有，是从我身上经过的事情。政策是没收地主家里多余的土地，把村里所有的土地重新整合，按当时的所有人口平均分配。

　　任丹利：当时你家是什么成分？

　　任兴华：我家（被）定的是地主。

　　任丹利：土改前家里有多少土地？土改后有变化吗？

　　任兴华：土改前有40多亩地，当时我家里人少地多，没有劳力，我当时在学校里（上学），土地是广种薄收。土改时土地按人口分配，我家的土地就减少了。

　　任丹利：分土地，给妇女分吗？

　　任兴华：给妇女分。

　　任丹利：土改后妇女是不是因为分到土地，在家里的地位有变化？

任兴华：妇女地位提高，这是一个实际的问题。当时人们的政治思想水平提高了，觉悟提高了，对妇女家庭地位的提高就有利么。

任丹利：当时妇女参加斗地主吗？主动吗？

任兴华：妇女从文化程度各方面来说，相对要差一点，（她们）参加斗争会（时）发言一般都是被动的。

2. 合作化时，农民有的积极，有的消极……

任丹利：土改后不久就搞了合作化，您还记得吗？

任兴华：记得，记得。合作化时，农民有的积极，有的消极……

任丹利：当时您家里人乐意入社吗？

任兴华：不得不入，出于无奈。

任丹利：村里有不愿意入社的人吗？

任兴华：有，在当时的形势下，你不愿意也不敢反抗，都是随大流。

任丹利：农业合作社时期与之前的生活相比有改善吗？

任兴华：那合作化以后主要是按劳分配，按工分分配。家里人多劳少的，生活就不好；人少劳多的，就有改善。我家是我一个主要劳动，我妻子是附带劳动，那劳力少，生活就不好。

3. 妇女和男的一样，担、挖、收、种，可以说是男的干啥、女的就干啥，所以说，妇女太苦了，要生娃管娃、做家务，到地里去还要跟男人一样地干活。

任丹利：1958年前后又成立了人民公社，你有印象吗？

任兴华：有么。

任丹利：公社化之后咱们这里吃食堂吃了多久？

任兴华：两年么。

任丹利：食堂里吃得好不好？

任兴华：那不好，吃不饱。

任丹利：妇女是不是因为吃食堂不用在家里做饭了，负担减轻了？

任兴华：那没有减轻。食堂是让几个年纪大的妇女帮厨，其他妇女成响地在地里劳动呢,那负担没有减轻。

任丹利:您家里的人乐意吃食堂吗?为什么?

任兴华:不乐意也没办法。食堂饭做得不好,再说了,由一个人就是灶长给统一分配(饭),大人一个人一勺,用现在的搪瓷碗就是那么一碗,小孩三岁至八岁分半勺,再小的小孩就更少。

任丹利:人民公社时,生产队要求女的下地劳动吗?

任兴华:妇女同样地下地劳动么,两个六点半:早上六点半出工,天还黑着;晚上六点半收工,天可黑了。你不去劳动不行,(生产队)给你定的有工分任务,有劳动定额,你要是完不成人家那个任务,达不到那个劳动定额的话,人家反过来罚你的工分。像我家这成分不好的,人家扣你的工分你要是不乐意、反抗的话,就上批判会,可批判你呢。

任丹利:当时您家里有几个女的下地劳动挣工分?

任兴华:我家里是我妻子一个女的,她是附带劳动,因为她是缠脚,小脚,不能干多么重的活。

任丹利:女的在生产队主要干什么活,累不累,忙不忙?

任兴华:妇女呀,应该说是太苦了,妇女和男的一样,担、挖、收、种,可以说是男的干啥、女的就干啥,所以说,妇女太苦了,要生娃管娃、做家务,到地里去还要跟男人一样地干活。

任丹利:母亲下地干活时,年幼的孩子谁管?

任兴华:这就很难说了。要是家里有七八十岁的老人,因为老人不能到地里做,就看娃。要是没有老人的话,一岁多、两三岁的娃,就引到地里,抱到地里,跟着(大人)。太小的娃,搁到家里怕把娃绊了,就用布带带把娃往窗外的柱子上之类的一绑,只要(娃)不绊了就行,(娃)他妈(放工从地里)回来了才给娃吃奶呀、做饭呀啥的。那个时候的女的就是可怜!

任丹利:您现在怀念生产队的集体劳动吗?

任兴华:不怀念,可是思想上忘不了,那是人经过了的(事)。

4. 扫盲的时候,男的、女的都扫,女的也多。一般是青年女的、没有碎娃拖累的,比较积极,来了学认字。

任丹利:五六十年代咱们这里办过扫盲班吗?

任兴华：办过。女的上的叫速成识字班，办了有一年，效果还是很显著。男的一般是在冬季农闲时间有两个多月晚上上夜校。

任丹利：到扫盲班去认字的女性多吗？她们积极吗？

任兴华：扫盲的时候，男的、女的都扫，女的也多。一般是青年女的、没有碎娃拖累的，比较积极，来了学认字。速成识字班当时的讲课比较科学，老师一个音、一个音地教，并且给学生扩展相似的音，如老师给学生教字母 a，她会把关于 a 字母的词语全教完，并且再教 ta、da、ma 等扩展的音节。

任丹利：你认为扫盲班有效吗，是走形式还是实实在在地搞？

任兴华：那不是走形式，教的人认真，学的人也认真，那效果好。

5. 总之一句话，不管它是苦的、臭的，只要无毒，都弄来吃。

任丹利：你还记得 50 年代末、60 年代初的饥荒吗？

任兴华：哎，不但记得，而且还记得很清楚。

任丹利：那个时候咱们这一带饥饿的情况严重不严重？

任兴华：严重么，商洛还是很严重的。

任丹利：当时渡荒的办法有哪些？

任兴华：国家有救济粮，把那米糠、红薯秆、白萝卜叶给你解决一点；再一个，你自己想办法。人就剥榆树皮、挖苜蓿根，还有山里有一种植物，应该是一种椿树，灌木，有籽，把那个捋回来做成凉粉吃。总之一句话，不管它是苦的、臭的，只要无毒，都弄来吃。

任丹利：什么时候情况好转的？

任兴华：（19）78 年以后，改革开放以后才好了。

6. 女的看男的，一是看长得皙丑，二是看家里成分，看你家里成分高不高。再一个，干部的后代好找对象。

任丹利：你是哪一年结的婚？

任兴华：1947 年。

任丹利：那个时候时兴自己找对象吗？主要是自己做主还是父母做主？

任兴华：那个时代是封建么，那都是父母做主，男女青年只有到结婚的那一天才见面，之前再没见过。

任丹利：五六十年代咱们这里大规模地宣传过《婚姻法》吗？

任兴华：宣传过。开大会、秧歌队呀各种形式宣传，宣传婚姻自由，叫妇女参加劳动。

任丹利：那个时候年轻人找对象一般有什么条件？

任兴华：女的看男的，一是看长得皙丑，二是看家里成分，看你家里成分高不高（喜欢成分低的）。再一个，干部的后代好找对象。

任丹利：那个时候结婚，女方向男方要的彩礼多不多？

任兴华：应该说不多。都在生产队劳动呢，都穷，要不下啥彩礼。

任丹利：一般要哪些彩礼？

任兴华：两个人都互相愿意，扯两身新衣服，结婚的时候一穿就行了。

7. 五六十年代的妇女实在是太可怜啦……

任丹利：你能给我介绍一下你母亲新中国成立初期，也就是上个世纪五六十年代的情况不？

任兴华：我可以说是个孤儿，在我14岁的时候父亲因精神病跳进县城的<u>莲湖</u>（注：今商洛市商州区一个湖的名字，湖大，水深）被淹死。我上无叔伯，我兄弟三人，我是长子，家中的一切由祖母承担。我母亲多病，长年睡床不起，1953年由于大量吐血而死。我只记得我母亲不认识字，缠着小脚。虽然她去世早，但本村与我母亲年龄相当的人很多，她们的家庭情况我不能尽知，但一般的社会情况我还是了解的。五六十年代的农村妇女实在是太可怜啦，那时农村没有医疗机构，就连赤脚医生也很少，妇女分娩时，就找一个年龄大的老婆婆做接生婆，更谈不上什么消毒。接生婆就用指甲将孩子的脐带掐断，然后打个结就好了。那时的婴儿成活率特别低，多数婴儿因为得了"四六风"病而丧失了性命。产后，妇女也谈不上吃什么营养补品。孩子出生后，丈夫给妻子烙个玉米面馍，烧几顿小米熬成的汤就算是对产妇的照顾啦。产妇在孩子满月后就要参加集体劳动。

8.（妇女）白天为了挣工分、多分粮，就和男子一样地干活，一天最多挣八个工分。一切家务都在晚上做……

任丹利：在你印象里，五六十年代咱们这里的妇女家务活多不多？

任兴华：五六十年代妇女的负担确实是太多了，像看个猪，要喂猪啦，白天为了挣工分、多分粮，就和男子一样地干活，一天最多挣八个工分。一切家务都在晚上做，首先要哄娃睡觉，然后才在煤油灯下做（家务）活，如推碾磨、给家人缝缝补补、做鞋等。主要是那个时候生活还不好。人民公社食堂化的时候，男女社员都吃不饱，穿不暖，一天两顿饭，每顿吃二两粮，每人一勺（饭）。到后来，白天上工干活，晚上男的就成群结队地出去剥外村的榆树皮、挖苜蓿根、割苜蓿回家当粮食吃；还有的去山上采野生的蓖麻叶、蓖麻根、神仙叶（注：学名叫二翅六道木，是分布在深山老林里的一种灌木，多长在背阴的山坡上，叶子像桑树叶，捏在手里粘粘的）等。总之只要是甜的、没有毒的植物就当作代食品吃，很多人因为饥饿得了浮肿病，政府又发给康福粉（注：有的地方也称"康复粉"，是用麦糠、大豆、很少量的糖炒成的东西，用于渡荒），让得了浮肿病的人吃。

任丹利：五六十年代，咱们这里妇女是不是参加修水库、水渠、公路之类的工程？

任兴华：那时修水库、水渠、公路之类的工程，是由生产队按家里的人口分配土石的方量，所以从十八九岁的女孩子到五十几岁的妇女，只要有劳动力的都要去干活，一则是替家里的男人完成任务，一则是为了多挣工分。妇女干了这些工程还要管孩子啦、做家务啦，总之是比男人更苦。

9. 土改合作化人民公社那阵子，妇女是获得了解放，是在政治上获得了解放，妇女能够参加社会活动，如参加识字速成班、秧歌队等。

任丹利：新中国成立后咱们这儿讲"妇女解放"不？

任兴华：咱这讲，首先是女权的提高，就是说妇女的权利不受任何侵犯。如，人身自由、婚姻自由、言论自由、男女平等等。

任丹利：您认为当时讲得对不对，妇女是不是需要解放？

任兴华：我觉得这些话说得很有必要。当时妇女需要解放，旧社会妇女缠小脚、不上学等，太可怜啦。过去有句话说："再好的妇女一天三顿饭，一年四季绕着锅灶转。"还有三从四德，用难听的话说，就是把妇女当成家中的犯人，没有任何自由。妇女解放是好事，妇女（如果）解放了，自由了，也给社会增添力量。你看现在，妇女解放了，工厂有妇女，机关有妇女，领导有妇女，弄啥的都有妇女。土改合作化人民公社那阵子，妇女是获得了解放，是在政治上获得了解放，妇女能够参加社会活动，如参加识字速成班、秧歌队等。但是妇女非常辛苦。人民公社时期，晚上人都睡了，我队队长跑到妇女李竹兰、李菊梅家的窗户下面喊，叫她两个起来背上被子到北边修水库，距家80多公里，如果不去就不给吃啦。又如，（商州）土门安庵公社社长将全公社的男女集合起来一起修河堤，家家门上锁，家里的孩子叫老年妇女给管，晚上参加修河堤的人都给编成队，一队一歇，男的集体睡一起，女的集体睡一起，不准回家，第二天早上继续修。那个时候农村无论是修水库、修渠道，一般都是当年（农历）十月到第二年（农历）二月，因为十月以后，农业收种已经结束，二月以后农活又开始了。修水利基本在冬季，工地上到处都修的有房，修的人都住在工地上。工地上的口号是："两个六点半，中间一顿饭，加班没上算，男女老幼齐动员，脱皮掉肉都要干。""两个六点半"，就是说你早上六点半要按时开始劳动，晚上六点半才收工，你要是不按时，就开批斗会批斗你，还扣你工分。对一般群众批斗得轻，对阶级敌人狠些。总体上来说，我觉得五六十年代，妇女的生活比较艰苦。虽然当时女权提高啦，但人们对妇女的看法基本没有改变，如重男轻女，让女的和男的一样地参加劳动，女性只给记八个工分，而男性却给记十个工分；强制妇女劳动，而不考虑她们的身体健康。

任丹利：您还记得当时政府对妇女有什么宣传吗？比如有什么标语、口号、歌谣、快板等。

任兴华：讲解放，我大概记得，比如开大会宣传。标语有"男女平等""妇女解放"等。

任丹利：你还能记得哪些反映当时农村、妇女生活的歌谣或故事吗？

任兴华：具体的我记不清楚啦。

10. 她没有上过扫盲班，主要是因为她年龄大、家庭成分是地主、缠了小脚、孩子多、家务忙。

任丹利：你妻子是哪一年生的？新中国成立的时候多大年纪？

任兴华：我妻子是1926年出生的，新中国成立时她23岁。

任丹利：她上过学吗？

任兴华：没有上过学，因为她小的时候父母双双去世，家里姐妹就她一人，她被寄养在伯父家，伯父家比较穷，也就没有送她去读书。

任丹利：那她后来上过扫盲班吗？

任兴华：咱这里办过扫盲班，称为"冬学""速成识字班"，去上"速成识字班"的大多是十八九岁到三十几岁的妇女。她没有上过扫盲班，主要是因为她年龄大、家庭成分是地主、缠了小脚、孩子多、家务忙。

任丹利：她还缠过脚？

任兴华：她是旧社会的妇女，娘家在现在商州区赵源村，是封建旧思想，所以她缠了脚，而且还缠得很小。

11. 第一个孩子是1949年出生的。以后每隔两三年就生一个孩子。一连三个孩子都是男孩子。……结果三个孩子都得了"四六风"病夭折了。

任丹利：（你妻子）她生了几个孩子？

任兴华：她一共生了五个孩子。第一个孩子是1949年出生的。以后每隔两三年就生一个孩子。一连三个孩子都是男孩子。最令人伤心的是那时农村没有医疗机构，每次孩子都是我祖母给接生的，也谈不上消毒，是将孩子的脐带掐断，打个结，放到炕上就行啦。结果三个孩子都得了"四六风"病夭折了。"四六风"病俗称破伤风，主要症状是张不开嘴，不能进食，时间长了，面部肌肉就萎缩啦，结果活活地被饿死。直到我36岁的时候，也就是1964年，我妻子又怀孕啦。这次我亲自给接生，我用酒精给剪刀消毒，并且按照接生程序进行。这次还是个男孩，孩子身体一直很好。那个时候，村里有妇女因接生不够科学，就死在月子里，如任铁海的前妻，生完孩子因出血过多就死在月子里。到1960年以后，农村才开始实施新的接生法。旧式的接生法对妇女的身心侵害比较大。

任丹利：你妻子怀孕期间和月子里能得到照顾吗？

任兴华：在她月子里，我每天都要上工，因为我是地主成分，是在强制下劳动，所以无法照顾产妇的一切，都由我祖母照看。妻子也跟着我受苦受累。她出月后，队里给她也分了工，每天都要干活，孩子由我祖母照看。晚上妻子在煤油灯下缝缝补补，给别人纺线织布挣工钱，按斤两计算。我妻子大概织布挣钱干了三四年，那时熬夜的时间太长了，所以她到75岁就双目失明，直到现在。当时织布村里不太干涉，如果队里问你织布干啥呀，就说自己穿呀，人家就不管啦。

12. 借下的粮食她经常给我多吃，她自己就吃代食品，像野菜、蓖麻叶等，可以说是吃糠咽菜。

任丹利：现在回过头去，您能概括一下您妻子在五六十年代的生活吗？

任兴华：要说我妻子在五六十年代的生活，这是我伤心极了的事。我不想也不愿意回忆。因为那时候，家里没有粮食，吃一顿，饿一顿，一顿吃了还要借下顿。那时候更多的是向山里的人借粮食，主要是因为（山里可以）开垦荒地种粮食。前面我说过没有粮食的人就晚上上山去剥榆树皮。我是地主，一切都受到约束，无祸便是福，因此我就不去剥榆树皮。我家里曾经四五次都吃野菜，一连就是一周多。借下的粮食她经常给我多吃，她自己就吃代食品，像野菜、蓖麻叶等，可以说是吃糠咽菜。1961年我祖母双目失明去世，我妻子因长期吃不好，坐在哪里就直不起来腰，走路摔跤，身染疾病。我无能为力给她治病，就把她送到娘家。她娘家在（商州）赵塬，当时那里是全县收成最好的村。在那里，我岳父给她找医生看病，一直住了半年多，病好才回家。五六十年代的生活就是艰苦，相比之下，现在的生活简直是太美满了，吃的、用的都好了，政策太好了，自己种地，国家不收公购粮，还给你补贴。这无论是从历史上看还是从哪能方面看，都是从来没有过的。

商南县李翠英回忆

(李翠英口述，段瑞、段存才整理)

采访对象：李翠英，女，1936年5月16日生。婚前居住在陕西省商南县梁家湾镇稻田河村，婚后家庭地址为陕西省商南县梁家湾镇梁家湾村三组。1955—1960年曾担任过妇女队长以及大公社（区级）不脱产妇联主任、副社长。

采 访 人：段存才，男，1936年生，陕西省商南县高级中学退休教师；段瑞，女，陕西理工大学思想政治教育专业2008级学生。

采访时间：2010年1—4月。

说　　明：李翠英是段存才的妻子，段瑞的大祖母。因访谈对象的身体原因，此次访谈是断断续续进行的，访谈结果由段瑞、段存才整理而成。整个访谈历时三个多月。

1. 担忧婚姻

我叫李翠英，女，生于1936年5月16日，现家住陕西省商南县梁家湾镇梁家湾村三组。我是1955年冬月结婚的。我和丈夫的年龄相差两三个月，当时都不足20周岁，他是一个新参加工作的基层粮食购销站干部，我是一个不识字的农村青年。我们的结合，是喜也是忧。喜的是，我找了一个小干部。这是当时农村女青年都向往的事，她们为了摆脱贫困，把干部、工人、教师、军人等，作为寻找伴侣的理想对象。我实现了这个愿望，所以是喜。但丈夫有文化，是干部，这个婚姻能否长久，这便是我的忧。

我们的婚姻，感情基础很差，完全是双方父母包办的。我们虽然自小相识，但是没有单独说过话，没有恋爱过程。记得1953年腊月，我去梁家湾东头姐家，他从县上学校放假回来，在梁家湾中间的太阳庙相遇，他一见到我，便涨红了脸，一句话也说不出来。我则鼓起勇气看着他说了一句："你回来了！"他应了一声："回来了。"双方脚步都没有停地继续按各自的方向走去。虽然是父母包办，但我们双方没有表示过反对，似乎都默许。1955年冬月，双方父母订了日子，给乡政府文书打了招呼，叫我们去领结婚证。我们两个一前一后，相隔100多米走到了乡政府，找着文书，说明双方自愿结婚。文书为我们填了证、盖了章，把结婚证分别递给我们，我们又一前一后地回到家里。

结婚的当日，我父亲让我<u>二大</u>（注：父亲的兄弟，排行老二）送我出嫁。但是，我在家引惯了的，都是八岁大的小弟和大侄女，硬缠着同我们一起去了我的婆家。中午，介绍人，我二大，婆家的爷、父亲、姐夫和我们几个围挤在一张大桌子上吃了一顿饭，算是我们的结婚仪式。晚上入睡时，在娘家和我一起睡惯了的小弟和大侄女，不听劝阻，也挤在只有一床被子的新婚床上。无奈，丈夫睡一头，我们三个睡另一头。这就是我的新婚之夜。

结婚时，丈夫请假时间短，在家只住了两个晚上，第三天便返回百里路远的工作单位去了，过年也没有回家。第二年春季，我去县城参加为期八天的妇女代表会。散会后，我步行三十几里，到他工作的试马粮站住了两天，便沿北山小路回家了。

1956年10月，我接到丈夫自甘肃兰州的来信，称他已经在位于兰州的西北师范学校上学了，因为怕家里阻拦，考学和上学都没有告诉家里。这一意外消息，对我来说，犹如晴天霹雳，更增添了我对婚姻的担心。因为他出去上了学，眼界高了，我们之间的差距扩大了，我们婚姻的危险性也增加了。郁闷之余，我又想，只要他没有明确提出离婚，我就不能以假当真，消沉下去；应该积极采取措施，缩小我们之间的差距，保住婚姻。于是，我在当好妇女队长的同时，更加重视在扫盲夜校的识字学习。

出嫁前在娘屋时，1954年冬季我在附近的稻田河识字班学习了三个月，主要是认一些简单的字，学写一些常用的字。参加学习的大多数是没有上过学的青年妇女，教我们的是两个男青年团员。

婚后，随着对文化学习的兴趣越来越浓，我萌生了进学校上学的想法。我曾去梁家湾小学要求上学，得到允许。我立即兴冲冲地给丈夫去信，说明自己的打算，然而丈夫却拒绝了我的要求。他的理由是：父亲年老体弱，两个弟弟尚小,我如果去上学,家里没有劳力,没有生活来源。丈夫说的也是实情,但对我日益高涨的求学愿望,却是一个很大的打击。

不久,县上要从农村吸收几个妇女干部补充管区(乡级)妇联主任的缺额。当时,我是白玉大公社(区级)不脱产妇联主任,具备吸收条件,我也迫切希望当国家干部。公社推荐我,文书亲自到家说服我父亲,但是,我父亲以家无劳力为理由,没有松口,并且联合我娘家父亲阻止我出去,其核心是怕我飞出这个家庭。丢掉这个机会,给我造成终生遗憾。我想缩小夫妻差距、巩固婚姻的做法,一次次受到限制,使我陷入深深的痛苦之中。

1959年到1960年间,梁家湾东头办了一个扫盲夜校,我没有放弃这次学习机会。当时参加学习的男女青年40多人,我是其中的一个。担任扫盲班教员的是青年妇女李秀琴,她上过初中。我们用的教材是小学一年级课本,每晚学两个小时,中间休息十分钟。在扫盲班,我成绩最好时能认识上千个汉字。遇到开会讲话,别人用正楷为我写的发言稿,我熟悉几遍,就可以在会上读下来。

1959年暑假,从西北师范学校毕业后分配到甘肃武都师范学校教书的丈夫放假回来。这是我们结婚以来,他第一次回家。他到家时,父亲都认不出来了,问:"你找谁?"他喊一声:"大!"全家团聚,悲喜交加、泪流满面。时隔三年半,总算父子、夫妻、兄弟团圆了,但家境却发生了巨大变化。1958年7月,大暴雨连续不断,家中房屋遭泥石流冲击而倒塌,仅有的一点家业毁于一旦,年迈的爷爷也受了重伤,53天后去世。从那时起,我们借住在叔伯房哥哥家中,两家11口人,挤住在三间土木结构的房子中。父亲精神受到严重刺激,重病缠身,失去劳动能力,两个弟弟尚在上小学,家境甚为凄惨。

丈夫虽是大学生、师范学校教师,但这次回来,毫无喜新厌旧的迹象。他耐心地倾听了我诉不尽、道不完的苦衷,对我表示了极大的同情和诚恳的安慰。我时时担心离婚的顾虑有所打消,我们的婚姻基本上稳定下来,我三年多来在婚姻问题上耗费心思的痛苦也结束了。

2. 重建家业

1958年的自然灾害,把我们家打得支离破碎,经常搬家的漂泊生活,使全家不堪忍受。恢复家业、健全家庭,成为我们最为迫切的要求。然而,一家人老的老、小的小,谁来挑这份重担?丈夫不在家,按年龄、身体,只能落在我肩上。可我一个妇女,能挑起这份担子吗?思来想去,我打算争取把丈夫从甘肃调回商南,以他为核心,全家协力,恢复家业。为此,我多方托人,请求商南文教局向甘肃要人。商南方面也曾几次发函协商调人,而甘肃武都方面始终不放人。

为了催促丈夫调回,1961年暑假我只身前往甘肃武都。一个没有出过远门、没有见过火车的农村妇女,要长途奔波2000多里路程,沿途转车、等车,困难真不少。出发前,丈夫来信说明了行车路线以及他来接我的地点,然而还是出了错:他来信让我在宝成线上的略阳县徐家坪站下火车,住旅店等候他来接;我却顺车南下,穿过略阳站,到达川陕边境上的宁强县阳平关站下车等候。他到徐家坪、略阳两站查遍了各旅店的住店登记册,却找不到我的姓名。他心急如火,又南下阳平关,查了旅客住宿登记册,仍无我的名字。当他灰心地走出旅店,准备到对面的商店去买些食品作干粮返回武都时,我恰巧从旅店出来,一眼看清了丈夫的背影,立即跑上前去拉住他。两人对望,惊喜不已。

原来,我住旅店时,店方见我是个本本分分的农村妇女,不会是坏人,就没有让我在住宿登记册上登记。我丈夫只看住宿登记册,没有询问服务员,也没到各房间去查看,自然找不到我的名字,他以为我不在阳平关。而我,躺在旅店的床上,等不到丈夫来接,心里十分着急,就从房间出来。刚出店门,就看见了他。能在他即将离去的地点、即将离去的时间喜相逢,真是夫妻心连心啊!当时真是喜出望外,情不自禁。第二天清早,我们一起迎着时断时续的连阴雨、时涨时退的山溪水,跋涉两天,到达武都师范学校。

我在武都住了十天,得知丈夫在那里工作较好,入了党,当了副教导主任,成了骨干教师,因而学校不愿放他走。我找到学校领导,诉说了家庭困难,要求放人。同时,催促丈夫再写调动申请,加速调动进程。

这十天,我第一次了解到丈夫的人、丈夫的心,对他更加信任。两颗心之间的距离大大缩小,担心丈夫要和我离婚的想法彻底消除。

1962年6月,国家正处在经济困难时期,上级决定撤销武都师范学校。丈夫利用这一机会,经多方努力,终于在1962年10月调回商南,被分配在商南县文教卫生局工作。

赴商南县文教卫生局上班之前，丈夫回家看望，家境又发生了重大变化，一是换了住的地方，二是一家分成三家：父母亲和小弟三口一家，刚结婚的二弟两口一家，我一个人一家。面对分家，父亲向他儿子作了如下说明：家里人口多，一无房住，二无粮吃。分家会各打各的主意，各找各的生活，路径宽，比大家困在一起受难好。丈夫认可了分家的原因和现实。

虽然家分了，但全家人的心还在一起。丈夫调回本县，为父亲和全家带来了希望和信心。盖房子、建家业，成了全家的共同愿望和决心。经过一段准备，丈夫申请下了地基，东拉西凑地借了一些钱，1964年冬季全家开工盖房。1965年夏季，房屋主体建成后，来不及隔屋、平整地面，就先用木棍子、竹箔子把四间屋大致分成三个单元，三家人搬进去住，然后才逐步完善内部。

我在1964年秋，即结婚九年之后，生下第一胎男孩。我有了孩子，有了房子，丈夫离家也不远，成了一个健全的小家庭。再加上以父亲为核心，团结合作的全家人住在一起，形成一个更健全的大家庭。自1958年7月老房子倒塌以后，经过六年漂泊、七次搬家，这是我们第一次住进了自己的房子，心里的幸福感是难以言喻的，但也因此落下了1000多元的巨额外债。

3. 承担公务

刚结婚，我年轻力壮，经常参加集体劳动，1955年入党，当了妇女队长。当时的农村妇女主要在家里干家务活，没有出去干农活的习惯。有的家庭有老婆子干家务，年轻媳妇在家里没有多少事，也不愿下地干活。我作为妇女队长，主要是动员年轻媳妇和大闺女走出家门，参加农业生产。当时，这是一件移风易俗的事，需要做深入的动员工作才行。

人民公社时期，1958年至1960年，我又当上大公社（区级）不脱产妇联主任、副社长。我的工作一方面是抓各村妇女队长动员青年妇女参加农业生产劳动，同时宣传贯彻《婚姻法》（注：指1950年颁布实施的《中华人民共和国婚姻法》）。有时，公社工作多，人力不足，也安排我参与一些其他的工作。比如1959年冬季，有人举报江西沟村人人私藏粮食，公社派统计员张兴万带着我和妇女委员严正兰等一共四人去调查，查实江西沟小竹园小队干部在山上私藏5000多斤小麦和玉米，准备暗自分配给小队社员。我们对队干部进行了批评，要求他们作了公开检讨。此外，我还参与过对农村矛盾纠纷的调解工作。

任大公社干部期间,我常和公社干部一起工作、开会,每年要到县上开三两次会议,不仅在公社收听过县上开的电话会议,而且在公社向所属八个管区(乡级)开过电话会议。我还在会上讲过话,讲话稿是公社文书用正楷写的,这是我学文化的结果。

4. 参加劳动

由于我是不脱产、无工资干部,在公社工作和开会是有时间性的,更多的是参加劳动。

1958年秋到1959年春,我到距家十多里的开河参加大炼钢铁运动。开始,我们几个妇女同男的一起上山背铁矿石。从铁厂到矿山往返十多里,其中一大半是山路,每天背五次,每次男的背一百二三十斤,女的背八九十斤。背矿石下山时汗水湿透衣服,空手上山时,湿淋淋的衣服贴在身上刺骨冷。干了十天,我们妇女撑不住了,便回到铁厂拉风箱。当时没有电,要用手拉风箱为炼铁炉鼓风,以增强火力促进矿石熔化。但炉子高,风箱大,每班需要两个男劳力或三个女劳力才能拉得动风箱。拉风箱时,要拉着退三步,推着进两步半,才能送进去一股风;要使风源源不断地送进去,需要连续不停地推拉风箱。这也是一项很重的活,我们女的干了三天,臂膀酸痛,无力坚持,又改为给工人做饭。我在这个岗位上一直干到大炼钢铁结束。当时是大干快上的"大跃进"年代,工人普遍加班,我们做饭的是两班倒,每班干12个小时,以保证工人晚上加班也有饭吃。腊月三十,我们只休息了一天,回家吃了顿年饭,初一又照常上班去了。

1959年4月,大炼钢铁结束,我回到家里,歇了很短时间,又和梁家湾西头的妇女队长、党员刘小凤一起被调到梁家湾西头农学院猪场去养猪。猪场有肉猪、公猪、母猪,我们每天要从半里路外的水井中打水,挑20多担,为猪煮食、喂水。母猪生小猪时,要昼夜守候在猪圈招呼小猪吃奶、吃食,防止大猪踩踏、伤害小猪。当时养猪场没有防疫和治病条件,猪病频发,猪时有死亡,办养猪场得不偿失。不久,养猪场停办,我从此回到家里参加农业生产。

1958年秋到1961年底,农村普遍实行"食堂化",并宣传说:吃食堂能解放妇女劳动力，食堂是人民公社的心脏。当时，把农户的粮食都收归集体，新生产的粮食不再分配。开始时粮食多，大家放开肚皮吃；1959年粮食大减产，又收缩肚皮吃；后来逐渐压缩成一天只吃两顿饭，有劳力的每顿半斤，无劳力的二两半。由于有劳力、无劳力的都吃不饱，不得不组织劳力挖野菜；野菜挖光了，又打树叶、剥树皮、挖草根。在这种极端困难条件下，我的身体日渐消瘦，常常头昏眼花，有病无钱医治，等候自然恢复。1960年，我因身体原因很少参加劳动了，在公社的职务也停止了。到1961年，我仅保留了一个共产党员身份。

5. 养育孩子

结婚生育，是青年妇女的企盼。我结婚的前两年，年轻力壮，经常参加集体劳动，同姐妹们说说笑笑，过得还算愉快。随着年龄的增长，眼看着同龄妇女一个个生儿育女，自己对生育的要求愈来愈迫切。可是生活的困难、多病的身体、夫妻两地分居的现实，使得实现自己生儿育女的愿望显得相当困难。

三年困难时期过后，放松了农村经济政策，从1962年开始，解散了食堂，恢复家户做饭传统，按人口给农民分了自留地，允许开少量"十边"地，饲养少量牲畜。农民的吃饭问题立即缓解。我也因生活的些许改善，健康逐步恢复。加上1962年丈夫调回商南，精神上得到安慰，从而具备了生育条件。1964年秋，我生下第一胎男孩，给全家带来了喜悦和希望，为当年开工盖房增添了信心。随后，1967年冬、1973年夏，我又生了两胎男孩，成了有三个孩子的妈妈。虽然更忙更累，但心里感到充实和喜悦。

生儿不易，养儿也难。当时农村的粮食分配和劳动工分直接挂钩，粮食产量的70%按劳动分，30%为基本口粮，人人有份。这个政策有利于调动劳动者的积极性，促进生产发展，但对于缺乏劳动力的家户来讲，吃饭问题很难解决。我身体不好，又有孩子，参加劳动自然少，主要靠吃基本口粮过日子。一年分得的粮食只能吃半年，缴了**缺粮钱**（注：当农户全家人的年劳动日总值少于生产队分给的口粮等实物的总值时，农户就要向生产队缴纳差额部分的现款。因为农村分给农户的实物主要是粮食，所以缴纳的这部分现款也被称为缺粮钱），还要买高价粮。因盖房而负有巨额外债的我只能买很少的一点高价粮,把粮食当"盐"吃,在以红薯干、野菜为主的食物中,象征性地撒些糊汤米,把它称作饭。由于长期营养不良,三个孩子的身体发育都受到影响,长大成人后,体质都不强健。

6. 时来运转

　　福兮祸之所倚,祸兮福之所伏。我挣扎过了艰辛的五六十年代,度过了政治上动荡的70年代,迎来了万物复苏的80年代。我这个熬过了无数艰辛的农民妇女,也时来运转,1983年转为城镇户口,1984年全家迁居县城,过上与丈夫朝夕相处、与孩子同屋食宿的正常生活。1985年已届50岁的我,干上了长达11年多的天天工,有了工资收入,逐步解决了困扰我大半生的吃饭难、住房难、穿衣难、用钱难四大难题。进入新世纪以来,随着丈夫退休金的不断提高,我们还清了外债,三个孩子相继独立生活,我们夫妻俩也过上了温饱有余的幸福生活。

高陵县马凤琴访谈

采访对象：马凤琴，女，1942年生于陕西高陵县。1961年初中毕业后进入高陵师范学校就读。1962年高陵师范学校停办后，回乡当过教师、播音员、档案人员、妇联主任，退休前任过陕西高陵县劳动人事局局长。1967年结婚，婚后居住于现陕西省三原县渠岸乡枣阳。20世纪50、60年代的家庭成分为贫农。共育有两个子女。

采 访 人：刘凡，女，1987年生，陕西理工大学历史学专业2007级学生。

采访时间：2010年2月25日。

说　　明：采访人是在熟人介绍下认识并采访马凤琴老人的。

1. 我上学时已经都十几岁了，……班里还有个18岁结了婚的姑娘来上学。

　　刘凡（以下简称"刘"）：奶奶，请问你是哪一年出生的？

　　马凤琴（以下简称"马"）：我出生于1942年。

　　刘：那新中国成立时你都7岁了，你还记得新中国成立时的样子吗？

　　马：新中国成立时，我还比较小，记得不太清楚，只记得解放前我们家附近有国民党驻兵，他们把战壕挖到了我们家的墙根底下。当时国民党士兵住在村民家中，要吃要喝，对村民经常打骂，村民都感到胆战心惊。那时候村里人对战争都有一种恐惧感，后来战争未打响，我们那就解放了。解放后，我们那的人都很高兴，因为当时给我们穷人都分到了土地，群众生活普遍得到了改善。解放前，大家经常吃不饱，对过年过节没什么印象，根本不知道那是干啥呢。

　　刘：新中国成立后，咱这女孩上学的多不多？父母是什么态度？

马：新中国成立前，我们整个村子的人都比较穷，在我的印象中只有两三户人家还可以。我小时候认为女孩上学那是大户人家才可能出现的情况，我想都不敢想。新中国成立后，慢慢地我们这就有女孩开始上学了。一开始父母还没有送我去上学，后来看人家的女孩都去上学，父母就送我和弟弟去上学了。最初是为了让我保护照看弟弟，让我和他一起上学。我上学时已经都十几岁了，班级属于复式班，大家年龄参差不齐，班里还有个18岁结了婚的姑娘来上学。当时女孩们也非常想上学。一九五几年咸阳国棉一厂和七厂来村里招工时，我们村也有一些年龄稍大的女孩，进了工厂当工人。但大多数父母还是不放心把女孩送出去，更乐意让她们去上学。

刘：奶奶，你们那会儿上学，学费贵不贵？学校情况怎样？

马：我们那会儿刚开始上学时，几乎不收学费。当时政策好，要不然我们这些穷人家的孩子照样上不了学。我觉得我们那会儿上学特别好，学校思想特别净化，感觉比现在好很多。我1958年上初中时，学费才5元，学校倡导劳动与生产相结合，我当时是团支书，带领同学们一起养猪。我们养了50头猪，我们还办了化工厂，大家一起动手烧出了火碱和肥皂。我们那会儿上学条件虽不及你们现在，可我们在实践中真正学到了东西，不像你们现在的教育有些死板。我们那会儿学校倡导"为社会主义读书""我为人人，人人为我"等口号，学生比较支持和拥护，学校里思想政治工作比较活跃，学生会等学生组织很活跃，学校提倡大家经常开展批评与自我批评。后来泾阳、三原、淳化、高陵这四个县合并为一个大县，我1961年考上高陵师范学校。在上学期间我母亲去世，所以我只好带着几岁的妹妹一起去上学。学校当时很通融，允许我将妹妹带入教室一同听课。1962年由于国家当时困难，学校办不下去了，要关闭，当时没有一个同学吵闹，大家都表示同意，打扫完毕，封闭好各教室的门窗，对学校的决定表示理解，然后就走了；并且后来很多同学都写请愿书，表示愿意到基层去，到苦的地方去。

刘：五六十年代咱们这里妇女上扫盲班的多么？学到的字多么？当时扫盲班具体的情形是什么样子？

马：我当时在上学，所以对扫盲班了解不是很多。我姐姐上过扫盲班，所以我对扫盲班的了解大多都是听我姐姐说的。我们那从1958年起开办扫盲班的，又称"夜校"，去的妇女很多，大家都很乐意去，认到的字还挺多的。我们那的扫盲班管理非常严格，实行的是军事化管理，许多妇女学得都很认真。白天在地里干活时,还经常在地面上用树枝、手指等练习学到的字。

2. 我是1967年结的婚。……他用自行车把我带到他家,我们那会儿都兴这样。

刘:五六十年代咱们这里一般女孩子多大年龄开始找对象?

马:我们那女孩都是20岁以后结婚的,我是25岁结的婚,在那会儿都属于晚婚了。解放前后也有18、19岁结婚的。咱们这平原地区早婚的较少,我基本没听说过。

刘:找对象一般有啥条件?

马:当时找对象条件好的、比较奢侈的就是能买得起所谓"三转一响"的,即表、自行车、缝纫机和收音机。一般情况都是看双方自愿,那会儿大家比较穷,基本没什么特殊条件要求。

刘:解放以后女孩子在婚姻上的自由与解放前相比有没有差别?

马:解放后对妇女权益保护得较好,不存在包办婚姻,双方都见过面,可以在过节时交往。两个孩子可以自己谈,女孩如果对男孩不满意,可以要求退婚。但是由于当时农村的环境,退婚现象还是比较少的,都觉得退婚是件比较丢人的事情,思想还是有些禁锢。

刘:那会儿什么样的姑娘好找对象?姑娘都喜欢什么样的小伙子?

马:那会儿大家都一样,不存在好不好找对象。在没实行计划生育之前,农村的人口生态比较平衡,男女比例比较平衡,都可以找到对象,唯一的要求就是男女双方自主自愿、互相同意、互相看上。

刘:奶奶,你是什么时候结婚的?

马:我是1967年结的婚。

刘:结婚前都要了哪些彩礼?

马:当时结婚时双方家都比较穷,我丈夫是个穷学生,所以我们家就没有对他要求彩礼之类的东西。

刘:奶奶你结婚时有没有办婚礼?新郎新娘穿什么衣服?

马:我们结婚那会儿就没有什么婚礼,我当时穿了件黑灯绸衬衫,现在想起来还觉得像个傻子。我们当时就在三原县的明德亭食堂待(注:设)了三桌酒席,请了单位的领导和同事还有亲戚朋友,一桌下来就50元,这就是我的婚礼。他用自行车把我带到他家,我们那会儿都兴这样。

刘:奶奶你结婚后几天开始干活的?都做些什么?咱们这有没有"新媳妇三天不下厨房"这个说法?

马:我结婚后,就去上班了,我那会儿在高陵县马家湾做妇联主任。我去上班后,家里的活主要由婆婆(注:丈夫的母亲)做,我们那会儿好像不存在"新媳妇三天不下厨房"这个说法了,我没听说过。

刘:在你眼里什么样的夫妻才称得上是好夫妻?

马:在我看来,好的夫妻就是双方人品相当且能够相互尊重与理解,这样的夫妻所拥有的婚姻也是好的。

3. 我们那的村里,有政府专门培养的接生婆,也叫农村接生员,比较专业。

刘:你有几个孩子?怀孕期能休息不?家庭和单位有什么照顾吗?

马:我有两个孩子,怀孕期间可以休息,因为我是行政人员,所以有56天假。我们那会儿政策好多了,工厂里给妇女有专门的哺乳屋,例假期间都有照顾。

刘:奶奶,你生孩子是在家里请的接生婆吗?

马:我生孩子那会儿思想还比较封建,不愿意去医院生,就在家里的。

刘:当地的其他妇女呢?

马:我们那的妇女有在家生的,也有在医院生的,看个人的选择。我们那的村里,有政府专门培养的接生婆,也叫农村接生员,比较专业。

刘:在家生小孩你怕吗?要是有危险怎么处理?

马:我那会儿年轻也不知道害怕,就坚决选在家里生。一般不会有什么危险,因为在怀孕期间都做了好几次检查。有问题的话就提前去医院,在医院里生产。

4. 女的活相对重些,如拉架子车、割麦、捣鼓"三类苗"、拔(棉)花苗等活。

刘:五六十年代妇女下地干活一天给多少工分?都干些什么活?

马：妇女干一天活大部分都给的是七八分，就看你从事的技术活动的种类，也有妇女一天挣十几分的。那会儿男的干的活相对轻松，如探井等，都是些技术活；女的活相对重些，如拉架子车、割麦、捣鼓"三类苗"（注：指从出苗到越冬期，小麦苗出现的三种非正常生长现象，包括弱苗、旺苗、壮苗，及时对"三类苗"进行管理，使弱苗、旺苗转壮，壮苗稳长，才有利于丰产）、拔（棉）花苗等活。

刘：咱们这里（19）58、59年搞过大炼钢铁运动吗？妇女参加吗？都干些什么活？积极吗？

马：有过。当时全国都搞大炼钢铁运动，我那会儿在上学，我姐姐去参加过。当时妇女都去参加，做些烧火、填炭的工作，大家都表现得比较积极。

刘：你参加过修水库、水渠、公路之类的工程吗？孩子由谁照顾？

马：我没参加过，只参加了一些基本的农田水利建设。我那时属于行政人员，不参与生产队劳动。我们那会儿社会风气纯正，领导比较负责任，下乡都步行，不坐小车，群众与干部联系紧密。我们那会儿讲"五同"，即干部与群众同吃、同住、同学习、同劳动，还有一个同什么我记不太清了。县级干部与群众一年最少一起相处100天，乡级200天，村一级300天。我们那会儿热情特别高，基本上没人请假。我在外工作的时候，孩子由婆婆带着。

刘：五六十年代农村妇女的家务活主要有哪些？

马：做饭、做鞋、织布、纺线、缝纫，等等，那会儿的妇女都较全面，能干的很多。

5. 五六十年代，国家当时推行的政策好，妇女确实得到了解放。

刘：奶奶，你觉得五六十年代农村妇女得到解放了没有？都表现在哪些方面？

马：五六十年代，国家当时推行的政策好，妇女确实得到了解放。首先有了受教育的权利，其次《婚姻法》的颁布与推行又保障了妇女的合法权益。妇女不再像以前那样大门不出、二门不迈了，而是走出家庭，走向社会。有了受教育的权利后，渐渐地追求了一定的经济、政治地位。

刘：你还记得当时政府对妇女解放有什么宣传吗？比如有什么标语、口号、歌谣、快板等。

马：我能记得的有"妇女能顶半边天""男女同工同酬",还有提倡妇女"自尊自爱""自重自强",就记得这些。

刘：奶奶,你还记得哪些反映当时农村、妇女生活的歌谣或故事吗?

马：我记得,当时妇女虽然得到一定的解放,但是由于过去妇女地位低下,还是有一些不好的说法。比如说妇女"面朝黄土背靠天,科学技术不沾边",所以我们那会儿还专门成立了妇女"屠宰组",以及通过搞"金花赛"(注:指受当时电影《五朵金花》的影响,在妇女中展开的学习"五朵金花"的劳动竞赛)、"银花赛"(注:指受当时电影《五朵金花》的影响,在妇女中展开的学习"五朵金花"的棉田管理竞赛),培养了像周玉娥等一大批优秀妇女。当时还有我在西安开会时认识的户县妇女主任李凤兰,她当时画了一幅画叫《春锄》,专门表现户县的一种劳动特景,与当时另外一幅我记不清谁画的《老支书学毛选》都引起了巨大的轰动。李凤兰也因为这幅画闻名于三秦大地。此后她做过全国人大常务委员,在西安分到了房子。她当时还让我为她的画题过一首诗,内容大概是:"三秦绝色户县画,《春锄》一幅惊华夏。凤兰释怀奏乐章,九州画界称奇葩。"前后顺序我记不太清了。还有一位就是当时在高陵县非常有名的叶惠贤,她的事迹很典型,由一位不识字的妇女,经过自己的一番努力,最后成了一位优秀的妇女代表,受到了当时总理的接见,现在人在北京。

高陵县胡清贤访谈

采访对象：胡清贤，女，1945年6月生。1956—1960年就读于陕西省高陵县黄家店初小，1960—1962年就读于陕西省高陵县耿镇高小。1962年小学毕业后回到农村，先是在大队幼儿园教书直到1964年，1965—1972年在陕西高陵县黄家滩大队团支部、党支委工作，做过妇联主任兼计划生育专干、妇女队长和政治队长。1978—1993年任高陵县耿镇王家滩大队党支部书记。1967年结婚，婚后居住于现陕西省高陵县耿镇王家滩。20世纪50、60年代的家庭成分为贫农。共育有三个子女，分别出生于1967、1971、1973年。

采 访 人：刘凡，女，1987年生，陕西理工大学历史学专业2007级学生。

采访时间：2010年2月15日。

说　　明：采访对象为采访人的同乡。

1. 最后（1962年）赶上了"年龄限制的政策"，……就不能继续上学。

    刘凡（以下简称"刘"）：你什么时候出生的？

    胡清贤（以下简称"胡"）：我出生于1945年，快解放那会儿。

    刘：新中国成立的时候是什么样子，你还记得吗？

    胡：我那会儿还特别小，没什么印象，都是听大人说的。那一辈人名字很有新中国特色，如"建国""解放"等。解放后，咱们这组织互助组、合作社，生活改变较大，人民吃得好了。我听我妈说以前用的是清油灯，人一年才能用一斤油，现在的人一个月就吃十几斤油，和喝水一样。现在这刚生下的娃，都比那会儿的地主好，比地主吃得好、穿得好。新中国成立后，生活确实比以前有了翻天覆地的变化，不是虚夸。

刘：（20世纪）五六十年代，女孩上学的多不多？

胡：这个我都有些印象了。那会儿还有结了婚的去上学。政府动员大家脱盲学文化，结了婚的女的只要经过家里同意，都可以去上学。我记着我刚开始学的第一课是老师教我们认"人，一个人，两个人"。我比那些大人学得快，因为我年龄小，怕人家老师不要我，所以我就学得认真些。

刘：那会儿女孩去上学，父母支持吗？

胡：那会儿党的政策好，因为当时的人对毛主席非常信服与信任，所以对他当时的政策非常支持。有些思想好的父母思想是比较统一的，也愿意让女孩去学文化，虽然不太多。我们那70%的家庭也不愿意让女孩去，我能上学都是因为我妈思想好，可思想好我就没能上大学。我那会儿学得好，独立生活能力也强，为了保护我的大兄弟，我妈那会儿让我和我大兄弟同年上学。我俩学得都好，在学校里不是他第一，就是我第一。最后赶上了"<u>年龄限制的政策</u>"（注：1962年，为了缓解全面经济困难，国家大力压缩城镇人口，其中一项举措是动员城镇不能就学、就业的青年上山下乡，压低农村学生升入中学的比例，动员到达一定年龄的农村小学毕业生回乡参加生产），也许是机遇不好。因为我是6月18日出生，<u>生月</u>（注：出生月份）大，就不能继续上学。那会儿国家困难，不少初中、高中都停办了。整个国家都困难，我就因为年龄大就不能继续上学了，我当时都有些恨。那会儿总的来讲都不愿让女孩子上学，有重男轻女的思想，咱们这关中地区，离西安近，都好多了。

刘：那会儿女孩是不是都想去上学？学费贵吗？

胡：都特别想上学。就不收什么学费，一本书才5分钱。（国家）就动员大家学文化呢，在地里劳动时就让那些老太太、年轻妇女都学。动员大家学文化，不学，《毛主席语录》背不过，就不让去上工。

刘：五六十年代咱们这里妇女上扫盲班的多吗？学到的字多吗？

胡：刚新中国成立时间不长我开始上学，长大点后咱这就有扫盲班了。上面一个政策，全社会都在办，关键看去的人多不多。咱们那去的就不多，许多人思想觉悟跟不上。扫盲班就是让成年人去学文化，从一个字、两个字开始认。大队组织"夜校"，让村子里有文化的人给没文化的人教。我那会儿出黑板报，粉笔字写得好，给他们教上半天他们都不会写。那会儿人基本上是一个字不识，好多妇女都没有名字，姓什么就叫"什么氏"，如"胡氏""王氏"等。给她们教的都简单，先学写自己的名字，再学"××大队""第×生产队",这效果挺不错的,她们在地里干活着就在地上写写画画,提高挺快的。我那会儿在上学,放学回去,我妈还让我们给她教,她也去上扫盲班。她会写她的名字,会写"中国"。她那会儿给前线的战士做鞋、做衣服,我们还教她写"鞋"这些字。因为有我们教,她认的字还挺多,学得也快。那会儿要与人交往,要认识钱,就必须认识一些最基本的字。

2.(找对象)一般都是介绍人介绍,两个人见面,要是同意就算订婚了。

刘:五六十年代咱们这里女孩子一般多大年龄开始找对象?找对象一般有啥条件?

胡:当时咱们那十五六岁就有找对象的。一般都是介绍人介绍,两个人见面,要是同意就算订婚了。再过上一半年,经介绍人说说,举办个仪式就结婚了。那会儿农村的婚姻状况就是这个样子。因为我丈夫是个学生,我们俩订婚后过了八年,等他大学快毕业才结婚的。因为俩人有一定文化,订婚后一直都保持着通信,谈了八年。

刘:新中国成立前后都有哪些差别?

胡:之前谈对象是不许双方见面的,我们那会儿新社会都好多了,两个能见一面,能从面貌上有个大致的了解,看上就同意,也可以不同意,有一定的自由。我那会儿和丈夫见第一面时,我就告诉他:"我现在不上学了,成绩是固步自封。"他说:"既然我能来,我就了解你的情况,你不能说是固步自封,一个人只要想着学习,总能进步的。"当时我家条件较好,他家较穷,他怕我有所顾虑,我就告诉他:人不能把自己看成是骡子、马来卖,人要看重的是思想品德。他家是个贫农,成分好,那会儿讲这个。那会儿找对象对家里条件要求不是很多,主要是看双方孩子的意愿。新中国成立前有些买卖婚姻,对妇女不公平。我们那会儿双方同意,过一份彩礼240元,或半份120元,就好比订婚了,就像你们现在谈恋爱谈成了。

刘:新中国成立后女孩子是不是在婚姻上比以前多一些自由了?

胡:自由多了,我听我妈说,以前的女的根本不让出门,长大了家里给瞅了对象就嫁了,管他是个瞎子、瘸子都得跟。新中国成立后妇女有了地位,"行行有妇女,妇女能干行行",女孩子可以上学、出去劳动、工作。国家推行《婚姻法》,父母也更尊重孩子的想法。一个女孩要是看上哪家的小伙,可以给自己的父母说，再通过介绍人说和，找到自己理想的对象。

刘：咱们那有没有说什么样的姑娘好找对象？姑娘喜欢找什么样的小伙子？

胡：相貌端正、聪明能干、有文化就比较好找对象，当然要是差点就相对难找点。那会儿姑娘找对象都是看介绍人给你介绍怎样的，一般都是通过介绍人。

刘：你是什么时候结婚的？结婚前都要了哪些彩礼？

胡：我是1967年结婚的，结婚前丈夫家给我家送了半份礼金120元。我父亲思想较好，看我丈夫的母亲——一个寡妇老太太供儿子上学不容易，最后又将礼钱送了回去，丈夫的母亲当时很感激。我丈夫的母亲很不容易，一梭子一梭子织布（换钱粮）供我丈夫念完了大学，所以丈夫这个人很朴实、很节俭。那会儿兴那个布票，丈夫给我拿了几尺布票，做了身衣服。

刘：你结婚时候的婚礼是什么样子的？新郎新娘穿什么衣服？

胡：我那会儿结婚时，就是丈夫家摆了一些宴席，他用自行车把我带到他们家，就这样简单。我穿了一双<u>灯芯绒</u>（注：也叫条绒布，是一种布料）鞋，一身花花衣服，丈夫穿了中山装。只要从里到外都是新的就行。我们那会儿还兴穿那个<u>蓝阴丹士林</u>（注：布料名）的裤子。

3. 过去婆婆对媳妇要求特严，……等我结婚时都好多了，婆婆对我很好。

刘：你结婚后几天开始干活的？有没有"新媳妇三天不下厨房"的说法？

胡：我们那没那个说法。结婚后就开始干活、帮着做家务，我那会儿还在大队里做一些宣传工作。我们那会儿都进步多了，很现代了，不像以前的媳妇。我听我妈说，以前的媳妇要给婆婆倒尿盆、烧水做早饭。过去婆婆对媳妇要求特严，婆婆说一，媳妇不敢说二，男的动不动还打老婆。我母亲生我时，我上面还有一个姐姐，我奶看到我还是个女孩时，就让我爸我妈把我送给要饭的。我爸我妈舍不得，但也拗不过我奶，就把我送到了舅舅家，让我舅把我养大。我在我舅家长到12岁，直到我奶去世我才回家，所以她死时我就不哭，我心里怨恨她、不爱她。我<u>老太</u>（注：奶奶的母亲）一巴掌把我给打哭了，她要是不打，我还不哭。我妈那会儿的婆婆太厉害，有时会让自己的儿子打媳妇。等我结婚时都好多了,婆婆对我很好,她是解放初期的老干部,比较支持我在外工作,是个很开明的老太太,比丈夫还理解我的工作。我有时工作不顺利,回来在家发脾气,婆婆也不说什么,抱起孩子笑着对孩子说:"咱家的'雷神爷'回来了,她工作又不顺利,走,咱到外面玩去。"她无论在生活上还是工作上都照顾我。那会儿我丈夫常年在外工作,婆婆就在家给我带孩子,每晚都是看着我和孩子睡着后才离去。这样的好婆婆真的少有,我们家还评上了高陵县第一届"五好家庭"的荣誉称号。

  刘:你那个时代认为什么样的婚姻是好婚姻?什么样的夫妻是好夫妻?

  胡:我们那会儿婚姻都自由多了,在我们看来的好婚姻就是夫妻双方能够互相了解与理解。好夫妻是双方能够互相尊重,家庭和睦,共同努力,共同进步。我们那会儿全县评选"五好家庭""好媳妇""好婆婆",我当选"好媳妇"代表,就是向人家讲怎么抚养子女、处好家人关系。

4. 我们那会儿怀孕了照样工作,那会儿的人非常泼辣,在生产队什么活都做。

  刘:你有几个孩子?那个时候怀孕期能休息不?干活有照顾不?

  胡:我共有三个孩子。我们那会儿怀孕了照样工作,那会儿的人非常泼辣,在生产队什么活都做。干部就要起带头作用,不但自己要干,还要起带头作用。我那会儿是大队书记,还要给队里的人派活。怀小儿子的时候,生他的那天早上我还给队里人派了活,队长让我去带大家,我说:"我不去,家里今天有客人。"其实我那会儿已经感觉有些不舒服了,九点多就生下了小儿子。其实怀孕期间可以要求休息,那时我这个人比较要强,再加上要为大家起表率作用,所以没要求。也有人要求请假的。我当时生完孩子,没出月(注:没满一个月)就下地劳动了,干活受了点伤。现在还留下了月子里的病,手上有个泡。我怀孕时,丈夫在外工作,我要在家担水、劈柴。生产队对妇女没有特殊照顾,只要你不想挣工分,想休息,人家都批准。那会儿我们那个大队是高陵县较好的大队,一个劳动日能挣到一元钱或一元零五分钱。那会儿钱比较值钱,大家都愿意劳动。

  刘:你生孩子是在家里请的接生婆吗?

  胡:我就在家生的。

刘：是不是当地妇女生孩子都是这样的？

胡：一般妇女很少去医院生，大多农村妇女都在家生的。我们大队有一个很出色的接生员，叫杨宝珍；各队都有医疗站，接生员都是培养过的。当时人家大队要培养我去做村上的卫生员，我没去。我这人脏腑软，见不得血，见血就吐，所以就没去。

刘：在家里生孩子你心里害怕吗？有危险怎么处理？

胡：一般在家不会有什么危险。一是自己年轻有一定常识，会提前配置一些酒精之类的，做一些消毒的措施；二是那个卫生员确实很专业，真的有危险就送到大医院去抢救。

刘：你坐月子时家里和生产队对你有啥特殊照顾不？可以休息多长时间？

胡：我那会儿还可以，家里有一定照顾，吃的能好些。说起来都逗人笑，我坐月子一个月吃了一斤油，在那会儿都够多了，一般家庭都没有这样，我这都算条件好的。坐月子的时候你想休息多长时间都行，有的要休息多半年，有的只休息不到一个月，我就是其中的一个。我那会儿较自强，不愿受人的话，只要我能做到的，我拼了命也要去干。因为婆婆是个老妇女干部，她也希望我早点去参加劳动，带领大家干活，没出月我就提笼去拾棉花，落下了病根。现在见做活，手上让（棉）花壳扎的那个坑就严重了。

5. 那会儿好像人们一年四季都在地里干活。

刘：妇女下地干活一天给多少工分？都干些什么活？

胡：工分各队情况不一样，大概一天十分工是最高的。咱们那块的主要农活有：育红薯秧子，完了就栽红薯、锄地、务棉花……。我那会儿每天还操心着给大家安排工作，生产队还养着牛，有些私人家还养猪、养羊。那会儿好像人们一年四季都在地里干活。咱们那冬天还把收的红薯打成粉，吊粉条。我记着那会儿国家号召"宽行密植"，就是一行宽、一行窄，这样的作物能充分见上阳光。

刘：咱们这里（19）58、59年搞过大炼钢铁运动吗？妇女参加吗？

刘：搞过。我那会儿还小，记得全国人民都参加，妇女、学生等都参加，印象很深。全国到处都"浪铁沙"，端一盆沙子，站在水里，把盆一转，浪黑沙，看谁浪的多。好多人都把腿在水里冻出关节炎，妇女也干这些活。

刘：你参加过修水库、水渠、公路之类的工程吗？

胡：水库不在我们那个地方，有修宝成铁路的，我们同龄人中有被抽走参加的，但我没参加过。当时就是各生产队推荐，看谁愿意去。我父亲在<u>王石凹</u>（注：地名）那修过水库。

刘：父母被抽调后，孩子由谁照顾？

胡：一般情况下，各家只许去一个人，一定会留一个在家照看孩子。

刘：参加这些劳动有工分吗？可以请假吗？

胡：可能有工分吧，我记不太清。大家参加这些劳动很积极。那会儿人思想特好，没人请假。我记不清是哪一年了，我们自发地组织各小队比赛，晚上干完活，还互相作诗进行比赛。早上天不明就起来，每天还要干一天活，都不觉着累，要是现在肯定早累得趴下了。那会儿我们就害怕自己思想不积极，那会儿很是热情。

6. 女的能当干部管理男的，这也说明男女是平等的。

刘：五六十年代妇女的家务活主要有哪些？

胡：给自己家里人做鞋、做衣服，有了缝纫机后还剪衣服。女的那会儿活挺多的，干完外面的，干家里的。做的事多了也有发言权了，也有自主权了。还挑水、做饭、担粪、拉架子车，什么都干，男的干的，女的也干。

刘：你对妇女解放怎么看？到底怎样才算是妇女得到了解放？

胡：妇女解放是从我们上一辈就开始的，那会儿推行《婚姻法》什么的，到我们那会儿人家都给我们把路畅平了，我们那会儿都可以参加政治经济活动了。我刚开始是在我们队担任干部，后来一直在大队待着，断断续续待了十几年，当过团支部书记、党支部委员、妇女主任、计划生育专干。后来担任党支部书记，担任这一职位的女性还是少，那会儿耿镇地区就我一个，县上才一两个。妇女确实得到了解放。女的能当干部管理男的，这也说明男女是平等的。

刘：你还记得五六十年代政府对妇女有什么宣传吗，标语什么的都行？

胡：这个我记不太清，我还小，听我妈说，过去包办婚姻，男的要是对女的不好、打女的，就是打死，女的也不能和人家离婚。可后来新社会，政府推行《婚姻法》，支持妇女离婚，女权上有了保障。

刘：你知道哪些反映当时农村、妇女生活的歌谣或故事吗？

胡：我们那会儿的妇女思想进步多了，因为离西安近，受文化辐射影响较大，确实不一样，妇女就不怕男青年，男女确实平等了。我当时做党支部书记，评的是先进，非常廉洁公正，搁在现在说就是从不贪污，不拿公家一分钱，求人办事用的都是自己的钱。我当时也比较注意，从不收受贿赂，做事原则性比较强，不随便为别人开绿灯。别人给我和其他三个作风强硬的干部起了一个外号，叫"四硬"。

高陵县韩卫东访谈

采访对象： 韩卫东，男，1944年生，陕西省高陵县王家滩人。1952—1956年就读于小陕西省高陵县黄家店初小；1956—1958年就读于陕西省高陵县耿镇高小；1958—1959年就读于陕西省高陵县高陵中学，因为要过渭河去上学，汛期时很不安全，所以1959年转学至陕西省西安64中；1961年考入陕西省西安市34中读高中；1964年考入西北农学院（现西北农林科技大学农学系），1968年毕业。1968—1970年先后在西安临潼东方红电灌局、渭南市华阴县8133部队农场学生一连进行劳动锻炼；1970—2004年，先后任教于陕西省商洛市山阳县山阳二中、高陵县高陵三中、高陵县张卜中学、高陵县高陵二中，教过化学、物理、生物，发表过相关学术文章。1967年结婚。共育有三个子女。20世纪50、60年代的家庭成分为贫农。

采 访 人： 刘凡，女，1987年生，陕西理工大学历史学专业2007级学生。

采访时间： 2010年2月16日。

说　　明： 采访对象为采访人的同乡。

1. 母亲每天干完地里的活还要干家里的，妇女可怜，活多。

　　刘凡（以下简称"刘"）：你母亲是哪一年生的？新中国成立的时候她多大年纪了？

　　韩卫东（以下简称"韩"）：我母亲生我时48岁，那应该是1896年生的。新中国成立的时候她53岁。

　　刘：她上过学没？

韩：没有，她没上过学，不识字。

刘：新中国成立后她上过扫盲班吗？

韩：也没有上过扫盲班，因为那会儿她年龄都大了。

刘：她缠过脚没？

韩：缠过脚，但是缠得不太严重。

刘：是小脚，那新中国成立后她参加田间劳动吗？

韩：她参加田间劳动，什么活都干。因为我家是贫农，所以我母亲当过人民代表、妇女干部。那会儿人都特别好，她那时在农业社干活，责任心特别强。

刘：她生了几个孩子？

韩：她一共有四个娃，我上面都是姐，我是最小的，大姐早夭。

刘：她怀孕期间和月子里能得到照顾吗？

韩：月子里都有一定的照顾，但一般可能休息十来天就要下地干活，你就无法想象那会儿的人的生活，不干活就没有啥吃。

刘：在你的印象里，五六十年代你母亲家务活多吗？都干哪些家务？

韩：多。母亲每天干完地里的活还要干家里的，妇女可怜，活多。那阵人没钱买衣裳，就自己纺线，把线再织成布，再做衣裳。我们家就有个织布机子。妇女一天还要给家里人做饭、做衣裳。我妈那会儿白天在地里干一天，晚上回来纺线纺半夜。我白天上学，放学回来帮我母亲用拐子绕线。做衣服特麻烦，从把棉花织成布得好长时间，一个月才能织两三丈，大概40公分宽。

刘：你母亲五六十年代参加过修水库、公路之类的工程吗？

韩：没有，她没有参加过。

2.（大概1961年）我母亲饿得整个人浮肿，脸特别黄。

刘：现在回过头去，你能概括一下你母亲在五六十年代的生活吗？

韩：那会儿生活就是比较穷，吃杂粮的时候多，吃馍较少。一般就是给馍里加点菜叶叶然后吃。我初中毕业时，大概（19）61年，上课时就饿晕了，人饿得受不了，肚子难受得很，就捡人家唾出来的萝卜皮吃。人家把地里的白菜铲了，我就挖那个白菜根吃。我还吃过笨槐（注：一种槐树）上结的那种豆角，特别苦，用凉水泡一泡，我妈就把那个给我做成蒸饭吃。我大姐就是因为那会儿饿，上树捋树叶吃，从树上摔下来，没钱治，活活疼死的。我上学那会儿，我母亲饿得整个人浮肿，脸特别黄。我不清楚是怎么回事，还以为她胖了。我们对门的人说我："你看你，看把你娘都饿成啥了，你还往学校里拿馍。"我这才知道是怎么回事，所以后来去了学校就减少自己的口粮，虽然肚子饿也不敢吃，怕把我妈饿死了，我就没依靠了。几个姐姐先后都出嫁了，父亲去世早，家里就剩我妈和我了。

3. 五六十年代通过宣传，……妇女有了很大程度上的自由。

刘：新中国成立的时候您有印象吗？

韩：我记得当时解放西安时，好像是秋季（注：应为春季，即1949年5月），看到解放军从河滩走过，大家都比较害怕，都跑。因为当时老百姓对国民党和解放军都不太了解，看见兵就害怕，我只记着当时人们都害怕得不停地跑。新中国成立后，人民生活确实提高了，生活安定了，没有土匪，穷人分到了土地，生活有了保障，有了自己的粮食，基本可以吃饱了。

刘：新中国成立后，咱们这讲妇女解放不？都咋讲的？

韩：我记得那时好像主要宣传的就是婚姻自由，但大部分还是包办，父母说了算，顶大让娃们见个面。直到我和妻子那会儿就能比较自由，不但让你见，还要你说了算，你不愿意也不勉强。最早是妇女将就不出门，叫作"屋里人"。慢慢逐步发展，妇女有了行动上的自由，可以外出劳动、学习、参加政治活动。

刘：你觉得五六十年代妇女获得解放了吗？

韩：我觉得妇女得到解放了。过去对妇女太严厉了，公公、婆婆把儿媳妇抠得太紧。五六十年代通过宣传，妇女在一定程度上就不是公公婆婆所能控制得了的，不是公公婆婆不让人家干啥，人家就能不干啥的；妇女有了很大程度上的自由。

刘：你觉得妇女咋样才能得到解放？

韩：我个人看来妇女要得到完全解放，就是妇女无论在家庭还是社会上，都能和男人取得一样的平等地位。

刘：你还记得当时反映妇女或农村生活的宣传、标语吗？

韩：我都没什么印象。在旧社会不可能出现离婚，只有男的休女的，男的把女的打死都不犯法。五六十年代国家推行《婚姻法》，妇女权利得到了保障，但当时农村人思想比较保守，农民还有一定的封建意识，认为离婚是比较丢人的。旧社会男的把女的看成是自己买来的，和牲口一样，他爱咋就咋。进行妇女解放的宣传后，情况就好多了。

4. 我们夫妻之间还是互相信任、互相尊重的。

刘：你和妻子结婚后，有没有过打妻子的想法？

韩：没有，我们俩本身就没有打过架，有些争吵而已。我是上大学三年级和妻子结婚的，因为当时闹"文化大革命"。我当时是村里革委会的后勤部长，有一定地位，我们那个结婚证就是在后勤部领到的。

刘：那你的妻子当时担任妇女干部，你有没有觉得她太过抛头露面，产生过不许她出去工作的想法？

韩：没有，从来没有。因为我那会儿常年在外工作，家里就是妻子在照看；再者因为我大学毕业后，就直接当了老师，身为老师教书育人，从来没有那种想法。有些人是怕妻子在外工作，胡跑出事（注：指在两性关系上出轨），是那一种情况。我们夫妻之间还是互相信任、互相尊重的。

刘：听你的妻子说，她那会儿怀孕时还一直坚持在地里干活，您有没有担心过她？有没有出面阻止她不让她去？

韩：我那会儿一直在商洛当老师，家里的情况就不了解，都是她写信告诉我，我也不知道她怀孕了还在地里干活，有些情况是她等我回家以后才告诉我的。记得她跟我说怀孩子的时候，她拉架子车去地里，下河滩有个坡，架子车没拉好，车杆把她打得翻了个跟头，我当时就给她说让她以后一定要小心。

刘：你有没有埋怨过妻子太过于看重挣工分，而忽略了关心你和孩子？

韩：没有，那会儿是没有办法的事，人不劳动就没有饭吃，劳动就有劳动日粮食。那会儿人真是没办法，妻子那会儿又黑又瘦，我现在还和她开玩笑，说她现在比以前漂亮，年轻的时候尖嘴猴腮。那时候瘦、黑是肯定的，天天在地里劳动，在太阳底下晒。

5. 我那会儿工作离家太远，妻子是一头沉，……家里家外的事她都担着。

刘：你妻子怀孕生孩子时你在家吗？她在家里生孩子你担心发生危险吗？

韩：妻子生这几个孩子的时候我都不在家，不是在上学，就是在工作，一切情况都是她写信告诉我的。记得她生我们大女儿的时候，我还在<u>西农</u>（注：西北农学院）上学呢，她给我写了封信，我就回来了，看了一下她和孩子，待了一天就回学校上学了。那会儿经济情况不好，也没有办法在她生完孩子后给予更多的照顾。那会儿人穷得<u>一年年</u>（注：一整年）才吃几斤油。那会儿她生几个孩子都是在家生的，那时妇女都在家生，人那个观念里也没有生娃要去医院的想法。虽然我也是个教师，是个读书人出身，但在那方面也没有什么知识，没什么经验，想不到要去医院生，也想不到会发生什么危险，觉得在家生是理所当然。现在我们都老了，有时候在一块说闲话，妻子就说你那会儿又不在家，生娃吓死人哩。呵，我确实不知道。

刘：听你妻子说，你那会儿继续上学了，她却不能再上学，你有没有嫌弃过她文化层次低？

韩：我和妻子在我上大学期间通信，我只说过她一次，就是说她写字不好，就说我不认识她写的字，就这一次。我那会儿不知道是受母亲影响还是咋，我根本就没有过不要妻子的想法，从来没有。说起来我上高中、大学那会儿也有女同学追我，当时人家虽然没有说，可过后一想确实是那样。我高中有个张同学，现在有时候妻子还拿她和我开玩笑。我高中毕业后去灞桥一个男同学家玩，后来又和这个男同学一起去找她玩，后来玩完了她送我回去，我让她回，她不回，就站在路旁和我说话，一直说到晚上很晚的时间。反正那会儿我自始至终都没有过那样的想法。大学有个同学，她父亲是某局局长，她追我特别紧，对我特别好。那会儿我觉着自己已经是个有媳妇的人了，别人再表示对我好那也只是同学关系，是同学之间的一种友谊，我就没那个想法。我从来没有嫌弃过妻子或是要抛弃她，我觉着我对妻子负有一种道义上的责任，咱都和人家订婚七八年了，再不要人家，就把人家耽搁了，对人家不道德，落个千人指、万人骂的下场。不知道这算不算封建残余思想，反正我从来没有过那个想法。我觉着我这个人对自己的道德规范还是比较严格的。

我那会儿工作离家太远，妻子是一头沉，我想帮忙都帮不上，想关心她都关心不上，顶大就是放假回来扫个地、挑个水，家务全包了不让她做，想在农业社帮忙都不行，人家不准干部在农业社干活。妻子确实辛苦，家里家外的事她都担着。这就不像人家两个人在一起，一起放工，男的回来还能给担个水、烧个锅、择个菜，最起码能干点家务。妻子那会儿很瘦，现在胖了，都65公斤了，比我才少5公斤，呵呵。

刘：在您的印象里，60年代您妻子家务活多吗？都干那些家务？

韩：我都不太清楚，因为我和妻子结婚后，我一直都在外教书，一直到1981年才回来。每次假期回来，感觉妻子都特别忙，回来吃个饭，她就匆匆忙忙上大队去忙了。我在家能做的就是挑个水干个啥，或者是娃饿了，把娃抱到地里让她给娃喂奶。妻子手比较巧，做衣服鞋子的做得比较好。她会用缝纫机，还会剪衣服，村里的人老爱让她给他们娃剪衣服。这些活都是她晚上熬夜做的，她白天太忙了。那会儿穷，她做的衣服我们的几个娃轮着穿，我俩都比较支持娃上学，对娃在教育上都比较严格。

刘：您能概括下您妻子五六十年代的生活吗？

韩：我与妻子是1959年订的婚。当时记得妻子瘦瘦的非常精干，这就是第一次见面时候的印象。后来我们骑的自行车去临潼照了个相，当时高陵这块好像还没有照相的地方。我们照完相转了转就回家了。后来经常看到她担水呢，在地里干活呢，那会儿她才十来岁，我上学还在路上碰到过她几次。她骑自行车去灞桥带炭，看着厉害得很，特别能干活，干活特别认真。

刘：您觉得您妻子算不算得上是一个"得解放"的新时期妇女？

韩：我认为是的。比如说她能去队上当政治队长，到大队当妇女主任这些的，我母亲不干涉她，我也不干涉她，最起码她在这方面是自由的，在追求自我实现上是自由的。在我们家，妻子是掌握实权的，经济上的大权也是她掌握的，我在外面挣的钱，都拿回来给她交了。我拿着也没用，我又不在家，我家的家庭事务比如说盖房之类的，都是我妻子说了算。我这个人比较懒，不爱想这些事。男的都比较粗心，我干事也不能合妻子心意，慢慢地她也就不让我干了，主权也慢慢被她剥夺了。我也乐意，一切事情听她安排，也比较尊重她。

刘：在您那会儿，有没有男的打女的打得特别过分的，女的有没有反抗维护自己的权益？

韩：有，有些把妻子往死打。有一个人他妻子有哮喘，他把妻子打得一弄就尿裤子了，这些后来都离婚了。具体情况我不太清楚，有些是女方家里人出面帮忙离的。

6. 在我上学问题上，母亲特支持，宁愿缩衣节食供我上学……

刘：您对您母亲那会儿的事还有印象吗？听您妻子说，她是一个比较开明的人，能一个人支持你读完大学？

韩：我一开始不喜欢农业这方面，我比较喜欢生物，爱观察研究这些，小时候挖蚯蚓玩，我就观察它们，我就能知道蚯蚓是怎么交配的，一般农村人、知识分子，谁知道这个。我那会儿也比较喜欢医学，但西安医学院那会儿要上八年，我当时都考上了，不想去，那个念的时间太长了，我母亲那会儿快70岁了，我害怕我上完大学出来母亲没了。母亲养我就是为了我日后能好好照顾她，所以想早日出来好好孝敬母亲。但母亲很支持我去上，认为这是我的前途问题。最后检查身体没过，我小时候得过中耳炎，没钱就没好好看看，现在这耳朵都背了。在我上学问题上，母亲特支持，宁愿缩衣节食供我上学，宁愿自己饿着也不嫌我吃的多。我上高中、大学时每个月都有助学金，我上大学那会儿节约钱为我母亲买了个蚊帐。我学得好，母亲也特别支持我。每次只有星期六一晚上能陪母亲，白天帮她干点自留地的活，但母亲早上起来从不叫我，她就让我睡，睡起来把饭一吃，顺便拉拉家常。我之所以那么孝敬母亲，就是因为我看见了母亲的辛苦。

镇安县赵光强访谈

采访对象：赵光强，男，1928年6月生，陕西镇安县大坪镇全胜村一组人。1951年结婚。20世纪50、60年代的家庭成分为贫农，做过乡镇书记。
采 访 人：朱霞，女，1988年生，陕西理工大学文秘专业2008级学生。
说　　明：采访对象为与采访人同村的村民。

1. 那土改对人来说可是翻天覆地的事。

朱霞（以下简称"朱"）：您记忆中的土改是咋回事？

赵光强（以下简称"赵"）：那土改对人来说可是翻天覆地的事儿，从古穷人都没的土地，土改后穷人才有了属于自己的土地。解放后，新政权建立了，把老蒋都赶到台湾去了，后头又提出镇压反革命么，因为解放的时候不是有特务分子宣传"共匪"么，这让有些农民群众对共产党有了逆反心理。后就开始了"土地预改"么，那些反革命就破坏啰。镇压反革命，把那些保长啦、大地主啦，该杀的杀，该关的关，该斗争的斗争么。真正土改时就以贫下中农为骨干组成农会组织，地方上就有个农会主席，村上有个农会组长。这农会就跟个党支部一样的，啥都要惊动（注：经过、通过）这个农会。那时就斗地主么，把地主放到中间，以前受过他苦的人就围着他骂，有些<u>老好儿的</u>（注：指老实人）还是不敢上去，还有些胆小的要是有人问就撒谎说这的地主、保长还好得咋的，那都不敢说（地主、保长的不好）。然后政府就派专人来（动员）么，有些农民还是不敢。没办法了，（政府派来的人）就叫摸手，把人都叫到一起，一个个地摸，那些手上有茧子的、皮糙手干的就都没事，一摸到那些皮细手滑的就抓起来关到那。以前那些把人欺负狠的就（被拉）上去斗争。那时就开始宣传土改政策，按产量、人口分地，三百斤产量算一亩，叫耕者有其地，农民就当家了，没的地主了，没的主人家了，种地以后就是给自己种了。从这后农民才知道共产党确实是好。那时就平分地主的"五大财产"么，按家庭成分分地主财产跟富农的家产。此时的农民就是眼睛里淌眼泪、心里跳么，为啥呢，就是想着共产党的好，感动得哭啊，但又害怕被分财产的人翻身又整自己，心就跳么。这土改前后六个多月呀，想想那真是……

朱：那土改的时候你家是什么成分？

赵：贫农么，我现在住的房就是那时分地主的。原来地主住的都是那石板屋，剩下的人就只能住茅草房呀、苞（谷）杆棚棚子了。土改时我姊妹七个，平均下来就是三个人一间茅草房。

朱：那管得（注：应该）挤得很呀，那房有多大？

赵：一间屋就放一个柜、一张床就满了。

朱：土改时给你家分了多少地？

赵：自然亩六亩，能收够一石粮的地就是一自然亩。

朱：土改后土地的产量有变化没？

赵：那肯定有啰，就你们现在住的那条沟里地，以前我跟毛农清（注：人名）一人种一半，年景好的话一年能收六石粮，收回来要给地主交四石，自己就剩下两石。那时种地全靠人力，有牛的还要强点，没牛的产量就更少。

朱：土改时，分土地给女的分不？

赵：看屋里有几口人按人分，女的也有。

朱：土改后，妇女待遇方面有改善么？是不是女的在家地位就有所升高，说话就有分量了？

赵：那土改后，富人有这种情况，穷人就没的啥，都穷得很，都吃苦，谁都不会过多好的。土改前，那时有打媳妇的，但都是些不成器的菜货东西，像那些爱赌博的、好吃懒做的啦；还有些小媳妇，就是童养媳，那是自己的父母养不活，给别人就为有口饭吃。那时就分"有门的"跟"没门的"，也就是能烧着火的（注：指有饭吃的）跟烧不着火的（注：指经常无米下锅的），那些家里能过得去的把穷人家的（女）娃引去，有好多（女）娃眼看着越长越水灵，后面就给婆家虐待。解放前就是"再大的窗子不是门，再多的女子不是人"，解放后这种情况少了。有的时候你走到谁屋门上，在外面喊半天都没的人应，过了半天屋里女的出来说："我屋里没的人，你在这喊啥啰？"啥意思嘞，就是说她自己都认为自己不算人。土改后，这农村妇女才慢慢有了自我意识。

2. 集体劳动那就是自己督促自己，想办法完成自己的工分，才能分到杂粮。

  朱：土改后紧跟着就是农业合作化，你还记得我们这是咋样弄的不？

  赵：那时土改后，农民分到了土地，但是地主的地少了，就导致有人有地种又种不转了，有些以前种大面积地的人又嫌地不够种，这种情况下就有人掏钱买地，把那些不愿种地的人的地买过来。以前咱这有户姓张的人家分的房在大坪街上嘛，分的地又在咱这六队山沟里，那就叫别人给点钱把地给卖了，自己就住在街上了。这样一来，就出现了一个"土地买卖"，后来政府就发了一个文件，好像叫《土地改革后出现的若干问题》，里面就把"土地买卖"这种现象作为路线问题来说，由此才开始了农业合作社，那时还叫初级社，名义上土地还是自己的，就是将土地入股，自己商量要多少户一股，土地、畜牲、农具都得入股，到时按产量分（配），实行多劳者多得，少劳者少得。但初级社只有几十户人家，范围小，活动不开，生产量也发展不了。那干部组织不力，领导也不咋的，人嘛也爱争得很，有些人就又退股了，自己单干。

  朱：合作化的时候那些人是不是都愿意入社？

  赵：那才开始的时候都认为好噻，入社反正啥都有人管，咋样的都是一天，就没得人认为它是件坏事，都认为正确么。

  朱：那搞合作社的时候，咱们这有没有没参加的？

  赵：咱这那倒是没的，但别的地方有，庙坡那地方不就有么？人家就要自己单干，但单干其实也干不起来，一到农忙时，全都忙活起来了，有时候一个人忙不过来，那你想请个帮忙的，那是吃麻糊（注：指不可能，找不到人），入社的没一个人愿意来给你帮把手。

  朱：入了合作社后，你屋的有几个人挣工分的？你们那时的工分怎样算的呢？

  赵：我屋就我一个人啰，那时的工分就是男的要定分，按出勤算，男劳一年要出勤 300 天,一天十个工分,女的要出够 150 天,一天按六个工分算。

朱:那搞合作社期间,生活咋样,有没有啥改善?

赵:土改时都是单干,做多少是多少,但合作社时期多少带有那么点强制性,集体劳动那就是自己督促自己,想办法完成自己的工分,才能分到杂粮。那时缺粮,就定基本口粮,成年人每月 30 斤口粮,学生 20 斤,五岁以下的娃就只有五斤。

3. 我们这食堂办得不好。

朱:那咱们这食堂吃了多长时间?

赵:两年多吧。

朱:食堂里吃得好不好?

赵:那时按人(往食堂)下粮,有劳力的一顿下半斤,不能下地的一顿四两,五岁以下的三两;吃饭时,没的粮,稀汤寡水的粮也没下够,把仅有的一点米粒都给下地人捞到,在屋的人就只喝一点清水汤。咱们村的<u>蒋春荣</u>(注:人名),那人也老好人,有点<u>瓜</u>(注:傻),饭量又大,吃不饱,得黄水病死的。我们这食堂办得不好。

朱:搞人民公社后,那叫女的去劳动不?

赵:不劳动就不给你吃,队长往那里一站,不去都不行。女的也一样,基本上都去,男的干重活,女的干稍轻一点的么,像那<u>修基田</u>(注:在坡度大的地方用石块儿砌成坎来造田,像台阶一样,把田分成一级一级的,让它平坦一些)时,就是男的砌坎,女的捡石头。

朱:吃食堂时,大人都下地了,屋里的活谁干嘞,还有那些小娃子咋办耶?

赵:屋里的活基本上也没的啥,粮、牲口都在生产队,自己屋的就啥也没的。娃们的,食堂有人管,把娃都放屋的。<u>你奶奶</u>(注:采访对象赵光强的妻子)那时就在食堂做饭,把那些小娃子们引到的,吃饭时,每人发一个小钵,用那勺子,每人舀一勺子汤,都坐在灶门口板凳上,坐一溜溜儿。

4. 咱这扫盲那就是黑的去么，劳动一天，晚上拿个本，一晚认 30 个字，学会、认会。男的女的都一样。

  朱：咱这儿五六十年代还办过扫盲班吧？

  赵：办过。扫盲还有任务嘞，不去的就罚工分。

  朱：去扫盲的时候，到底是咋弄得么，是不光女的去？

  赵：咱这扫盲那就是黑的去么，劳动一天，晚上拿个本，一晚认 30 个字，学会、认会。男的女的都一样。

  朱：咱这扫盲办了多久？

  赵：吃食堂的时候还巩固在，食堂散了，扫盲班也就散了。

  朱：从（19）59 年到（19）62 年不是闹饥荒么，咱们这严重不？

  赵：咱们这饥荒都不算是太厉害，吃的基本上都是吃食堂时吃的那些，吃黄豆就把黄豆磨碎，连豆瓣豆浆煮成一锅连到一起吃，吃了就是得病的人很多。我们那时就是没钱用，吃盐的人都少得很，煤油灯都点不起，黑灯瞎火的，天一黑就睡。

  朱：咱们这后头搞过社教吧？

  赵：那搞过。就是在上头那李成绩（注：人名）家的，人都积聚到那，农村的就是开展反贪污啥的，主要就是整干部。

5. 没的彩礼，只要要彩礼，就说是买卖婚姻，（所以）都不要彩礼。

  朱：爷爷，你是哪一年结的婚？

  赵：（19）51 年么。

  朱：那您跟奶奶是自己找的，还是父母做的主嘞？

  赵：我那时在镇上工作，你奶奶那时是那街上的，我也才 20 来岁，她也就十七八岁的姑娘吧。那时她们在街上扭秧歌，我在楼上瞅见这姑娘了，看起来长得灵灵的，当时也倒没啥想法。刚好单位里有个年长一点的就给我说，你也该成个家了哦，就给我说谁谁还行。那也倒生巧的，他刚好就是那姑娘的表舅，从这我就跟着他到你奶奶家去过两回，互相打了个照面，每次没吃饭就走了。后头这个表舅就去给她屋大人说合了一下子，她妈觉得好嚷，说女子养这么大了，也该嫁人了。从前也有来（给她）说（注：指介绍对象）的，但每次一提,她就把头一拧跟她妈发脾气:"要嫁你嫁,反正我不嫁。"这次她妈一说,她就把屁股一拧:"你看到办。"她妈这就应下来了。然后我就到街上扯了二尺宽那种的良布(注:布料名,有的地方叫"的确良"),那时有碎花的、白的、蓝的,她表舅说要碎花的,我就买了碎花的,给她做了一套衣服,再带上两封封面去她屋的,在那吃了一顿饭,吃的是酸菜搅汤(注:一种把玉米细面搅在开水里煮熟后,用汤蘸着吃的食品),那时就是最好的待客了。过了些时候,她跟另一个女子一路,说是上这来还东西,在这门前瞅了两眼,这门上人看出来了,就把她拉到屋里里外转到看了一眼,留在这吃了一顿饭,这样,这事就这样给定下来了。

朱:我们这有没有宣传过《婚姻法》?咋宣传的?

赵:宣传了,就宣传自由,不能包办、买卖婚姻;以前结婚没办证登记的要去登记领结婚证;两口子要是不和,要是登记办证了的,有结婚证的,国家政府会管,不然,闹事的国家就不管嘛。那时有好多都四五十岁了才去领证登记的,娃都多大了。

朱:那时候年轻人找对象一般都要有啥条件?

赵:那要啥条件?只要年轻人两个人都愿意就行了。那时不是赶集么,两个人遇到了,说两句话,就觉得对方还行哦,就直接把人给带走了,互相去自己家玩两天,父母都不咋干涉的,也不敢管。只要两人愿意,就可以去登记结婚了。

朱:那个时候结婚,女方向男方要彩礼多不?

赵:没的彩礼,只要要彩礼,就说是买卖婚姻,(所以)都不要彩礼。

6. 那跟现在就没法比,(现在)生活翻了不知多少倍,那还不拿百分比来说,真的,生活改善得都不知道有多强了。

朱:你有几个孩子,分别是哪年出生的?

赵:六个儿子么,大的是1956年,老二是1963年,老三是1966年,老四是1971年,老五和老六是对双胞胎,是1974年。

朱:几个孩子出生是家里找人接生的吗?

赵:不,我们那时不去医院,也没有接生的,全都是土法生,自己生的。

朱:妇女在月子里吃些什么?

赵：你奶奶那时吃得都还（是）些好的，面条呀、鸡蛋呀，都有吃的。

朱：五六十年代休闲娱乐有哪些？

赵：扭秧歌，还有就是集体看电影。听说哪里放电影，没远没近地都往那赶，樊家沟土地庙离我们这有30里路吧，来回60里，都有好多人往那赶（去看电影）。

朱：那现在回头看那时的生活，跟现在比，你觉得变化大不大？

赵：那就没法比，那个时候连盐都没得吃的，更不要说吃油了，一家子就一套完整的衣裳，谁出门谁穿，那都苦成啥了。那跟现在就没法比，（现在）生活翻了不知多少倍，那还不拿百分比来说，真的，生活改善得都不知道有多强了。

7. 我记得当时我母亲就说，有了共产党就是好，以前都没想到会过上这种日子，往年吧被打着骂着就觉得过得昏天暗地的，现在身上有了劲，倒觉得年轻了些。

朱：爷爷，你回顾一下你母亲当时的情况，还有奶奶年轻时的生活，讲一下当时妇女"得解放"的情况。

赵：那（19）49年解放前跟解放后妇女的地位变化是很明显的。解放前，贫下中农都是靠地主过活，更不要说女的了，以前她们都包着小脚，行动都受限制。解放后情况就有所改变了，但是不很多，起码开始说男女平等了，男的也不敢随便打骂女的了。以前男的嫌女的不好了，说不要就不要了，有的还随意买卖，解放后就不敢了么。

朱：嗯，能结合你母亲的经历详细一点不，比如那时她们在家都干些啥，是不是一点不得闲？

赵：解放的时候，我母亲都五六十岁了，我兄弟姊妹四个，那时我也开始慢慢懂事了。我母亲在屋主要是纺织。那时口号上虽然喊的是"平等"，但也只是喊喊而已，因为经济上不行，那也翻不了身，就整天待在家里，包着小脚在地里也站不稳，没法干活。我十七八岁时上了几年私学，也没在家。屋里我祖父母都在，一共八个人，只有我父亲一个劳力，一家的吃穿用度全靠我母亲一年的纺织，一天纺二两（棉花），每晚至少都要纺一两（棉花），纺不完就没法睡觉。一年最多只能纺四个布（注：一个布有六丈长，土尺二三十厘米宽），卖两个，还有两个留着自己用。另外（我母亲）还要引娃、喂猪、做饭、洗衣呀……，这样一直到（19）56年吧。（19）56年入初级社，土地归社里统一管，这样妇女的负担就减轻了。初级社后又吃食堂，她们基本就没有多少家务了么。后来又大力贯彻《婚姻法》，那就更不能（对妇女）有一点不对。以前男的对女的吧又是打又是骂的，她们一边劳动，一边还要受压迫。（19）56年以后我母亲就不用纺那么多（棉）花了，父亲也不再为难我母亲了，脾气就有点小了。那时就有了妇女组织，乡上有了妇女队，镇上有了妇女会，夫妻不和、再有打骂妇女的，三五次劝说不听，就强制离婚。以前我父亲干农活，都是半年忙半年闲的，入社后，农闲时安排些副业，就能挣到点把子钱了么，心情也就舒畅了，对我母亲也就好一点了。我记得当时我母亲就说，有了共产党就是好，以前都没想到会过上这种日子，往年吧被打着骂着就觉得过得昏天暗地的，现在身上有了劲，倒觉得年轻了些。这种情况还占普遍，我们这有个姓王的（男子），长期虐待妇女，乡上就有人出头处理他，以后就渐渐地好了。妇女的地位、吃穿啦都有了大大的改变。后来为了提高妇女的地位，不管有儿有孙没，也不管年级有多大，只要是受了迫害就劝离。大家还都觉得奇怪："这种事也要管？"我17岁的时候吧，记得那大姑娘就不用包脚了么，以前那穷家小院的管得还都挺严，有姑娘在人面前走两下路就被骂成没教养的东西，人前说个话也不敢抬头，天再热外面扣子都不准解。社里评工分时男的十分，女的就六分、五分，反正女的就是要比男的低几分，男的劳力再不行都是十分，厉害点儿的就13分，女的劳力再厉害也就在三到八分之间，不会超过十分。后来就有人说这样不公平，就实行同工同酬，有些重活，像抬石头啦，女的干不了，其他的像下种、拔草都一样，一样地分工，一样地记工。教育上，解放初，也有上学的，但是女的不行，尤其是父母说（姑娘）大一点就到婆家去了，烧饭喂猪的，上学啥用没。结果就是一些（女子）娃不上学也没事干，（家里）就叫去挣工分。社里为改变这种情况，就规定女子娃（如果）不去上学，做活也不给记工分，这样情况就有所好转了，这样妇女在文化上就也翻了身，特别是国家招职工、干部，宣传男女都一样，情况就更好了。

朱：那你母亲有没有上过学，或者后来上过扫盲班？

赵：那她没，没赶上么。

朱：那解放后她是不是不用下地了？

赵：解放时她62岁吧。她倒没下地，缠着小脚在地里站不住么，家务也重，种了一槽地，就我父亲一个劳力，30多亩地他一个种，有时换换工，没时间顾家。

朱：你姊们四个吧，那你知道你母亲坐月子时有没有得到好一点照顾？

赵：那时都谈不上啥照顾不照顾的，两三天后就自己做自己吃了，十天后就要出门干活。生娃也没得接生婆，就是村里大一点的有经验的妇女，在边上照看一下。

朱：那<u>奶奶</u>（注：指采访对象赵光强的妻子）呢，她没缠脚，那她上过学吧？

赵：<u>她今年77了</u>（注：1933年生），倒没缠过脚，民国时就不准缠了啰，她上了两年多学，（19）58年组织食堂的时候，就叫她做饭、引娃么。那时也叫幼儿园，就是大人都去干活了，把娃娃子聚在一堆，就在我现在这堂屋里，她就在那当幼儿园老师，没事的时候就教那些小娃子数数，吃饭的时候给每人发个碗，弄个大板凳，挖点饭就都趴在那吃。

朱：那她坐月子时没吃多大苦吧？

赵：嗯，她倒还好，自己本身娃也多，六个呢，也没工夫下地的，反正就是那时弄个啥的就给她安排点别的轻活，做饭、引娃啦，比别人要强点。

朱：我们这那时搞过啥水利、公路工程么？

赵：那弄过么，（19）58年的时候吧全都搞水利化，挖坑存水么，一块地大概计划一下要用多少水，就挖防旱坑。弄得农民没法，干不完就打夜工，半夜都还在忙，男的女的都一样。其实那就没的水，像我们这咋用得着，都是做做样子，搞花架子。

朱：嗯，说得也是，我们这就搞不成水利。那我们这当时有啥宣传没，像标语、口号之类的？

赵：那就是三个打倒么，打倒地主、打倒封建、打到反革命，赞扬共产党么。

朱：那你能记得我们这有什么反映当时妇女生活啥的故事不，就是类似白毛女之类的比较典型的事？

赵：我们这地方比较小，像杨白劳、黄世仁之类的都没的，都比较苦，倒没的那么惨的。

朱：嗯，那你认为当时宣传的"妇女解放"对不对？

赵：那对嘛，我们这也是越来越先进了，随着经济的发展，把她们带都带起来了。我们这以前开个会传（注：指叫，通知……参加）女的就难得很，后来都是女的去开（会）。远的不说，咱这近一点的现在都是女的当家，男的在外干活挣钱；女的都敢去闹了，以前说点啥，不管对错，男的都不理，女的翻身了治家立业都有自己的一套，把家都搞得红火起来了。婚姻上再一自由，娶媳妇也不受限制，娶哪的都行，生活就慢慢好起来了。我们这以前吧，<u>光蛋汉子</u>（注：指光棍）<u>匀不啦啦的</u>（注：指很多），现在就是远州远县的，只要勤快点，啥都好说。反正就是给了女的一个展示她们智慧的机会，让他们有热就能发光。像（住在）下面的那个自己开小卖部的，这几年做生意赚了不少钱。我们这还有好多女的呢，都不是挺厉害的？就是不再受压迫了，人都有了施展才能的机会。

镇安县章荣珍访谈

采访对象： 章荣珍，女，1937年11月生。1954年结婚，1956—1994年丈夫在陕西镇安县粮食局工作。婚前居住地为镇安县结子乡木源村，婚后居住地为陕西省镇安县结子乡太平村二组。共生育六个子女，分别出生于1958、1964、1967、1970、1973、1978年。20世纪50、60年代夫家家庭成分为下中农。

采 访 人： 王菲，女，1988年生，陕西理工大学文秘专业2008级学生。

采访时间： 2009年8月15日；2010年2月6日。

说　　明： 采访对象为采访人的祖母。

1.（扫盲班）一般都是白天下地做活，晚上上课识字。

　　王菲（以下简称"王"）： 奶，你是啥时候出生的？

　　章荣珍（以下简称"章"）：（19）37年。

　　王： 那新中国成立的时候你才12岁，你还记得那时候的事情不？

　　章： 我们那个时候都太小，不太清楚是咋了，小娃子也不操那心。就是记得那个时候大家伙都听说国民党被打下台了，共产党好，给老百姓做主，以后有好日子过了，大家都高兴得不得了，又是跳舞又是唱歌的。

　　王： 那新社会咱们这应该有不少女娃上学吧？

　　章： 那当然多了！以前旧社会的时候屋里谁会让女娃上学么？女娃都得帮家里做活，打猪草、砍柴之类的，看见那些男娃个个都背个书包去念书了，都心捏捏地（注：指很向往的样子）看叨，羡慕得很，也想上学。现在有机会跟那些男娃一样上学，都高兴么。

　　王： 那你那时候学费贵不贵啊？

章：不贵，那个时候只要交个课本费、一点学费就行了，也没得其他啥子要交，交的钱很少，家里都付得起。

王：当时父母会不会不乐意女娃上学呀，毕竟女娃在家可以干很多活，上学还得交钱啊？

章：那个时候国家统一小娃都必须上学，女娃也不例外，所以也不存在乐意不乐意的；不管咋样，娃娃们能上学、会识字、将来有文化也是好事，基本上都乐意。

王：奶，你五六十年代生的几个娃，就是我大姑、我爸他们上过学吗？

章：当然都上学了，那时候所有家里有条件的都让娃上学。我本身也是初中文化程度，上过学，所以我也想让我娃有文化，长大有本事，所以都让他们上学，能上到啥样就让他们上到哪样。

王：你是初中学历，那你一定认识字了。那你还记得五六十年代咱们这扫盲班的情形不？

章：当然记得了，我那个时候因为上过学就跟你爷一路给扫盲班的人上课，教他们识字，每周分一、三、五，二、四、六，给他们安排好了时间上课。一般都是白天下地做活，晚上上课识字。

王：咱们这妇女上扫盲班的多不？

章：妇女最多，那些没上过学的、不认字的妇女都去上课了。白天做完活，晚上一人（注：指每人）拿个板凳，坐在那识字，都是很起劲地在学。

王：咱们这儿的扫盲班办了多长时间啊？

章：扫盲班前前后后就是两三年。具体教识字，其他没得啥，就是识字，学会认字，讲讲政策。

王：你认为扫盲班有效吗？是走形式还是实实在在地搞呢？

章：那有效么，（大家）都能认得字了，知道（字）咋念了，会看报了。我去了的话就是全心全意地好好给大家教。

2. 我跟你爷是（19）54年结的婚，……也没有啥子彩礼，就是领个结婚证结个婚么，没要彩礼。

王：那时候女娃大了差不多啥时候开始找对象啊？

章：那时候18岁了就能开始找对象，国家规定的18岁就成年了么，所以就可以找对象了。

王：你们那个时候时兴自己找对象吗？主要是自己做主还是父母做主？

章：那一阵是刚解放，一半是由自己做主，一半还是由父母（做主），主要是自己做主。

王：当时咱们这大规模地宣传过《婚姻法》没？怎样宣传的？

章：宣传婚姻自主么，要自己愿意的话自己找（对象），不能父母包办。一般讲就是讲妇女受压迫、受磨难，解放了由人民自己当家做主，可以婚姻各方面自由、自主。

王：那当时找对象一般有啥条件没？比如说家庭出身、长相之类的？

章：也没有啥子说好找对象的，只要姑娘政治清白、能吃苦耐劳、会过日子、懂事就行。我们都是乡下农民喽，也不讲那啥的，结婚就是过日子么，能过到一起就是好的。

王：那姑娘找对象喜欢什么样的小伙子哩？

章：其实跟男的找姑娘差不多，也是那些，还有就是人品好、能干、性格好的啊，也没太多啥条件。

王：那个时候结婚女方向男方一般要哪些彩礼？

章：那一阵解放以后，各方面人们的觉悟提高了，根本不要任何彩礼，任何彩礼都没得。

王：你是什么时候结婚的？你结婚前要彩礼了没有？

章：我跟你爷是（19）54年结的婚，那个时候我们也不富裕、家里穷，也没有啥子彩礼，就是领个结婚证结个婚么，没要彩礼。

王：你结婚那时候的婚礼是啥样子呀？你和爷当时都穿啥样的衣服呀？

章：那时候就是穿平时的衣服，也没啥差别，跟平时一样的打扮；然后，摆几桌席，请亲戚、村里的乡亲吃顿饭、喝喜酒，热闹热闹么。

王：那你结婚后就开始干活，还是像旧社会讲的那样"新媳妇三天不下厨房"呢？

章：我那时候结婚第二天就下地干活了么，那时也不讲啥"新媳妇三天不下厨房"。

王：那你婚后都干些啥活呢？

章：也就是下地除草、翻地、割麦子、挑粪挑水之类的农活，还有喂猪、喂鸡、打猪草，做饭、洗衣服那些家务活也都干。

王：那你那个时代认为什么样的婚姻是好婚姻，什么样的夫妻是好夫妻呢？

章：那个时候也没啥标准，只要是自由恋爱、双方自愿结婚、两口子和和睦睦地过日子，两个人都积极向上，拥护共产党，能贯彻国家党的政策之类的（就是好夫妻）。

3. 平时没得糊汤饭吃的，坐月子有糊汤饭吃，就是那。

王：你共有几个娃？分别是那一年生的？

章：六个。老大是女子，（19）58年生的；老二是儿子，（19）64年生的；老三是女子，（19）67年；老四是女子，（19）70年；嗯，还有一个老五是儿子，（19）73年生的；老幺，第六个是（19）78年。

王：当时妇女月子里主要吃些啥呢？

章：平时没得<u>糊汤饭</u>（注：一种用小麦面粉做的稀饭）吃，坐月子有糊汤饭吃，就是那。能吃饱就是好的。

王：那要是下地劳动的时候娃咋办，有人帮忙带娃没？

章：我们屋里有你<u>太奶</u>（注：指采访人爷爷的母亲）帮忙带。

王：你当时怀孕了，应该就不干啥活了，在家休息吧？

章：没有休息，当时怀孕了还是照样干活，一直到要生的时候才回屋休息。

王：你是主动下地还是不得不下地，比如说农业社或人民公社时的生产队要求每个人都要下地干活，也不管你是否怀孕之类？

章：当时不是有农业社嘛，你不干活就没得工分，就分不到粮，所以没办法，必须下地干活，不然就没得饭吃喽。

王：那你怀孕了干活时应该有照顾吧，不能干太重的活呀？

章：我们女的一般也不干啥重活，还是跟平常差不多，有一点照顾，也就是除除草、打猪草这些活路。

王：那你生娃的时候，是在家里请的接生婆还是去医院接生的呀？

章：那时候生娃一般都是自己在家，自己接生，因为还有你太奶，我也有接生经验，就不请接生婆了。有的没生过娃的就找接生婆接生。

王：那就是说咱们这的妇女那时生娃都是在家生，是吧？

章：基本上就是自己接生了。

王：那在家自己接生，生孩子时你心里害怕会发生危险吗？

章：也没啥害怕，生娃的时候也没有啥危险，都很顺利。我们这都是那样接生，也没有出啥事的。

王：那万一有危险，生产不顺利咋办呀？

章：要是那样的话，就是送到乡下医院去看么，要是还不行就送县医院去。不过，咱们这也没出过这些事。

王：你坐月子的时候，家里还有生产队对你有啥特殊照顾不？比如可以休息多长时间？

章：坐月子都是让休息一个月，整30天么，也不做啥重活。队上也给发粮之类的补给。

4.（大炼钢铁运动时）我们（妇女）也跟着砍柴烧炉子，找各种铁器，啥都干过。

王：那当时初级社、高级社还有人民公社化后的生产队，妇女下地干活一天给多少工分？

章：当时是一天给八分就是最多的了，就看你每天干了多少活、干的啥来给工分。

王：那你们都干些啥活呢？

章：也就是翻地、除草、浇水施肥、割麦子、喂猪、喂鸡、打猪草这些么。

王：那初级社、高级社还有人民公社化这三个时期有啥差别吗？

章：差别倒没啥，就是刚开始初级社时自愿加入，不强迫你非加入不可。到后来人民公社化的时候就是都要加入，不入不行，所有人一起劳动干活、一起吃大锅饭。

王：1958年的时候不是有全国大炼钢运动嘛，咱们这搞过吗？

章：当然搞过么。那时候全国上下都在宣传说炼钢，咱们这也把村上所有人召集到一块，然后分配每一个人的工作，干得热火朝天的。

王：那妇女也要参加炼钢铁吗？

章：当然么，那都参加了，我们也跟着砍柴烧炉子，找各种铁器，啥都干过。

王：那当年奶你参加过修水库、公路之类的工程吗？

章：没有参加过，那时候基本上也没啥工程，一些小工程有男的干。

5.（五六十年代）妇女干的是跟男的一样的活路，自己屋还有家务活要干，比男的还辛苦。

王：五六十年代妇女除了下地干活，家务活主要有哪些呢？

章：就是做饭、洗衣服、推磨子、晒包谷，乡下就是那些活么。还有就是要带娃，吃喝拉撒都要管。

王：五六十年代的时候你听说过"妇女解放"吗？

章：听说过么，那个时候村上专门有人给我们讲这些，像人民公社化、打倒地主啊、妇女解放啊……

王：那你觉得"妇女解放"是咋回事？

章："妇女解放"啊，就是男女平等、自由恋爱、婚姻自主了。女的也可以出去上班，不被压迫成天做家务活，有书读，跟旧社会乡下妇女生活不同么，自己也有权利能做主。

王：那你觉得妇女咋样才能得到这样的解放呢？

章：现在共产党领导到基本上都解放了么，我们都过上好日子了。像我从小上过学，<u>在延安还当过会计</u>（注：指1959—1962年在延安市医院从事会计工作）。再有就是妇女的社会地位比过去是高多了。关于妇女解放，政府还有社会应该多加强这方面的宣传，关心妇女的生活方面的（解放）；妇女呢，自己也要努力争取获得自己应有的权益。

王：你认为五六十年代妇女得到解放了吗？

章：算是得到一定解放了吧，毕竟跟旧社会是不一样了。不过在那个年代妇女的生活、家庭负担还是很大的，条件也很艰苦，哪像现在这样日子好，生活条件都很优越。那时候妇女干的是跟男的一样的活路，自己屋还有家务活要干，比男的还辛苦。除了干活，其他就是领导啊、男的说啥就是啥，男的做主么。

6. （土改）就是解放以后多少人没有地就按人口分。

  王：奶，你对新中国成立初期的土改有印象没？

  章：建国初期土改就是解放以后多少人没有地，就按人口分。

  王：那个时候你家里是啥成分呢？

  章：家里是贫农。

  王：家里土改前有多少亩地？土改后土地有变化没？

  章：土改前家里没有土地，土改后按当地人口多少分土地，一个人大概就是五分地。

  王：分土地的时候给女的分吗？

  章：分，男女都有，大家平均。

  王：你当时心情如何呢？

  章：（分土地时）当然高兴么，原来种地主的地，后头把地都给我们分了，我们还不高兴？

  王：那土改以后生活比土改前有改善没？

  章：那当然了，有土地以后，只要人勤快，往狠地做的话，有点土地了就能吃饱饭。

  王：那土改后，女的是不是因为分到土地在家里地位有所上升？

  章：嗯，有点土地了，家里有事情做了，那地位跟男的一样。

  王：那土改的时候妇女参加斗地主吗？

  章：那个时候是才解放，还有些封建思想，还是经过开会、启发以后才参加斗地主。开始不了解，后来就主动参加了。

7. 搞合作化就是反正同意参加合作化就吃饭，做啥也都有保证。

  王：土改后没过多久就搞合作化了，你还记得咱们这里合作化的情景吗？

  章：合作化那阵，我还在上学，一般的我还不太清楚，家里搞合作化时也没什么事情。搞合作化就是<u>反正</u>（注：无论如何）同意参加合作化就吃饭，做啥也都有保证。

  王：合作化的时候你家里人乐意入社吗？

章：那非常乐意么，都愿意。

王：那村里有没有不愿入社的？

章：那就是富农、成分高的也许不愿意，贫下中农都愿意。

王：入了合作社以后，家里有几个人挣工分？有几个女的下地劳动？家务劳动主要由谁来承担？

章：入社以后，就是你太爷太奶两个人，还有你大爷、二爷（注：指被采访人丈夫的大哥、二哥）两个人，妇女就是你大奶、二奶（注：指被采访人丈夫的大嫂、二嫂）。家务劳动主要是你太爷、太奶承担。

王：农业合作社时期与之前的生活相比有改善吗？

章：有改善，那就是吃饭、生活比以前有保证，不愁吃穿。

8. 那个时候那一阵（吃食堂）就是政策么，……必须吃食堂，不存在愿意不愿意的情况。

王：后来又成立了人民公社吃食堂，咱们这里吃食堂吃了多长时间？

章：人民公社的时候我在延安工作，那个时候吃食堂了，大概吃了一年多一点。

王：食堂里吃得好不好？

章：食堂大锅饭么，一般化么，吃得不饱不饿就算了。

王：是不是女性的家务负担因为吃食堂不用在家做饭而减轻了？

章：家务负担是减轻了，家里没有什么做，就在农业社做，都在那做活，男的女的一天一天就是到地里做活。

王：那家里的人乐意吃食堂吗？

章：那个时候那一阵就是政策么，到了那个地方愿意不愿意反正就是吃食堂，家里一粒粮都没有。必须吃食堂，不存在愿意不愿意的情况。

王：那搞了人民公社后，生产队要求女的下地劳动吗？

章：女的一般身体好一点的能做就做，如果你做不了的话，也没人强迫，对女的政策还是一直都比较好。

王：那女的在生产队主要干啥活呢？累不累，忙不？

章：那个时候政策比较好，男的做重活，女的做轻活。一般的活，就是比如人家修水利呀、抬石头、弄个啥呀，女的就是捡小石头；男的挖地、女的薅草……；反正都是轻活，不算很累。

　　王：那家里有娃的话，母亲下地干活时，小娃子谁管呀？

　　章：一般家里有没体力劳动的、丧失体力劳动（能力）的人管。如果家里没有的话，妇女走哪，娃带到哪，下地干活就把娃放在地里（让娃）坐下（大人）不管。

　　王：那生产队的集体劳动是不是很热闹？

　　章：那肯定的，人很多，都在一起做活路，很热闹，一天有说有笑地，还很乐呵。

9.（闹饥荒那一阵）找野菜、野草么，不闹人的东西就吃。个人吃树皮，啥都挖回来吃，能吃的都吃了。

　　王：关于1960年前后的困难时期，你还记得吗？

　　章：闹饥荒那一阵……那时候记得。那时候闹饥荒，穿衣服（国家供应）一个人三尺布，一般是家里没啥吃的，还是（因为）人多得很，（只有）吃麦麸子、炒面啦，吃不饱。

　　王：那个时候咱们这一带饥饿的情况严不严重？

　　章：严重。

　　王：能具体说说吗？

　　章：那一阵（因为）我们这是山区地区，有饿得逃跑了的。

　　王：那当时渡荒的办法有哪些？

　　章：解决饥荒问题根本就没得办法，那一阵是养个鸡子都不准养，私人搞个啥子、任何事都不准弄。吃的各方面，是生产队有点啥子给你弄点啥子，就给你吃一点。不弄的话是干看干饿，啥都没得（没有）。

　　王：当时没有粮食，主要吃什么呢？

　　章：找野菜、野草么，<u>不闹人的</u>（注：指对人没有毒性的）东西就吃。<u>个人</u>（注：指大家）吃树皮，啥都挖回来吃，能吃的都吃了。

　　王：那什么时候情况好转的呢？

　　章：那是到（19）63年就强些子了，（19）64年以后就好多了，各地准许开荒啦，工业大下马那一阵准个人种地，哪些（地方）有荒漠地的话，只要有劳力的就个人（自己）去挖；养鸡、养鸭、养猪，那一阵都可以了，都养么。那个时候政策开放了，叫养的话，家家户户都养禽，养那些鸡鸭么。

10. （五六十年代）那一阵的生活都是一样的么，那都是受罪。

  王：你还记得五六十年代主要的休闲娱乐有啥啊？
  章：那个时候没得啥休闲娱乐活动，如果说是哪里放电影了，就跟去看一场，其他啥都没有。
  王：你现在回过头来看，你觉得当时的生活咋样？
  章：那时候就是受苦受累的，在家里起命做（注：指拼命地干活）就对了，那一阵的生活都是一样的么，那都是受罪。要到哪里去，就得走多远（注：指非常远）的路，没得（公）路，没得车，没得大路，都是小路。那阵日子难过得很，从（我们）这到西安都是走，一直（走）到西安。从镇安县结子乡一直走三天，走得快就三天（能到西安）。

镇安县王邦庆访谈

采访对象：王邦庆，男，1934年3月生，陕西省商洛市镇安县永乐镇结子乡太平村二组人。1954年结婚。20世纪50、60年代的家庭成分为下中农。

采 访 人：王菲，女，1988年生，陕西理工大学文秘专业2008级学生。

采访时间：2010年2月8日。

说　　明：采访对象为采访人的祖父。

1. 你奶还没过门在娘家就参加（田间劳动）了。

　　王菲：爷，你还记得我奶是哪一年出生的不？

　　王邦庆：你奶是1937年11月15日出生的。

　　王菲：那奶在新中国成立的时候就是12岁了，那奶当时应该在上学吧？

　　王邦庆：你奶当时已经上学了，上过小学还有中学。

　　王菲：那奶缠过脚吗？

　　王邦庆：那时候都不缠小脚了，所以你奶没有缠过。

　　王菲：那奶也参加田间劳动吧？

　　王邦庆：参加么，我们从小时候就开始给家里帮忙干活，很小就参加田间劳动了。你奶还没过门在娘家就参加了。

　　王菲：那奶她们在地里都干啥活呢，和男的干的有区别吗？

　　王邦庆：干的活差不多。不过男女都有分工，男的就干重活，有的（活）女的干不了。女的就是打猪草、到山上挖蘑菇、割麦子。女的和男的一样，同工同酬。

　　王菲：那你记得奶以前参加过修水库、公路什么的工程吗？

王邦庆：以前修公路，就是经过我们门前从县城往云镇这条路。当时是村里按组到户分配干这干那，你奶就给做做饭、送饭送菜、挖石头、挖土、铲沙子、铺路面。

2. 你奶怀孕的时候照样啥事都干，挺个大肚子照样下地干活，一直到马上要生了才回家生娃。

王菲：奶一共生了几个娃？

王邦庆：一共有六个娃，你四个姑、你爸和你小叔。

王菲：那奶怀孕和坐月子的时候能得到啥照顾不？

王邦庆：没有，就跟平常一样，那时候家里也没啥条件，不像现在怀孕了啥都不干，好吃好喝地养着。你奶怀孕的时候照样啥事都干，挺个大肚子照样下地干活，一直到马上要生了才回家生娃。

王菲：那奶当时是在家生的吧？

王邦庆：都是在家里生的，我们这都是的。

王菲：那奶在家里生娃您担心发生危险不？

王邦庆：当时很担心的，因为我也知道怀孕到生娃下来是很危险的。

3. 生产队的活不能耽误，还有一大堆家务要干，到田里干活，还要把娃带上，你奶很辛苦的。

王菲：那在你的印象里，五六十年代的时候奶干的家务活多不？都要干些啥家务呢？

王邦庆：多，当时我们也是一大家子人，要干的家务很多，比如地里的活、引（注：指照顾）几个娃、洗衣服、做饭、挑水……，就是从早上五点起床干到晚上八九点睡觉，一直忙不停。

王菲：哦，你们都是早睡早起的，那奶应该不经常熬夜干家务活，缝缝补补之类的吧？

王邦庆：不常熬夜，只有一些时候晚上推磨才熬夜。

王菲：现在你回过头去想想，能概括说说奶奶在五六十年代的生活情况不？

王邦庆：当时由于生活水平低，家里人又多，粮食勉强够吃的，我又在当兵，家里就是靠你奶照顾。生产队的活不能耽误，还有一大堆家务要干，到田里干活，还要把娃带上，你奶很辛苦的。

镇巴县刘文兰访谈

采访对象：刘文兰，女，1941年生，没正式进过学校读书。1958年结婚，婚前婚后均居住于陕西省镇巴县长岭镇兴房坪上兰山一组（注：夫妻二人婚前同村）。共有五个子女，分别出生于1959、1963、1966、1968、1970年。
采 访 人：符梅，女，1989年生，陕西理工大学历史学专业2007级学生。
采访时间：2009年8月12日；2010年2月27日。
说　　明：采访对象为采访人的邻居。

1. 上学的女娃娃也多，那些嘛，因为男女平等，社会好。

　　符梅（以下简称"符"）：您什么时候出生的？
　　刘文兰（以下简称"刘"）：我是1941年的。
　　符：新中国成立的时候你还记得吗？
　　刘：先是（19）49年中央军退却，解放军在后头撵，我们那阵子才七八岁。
　　符：新中国成立后咱们这里的女孩子上学的多不多？
　　刘：上学的女娃娃也多，那些嘛，因为男女平等，社会好。
　　符：学费贵不贵？
　　刘：学费不贵，报名一块钱，书钱才几毛钱，五几年嘛。
　　符：父母想让女孩子去上学不？
　　刘：想，都想，父母也都愿意，我们是因为父母把我们管教不严，光耍。
　　符：那你是不是没去上过学？
　　刘：没有上过学。

符：你五六十年代生的几个孩子上过学吗？

刘：老大是（19）59年生的，上到三年级。因为我们成分不好，他爷爷是半地主成分，当时家庭成分对他们上学都还是有些影响的。

2. 我们当时在（娘）家，才十四五岁，我也参加过，上了半季扫盲班。我还认字，写字写得很好呢。现在因为活苦，忘完了。

符：五六十年代咱们这里办过扫盲班吗？

刘：办过，办了一年。那些是上夜课班，白天干活，成立互助组，晚上去上。

符：妇女上夜课班的多吗？

刘：多，积极。我们当时在（娘）家，才十四五岁，我也参加过，上了半季扫盲班。我还认字，写字写得很好呢。现在因为活苦，忘完了。

符：你当时对扫盲班兴趣大吗？

刘：兴趣大啊，当时还宣传呢。

符：当时学到的字多吧？

刘：学到的字多哦，现在认得到十来个字，"一、二、三、四……"都认得到。

3. （20世纪50年代）时兴自己找对象，不过（我）还是由父母做主，我妈很凶的。

符：你们年轻的时候，咱们这里女孩子一般多大年龄开始找对象？

刘：18岁，从土改就颁布了《婚姻法》。

符：你是怎么知道土改时候颁布了《婚姻法》的？

刘：宣传，大宣传呢，不允许父母包办婚姻，男女婚姻自由，还贴标语呢。

符：那个时候你们那里时兴自己找对象吗？主要是自己做主还是父母做主？

刘：时兴自己找对象，不过还是由父母做主，我妈很凶的。

符：找对象一般有啥条件？

刘：女子家年轻不懂，知不道啥条件哟。

符：你们年轻那时候，姑娘们找对象喜欢什么样的小伙子？

刘：反正要找平等的。有文化的挑到有文化的，没文化的也挑有文化的或没文化的。我们喜欢诚实的，喜欢有能力、有本事的。

符：那个时候结婚，女方向男方要的彩礼多不多？一般要哪些彩礼？

刘：没有啥彩礼，一个人有三四套衣服就行了，也不要钱，拿点<u>人情</u>（注：礼物）走一下。在当时，有房住，脾气好的两个人就能合一路。

符：新中国成立前后有差别吗？

刘：旧社会各是一号钱，新社会各是一号钱，旧社会一块是一元，新社会一角是一千。其他没啥差别。

符：我是说新中国成立后女孩子是不是在婚姻上比从前多一些自由了？

刘：有些自由，有些不自由。有些姑娘受到丈夫或<u>老人婆</u>（注：指丈夫的母亲）的管辖，所以也不那么自由。我们（19）56、57、58年耍了三年彩龙船，搞宣传，宣传《婚姻法》。

符：你什么时候结婚的？

刘：我（19）58年结的婚。

符：结婚前都要了哪些彩礼？

刘：没要啥彩礼，只缝了一套衣裳，过了啥都没得。

符：你结婚那时候的婚礼是什么样子的？

刘：也简单，放点火炮，有主持婚礼的，说几个话就完了。我坐的滑竿，就是一个椅子，两头各一个人抬，椅子上垫的是铺盖，还有踏脚的。

符：新郎新娘穿什么样的衣服？

刘：我穿了个粉（色）洋布衣裳，他穿的一身新蓝色<u>涤卡</u>（注：一种布料）。

符：你结婚几天后开始干活的？干些什么活？

刘：一个多月才到地头干活，我那些才17岁。农村嘛，冬月间结的婚，腊月间才下地干活，挖地，干农活。

符：这种年龄不够就结婚的多不多？

刘：一般女子家都在这个年龄就出嫁了。因为那会儿都是父母包办，根本不让自己挑选，所以十七八岁的时候一般都嫁人了。

符：你那个时代认为什么样的婚姻是好婚姻？

刘：自由的婚姻就是好婚姻。当时我们院子里头有四个跟地主开了亲的就退了两个，当时要打倒地主老财，没得人喜欢地主，允许退亲。

符：什么样的夫妻是好夫妻？

刘：夫妻和睦。丈夫要体贴妻子，才是好丈夫。

符：为什么这么说？

刘：两个人自由、快乐，没得忧虑。

4.（怀孕期间）照样地干，没得人体贴，硬干，大家都一样，有的时候晚上还要夜战。

符：你有几个孩子？

刘：有五个孩子，老大（19）59年腊月的，老二（19）63年的，女儿是（19）66年的，（19）68年有一个，（19）70年有一个。只有老三是女孩，其他四个都是男孩。原来还有一个一岁多就害病死了，就不提了。

符：那个时候怀孕期间能休息不？

刘：不能休息哟。一直在地里干活，栽秧、打谷子、剁秧草、背粪……，啥都干。

符：是生产队要求必须去劳动的，还是……

刘：生产队要求啊，定了劳力的，一个月做25个定额，靠工分吃饭。我才去的时候（一天工分）才挣八分五。

符：生产队干活对怀孕的有照顾不？

刘：有个啥照顾？照样地干，没得人体贴，硬干，大家都一样，有的时候晚上还要夜战。那时的口号"天晴一天当两天，天黑夜战一天当百天"，再大的雨都干，带斗篷、披蓑衣都还要干。

5.（在家自己生孩子）不担心，（危险）那些不考虑，人是恍的，生就生了，死就死了，条件也不好，几十里路才有医院。

符：你生孩子是在家里请的接生婆吗？

刘：没请，都是在家里自己生的。

符：是不是当地的妇女生孩子都是这样的？

刘：嗯，都是这么，实在有的<u>发作</u>（注：指有分娩迹象）了一两天娃娃不下地，才去请接生婆。

符：在家里生孩子你心里害怕发生危险吗？

刘：不担心，（危险）那些不考虑，人是恍的，<u>生就生了，死就死了</u>，条件也不好，几十里路才有医院。

符：一旦有危险，一般怎样处理？

刘：就用滑竿绑好给往街上抬，抬到长岭医院，有二十多里路。

符：妇女月子里主要吃些什么？

刘：吃的不强，吃洋芋蒸饭，吃菜稀饭。

符：你坐月子时家里和生产队对你有啥特殊照顾不？

刘：没有，一点都没得。

符：可以休息多长时间？

刘：可以休息一个月，满了月才上工。

符：下地劳动的时候孩子怎么办，有人帮忙带孩子吗？

刘：自己背上。走远了要干活只能背上，用铺盖包着背到背上，歇气了就自己喂。

6.（妇女）啥都干，挖地、挑梯田、修堰塘，那些在李家坡搞大会战，挖梯地、栽茶……

符：初级社、高级社以及人民公社化后的生产队妇女下地干活，一天给多少工分？

刘：弱的八分五，强的九分，男同志十分，从清早就开始干。

符：都干些什么活？

刘：啥都干，挖地、挑梯田、修堰塘，<u>那些</u>（注：那时候）在李家坡搞大会战，挖梯地、栽茶……

符：咱们这里（19）58年搞过大炼钢铁运动吗？

刘：炼过的。我们还去背过矿的，朝<u>野猪山</u>（注：地名）的炉子上背，大家都参加。

符：妇女参加炼钢铁都干些什么活？

刘：妇女就是背，拉（风）箱都是男同志，还有添矿啥的。

符：你参加过修水库、水渠、公路之类的工程吗？

刘：没有，那都是男同志，我们没去过。从生产队抽几个人到那里去修。我们队上也抽的有，抽了三个人去修路，在<u>渔渡</u>（注：指镇巴县的渔渡乡），修3602路。那主要是城里头的人参加，我们农村主要就是干庄稼活。

符：你年轻那时候妇女的家务活主要有哪些？

刘：喂猪、煮饭、洗衣服、打扫卫生、招待人客……，活比较多。一把抓的活，黑了回来有时候一点多才睡，要把（第）二天的生活安排好，猪食煮起，还要理<u>节儿根</u>（注：鱼腥草），弄大罐子煮一罐子<u>稀的</u>（注：稀饭），只溜几颗盐。在集体那几年生活不堪哦，（19）89年就好了。

7. 忙啊，我们当时地又远、活又多，每晚十一二点才睡，早上五点多、六点多就要起来，苦啊。

符：咱们这里吃食堂，你还有印象吗？

刘：有印象。

符：吃了多长时间？

刘：（19）58年吃食堂饭，吃了有好几年，食堂每个人都吃一样的。

符：你家里的人当时乐意吃食堂吗？为什么？

刘：乐意。党的政策，不乐意也没法。当时还搜每个屋的粮食，集体都把粮食搜走了，煮稀饭也煮不到个啥，吃不饱啊。

符：搞了食堂化后，生产队要求女的下地劳动吗？

刘：要求，那是靠挣工分吃饭，没工分没法生活。

符：女的在生产队主要干什么活？

刘：男的干嘛女的就干嘛，剁秧草、栽秧、打谷子、背粪、扯秧……，啥都干，男女一样。

符：累不累，忙不忙？

刘：累又怎么办，男的女的大家都要生活，还有小孩。忙啊，我们当时地又远、活又多，每晚十一二点才睡，早上五点多、六点多就要起来，苦啊。

8.（妇女解放）就是妇女有权，男女平等，男人能做的女人也能做，轻活重活都得干。

　　符：你五六十年代听说过"妇女解放"没有？

　　刘：听说过嘛。

　　符：你觉得"妇女解放"是怎么回事？

　　刘：就是妇女有权，男女平等，男人能做的女人也能做，轻活重活都得干。女人有权利，男女半边天。"妇女解放"好嘛，女的得到自由嘛，旧社会男人一霸为王，毛主席打垮地主恶霸，社会才得到解放。

　　符：你认为五六十年代妇女得到解放了吗？

　　刘：得到了，我们满足、自由。镇上工作的，有男的也有女的。供销社也是，轻活重活男女都行，说话也自由。从（19）49年就不允许缠脚，也就没什么封建思想了。山高的、离公社远的也还有封建的，老人公婆打骂，儿媳妇做不了主，一切都要依老的。

　　符：你还记得当时政府对妇女有什么宣传吗，比如有什么标语、口号、歌谣、快板等？

　　刘：有哦。"男女半边天，男人也有权，女人也有权。"（19）49年解放的，（19）50年"打倒地主老财，穷人翻身"，妇女喜欢哪个小伙，两个人都愿意就可以。

9.五几年、六几年苦得伤脑筋，又要顾吃又要顾穿，苦恼得哭呀，掉眼泪呀！

　　符：五几年、六几年主要有啥休闲娱乐？

　　刘：没时间耍，要在生产队劳动。六几年晚上还要夜战，六点钟就起床，很忙的。当时没有一个闲人，八九十岁的人只要能干（活）的都要去干。

　　符：现在回过头来看，你觉得当时的生活怎么样？

　　刘：当时生活不行得很，吃也吃不饱，穿也穿不好。现在的社会好，自由，吃得好，穿得好，耍得好。当时生活很贫困，孩子的衣服补了又补，自己做鞋子穿，做到晚上一两点还在做针线，婆婆也要帮助带孩子。小时候一个大院子我们四姑侄也还好耍，都才七八岁。五几年、六几年苦得伤脑筋，又要顾吃又要顾穿,苦恼得哭呀,掉眼泪呀!做活不歇气,喂猪、挖节儿根……。当时没啥学的,自己学绣花、纳鞋垫。活做都做不完,生活艰苦得没法呀。

镇巴县张德厚访谈

采访对象：张德厚，男，1944年11月生。20世纪50、60年代居住于陕西省汉中市镇巴县渔渡镇小寨村，家庭成分为贫下中农。
采 访 人：鲍淑玲，女，陕西理工大学历史学专业2007级学生。
采访时间：2010年3月12日。

1. 妇女要做家务、要干（田地里的）活、养小孩，所以没有时间参加扫盲班的。

  鲍淑玲（以下简称"鲍"）：你讲一讲你母亲五六十年代的生活状况。你母亲是哪一年生的？

  张德厚（以下简称"张"）：我的母亲生于1911年8月，新中国成立时候39岁。

  鲍：你母亲上过学吗？

  张：母亲从来没有上过学，上不起学，（家里也）不准（她）读书。解放前，（我们那里）没有出嫁的女孩是不准出门的，也不能见陌生人，那时候如果女孩随便见人就是失德。

  鲍：那解放后号召解放妇女，你母亲参加扫盲班吗？

  张：我母亲在解放时候就39岁了，年龄早就超过了，不适合参加扫盲班的；再说，家里活（计）一大堆，哪有时间去参加扫盲班？

  鲍：扫盲班是对哪部分人进行扫盲的？

  张：对青壮年扫盲，大概二三十岁的人。

  鲍：扫盲班的具体情形？

  张：我们那里扫盲就是在村里大家路过的地方放上黑板，在上面写几个字，大家早上去干活路过这些地方的时候，就停住学习几个字才去干活。田间休息时候一起教那些不识字的妇女识字。看图识字，见物识字，比如屋里有米缸就在米缸上贴上"米缸"两个字，脸盆就在脸盆上贴上"脸盆"这两个字。妇女要做家务、要干（田地里的）活、养小孩，所以没有时间参加扫盲班的。<u>那些</u>（注：那时候）互助组、初级（农业合作）社、高级（农业合作）社都在扫盲。

鲍：扫盲班有要求重点针对妇女吗？

张：没有！只要不识字的都可以参加扫盲班，妇女一部分人参加。

2. 解放后她参加田间劳动，大家都下地干活，她也要去砍柴、种菜、锄草……，水田一般不去。

鲍：您母亲缠过脚吗？

张：母亲缠过脚的，她是小时候就开始被家里缠的小脚，她走路时歪着脚走哦。1911年辛亥革命提倡放足，母亲缠了一段时间就放脚了，所以她不算是小脚。她的脚前面的脚趾头是有点尖的，脚很小，脚是凹下去的。母亲走路摆来摆去的，但是摇摆不严重，走路干活都行。

鲍：解放后她参加田间劳动吗？

张：参加，大家都下地干活，她也要去砍柴、种菜、锄草……，水田一般不去。那个时候不敢不干，但重体力的活她不能做的。

鲍：那不下水田，在地里主要干什么活？

张：像镇巴这个地方，以水稻为主，地里有洋芋、苞谷子等，她就可以做这些收种洋芋、经管苞谷的事情。

鲍：你母亲五六十年代是不是参加过修水库、水渠、公路之类的工程？

张：她五六十年代没有参加什么工程。1969年的时候我们这里修过杨家沟水库，为了灌溉田地。她没有去。

3. 生完孩子一般（被）照顾十来天就要出来煮饭、做家务的。农村家里穷，只要不提重东西、不碰冷水就行了。

鲍：她生了几个孩子？

张：六个，夭折了三个，养大的就三个，有两个姐姐和我。夭折的三个孩子里面有两个妹妹是得病去世的，我亲眼见到蛔虫从她们肚子穿破出来的，她们就是被蛔虫吃死的。那时候一般人肚子里都是有蛔虫的，我妹妹得的蛔虫病严重。医疗条件太落后了，农村那时候用土方法治病，比如用烧完柴火的灰炖开水喝，也有用树皮炖水喝的，可以缓解疼痛，但是治不了根本。

鲍：她怀孕期间和月子里能得到照顾吗？

张：那时候医疗条件落后，生孩子都是在家里的。坐月子都要30天，起先吃好点的，后来吃粗糙点的。不过，生完孩子一般（被）照顾十来天就要出来煮饭、做家务的。农村家里穷，只要不提重东西、不碰冷水就行了。

4. 母亲的生活是比较忙碌和艰苦的，无论在啥时候她都很苦的。

鲍：在你印象里，五六十年代你母亲的家务活多吗？都要干哪些家务？

张：母亲家务活比较多，要缝补衣服，还要给我们做饭。她经常熬夜干家务活、纺线织布……。那时候我村里的人都会织布，织土布，木头做的织布机，纺棉花、纺线之后织布，母亲都要干这些事情。晚上没有电灯，用桐油灯，后来有了煤油灯，大部分时间她晚上要为我们纳鞋做衣服的，我们书包也是她做的。我们睡觉的时候，她要去井边挑水，为第二天做饭做准备。

鲍：桐油灯是怎么用的？

张：桐油灯就是把桐油放在碗里，放上灯草，就是像竹签那种很细的灯草，要放三根，放在桐油里，让灯芯不要浸泡到桐油里，这样才能燃烧，否则头头浸泡到油里就灭了。

鲍：你能概括一下你母亲五六十年代的生活吗？

张：母亲的生活是比较忙碌和艰苦的，无论在啥时候她都很苦的。

5. 五十年代，《婚姻法》强调婚姻自由、解放妇女，女子有权提出离婚。

鲍：新中国成立后你们那讲"妇女解放"不？

张：五十年代，《婚姻法》强调婚姻自由、解放妇女，女子有权提出离婚。当时讲得对，毕竟以后妇女可以见生人了，相亲可以不完全听父母的了。

鲍：你认为土改、合作化、人民公社那阵子妇女是不是获得了解放？

张：一定程度上是解放了，但是完全解放，事实上是不可能的。没有具体的措施出台是不行的。解放要深入大家思想上进行，不止法律的解放，必须有相关的、能走进农村人思想的宣传教育，不是单纯地这样喊喊口号。

6. 蒋介石时代就是没有结婚证，50年代才有的。

鲍：1950年颁布《婚姻法》后，你们那里有结婚证了吗？

张：有了，在县政府领结婚证的。

鲍：那蒋介石时代没有结婚证吗？

张：蒋介石时代就是没有结婚证，50年代才有的，我姐姐那时候就领结婚证的。

鲍：1950年的《婚姻法》规定男的20岁、女的18岁才能结婚，如果女孩子没有到达18岁就嫁人有什么惩罚？

张：没有相应的惩罚，只有你霸占了军人的妻子你才要坐牢。

7. 解放后谁不参加劳动，那是（被）说思想不端正的。

鲍：你妻子是哪一年出生的？她上过学吗？

张：妻子生于1946年，她没有上过学的。

鲍：五十年代农村办扫盲班的时候她上过扫盲班吗？

张：她没有参加啥扫盲班的，那时候她就几岁，大家对念书兴趣不高，尤其女孩子，普遍认为女子念书没有用。扫盲是对年轻人扫的，不对小孩的。

鲍：你妻子缠过脚吗？

张：她没有。

鲍：解放后她参加田间劳动吗？

张：解放后谁不参加劳动，那是（被）说思想不端正的。

鲍：在地里干哪些活？干的活跟男人有差别吗？

张：她要种菜、插秧……，干的活肯定与男人有差别的，妇女干的活比较轻松的。

鲍：五六十年代农村挣工分是男女都一样吗？

张：挣工分事实上是男人一天八个工分，女的一天七个工分的，工分男女不一样，无论女人再怎么努力，工分永远少于男人的。用工分可以换粮食、换钱的，比如十个工分换一毛八分钱，也有换两毛钱的。

8. 我结婚在1964年，新郎穿干净的衣服，身上结个大红花，女的穿红衣服，有头盖，有花冠，坐轿子到我们家。

鲍：五六十年代你们那里一般女孩子多大年龄开始找对象？找对象一般有啥条件？

张：女孩子一般十七八岁结婚。找对象就是男的要强壮，女的要勤劳。

鲍：解放前后找对象有什么差别吗？

张：肯定有差别。以前结婚都是父母安排的，不知道对方是瞎子还是瘸子，结婚后才知道的；解放后至少可以坐下来看看对方的条件，而且女子还可以离婚了，可以自由恋爱，可以反抗父母要求的婚姻。

鲍：你什么时候结婚的？结婚前你妻子都要了哪些彩礼？

张：我1964年结婚的。结婚前没有送啥彩礼，就送了几件新衣服和几斤挂面。

鲍：那时候的婚礼是什么样子的？

张：我们在电视里看到解放前结婚的时候女的坐轿子，事实上解放后一直到1964年我们那里还保持着这个风俗。我结婚在1964年，新郎穿干净的衣服，身上结个大红花，女的穿红衣服，有头盖，有花冠，坐轿子到我们家。当时有一个习俗，就是女的故意不下轿子，我们新郎要给她钱，她才肯下轿子。再就是要摆酒宴，让乡里乡亲吃饭的。

鲍：你们当时选择对象主要看什么条件？

张：看对方勤劳不。

9. 那时候没有钱，也没有条件的，就想（在家生孩子）顺其自然，就这么一回事。

鲍：你妻子生了几个孩子？

张：生了五个孩子，三个女儿两个儿子，有个夭折了，因为生病没有钱治疗。

鲍：她怀孕期间和月子能得到照顾吗？

张：她每次坐月子一个月，我们家条件比较好的，至少我都要省吃俭用让她坐月子头几天有鸡汤喝。其他妇女就没有得到这么好的照顾。

鲍：你妻子生孩子都是在家里生的吗？

张：孩子都是在家生的。

鲍：她在家里生孩子，你担心安全吗？

张：担心也没有办法。那时候没有钱，也没有条件的，就想顺其自然，就这么一回事。

鲍：五六十年代妇女每天都要干活，孩子谁照顾？

张：那个时候如果孩子小的，可以自己背着孩子上山干活，大孩子也可以照顾小的。

10. 妇女有参加炼钢的，烧火、砍柴、挖土都要妇女干的，还要负责送饭的。

鲍：你还能记得大炼钢铁是咋一回事吗？妇女参加吗？

张：1958—1959年国家提出"超英赶美"的口号，实行重工业运动，炼钢要达到国家的计划指标，国家给各地分指标的。我当时上初中，学校停课上山挖铁矿，大家都很积极。妇女有参加炼钢的，烧火、砍柴、挖矿都要妇女干的，还要负责送饭的。

鲍：大炼钢铁的炉子有大的、小的吗？

张：有嘛，国家扶持的铁炉子就大，集体就是小铁炉。国家扶持的有工程师和厂长，在渔渡镇只有一个"八一钢铁厂"，这个厂在镇巴县渔渡镇大河口上。

鲍：你们村里的人要去八一厂炼钢去吗？

张：是啊，大家把木头烧成黑的就是没有完全燃烧的、用火点着烧的时候火力大的，用作炼钢铁的燃料，把铁矿烧成铁水流出来就是铁。

鲍：炼铁炉都是大家一起合作的吗？

张：都是一起合作的，"八一钢铁厂"每个铁炉子有4个人拉大风箱，男的女的都要拉风箱。

鲍：女的也要背铁矿吗？

张：背嘛。

鲍：背到哪里啊？

张：背到集市里卖啊，那时候国家统购统销的。

鲍：能概述一下你妻子在五六十年代的生活吗？

张：她是忙碌的，我们有吃的就算不错了。妻子家务活比较多，要织布，还要照顾小孩子、喂猪、砍柴、照顾老人缝补衣服……，我是教师没办法替她分担的。

宝鸡金台区强月梅访谈

采访对象：强月梅，女，1939年生。20世纪50、60年代夫家家庭成分为贫农。1959年结婚，婚前居住地为陕西省太白县桃川柳树店，婚后居住地为陕西省宝鸡县金河乡岳家坡村四组。共生育有三个子女，分别出生于1960、1964、1970年。

采 访 人：王小婷，女，1987年生，陕西理工大学思想政治教育专业2007级学生。

采访时间：2010年2月15日。

说　　明：采访对象为采访人的奶奶。

1. 那时候好得很，给女的一分地，在家里就能说起话了，也就敢串门子了。

　　王小婷（以下简称"王"）：你对新中国成立初期的土改有印象吗？

　　强月梅（以下简称"强"）：有哩。就是把地多的给没地或地少的人分一下，基本上全村是按照人口平均分配。

　　王：那个时候你家里是什么成分？

　　强：贫农。

　　王：家里土改前有多少亩地？土改后土地有变化吗？

　　强：土改前有一亩半地，年年不够吃。当时我家里有五口人，土改后分了七八亩地。

　　王：分土地的时候给女的分吗？

　　强：给女的也有。把地分了以后，把人高兴得！

　　王：土改以后，生活比土改前有改善吗？

强：地分了以后就有粮食吃了。原来地少，家里还要交租子。土地分了以后就不（向地主）交（租）了，家里就够吃了，多余的粮食卖了，给小孩买布做衣服。

王：土改后，女的是不是因为分到土地，在家里地位有所上升？

强：那时候好得很，给女的一分地，在家里就能说起话了，也就敢串门子了。

王：妇女参与斗地主吗？积极吗？

强：（妇女）也参加斗地主，村干部一叫，我（们）就到村上去参加斗地主、喊口号。

2. 合作化好得很，当时地里产量比私人种时高得多，一亩地产100多斤，生活就不愁吃了，分的粮还有剩余。

王：土改后没过多久就搞合作化了，你还记得咱们这里合作化的情景吗？

强：记得。好像是在（19）54年到（19）55年开始村上就搞合作化了，工作组到各家宣传，晚上就坐在炕上（宣传），全家围一起。先叫互助组，最后才叫合作化，就是全村作为一个集体组织。那时候我（家）参加的积极性高得很。

王：村里有没有不愿入社的？

强：没有。全村人都加入合作社了。

王：入了合作社以后，你家里有几个人挣工分？几个女的下地劳动？

强：当时有三个人挣工分，两个女的下地劳动。

王：家务劳动主要由谁来承担？

强：男人女人都干，女的做饭，男的喂猪。

王：农业合作社时期与之前的生活相比，有改善吗？

强：合作化好得很，当时地里产量比私人种时高得多，一亩地产100多斤，生活就不愁吃了，分的粮还有剩余。

3.我很想那时候的集体劳动，热闹得很，队长把铃一打，我就去了，积极得很，队长分配做啥就做啥。

  王：后来又成立了公社，你有印象吗？什么印象？

  强：我记得，（19）58年印象最深，成立人民公社，（驻队）干部天天在群众家里住着，帮群众劳动、宣传，还给咱担水、拉土，不搞特殊化。那时候的干部好得很。

  王：咱们这里吃食堂吃了多长时间？

  强：咱村里吃食堂<u>两年天气</u>（注：指大约两年时间）。

  王：食堂里吃得好不好？

  强：开始村里食堂办得很好，蒸的馒头白很，吃的样样还多。后来由于天旱很，粮食少了，到（19）60年时咱这地方遇大灾了，就吃不饱了，再后来就把食堂撤了。

  王：是不是女性的家务负担因为不用在家做饭而减轻了？

  强：嗯，就是，吃食堂时就不在家里做饭了，晚上开会、唱歌。

  王：你家里的人乐意吃食堂吗？为什么？

  强：开始都愿意排队吃食堂，到后来就不愿意了，人都吃不饱了。

  王：搞了人民公社后，生产队要求女的下地劳动吗？

  强：那时候女的积极很，像<u>这几天</u>（注：指采访时的七八月份天气）都去挖地，还有割麦、掰苞谷……，上头领导也来。

  王：人民公社时，你家里有几个女的下地劳动挣工分？

  强：两个。

  王：女的在生产队主要干什么活？累不累？

  强：那时候到地里去就是干农活。不忙不累，地少人多么。

  王：你现在怀念生产队的集体劳动吗？

  强：我很想那时候的集体劳动，热闹得很，队长把铃一打，我就去了，积极得很，队长分配做啥就做啥。那时候人都好得很，东西放门上都没人偷，哪像现在？

4. （要）不是扫盲噻，我（们）这些女人没上过学，咋认得字呢？

  王：五六十年代咱们这里办过扫盲班吗？

  强：村上办了一个扫盲班，是乡上来了一个年轻人来给咱教，后来是村上一个先生在咱村上那庙里头给我的（注：指我们）教。

  王：到扫盲班去认字的女性多吗？她们积极吗？

  强：全村女的都去了，有些能记下，有些记不下，那时积极得很。

  王：你当时对扫盲班兴趣大吗？

  强：那时候，队里劳动一完，把汤一喝（注：指把晚饭一吃，由于当地群众晚饭常吃稀饭，习惯上便把"吃晚饭"称为"喝汤"）就去了，老师在黑板上写，我（们）就抄、背，才认识了几个字（时），在地里劳动休息时，还拿棍棍在地上划。

  王：咱们这里的扫盲班办了多长时间？

  强：一年。

  王：你认为扫盲班有效吗，是走形式还是实实在在地搞？

  强：我原来不识字，通过扫盲班才认识字，原来连钱都不认得，扫盲后才认得了。那时候不搞形式，干部还手把手给我（们）教呢，村里男人女人都学字呢。（要）不是扫盲噻，我（们）这些女人没上过学，咋认得字呢？

5. （三年困难时期）人饿很，但没饿死人。国家好很，还给救济粮呢。

  王：您还记得五十年代末、六十年代初的饥荒吗？

  强：（19）59年冬季冷得很，（把）麦冻完了，（19）60年就没粮吃。地旱很，就种了些萝卜充饥呢。到（19）61年才好一些。

  王：那个时候咱们这一带饥荒的情况严重不严重？

  强：咱属于关中道，天旱很，把庄稼旱完了，不打粮食么。

  王：有人饿死吗？

  强：人饿很，但没饿死人。国家好很，还给救济粮呢。

  王：当时渡荒的办法有哪些？

  强：不（能）吃干面就吃汤面，把杂粮掺点野菜。咱这有麦、玉米、豆子、谷子，就是少很，不够吃，把萝卜掺一起吃。

王：什么时候情况好转的？

强：到（19）61年夏收情况就好了，夏收前种了点大麦，还有救济粮。

6. 记得（社教时）对大队小队干部进行清理，看有没有贪污。有时候晚上还开批斗会，斗争"四不清"干部，男的女的都在会上发言。

王：60年代初咱们这里搞过社会主义教育运动吗？

强：搞过。（19）64年冬到（19）65年县上派来社教工作组，大队小队都住下领导。

王：怎么搞的？你还有印象吗？

强：记得对大队小队干部进行清理，看有没有贪污。有时候晚上还开批斗会，斗争"四不清"干部，男的女的都在会上发言。我那时候参加过村上的还有公社的批斗会。问题大的人，几个乡到一块开会呢，拉（到）台子上，给人家交代问题呢……

7. 找个工人就好得很。

王：你是哪一年结的婚？

强：1959年。

王：那个时候时兴自己找对象吗？主要是自己做主还是父母做主？

强：不兴自己找对象，都是父母做主，媒人介绍。

王：五六十年代咱们这里大规模地宣传过《婚姻法》吗？怎样宣传的？

强：宣传过，村上干部、公社干部来开社员会，宣传《婚姻法》，在墙上画的宣传画。干部在屋里吃饭时也宣传，在地里劳动时也宣传呢。

王：那个时候年轻人喜欢找什么样的对象？

强：找个工人就好得很。

王：结婚，女方向男方要的彩礼多不多？一般要哪些彩礼？

强：不多，就一二百块钱。结婚简单很，一般家庭不敢要彩礼，叫干部知道不得了。男的给女的买三身衣服、蒸点馍馍、买点脸盆等。

8. (三个孩子)都是在家里生的,村里有卫生员呢。

　　王:你有几个孩子?分别是哪一年生的?

　　强:三个,1960年、1964年、1970年。

　　王:这几个孩子出生,都是在家里找的人接生的吗?

　　强:都是在家里生的,村里有卫生员呢。

　　王:妇女月子里主要吃什么?

　　强:小米、甜汤、苞谷。

　　王:妇女生完孩子,多长时间下地劳动?

　　强:那时候人积极很,娃满月以后就下地劳动了,自己跑去找队长干活,(因为)凭工分分粮呢。

　　王:下地劳动的时候孩子怎么办,有人帮忙带孩子吗?

　　强:下地劳动时,用绳绳把娃拴到屋里,劳动中途队长安排人回来给娃喂奶呢。也有的大娃娃看小娃娃,老人看小娃。村上也有托儿所哩。

9. 那时候生活好着呢,家家户户都一样。

　　王:五六十年代主要的休闲娱乐有哪些?

　　强:集体开会、唱歌、讲故事、讲口口[注:指顺口溜,如20世纪50、60年代描述当地女子找对象时的口口:一干(注:指干部)二工(注:工人)三教员(注:指教师),宁死不嫁庄稼汉]。村上有个文艺宣传队,年轻人就参加唱歌。冬季公社生产队都举行运动会。大队有个妇委会,组织妇女还比赛纳鞋底。

　　王:妇女的主要休闲娱乐方式是什么?

　　强:就是唱歌么,那时候开会前都要唱歌呢。

　　王:现在回过头来看五六十年代的生活,你觉得当时的生活怎么样?总体印象是什么?

　　强:那时候生活好着呢,家家户户都一样。一家人有事,全庄人都给帮忙呢,村里尊老爱幼风气也好。

富平县刘氏访谈

采访对象：刘氏，女，1939年生。一直居住在陕西省富平县。20世纪50、60年代娘家和夫家都是贫农。生育五个子女。其中一子考上军校毕业后，不幸为国牺牲。

采 访 人：姚婷，女，1990年生，陕西理工大学历史学专业2009级学生。

采访时间：2011年8月7日。

说　　明：采访对象为采访人的外婆。

1. 我咋知道我啥时候要下的？

姚婷（以下简称"姚"）：你是啥时候生的？

刘氏（以下简称"刘"）：我咋知道我啥时候要下的（注：出生的）？

姚：你大概是72（岁）或73（岁），那算下来你就是（19）38年或39年（生的）。那新中国成立你知道不？

刘：没听过。

姚：没听说过？

刘：闲话我都不知道，问我些老古董我都不知道。

姚：那其他人知道不？

刘：其他有些人知道。唉，照我这么大年纪，可能都没人想那些事。

姚：（19）49年（新中国）成立的，你那时候都10岁了？

刘：不记不记了，到现在人家弄个啥我都不记。户口本上说我多大了，你老姨（看了）说"你是哪一年的"，我都没记下。

姚：我老姨她知道？

刘：她不知道，她一看我身份证上，我比她大五岁，其实我比她大三岁。

2.（我）都十六七岁了，上了几天民校。

姚：那你十岁的时候（女娃）有上学的吗？

刘：没有。

姚：女孩都没有一个上学的？

刘：就照我这么大年龄的，谁念过书啊？都没有上学的。这是以后，（我）都十六七岁了，上了几天民校。民校都没念完。以后结了婚来（这）了，这又叫念民校哩。民校叫你念百家姓哩，认队里这些人的官名子（注：学名、大名），保管叫啥，队长叫啥，饲养员叫啥……

姚：那你说有钱的，像地主家的（女孩子）上学不？

刘：少得很。财主家的女的上学都少得很，人家的男孩都上学哩。就照你婆（注：地主家的女儿）老早里哪里上过学？

姚：那时候（她家）是财主吗？

刘：像你那啥姑（注：地主家的女儿，年龄比采访对象稍小）也是上了几天民校。在民校，我念的二年级，她念的三年级。

姚：那男孩上学哩？

刘：男娃上学的也少，像我们家，就你四老舅上过学。其他都没上过学，就是在家织布，挣钱，给人家当长工，哪能上得起学？

姚：你那个时候想上学不？

刘：哪知道上学是干啥哩？……说没上吧，但你老姨上嘞，上的也不多，中学没念完……

姚：你刚说的民校就是扫盲，识字班？

刘：民校那都解放了，人家说叫扫盲哩。

姚：那你都知道解放了，你知道哪一天不？

刘：那不知道哪一天。

姚：那你咋知道解放了？听谁说的？

刘：解放了那些老广（注：国民党军队，可能因为当时驻扎在陕西关中的国民党军队中广东广西一带的人居多，所以老百姓把国民党的军队叫"老广"）都撤走了。……那些老广来偷鸡、偷啥，煮的吃。他们走，小伙都不敢被看见。（如果被）看见了，就让你给他（们）担上东西走哩，那个时候又没个车（可以拉东西）。我妈都养的马，他们都把那马拉的去给他们驮行李去呀。我妈就拽住缰绳，我爸都不敢露面，更不要说你那些老舅，都在井里藏的。人家拉的马，我妈就拽住缰绳不松手。拽不住。你能拽过他们？（我妈）那时候是小脚。（她）都追的快到县城哩，有那好心人说"算了，算了，给老太太吧，看老太太可怜"，（老广）才把马给她，（她）把马拉回来。

姚：那你们上民校是一直上，还是闲了上？

刘：光一下午。

姚：收麦呀、干啥时候还上不？

刘：那不上。冬天闲了没事，下午才上。

姚：那是必须的，还是谁想去就去？

刘：那就谁愿意去就去，去了（学）不懂就回来了。

3.（问男方要东西）我都不会要啥，我妈给我要。四身衣服……，几长头布，几斤棉花。

姚：你那个时候多大找对象哩？

刘：17岁找对象，18岁结婚。

姚：你那个时候大概都是十七八岁找对象？

刘：那是解放了，女的十八，男的二十，必须是那样子。

姚：那前面不是？

刘：前面小小都结婚哩。你老舅妈（注：采访对象兄弟的妻子）15（岁）都结婚了。

姚：你那个时候结婚看重啥哩？像现在要有钱、有车、有房。

刘：那啥都不看，像我（嫁）来的时候，我这家里前面三间草房，后面三间草房……

姚：你俩那个时候咋认识的？人家介绍的？

刘：我爸给我妈一说看能行不？我妈说能行。（订婚前）我都看嘞，你老姨把我领来看（介绍的对象）嘞。这都行了。那就定日子，照相。把人一看，把相一照都对了。

姚：那不领证结婚？

刘：领呢。都成新社会了。

姚：那个时候找对象都要听家长的吗？

刘：那肯定的。

姚：结婚那一天穿啥？

刘：男的穿一身黑衣服；女的穿一个红袄，一个裙子。

姚：裙子？

刘：噢。老早是凤冠，解放了就是头纱。……我结婚没轿，拿（马拉）车拉回来的。

姚：你结婚的时候要啥哩？

刘：我都<u>不会</u>（注：不懂得，不知道）要啥，我妈给我要，四身衣服……，几长头布，几斤棉花。结完婚第二天回娘家，把你领上满村拜呢，挨着家家门上拜呢，把我（磕头）磕得疼得……，还叫七还八……

姚：你年轻那时候两口子打架的多不？有吗？

刘：有嘛，咋不打。遇着好媳妇了，让（丈夫）把你打上一顿算了；不好了，就对打。

姚：那时候有离婚的吗？

刘：没有离婚的，男的不在了，出嫁的都少；出嫁的都是（被）年龄大的（妇女）领上，晚上结婚。

4. 你想挣人家工分呢。

姚：那怀孕还让你去地里不？

刘：去呢。

姚：必须去，还是自己去的？

刘：那都到农业社了，想挣人家的工分。

姚：我看好像那个时候有人是自己接生？

刘：我这几个娃都是我自己拾的，没叫别人。我这几个娃都不值钱。

姚：妇女差不多都是吗？

刘：差不多自己的娃都是自己拾的。

姚：那你生完孩子，家里给吃啥好东西？

刘：就现在这石头馍，还有蒸馍一切两半，再烧点米汤。

姚：那生产队给放假不？

刘：你想干了，出月了，你干活人家也要呢。

姚：那生产队也不管？没有说给你啥特殊照顾？

刘：没有！你想挣人家工分呢。你挣那十分工，分这样菜，分那样粮，都分上了，你不挣那十分工，就没有。有女干部了，就说"刚坐完月子，分点轻活……"

姚：那时候宣传计划生育不？

刘：宣传了，宣传的时候都迟了。先前说哩，但没有那么紧张。

5. 干活的时候就用绳子（把"骑马布"）拴在裤带上，掉不了，湿的！重的！

姚：你那个时候月经期间用什么？

刘：就是烂布……，以前叫"骑马布"。

姚：那干活的时候咋办？

刘：干活的时候就用绳子（把"骑马布"）拴在裤带上，掉不了，湿的！重的！

姚：那个时候女的干活几个工分？

刘：锄地……就是七分工。拉架子车的就是九分工。

姚：那男的呢？

刘：男的人家是十分工，像翻地等重活是12分工。

姚：那时候一个劳动日大概能值多少钱？

刘：我听人家说一个劳动日都图两块钱。

姚：那时候的粮食咋分呢？一个人能分多少？

刘：啊，那就说不上来，口粮有时200斤，有时300斤。下来是劳动日，看你一年多少工分，凭工分再给你分劳动粮。

6. 女的也去。有娃的，去不成的，让你在近处去；没有娃的就派到远处去了，就不得回来（吃饭），在那吃的大锅饭。

姚：那个时候的炼钢、炼铁，你记着不？

刘：有呢。

姚：那你参加过吗？

刘：没有。

姚：那男的参加过？

刘：你爷还参加过……

姚：那参加过修水库、水渠、公路吗，是派去的？

刘：有，都是派的去的。

姚：女的去不？

刘：女的也去。有娃的，去不成的，让你在近处去；没有娃的就派到远处去了，就不得回来（吃饭），在那吃的大锅饭。吃不饱，在家里拿点馍。

姚：那你记得大概是啥时候吧？

刘：我记不来了。×××的妈没有孩子的时候去过。×××比你妈大一岁。

姚：那×××就是（19）61年（出生）。那（她妈）应该是（19）58、59年左右（被派出去修的）。

姚：那有工分吗？

刘：那有。在外面挣的工分多。像女的月经期间也请假，请假有没有工分我就不知道了。

姚：那小孩谁管？

刘：有婆呢嘛。……我去地里干活，（娃他婆）在家里做饭。

7. 那时候期盼啥时候能吃个白面馍……

姚：你那时候有没有啥娱乐活动？

刘：没有的。没有一点爱好。爱好就是结了婚那几年去县城逛会。

姚：五六十年代你听说过妇女解放没？

刘：没听说过。说过男女平等，男的开会也让女的去。

姚：你现在看五六十年代的生活咋样？

刘：生活不行。那时候期盼啥时候能吃个白面馍……

合阳县赵雪花访谈

采访对象：赵雪花，女，1941年生。1959年嫁给小学民办教师李润才。婚前居住于合阳县路井镇雷庄村六组，家庭成分是中农；婚后居住于陕西省合阳县路井镇雷庄村一组。夫家的家庭成分是贫农。共生育六个子女，大女李秋绒，二女李麦绒，三女李改绒，四女李爱绒，五女李俊绒，小儿子李俊红。

采 访 人：张敏娜，女，1987年生，陕西理工大学历史学专业2008级学生。

采访时间：2010年8月10日至20日。

说　　明：采访对象为采访人的外祖母。采访人称采访对象的父亲、采访对象丈夫的父亲为男老老，双方的母亲为女老老。

1.（土改分地）像咱这就是按人头分呢，你家的人多，分的地也就多。也就是平均每人四亩来地。不过这还是要看地方的，有的地方人就平均得多，并不是那么绝对的。

张敏娜（以下简称"张"）：婆，你是啥时候出生的？

赵雪花（以下简称"赵"）：我是属蛇的，（19）41年正月十五出生。

张：新中国成立时你多大了？还能记得当时的样子吗？

赵：那时我还是一个孩子，一个小孩能记个啥呀？我对那实在是没有多少印象。反正就记得那时人都是很高兴。

张：噢，那你记得咱这的土改不？

赵：斗地主呢，旧社会的人受地主的剥削，给地主家干活。后来中央派来了工作组，在我们这里领导我们打倒地主，再把地主家的地分给穷人。他们先是让大家检举汇报地主家的财产、田产、房产等等一切值钱的东西，然后把那些东西统统交给公家，不得私藏；最后由工作组再分配到各家各户，主要分给贫农。

张：咱这分地的具体情况，你能说说不？

赵：分地啊，这都是有标准的，不是说你想得多少就是多少。像咱这就是按人头分呢，你家的人多，分的地也就多。也就是平均每人四亩来地。不过这还是要看地方的，有的地方人就平均得多，并不是那么绝对的。

张：那你说就像给你家定的成分是中农，我爷爷家当时又是贫农，这个是咋划分的，都有些什么标准？

赵：一般都是分地主、富农、中农、贫农、雇农。再细分的话就是把中农分成上中农、下中农。这都得看你家原来的地多少，有多少财产呢。地多、钱多、房子多，家里还雇人干活的就是地主；没钱没地的人，公家给分点土地是贫农；实在没钱没地又是光棍，只能靠打零工的人就是雇农。

2. 我八岁就上学了。咱们这有个雷庄小学，我们村的孩子基本上都在那上学，不管男女都上，大家都是跟风看样子呢，你去我也去，反正也不用交学费。

张：那你家当时的情况还是不错的。你那时上学了没，是什么时候上的，那时上学的女娃多不？

赵：我八岁就上学了。咱们这有个雷庄小学，我们村的孩子基本上都在那上学，不管男女都上，大家都是跟风看样子呢，你去我也去，反正也不用交学费。我妈死得早，你（男）老老又不太管我们，所以我就跟着大家一块上了，不过我只上到三年级就再没去了。

张：那是不是因为你是个女娃，男老老才不管你的，要是个男娃肯定就不一样了？

赵：可能有点这个原因，但当时男娃女娃都不管，大概是那时人们连吃饭问题都管不了，没心思再去管孩子们的学习问题吧；还有就是当时人们思想落后，总是觉得上学没什么用，还不如种地填饱肚子要紧；再有就是重男轻女的传统，觉得男的才是家里的根，应该好好管管的，至于女娃识不识字都没关系，以后是要嫁给别人家的。

张：那你当时上学的学校是个啥样子？

赵：我们那时上学简单，条件也差，可不比现在啦！我们用的学校就是原来的旧祠堂，放上些桌凳就成学校了。整个学校只有两个老师，他们吃饭还是由村里上学孩子的家里管呢，挨家挨户地轮着吃。当时老师也管得松，我们就想去了就去，不想去就不去。一般农活紧了就不上学了，一闲下来就都涌到学校里了，跟放羊似的，也没学下多少知识，光图浪（注：指乱逛，玩）了。

张：我姨（注：指采访对象的女儿）她们都是女的，她们都是上过学的。我爷爷家条件也不是太好，你为什么还要供他们上学？

赵：那时你爷爷已经是老师了，我们也不是算很差的。到我们这一辈强多了，思想也没你男老老他们那会儿保守了，你爷爷本身是老师，也主张让她们多学点知识。虽说几个都是女子，但有学问总是好的，考上学了就是"商品粮"了，是公家的人了，工作不用愁还能挣钱，就想让她们上学呀。

3. 只要男的家里成分好，没啥不良嗜好，为人厚道老实，勤勤恳恳，能过日子就行咧。

张：那你和我爷爷是什么时候结婚的？

赵：我们是（19）59年结婚的，那时我虚岁19岁了。

张：你结婚也太早了吧。那时候的人是不是普遍都结婚很早呀？

赵：差不多都是这个年龄。

张：那你给我说说，你们那时候的女子一般都找啥样的人呀？

赵：虽然说是自由恋爱，结婚自由，但是还是要经过媒人说合、父母认可才行的，毕竟是农村，不像城里人。我们那时找对象都是看男方家的成分，这就像传统中的门当户对。只要男的家里成分好，没啥不良嗜好，为人厚道老实，勤勤恳恳，能过日子就行咧。像地主家的孩子一般都很难找到理想对象，有人肯嫁就很不错了，有的就被招去给人做了上门女婿。

张：那这些和解放前有啥区别呀？怎么听着和旧社会的那套差不多啊？

赵：要说这区别嘛，最大的就是女的自由了许多，地位也提高了，男的不再看你是否缠脚了。虽然仍有些思想不开化的人给孩子包办婚姻，但已经少多了。有了新政府新制度，他们也不敢胡来，子女的婚姻还是比较自由、自主的。

张：那你们当时结婚时都有啥习俗？

赵：习俗就跟现在农村的差不多，媒人说媒，两个孩子见面，合适的话就订婚，然后选个日子结婚。那时人穷啊，根本没钱给彩礼。我记得我订婚时（男方）就给了两个布、四个料子，结婚的时候摆了两桌酒席，请朋友来热闹热闹就完了。还有的人更穷，就是订婚时给女方几石麦。俗话说一岁一石麦，那时人们把出嫁又叫作"卖女"，真的是拿麦换的。

张：那你结婚时穿的啥、坐的啥，我爷穿的啥？

赵：我穿的是大红袄，头上盖的是红盖头。你爷爷穿的红袍子，戴的大红花，我坐的是轿子。

张：那是不是跟电视上演的差不多？

赵：嗯，差不多，我们当时就是那样的。

4. 我结婚是在腊月，就快过年了，你说地里还有啥农活可干？

张：婆，我看有的书上说五六十年代新媳妇第二天就下地干活，不怕苦不怕累，你当时是个啥情况？

赵：也不完全是这样的。咱们这那时只是种些小麦、棉花、玉米、红薯啊，也不知道打工、出门啥的，所以就没有多少农活可以干。忙完收麦和收棉花，就没事干了，就闲着，所以也不是说一结婚就立马下地干活。再者就是结婚，人们都爱选在年前年后的，更没事干呀。有的新媳妇就光在家干个家务、做个饭什么的。我结婚是在腊月，就快过年了，你说地里还有啥农活可干？

张：噢，那你没结婚以前都干些啥活？

赵：忙时跟着大人下地干活，锄地、除草、种棉花……，闲了时就纺线、织布、纳鞋底、做布鞋。那时还有识字班，我们到那认字学习呢。

5. 像年轻人就上的"民校"，一天来两次，学习程度稍高；成年妇女们就上个识字班，会点字就行了。

张：你说的是农村开展的扫盲运动啊，那你给咱讲讲当时识字班的情况？

赵：我们那时的识字班一般都是年龄在 15 到 45 岁范围内的人，无论男女都上呢，主要是学习一些基本的常用字和算术，由村里有文化的人担任教师。像年轻人就上的"民校"，一天来两次，学习程度稍高；成年妇女们就上个识字班，会点字就行了。像有的妇女要照顾孩子就不能坚持去，只是有空了就来。

张：那咱这的扫盲运动啥时停了呢？

赵：这里的识字班办了很久呢，好像（19）50 年开始到人民公社化运动才被迫停止，搞大炼钢铁，把人都调走了，民校、识字班没法继续下去了。

张：大炼钢铁咱们这里也炼吗？妇女们是不是也去了，她们都去干啥活？

赵：咱们这里没有钢苗子，炼不成，人们都去韩城炼钢了，每家每户都抽人去了。当时我没去，你老老（注：指采访对象丈夫的父亲）去了，具体我也不知道干啥。咱这里去的大多数都是男的，女的不多。

6. 那时女的劳动一天才给八个工分，男的给十个……。我们（妇女）是锄地、摘棉花、拉土拉粪的，跟男的干的差不多，因为男劳都被调去修路、修渠什么的了。

张：那你是不是刚结婚就吃大食堂了，那讲讲吃大锅饭的情景。

赵：那时咱们这里大概有三个大锅，一条巷子一个。以前合作社让土地入股，合作劳动，但吃饭还是各自做；后来人民公社让吃大锅饭，大家吃饭一起吃，干活一块干。

张：那你们当时都吃些啥？

赵：跟现在一样吃。早上熬些稀饭，做几样菜，再蒸些馍；中午就是面条；每逢过节还包些饺子吃。至于每天具体吃啥，由管理员安排。吃的菜是地里种点，然后再买点就行了。

张：那吃饭总得有个标准呀，你们当时是怎么个分法？

赵：哎，村上当时有 30% 的人是劳力，他们吃饭按劳动情况，劳动得多就分的饭多；还有 70% 的人是按人头分配，像年龄大的老人、年龄小的娃娃、没有劳动能力的，就要保证他们的基本口粮，总不能让他们饿肚子吧。我记得每人每天分半斤面，给碎娃娃分的更少，像那些年龄大的就只分三四两,根本就不够吃。再像有的男的饭量大点的,总是吃不饱。哎,苦啊。

张:那你们不是都有记工分的嘛?

赵:那时女的劳动一天才给八个工分,男的给十个,你是要早上、晌午、下午都要出勤,你一天不去就没有工分,也就没有啥吃的。咱家你爷爷是教师,一天给十工分。我和你老老(注:指采访对象丈夫的父亲)、你姨妈,她当时还是小孩,也勉强够吃。还有,如果你有手艺,像木匠什么的,外出干活挣钱,要拿钱买工分呢,不然是不允许出去的。比如你家里爷(注:指采访人的祖父)是个木匠,当时一天出去能挣两块钱,就必须拿出一块五毛钱买工分。一个劳动(注:指一个强劳力的一个工作日,一般以十分工计)就要一块五,家里只能花剩下的五毛钱。

张:那时妇女们干的农活有啥?

赵:我们是锄地、摘棉花、拉土拉粪的,跟男的干的差不多,因为男劳都被调去修路、修渠什么的了。

7. 那时人穷,谁有钱上医院去生产啊?那时每个村都有一两个接生员,谁家要是生小孩就去请接生员。

张:你有几个孩子?那时候怀孕能不能休息,要不要下地干活?

赵:有六个娃。那时我怀孕不比现在,不让干活还吃这吃那补身体。我们那时候你得出勤劳动,生产队不强迫你,但你必须要劳动,只要你歇一天,就没了工分,就吃不饱,所以我们都是强撑着劳动。好在妇女的活也不是很重,一般都能坚持下来。要是身体实在弱,就得靠其他人劳动养着了。但大多数都不是那么娇弱的,有的马上要生孩子了还在劳动。

张:那你生孩子是在家里接生的吗?是不是咱这妇女都是这样的?

赵:是啊,都在家。那时人穷,谁有钱上医院去生产啊?那时每个村都有一两个接生员,谁家要是生小孩就去请接生员。

张:你在家生小孩不害怕吗?万一有啥危险该咋办呀?

赵:害怕啥呀,有啥害怕的?大家都是一样的。再说那些接生员都是有技术的,这比旧社会的人要强多了,不会有啥危险的。接生员是常年住在村里的,她们去接生小孩还挣工分,大家对她们挺放心的。

8. ……所以我（坐月子期间）还得做饭。家里还养着猪和鸡，我还要喂猪喂鸡，并不很轻松的。另外，还得给孩子做衣服鞋帽。

　　张：你坐月子时，对你有啥特殊照顾呀？

　　赵：家里你老老（注：指采访对象丈夫的父亲）就去地里干活，让我在家待着。大锅饭散伙后我们便自己做着吃了，但还是集体劳动，所以我还得做饭。家里还养着猪和鸡，我还要喂猪喂鸡，并不很轻松的。另外，还得给孩子做衣服鞋帽。

　　张：你能休息多长时间啊？家里对你吃的方面有什么特殊照顾不？

　　赵：差不多能休息100天。那时我们还吃什么营养品啊？顶多吃点鸡蛋和红枣就很好了。我知道我的情况还算好的了，有的人根本就休息不了那么长时间，家里有好多事要干，逼得她们不得不下地干活。

　　张：那母亲去地里干活了，孩子由谁照顾，总得有人留在家里照顾吧？

　　赵：那时你大姨就照顾你妈、你舅他们，我和你老老下地干活，你爷爷放假回来还能帮上点忙。有的人家让个老人照顾，或让大一点的看着小的。实在不行，把孩子锁在家，拴在炕上，在炕角放个石墩子，上面有个铁环，拿一段布将孩子拴在铁环上。为了防止孩子掉下来，在炕旁边的地上铺个被子。但孩子有时还就摔下来了。

9. 劳动没有积极性，公社生活一年不如一年，只得解散了。

　　张：你老说咱们这穷、没钱，你们劳动了呀，咋还分不到钱？

　　赵：那时候人们只知道死干活，靠天吃饭，土地不浇灌、不追肥。国家穷，没肥料，没水利。土地没有肥力，打不下粮食，收成不好，一亩地打百十来斤，怎么能够吃呀？

　　张：咱这不是有水利有渠的嘛，是啥时修的？

　　赵：这都是八几年的事了，咱这才有了抽黄（河水）灌溉，日子才慢慢地好了起来。

　　张：那咱这通电早吧？

　　赵：也不早啊，1970年才用上的，以前就是煤油灯，晚上也不大干活的。那时的生活也习惯了，人们也都不觉得咋。

张：经常听说那时妇女下地锄草是挂着锄把休息呢，是不是呀？

赵：啥都不是空说的，后期确实是这样的。上工的铃响半天，人们才慢吞吞地从家里出来；在地里边干活边说闲话，根本不出活。你想，人们辛苦劳动却吃不饱，本身农民思想也保守落后，集体劳动思想不统一，干活投机取巧、磨洋工、做做样子，到点回家，反正是干活了，给记工分的。劳动没有积极性，公社生活一年不如一年，只得解散了。

10. 我们那时候比我妈她们那辈子好得多了，你们现在又比我们幸福得多。

张：您能给我讲讲三年困难时期的情况吧？

赵：那时候是真正的困难啊，不论大人小孩都饿啊，个个面黄肌瘦。人们把能吃的野菜、野草甚至树皮，像榆树皮都吃了，才活下来。那些苦日子你们是无法体会得到的。

张：五六十年代的家务活多不，是不是经常熬夜干活？

赵：其他家务倒是不多，就是孩子多，得给孩子做衣服、做鞋。那时没有现成的买，就是有也买不起。纺线、织布，然后把布染成蓝的、黑的、红的，裁一下，最后缝成衣服。这些活，都是趁农闲了做的，全部是一针一针地做的。

张：那你觉得那时候你们得到解放了没有？

赵：我们那时候比我妈她们那辈子好得多了，你们现在又比我们幸福得多。要说解放，主要是地位得到了一定提高，还有就是婚姻得到了自由。

张：你还能记得政府对妇女有什么宣传吗，比如有什么标语、口号，等等？

赵：当时有的，我们整天喊呢，可是现在都想不太起来了。

礼泉县田清珍访谈

采访对象： 田清珍，女，1935年生于河南，七岁时因为逃荒来到陕西。1950年结婚，婚后居住于陕西省礼泉县石潭镇杨铁村一组。共育有五个子女。20世纪50、60年代的家庭成分为贫农。曾长期为当地接生婆。

采 访 人： 杨妙化，女，1989年生，陕西理工大学思想政治教育专业2007级学生。

采访时间： 2010年8月19日。

说　　明： 采访对象为采访人的邻居。

1. 记得，饿得很，一天到晚为吃发愁，为嘴劳计，苏联逼债紧得很。

　　杨妙化（以下简称"杨"）： 你是什么时候出生的？

　　田清珍（以下简称"田"）： 1935年。

　　杨： 解放前后的事你还记得吗？什么样子的？

　　田： 记得，饿得很，一天到晚为吃发愁，为嘴劳计，苏联逼债紧得很。人的主食是萝卜汤，还有树叶、玉米芯芯、红芋蔓、榆树皮，等等。种麦子的时候只有<u>摆麦</u>（注：当时播种小麦需要人和牲畜合作，一人在前面牵着牲畜拉着一种叫"耧"的播种工具向前走，一人在后面扶住"耧"播种，前后两人的工作分别叫作"牵耧"和"摆麦"）的人，一人两个油卷馍馍，是用油渣做成的馍馍，在当时算是好食品；若是<u>打胡几</u>（注：把地里的大土块打碎）的，还没有吃的东西；若是牵耧的，一人一个油卷馍馍。我是打胡几的，很羡慕摆麦的人能吃上两个油卷，我只有饿肚子回家，自己拔萝卜吃、剥树皮吃。要是饿极了，剥完萝卜皮生吃！有时加夜班劳动赚四勺面下点菜吃，就这个，出勤的人有，不出勤的人没有的。家里小孩多，四五个，候着吃母亲挣回来的面呢，也没多余的，我自己就不吃了。吃大灶饭那阵，如果多劳动就多得饭，出勤的有，不出勤的没饭。当时，家里的锅都被大队收走了，都用纸糊住、封住，禁用。妇女更可怜了，都顾着娃了……，要不然（如果出去讨饭）会被叫作"流窜犯"。人饿得没有东西吃，剥榆树皮，晒干，磨成面，再打成搅团吃，很光很滑，必须慢慢地吸，要不然就一整块一起吸进肚子里了。

2. 只有地主、富农家女娃能上得起学，当时社会就没有让女娃上学的意识，如果有，还要被人笑话。

  杨：新中国成立前，咱们这里的女孩子上学的多不多？
  田：女娃几乎不上学。只有地主、富农家女娃能上得起学，当时社会就没有意识让女娃上学，如果有，还要被人笑话。女娃的任务就是干家务、哄孩子，然后出嫁。我（家）是贫农，我丈夫和同村人一起去外村的地主家拉长工，常年被雇佣，在外不回家，他们在给主家种麦的时候，人家烙的（是）油饼，加一些蒜水，当时稀罕很。人家就问他们吃过没、见过没，一个人就说了："没有。"我丈夫生气了，气愤地说："我们没有吃过这破烙饼，我们什么东西没吃过？没有见过蒜水？我们每天拿它当洗脚水洗脚呢！"当时贫农被人看不起。

3. 都抱的娃上扫盲班，走形式，没心思上，家里活多很，地里的、还有许多人的吃喝穿都要靠手来做，人忙得没有时间上。

  杨：你认识字吗？
  田：不识字。我妈让我上学我都不上，当时不想念书，对念书不懂。
  杨：五六十年代咱们这里妇女上扫盲班的多吗？
  田：多很。
  杨：你上扫盲班了吗？当时扫盲班的具体情形是什么样子的？
  田：我后来上了，几乎没有学到什么东西。都抱的娃上扫盲班，没心思上，家里活多很，地里的、还有许多人的吃喝穿都要靠手来做，人忙得没有心思。请的先生上课，教认字，都是在每天中午饭后上课，就没有人看黑板。

当时有个妇女，先生给她教说"你的驴，我的驴，拉土拉粪不合作"，她老念成"你的驴，我的驴，拉土拉粪都合作"，把人惹得笑得。其实这个妇女根本不懂是啥意思，就没听（先生讲），全当听耳音、绕口令了，当然记不对了。

4. 在旧社会，打死的、糟蹋的媳妇多很！解放后，打媳妇的现象没那么严重了，但刚解放的时候还是那样的。

　　杨：你们那时候咱们这里一般女孩子多大年龄开始找对象？

　　田：女娃到10岁，快到年龄就做这个东西、准备那个东西，慢慢开始准备（嫁妆），比如做个门帘呀啥的。一般的，富人家是16、17岁（找对象），贫穷人家是15岁（找对象）。

　　杨：找对象一般有啥条件？

　　田：是父母包办，双方父母问（子女）同不同意，子女没有发言权，有的都结婚一年了还不认识。有个新娘结婚当天，有人就闹着说："客人都快要走了，快点给客人磕个头，施个礼呀！"礼毕，（她）也不知道受礼的人是谁，结果是自己的丈夫，惹得笑声一片。

　　杨：解放前和解放后在找对象方面有啥差别不？

　　田：解放前一般彩礼是几石麦、两捆棉花、两件衣服，用拉马车来娶媳妇。解放后，开始<u>自瞅</u>（注：指自己谈恋爱）。有的人自己谈对象成功，人们就觉得很稀奇！

　　杨：解放后女孩子是不是在婚姻上比以前多一些自由了？

　　田：就是。解放以前，打死媳妇的人可不少！咱们这里有个女子出嫁后，丈夫对待她就像对待狗一样，用一条铁链子把她拴在墙角，不给吃，不给喝。我去她家串门闲逛的时候，就趁她丈夫不注意，从她（家）厨房里偷出两碗水，女子喝得光光净，因为口渴极了。最后才知道，那水竟是淘菜水！就那，我被她丈夫和她丈夫他妈凶了一顿。到后来，她丈夫不要她了，把她给了村里的外来客。就那样，她原来的丈夫还不放手，隔一段时间，去人家家里一趟，把女子欺负得，整个腿被钉子戳好多个洞，女子在第二个丈夫家养了好多天才养好。时间不长，第二个男的又把她给另一个男的了。这第三个丈夫也不把她当人看，让她住狗窝，不给吃。后来，第三个男的要埋她，当时她还活着呢，就把她卷在席子里面，她还在里面哼哼唧唧，都能听得到。但第三个男的呵斥她不让她出声，怕被人听到知道了。我当时也听到她在里面虚弱地哭："求你，不要埋我了，我还没死，我还活着呢……"离坟地不远了，男的使劲大喊了一声，一下子用镢头砸下去，把她砸死，埋了……，唉，真是可怜得不行了！还有一媳妇被人见不得（注：指不讨人喜欢），也被打死了。在旧社会，打死的、糟蹋的媳妇多很！解放后，打媳妇的现象慢慢没了。解放以前人常说"打死骨头，卖死肉"，女子嫁人了就是别人的人了，别人想咋样就咋样。再一个，解放后，女人说话的时候有点地位了。以前，人都看不起女人，如果来客人了，婆婆说什么就是什么。

杨：你们那时候什么样的姑娘好找对象？

田：那时，不管是瓜子、傻子都能嫁出去，都有人要，当然长得漂亮的好找对象。那时的闺女无发言权，父母说嫁谁就得嫁谁；如果有什么怨言，要发言，就得受到婆家娘家的处分，所以就只有忍了。旧社会妇女人忍的实在是太多了！要是女儿在婆家被打得都不能动弹了，娘家人都不敢说话。

杨：你觉得什么样的夫妻是好夫妻？

田：能相处得来，双方较和睦，有感情，就是好夫妻。

5. 当时是套个牛车娶的。……在从娘家走时候，头发要梳成扎角，头戴花冠、盖头，披纱。……中午新娘拆头后梳成泡泡型……第二天回门去娘家……

杨：你是什么时候结婚的？都要了哪些彩礼？

田：15岁。当时扯了一身衣服，打了一对银镯，要了四石麦。

杨：你结婚时候的婚礼是什么样子的？新郎新娘穿什么样的衣服？

田：当时是套个牛车娶的，还招待客，穿红绸子上衣、蓝绸子裤子。结婚那天早上穿婆家给的衣服，到了中午的时候，要换衣服。讲究的是媳妇不能带娘家的土，（离开娘家）上车前，穿娘家鞋，上车后，再换双新鞋。如果婆婆家条件好的，用两张席换着铺地当地毯，让新娘踩，一直换到车前。从娘家走时候，头发要梳成扎角，头戴花冠、盖头，披纱。新郎穿一身袍子，戴彩帽。当时的新娘没有缠过脚。中午新娘拆头后梳成泡泡型（注：指发髻），洗脸的水是由妹妹端进来的；娘家客人走时，媳妇不能见娘家客人，要被人领到邻居家躲避。第二天回门去娘家，去四个大人外加一个小孩，一个牵车人；一般回娘家时带的礼是包子，包子馅是由菜油和面粉和成的。那时结完婚，新娘要串家串户、磕头拜礼，可辛苦了当时。我是15岁结的婚，16岁（那一年开始）就不再（兴）拜礼了。

  杨：你结婚后几天开始干活的？

  田：腊月结婚，二三月上地干活，各（家）干各（家）的。

6. 我是1951年开始当接生婆的，……以前的接生婆接得粗糙，所以死的人较多；我接生时，剪脐带有技巧，大约有三指这么长吧，挽一下就好。

  杨：你有几个孩子？

  田：儿女共五个，三个女两个儿。

  杨：他们上过学吗？

  田：老大（女）、老二（女）没上过，家里活多，（她们）要看娃。老三（女）上过。老四（儿子）上到初中，老五（儿子）上到高中。

  杨：你生孩子是在家里请的接生婆吗？

  田：嗯。

  杨：是不是当地的妇女生孩子都是这样的？

  田：十个有九个都请接生婆。我就是个接生婆，接了一辈子。完了之后，至于谢酬，有的不给东西，有的送点谢礼或钱，一般都是些吃的东西。如果有的人家的孩子稀罕了，在孩子满月时，就请接生婆吃一顿饭。那时妇女生孩子，死的人多！就咱这一个小村死了好多人，我母亲就是坐月子死的。以前的接生婆接得粗糙，所以死的人较多。

  杨：在家里生孩子一旦有危险，一般会怎么处理？

  田：我是1951年开始当接生婆的，那时候一旦有危险，就有打针，目的是止血、子宫收缩，这样，大人危险小而且生得快。这是以前没有的技术。我接生时，剪脐带有技巧，大约有三指这么长吧，挽一下就好，没有发生过死亡的现象。

7. 我在我的两个孩子的月子里，刚刚出月就劳动。

　　杨：你那个时候怀孕期能休息不？还下地干活不？

　　田：不休息，如果不干的话就要被扣工分，那是不得不下地干活的，那是要求的。

　　杨：你坐月子时，家里和生产队对你有什么特殊照顾不？可以休息多长时间？

　　田：没有啥照顾。我在我的两个孩子的月子里，刚刚出月就劳动。那时没有什么特殊照顾，刚生完孩子，生产队队长就叫个不停。

　　杨：那干活有照顾不？

　　田：干活没有照顾。

8. 干的活杂得很，锄麦子、挖地、挖沟坡，还有就是平地，这个是主活；还有吆车、拉土、拉粪……，什么活都干。

　　杨：初级社、高级社以及人民公社化后的生产队妇女下地干活一天给多少工分？都干些什么活？

　　田：如果是包工的话，就是几十分；如果是<u>底分工</u>（注：指按出勤情况计算工分的活），是七分工。干的活杂得很，锄麦子、挖地、挖沟坡，还有就是<u>平地</u>（注：指平整土地），这个是主活；还有吆车、拉土、拉粪……，什么活都干。那时的平地讲究的是"两黑"，即天不亮出门，天黑回来。

　　杨：咱们这里（19）58、59年搞过大炼钢铁运动吗？

　　田：搞过。

　　杨：妇女参加炼钢铁吗？

　　田：妇女参加，但我没有去过。

　　杨：你参加过修水库、水渠、公路之类的工程吗？

　　田：参加过。当时20多岁，去的是礼泉甘河打坝，修水库，拉土，把坝垫高，聚水，还有修塘库。

　　杨：参加这些劳动有工分吗？

　　田：有工分。

　　杨：你被抽调去干这些，孩子谁照顾？

田：我当时有五个孩子了，我去参加这些工程的时候孩子没人管，我没有<u>婆婆</u>（注：指丈夫的母亲），我丈夫有时候照顾一下孩子，也没有时间。当时农业社<u>出车</u>（注：指农业社或生产队派马车到较远的地方拉运东西）时，会叫四个妇女烙馍。一天晚上我也去（参加烙馍）了，回来时后门的墙都倒了，是狼来过了。几个娃在家哭得厉害得，一个抱一个。幸亏狼没有上炕，转了一会儿走了，把几个娃吓得！我看到娃之后就一下子软了。等天明了以后，一出门就看见院子里有好多狼遗下的狼粪，就很感谢神的保佑，相信是神封了口，狼才没有吃掉孩子。打这以后，每次出门我都把门锁住，房间里留一个尿盆，孩子就不用出门了。

9. 织布、纺布、喂牛、看娃……，全部家务（妇女）都干。

杨：五六十年代妇女的家务活主要有哪些？

田：织布、纺布、喂牛、看娃……，全部家务都干。旧社会，一般婆婆的家法大很。夏天哪（里）凉快人家走哪，冬天媳妇不但要烧炕，还要必须烧热了。大清早必须给婆婆倒<u>脚盆</u>（注：指尿盆），然后再收拾房子、端水洗脸，然后再把晚上的炕（洞把柴）给塞好，再去做饭。做饭的时候才一声一声地问婆婆要做什么饭。要是婆婆乐意的话，还好一点，有的婆婆就不搭理媳妇，媳妇就一直等候着！有时候媳妇问个饭的时间，婆婆都拐了几缕线了！就这还算是比较好的婆婆了。有的婆婆想要整媳妇了，就故意不直接说要做啥饭，拐着弯地说，媳妇听不懂，饭做完了还得挨丈夫的训打。这打是很普遍的事情。有时婆婆是故意让儿子打媳妇的！例如，（婆婆说）午饭要做"拍拍打打"，就是锅炉里烤馍馍。想想看，做饭又不是你（婆婆）一个人吃，做馍馍怎么行（丈夫回来肯定要训打）。

杨：你认为五六十年代妇女得到解放了吗？

田：解放了，妇女不受什么欺负了，不挨打了，或（被）打得少了，地位也有所提高了。

杨：你还记得当时政府对妇女有什么宣传吗，比如有什么标语、口号、歌谣、快板等？

田：多得很，我记不清楚了。

礼泉县邓素芹访谈

采访对象：邓素芹，女，1940年生，兄弟姐妹共8人，自己排行老大。文化水平为小学。1958年结婚，婚前居住地在陕西省礼泉县药王洞乡邓家村，婚后居住地在陕西省礼泉县药王洞乡东张村三组。50、60年代家庭成分为贫农。生育有四个子女，分别出生于1960、1962、1964、1966年。

采 访 人：张雷，女，1989年生，陕西理工大学历史学专业2007级学生。

采访时间：2009年7月29日；2010年2月28日。

说　　明：采访对象是采访人的祖母。

1. 以前妇女在家只是织布纺线，不能下地劳动，没有说话权；土改后，女的开会、学习、念速成班。

  张雷（以下简称"张"）：婆，你是啥时出生的？你今年多大了？

  邓素琴（以下简称"邓"）：我今年70岁。

  张：那当时新中国成立时你有印象么？

  邓：新中国成立？是不是（19）49年呀，我记得解放了就分地主的土地么，把地主的啥都分了，房呀、地呀全都分了呢，还有定贫农、中农……咯。

  张：婆，那是土改。那个时候你家里是什么成分？

  邓：贫农么，贫很的贫农。

  张：你屋土改前多少亩地，土改时分地了吗？

  邓：土改前咱才四亩地，可怜地耶。土改时分了六亩地。

  张：那个时候给女的分地吗？

  邓：分呢么。那时候给一家子分，<u>不说</u>（注：不论）大小人。

张：你觉得好不？

邓：好么，共产党好么。老早你爷给人家地主拉长工、做忙活……

张：土改给女的分地了，女的在家里地位上升了吗？

邓：以前妇女在家只是织布纺线，不能下地劳动，没有说话权；土改后，女的开会、学习、念速成班。

张：土改斗地主妇女参加不？

邓：那时候妇女参加的少。人家现代社会将妇女看得重，解放了就提倡妇女解放。有些妇女厉害很，主动很。地主以前把人害得，没有人活的路。新社会就是好，提倡妇女顶半边天。老早在家妇女不敢说话，不敢出去，大场里碾麦，妇女都不准去，嫌你丢人很。土改的时候我屋里还分地主的房，<u>你老爷</u>（注：采访对象的父亲）都是<u>要（着）吃的</u>（注：讨饭吃的人）。现在这社会好很，自由很，市场上想买啥就买啥，人家领导人把农民看得多起！老早那兵来了给人桶里胡拉胡尿，驴日的那！解放军来了，我记得（1949年农历）四月二十一来了解放军，人家来了<u>不要草料</u>（注：指不向村民摊派牲口草料），群众妇女们一满爱得，给解放军做的鞋。解放军那时候穿的是草鞋，妇女们做的都是布鞋。老早（解放前）那兵恶得，拉壮丁，把你胡打，硬绑硬拉，哭的多得呀！你走不动了，半路上就把你活埋了。现在这社会就是好么。

2．以前我屋老都是短钱户，贫得很。合作化以后给我（按劳动）分粮，生活当然比以前好。

张：那你还记得合作化的情景吗？具体是咋样的？

邓：合作化？记得么。我记得合作化时就是挣工分，当时是三三四，就是早上三分，中午三分，下午四分，一天十分满劳。工分一年一结算，多劳多得，按劳分配。

张：那你家时当时愿意入社吧？

邓：愿意么，以前都是恶霸地主说了算，根本就没有穷人说话的份。合作化以后，按劳动给穷人分粮弄啥的，当然愿意。

张：当时你屋几个人挣工分？

邓：三个，你<u>老爷</u>（注：指采访对象邓素芹的父亲）、你<u>老婆</u>（注：指采访对象邓素芹的母亲)、我。当时你舅爷、姨婆(注:指采访对象邓素芹的弟弟和妹妹)还小,没挣工分。

张:家务活主要谁做呢?

邓:主要还是你老婆做呢。

张:合作化那时候的生活和之前相比,有没有提高?

邓:提高了么。以前我屋老都是短钱户,贫得很。合作化以后给我(按劳动)分粮,生活当然比以前好。

3. 食堂人根本就吃不饱,都不生娃了。

张:你对人民公社时期的生活有啥印象吗?

邓:人民公社?我光记得咱屋那时困难得,你爷有病,身体不好,生活过得不好。

张:咱这当时吃了多长时间食堂?

邓:两三年吧,具体记不清楚了。当时保管员都是互换,都是让外村人当保管员。这外村人都把粮食运到他(自己)村,把人给饿扎了,玉米芯芯都吃。实际上宣传一人(一天口粮)一斤二两,但贪污多,一人最后才吃二两。反正食堂把人饿得!

张:食堂吃得好不?

邓:好啥?食堂人根本就吃不饱,都不生娃了。

张:女的是不是因为吃食堂家务负担轻了?

邓:妇女在食堂做饭都挣工分,家务活不用做了。

张:你屋当时愿意吃食堂不?

邓:那是政策嘛,你不吃食堂,就没啥吃的,又能咋办呢?

张:当时要求女的下地劳动不?

邓:要求么,拉车拉石头,你迟了还扣工分。

4. 你想,我到钢铁上做饭,想吃多少就吃多少;到生产队还有人管,吃的就那么一点点,到底没有外面好。我那年轻时还爱往外面跑。

张:像初级社、高级社跟人民公社后的生产队,咱这妇女一天挣多少工分?跟男的干活有啥差别没?

邓:工分都按劳力分,弱劳八分,那还看你干啥活呢。妇女那时啥都干,有<u>起圈</u>(注:把猪圈、牛圈的粪土清理出去)的,有<u>入草</u>(注:用铡刀铡草时负责把草往刀口送)、<u>背草</u>(注:把铡好的草用背篓背到特定的地方存放起来)的……,干活都都是工分制,多劳多得。

张:咱这(19)58年搞过大炼钢铁么?

邓:搞过么,我都是去过的。我是八九月份到钢铁上给做饭去的。

张:妇女参加不,都干啥呢?

邓:妇女参加呢么,<u>甚</u>(注:基本上)不多,还是男的多。(妇女)干的活就是把人家说那石头里有钢铁的拿锤头"嘣嘣"砸呢。

张:婆,那你参加过修水库、水渠之类的工程么?那时你有娃没?

邓:参加过么,(19)58年10月份进到<u>泔河坝</u>(注:地名,在今陕西省礼泉县)上去了,给人家打坝,成天拉架子车拉土。那时我没娃,我刚18岁,刚结婚就去了。

张:那参加这些工程有工分没?可以请假不?

邓:那有工分呢,记工呢,按十分工计。请假是可以的么,你如果没有啥,假难请很;你有特殊情况,像病了啥事的就给你请假,但甚没有人请。你想,记工分着呢,你不上工就没有工分,谁愿意(请假)呢?

张:那你爱到这些工程上干,还是爱到生产队干?

邓:我那时还爱到外面干。

张:为什么?

邓:外面比生产队吃得好么。你想,我到钢铁上做饭,想吃多少就吃多少;到生产队还有人管,吃的就那么一点点,到底没有外面好。我那年轻时还爱往外面跑。

5.(饥荒时咱这里)严重很,我记得咱村都没有怀孕的。许多人都拉不下(大便)来。

张:你还记得五十年代末、六十年代初的饥荒不?

邓:呀,当时人都饿得面黄肌瘦的,把人苦得呀!

张:那咱这一片严重不?

邓：严重很，我记得咱村都没有怀孕的。许多人都拉不下（大便）来。

张：当时渡荒的办法有哪些？没有粮食，主要吃啥？

邓：我记得咱屋当时太贫了，吃的是照顾粮。其他一些人都拿衣服呀啥的去换粮。当时可谓是吃糠咽草，吃麦麸子、菜汤。咱屋当时连烧的（柴火）都没有。

张：啥时候情况好转的？

邓：好转都到七几年了。

张：当时为啥那么饥荒？主要是啥原因？

邓：都是那些当官的贪污粮食，把啥好的都给自己屋搬。吃大锅饭也是一个原因，集体吃根本吃不饱，何况还有拔毛（注：贪污）的。还有就是给人家苏联还债，那时提倡"新三年，旧三年，缝缝补补又三年"。

张：六十年代咱们这搞过社教运动吗？

邓：搞过。虽然搞，但也搞不下啥眉眼，农民还是照样劳动，也没立啥制度。好像是查领导的贪污盗窃，算账弄啥的。反正也没啥成绩。

6.刚解放女娃上学不多，后来慢慢比旧社会多了，像大女子上民校、速成班，碎娃就叫你上学。

张：婆，你识字不？

邓：我识么，那我上过速成班。

张：五六十年代咱这上速成班的妇女多不？

邓：那妇女多么，都是十五六（岁）上一二年级跟不上的，上速成班、民校、冬学。那学到的字多么，我那念出来相当于现在的五年级水平，出来都能写信么。当时那速成班都是（天）一黑的（时候）学呢，<u>还带着英语呢</u>（注：指学习拼音字母）。

张：那新中国成立后咱这女娃上学多不？

邓：刚解放女娃上学不多，后来慢慢比旧社会多了，像大女子上民校、速成班，碎娃就叫你上学。那时可没有幼儿园，碎娃让你8岁或9岁上一二年级。刚解放，你不上，人家可动员你呢。人慢慢生活高了，思想前进了，妇女到人前能说话了。穷很那人没上（学），一般的人都让他女子上着。

张：那上学学费贵不？

邓：学费老早不贵，那老早钱值钱么，三块钱一斗麦。贫下中农没钱，人家还给你照顾呢，写个申请，开个条子学费就免了。

张：家长愿意让女娃上学不？

邓：家长供女娃当然不乐意，要钱么。但富农、中农都让他女子上学着，对女娃<u>不拿劲</u>（注：指不抱希望），那女娃还上学呢，村里娃娃多了，凑热闹呢么。那时女娃上学都是家庭有家产的，能供起。

张：那我几个姑呀、爸呀咋能上得起学呢？

邓：那咱写申请么，是免费的，那成天写条子呢。

7.刚解放（找对象）双方还不谈话，还是包办，不见面，那是刚一解放；后来还谈话、见面。我跟你爷就没见面，我是（19）58年结的婚。

张：婆，你是啥时候结婚的？

邓：我是18（岁）结的，（19）58年么。

张：你结婚前都要啥彩礼了？

邓：衣服钱要了80块，另外还要了30块钱，再没要啥。80块钱给我扯了一身衣服——亮蓝上衣、枣红裤，买了个箱子，陪了一床被、一个褥子。跟现在这比不成么。

张：那你结婚时的婚礼是咋么个？新郎新娘都穿啥衣服？

邓：合婚么，那就是一晌午客人<u>一满</u>（注：全部）到呢，拜天地，给亲戚、媒人敬酒。没有现在热闹。我那结婚就穿<u>蓝大衣</u>（注：蓝色上衣）、红裙子，戴的<u>凤</u>（注：凤冠，一种婚礼上的头饰，一般是租赁的），你爷就穿黑褂褂。大多数人都这么穿。那<u>财东</u>（注：指有钱人）是长袍短褂，戴的礼帽。

张：那你结婚几天后开始干活？

邓：四五天。我是正月初十结的婚，那一年旱得很，那就抬水浇麦。老早没解放是三天不下厨房，解放后就破除了。

张：都干啥活？

邓：阿家都给些针线活，像缝袜底了……，有（农）活就到地里干，那甚没讲究。

张：你们那时候女娃多大开始找对象？

邓：女娃找对象，刚解放《婚姻法》限制（最低婚龄）18（岁）么，甚不严。后来就严格限制了，老早旧社会还有 14、15（岁）的呢。

张：那找对象有啥条件？

邓：刚解放双方还不谈话，还是包办，不见面，那是刚一解放；后来还谈话、见面。我跟你爷就没见面，我是（19）58 年结的婚。

张：解放后女娃在婚姻上比以前自由吧？

邓：那比以前自由得多，那起码不戴盖头了，我结婚那时还戴着呢。我九岁就解放了，18 岁结的婚。还戴盖头，那不叫盖头，戴的是凤（冠），跟唱戏那一样；还穿裙子呢，后来慢慢就不穿裙子了。那还给阿公、阿家（注：指妻子对丈夫父母的称呼）磕头呢。我头一天结婚，下午还拜全村人，以后就没有了。

张：那时咋样的女娃好找对象？女娃都爱找咋样的女婿？

邓：那也是门当户对啊，财东的就找财东的。女娃也爱找有钱的，跟现在一样咯。

张：那你认为当时咋样的婚姻是好婚姻？咋样的夫妻是好夫妻？

邓：我看解放了的婚姻好得很，旧社会的婚姻就不好么。现在两个娃谈恋爱，两个娃自愿了<u>到</u>（注："到底"的意思）好么。老早那包办婚姻给你寻个<u>电泡头</u>（注：一种疾病，症状为头发稀疏，呈块状分布，以前人容易得这种病），给娃找个不得意的，那妇女不愿意还不是受窝囊气呢么。那谈话一个看上一个就是好夫妻，能生活到一块么。那包办的就不好，妇女明显心情不好么。

8.要么，你一天都在地里干，不晚上加班加点做这些（家务活），人家谁给你做？都是要熬夜做呢。

张：你有几个娃？你那时怀孕能休息不？有啥照顾没？

邓：<u>四个娃</u>（注：分别出生于 1960、1962、1964、1966 年）。休息？我那时怀你爸还成天推碾子磨玉米呢。那看是谁，人家家庭好的仍不干活么，那怀孕有照顾呢，大忙天或烧个茶弄个啥的，都是干轻活，平常就不安顿农活。

张：那你坐月子时，生产队有啥特殊照顾没？

邓：没有。那谁照顾你呢？

张：五六十年代妇女干的家务活都有啥呀？

邓：做饭、洗锅、打扫卫生、织布纺线么。

张：需要熬夜做这些活吗？

邓：要么，你一天都在地里干，不晚上加班加点做这些，人家谁给你做？都是要熬夜做呢。

张：五六十年代主要的休闲娱乐有哪些？

邓：那时候有啥娱乐？少很！正月有社火、打秋（千）。

张：妇女的主要休闲娱乐方式是啥？

邓：都劳动呢，哪能来的时间娱乐？

9.（五六十年代）妇女能劳动，能和男的到一块去么，开会弄啥的妇女都能到人前去么。老早那谁叫你去？

张：婆，你五六十年代听说过"妇女解放"没？

邓：听说过么，妇女解放到底好么。那时在门（外）搭台子、开大会说妇女解放了，翻了身，自找对象。

张：你觉得妇女咋样才能解放？

邓：妇女解放就是男女平等么，男的干啥活，女的也干啥活。老早哪有妇女（的天下）呢？那到场里碾个麦都不要妇女去，嫌丢人呢么。

张：那你认为那阵妇女得到解放了么？

邓：得到解放了么，大大地得到了解放。妇女能劳动，能和男的到一块去么，开会弄啥的妇女都能到人前去么。老早那谁叫你去？妇女能到人前说话，（对妇女）宽大得很。

张：婆，那你还记得当时政府对妇女有啥宣传吗，比如标语、口号、歌、快板之类的？

邓：那有么，标语、快板，那把妇女提倡得好很。提倡妇女的歌多很，我都像忘了。那标语成天写"男女平等"，主要把妇女给上提。男的是半面天，女的也是半面天，成天提女的顶半边天。老早那妇女哪有天？

礼泉县强彩云、杨胭脂访谈

采访对象：强彩云，女，1947 年生。1963 年结婚，婚后居住于陕西省礼泉县石潭镇罗家村，共育有三个子女。杨胭脂，女，1947 年生，1971 年结婚，婚后居住于陕西省礼泉县石潭镇罗家村，共育有五个子女。

采 访 人：杨妙化，女，1989 年生，陕西理工大学思想政治教育专业 2007 级学生。

采访时间：2010 年 8 月 10 日。

说　　明：强彩云是采访人邻村的村民；杨胭脂为采访人的姑母。

1.（我）上了一两年（学），1961、1962 年粮食紧张，就弃学了。1962 年来的陕西，那时甘肃的饥荒要比陕西严重。

　　杨妙化：你是什么时候出生的？

　　强彩云：1947 年。

　　杨胭脂：我也是 1947 年。

　　杨妙化：你俩上过学没？

　　强彩云：我上到小学三年级。我娘家在兰州，我姐在兰州城开饭馆，解放后，饭馆被国家收了，我姐还在里面工作，叫我给（她）看娃。我当时是 12 岁，看了一年到了 1958 年，就吃了大锅饭，吃食堂。下半年开始使用粮票，是有定量的，（每）一月发定量票，约折 40 斤粮。我（给我姐）看娃期间我姐养活我，看了不长时间我就回家了，之后开始上学。上了一两年，1961、1962 年粮食紧张，就弃学了。1962 年来的陕西，那时甘肃的饥荒要比陕西严重。

杨胭脂： 我上到高中了。

杨妙化： 学费贵不贵？

杨胭脂： 学费几块钱，那时的一毛钱可以买好多东西。当时人大多数都把女娃看得淡，看不起，不供上学。重男轻女思想非常严重，那时好多都是那样的。

杨妙化： 你的几个孩子上过学吗？

强彩云： 上过学。老大是个女孩，1965年生的，属马的，上到了高中，是在礼泉二中上的。其他两个（孩子）也上过学。

杨妙化： 五六十年代咱们这里办过扫盲班，去上扫盲班的妇女多吗？

杨胭脂：（去上扫盲班的妇女）多得很。搞得轰轰烈烈的，加夜班（让人）上。

杨妙化： 你们上扫盲班了吗？

强彩云、杨胭脂： 没上过。

2.（找对象）条件讲究女方向男方要一成礼、二成礼、三成礼；还有就是扯衣服、送棉花之类的。

杨妙化： 五六十年代咱们这里女孩子一般多大年龄开始找对象？

杨胭脂、强彩云： 解放前女孩到15、16岁，男孩长到16、17岁（开始找对象）。解放后，我们结婚那个时候，女孩稍迟到23岁，男孩稍迟到25岁。

杨妙化： 找对象一般有啥条件？解放前和解放后有差别吗？

强彩云、杨胭脂： 条件讲究女方向男方要<u>一成礼</u>（注：一成礼是120元钱）、二成礼、三成礼；还有就是扯衣服、送棉花之类的。解放前如果是地主的女儿，那（男方）就给（女方）钱多。解放之后几乎没有贫富之分，因为地主被打倒了，（财产被）分了。

杨妙化： 解放后女孩子是不是在婚姻上比以前多一些自由了？

强彩云、杨胭脂： 解放后，稍微自由一些，有自己谈的，有包办的，稍有了一点发言权。不像解放前那样，女子无发言权，不准你男女方见面，就会出现女子精干漂亮，而男子是个瘸子的现象。

杨妙化： 五六十年代什么样的姑娘好找对象？

强彩云、杨胭脂：当时讲究门当户对，富的嫁富的，贫的嫁贫的。但偶尔也有贫的嫁富的，富的嫁贫的。

杨妙化：姑娘们找对象，喜欢什么样的小伙子？

强彩云、杨胭脂：姑娘们当然是喜欢精干能行的小伙子了。

3.（结婚时）一般的，套个拉拉车，用席子给罩个棚子，半夜就去娶（新娘），赶路呢，要赶天明到婆家。讲究新娘车先走，娘家的客人再自己备套个车随后。新娘子戴凤披纱，中午后挨家挨户地拜礼，全村家家户户都得拜。

杨妙化：你是什么时候结婚的？

强彩云：我是1963年结的婚。

杨妙化：都要了哪些彩礼？

强彩云：我是空人（从甘肃嫁）来的，没有要彩礼。他（注：指强彩云的丈夫）家里太穷，他妈去世得早，我嫁来的时候他妈已经不在世了。

杨妙化：你结婚时候的婚礼是什么样子的？

杨胭脂：一般的，套个拉拉车，用席子给（拉拉车箱）罩个棚子，半夜就去娶（新娘），赶路呢，要赶天明（把新娘接）到婆家。讲究新娘车先走，娘家的客人再自己备套个车随后。新娘子戴凤披纱（凤和纱是租的），中午后挨家挨户地拜礼，全村家家户户都得拜。第二天早起，（新娘）要拜（新郎的）父母，给父母倒脚盆，饭做好以后给（父母）端进（房间）去吃。旧社会的媳妇是经常被看不起的，经常被打，解放后（媳妇被打的情况）轻了一些。通常娶了媳妇之后，婆婆就不再下厨房了。

杨妙化：你结婚后几天开始干活的？当时咱们这里有没有"新媳妇三天不下厨"的说法？

杨胭脂：（婚后）第二天回门去娘家，当天下午回来，几乎第三天就开始下厨。（新婚后）娘家有"叫"有"送"。（注："叫""送"是指娘家人把新婚的女儿叫回娘家去小住，然后又送回丈夫家。旧时社会乱，狼也多，路上不安全，所以姑娘新嫁之后回娘家需要接送；同时，"叫""送"也是一种礼节，表示娘家人对新嫁姑娘的疼惜与呵护。"叫""送"的风俗在当地至今流行。）

杨妙化：你们那个时代认为什么样的婚姻是好婚姻，什么样的夫妻是好夫妻？

杨胭脂：不吵架，不打媳妇，互相体谅。

4. 人提起坐月子都害怕……

杨妙化：你有几个孩子？

强彩云：三个，两儿一女。

杨妙化：那个时候怀孕期能休息不？还下地干活不？

强彩云：孕期要一直干活干到坐月子。

杨妙化：是主动下地还是不得不下地？干活有照顾不？

强彩云：那是不得不去的，为了吃，没有办法。当时的人民公社现在叫乡、镇，没有人有特殊照顾，该干啥就干啥。

杨妙化：你生孩子是在家里请的接生婆吗？是不是咱这里妇女生孩子都是这样的？

杨胭脂：大多都叫接生婆，身体好的有的不叫，不好的当然得叫了。我们那时没有专门的接生婆，一般有经验的老太太能接生，就受欢迎。

杨妙化：在家里生孩子你会害怕发生危险吗？一旦有危险，一般会怎么处理？

杨胭脂：当然害怕有危险了，因坐月子死的人实在不少！人提起坐月子都害怕……。有种说法："人生人，吓死人；儿奔生，娘奔死，妇女跟阴间隔一张纸。"附近有一个妇女有高血压，没检查过，也不知道（自己有高血压），就是整天脸色看起来不好，黄得很，生孩子时不一会会儿时间就死了。哎，妇女自己在家生孩子危险，如果命大的话，就活了；如果命小的话，就死了。全靠运气，如果有危险的话，是没有任何办法的，只能等死。到了我（生孩子）那会儿，已经有医院了，但不少妇女不愿意去医院，因为觉得自己会顺当的。

杨妙化：你坐月子时家里和生产队对你有什么特殊照顾不？可以休息多长时间？

杨胭脂：没有任何照顾。产后，<u>出月</u>（注：满一个月）就被娘家接走了，到娘家去住一段时间。如果（丈夫家）条件好的话，就能（在娘家）多休息几天；如果条件不好，很快就回来照常干活。那个时候有一包红糖就很不错了，没啥吃，人多，（生产队给每户）划点自留地。条件好的，坐月子妇女还能吃得上麦面，喝点汤。

5. 有的媳妇没有婆婆，背着娃娃劳动，更累。

  杨妙化：初级社、高级社以及人民公社化后的生产队，妇女下地干活一天给多少工分？

  杨胭脂：男的十个工分，女的七个工分。各个村的工分值不一样，因为效益不一样。比如这个村十个工分值八分钱，另一个村十个工分能值一元钱。

  杨妙化：妇女一般都干些什么活？

  强彩云、杨胭脂：干的活有锄麦地、种棉花、拾棉花、<u>忙天</u>（注：指夏收季节）<u>摊场、碾场</u>（注：都是麦子收割后脱粒中的工序，摊场是把麦带有麦穗的麦秆摊开在平坦的场地上以利于晾晒和碾压，碾场是用碾子碾压摊开的麦秆使麦粒得以脱落）、平地、填沟、平岭……。要求还挺严格，为了保持土壤的土质和肥力，（平地、平岭、填沟时）把生土和熟土分开用，熟土用来种庄稼。有的媳妇没有婆婆，背着娃娃劳动，更累。

6. 有的女的在家里耕地干男人的活，有的女的被派出去打坝，带的娃去。

  杨妙化：咱们这里五六十年代搞过大炼钢铁、修水利等活动吗？

  杨胭脂：搞过。

  杨妙化：妇女参加吗？

  杨胭脂：妇女参加，我去过礼泉县甘河打坝。有的女的在家里耕地，干男人的活，有的女的被派出去打坝，带的娃去。大炼钢铁的地方咱们这里<u>赵镇</u>（注：当地一个地名）一个，是重点；<u>石泉</u>（注：当地一个地名）一个。我给石泉背砖，当时一次背了四块砖，半路重得背不动了，扔了一个又一个，等到了目的地时，就只剩一块砖了。58、59年"吃饭不要钱，干活不挣工"，这是共产主义模式，但是出现了一些不良现象，比如光吃饭不干活，糟蹋粮食严重，导致粮食紧张。当时是"勒紧裤腰带，还清苏联债"。

  杨妙化：你喜欢去参加这些在外面的工程，还是喜欢在农业社或生产队干农活?

杨胭脂：我不喜欢被派出去干活。

7. 加班做衣服、纺线，因为（白天）没有时间（做家务），只得加夜班。

杨妙化：五六十年代妇女的家务活主要有哪些？

杨胭脂：加班做衣服、纺线，因为（白天）没有时间（做家务），只得加夜班。白天（上地）劳动，还抽空织布，上地前的二三分钟也要织一会儿布，（上地的）哨子一响，就得出发干活；棉衣服都是抽空做成的，有的赶着做不出来，天一旦冷了，就没厚衣服穿，冻得哆嗦。

8. 解放妇女的目的是让妇女有发言权，有掌握权，可以当家，地位提高，说一句（话）能算一句，男女平等，女人顶半边天。

杨妙化：五六十年代你听过妇女解放吗？你觉得妇女解放是怎么回事？

强彩云、杨胭脂：听过。解放妇女的目的是让妇女有发言权，有掌握权，可以当家，地位提高，说一句（话）能算一句，男女平等，女人顶半边天。呵呵，现在女人都已经顶半边天了，婆媳地位已经颠倒了。

杨妙化：你认为五六十年代妇女得到解放了吗？

强彩云、杨胭脂：解放了，妇女能被看得起了，说得起话了，有权利了；如果家庭富些，丈夫有能力的话，再有些收入，就有可能给媳妇点零花钱，要婆婆给是不可能的事情；如果媳妇实在在家受不了了，可以在娘家待几天。

杨妙化：你还记得当时政府对妇女有什么宣传吗？

强彩云、杨胭脂："男女平等""妇女有决定权"。

杨妙化：你还记得哪些反映当时农村妇女生活的歌谣或故事？

杨胭脂：当时的《白毛女》。现在新出了个《西安白毛女》，演绎现代白毛女的事情，反映现实，你可以看一下。

礼泉县刑粉莲、罗淑玉访谈

采访对象：1. 邢粉莲，女，1937年生；共育有四个子女；20世纪50、60年代的家庭成分为贫农；现居陕西省礼泉县石潭镇罗家村。2. 罗淑玉，女，1928年生；共育有七个子女；20世纪50、60年代的家庭成分为中上农；现居陕西省礼泉县石潭镇罗家村。
采 访 人：杨妙化，女，1989年生，陕西理工大学思想政治教育专业2007级学生。
采访时间：2010年2月25日。
说　　明：两位采访对象均为采访人邻村的村民。

1. 记得有一年大年三十过年，我妹夫给我家十斤肉，我们没有吃，偷偷地卖了，给娃当学费。

　　杨妙化：你是什么时候出生的？
　　邢粉莲：1937年。
　　罗淑玉：1928年。
　　杨妙化：新中国成立时的样子你还记得吗？
　　罗淑玉：记得。当时解放军来到了罗家村，群众都高兴，赞美新社会好。我屋还住过约有半营解放军呢！
　　杨妙化：新中国成立后，咱们这里的女孩子上学的多不多？
　　罗淑玉：不多。
　　杨妙化：是女孩子不愿意上学，还是父母不让上学？
　　罗淑玉：当时人都不重视女孩，认为女孩上学没有用。学费不贵，女孩也想上学，有的父母乐意，有的不乐意。我小时候想上学，也上过学，上到五年级，那时新中国还没成立。我娘家当时家底好，我爹是掌柜的，做生意的。

杨妙化： 你五六十年代的几个孩子上过学吗？

罗淑玉： 上过，儿女七个都上过。我的三个女子（注：排行老三、老四、老五）和老大、老二上到高中，报名费是凑合的。学费虽然不贵，但人没有钱。记得有一年大年三十过年，我妹夫给我家十斤肉，我们没有吃，偷偷地卖了，给娃当学费。当时的纸张翻过来也用。还有一次，我的一个娃眼睛出问题了，没有钱买眼药水，为了凑钱，我提了11个鸡蛋去卖，半路上碎了三个。剩下的八个，一个六分钱，卖了四角八分钱。碎了的三个，好人给我出主意，让我把那三个鸡蛋和一下，在邻街上买点馍馍一起吃了。我没作声，心想："你不买就算了，我有我的事。"（我）刚要走，出来一个妇女，（对我）说："鸡蛋碎了，就四分一个。"我就卖了，共卖了六毛钱，给我娃买了两盒眼药共花了两毛八分，我娃一贴眼睛好了。（剩下的钱）还买了一串辣子！

2. 上了扫盲班大概就能认得钱了，还有粮票上的数字，1、2、3、4等都能认得了。

杨妙化： 新中国成立初期农村办识字班扫盲，您上识字班了吗？

刑粉莲、罗淑玉： 都上过扫盲班。

杨妙化： 当时扫盲班的具体情形是什么样子的？

罗淑玉： 当时都带娃上。（有些妇女）不想去上扫盲班，也没好好上过。有的故意把娃弄哭，娃一唠叨，就有机会回家了。我丈夫在扫盲班代课，我回家不去扫盲班，但字我认识，也写得快。别人问我："你不上（扫盲）班咋会写字、认字呢？"我笑着说："他（注：指淑玉的丈夫）闲了教我么，我记性好，记得快。"其实我上过学，不敢说。

杨妙化： 村里去上扫盲班的妇女多不多？

罗淑玉： 上的人多很，因为要求严很，如果不去上课就扣分，去了就挣工分。上课时间分下午、晚上两个时间段。想识字的人、想学点东西的人，晚上上课；有娃的或娃多的，大多数是为了完成（上扫盲班的）任务，下午去上课。当时的说法是"娃娃好好睡，妈给你上冬学"。当时上扫盲班，许多妇女是走形式，因为家里活多、事情多，都心慌乱很。例如要给婆婆烧炕、塞炕、提夜壶，要照顾娃。如果婆婆炕不热，柴火不受烧，（炕）凉了，半夜还得重新再（给婆婆）烧炕。但是上扫盲班还是有一些效果。上了扫盲班大概就能认得钱了，还有粮票上的数字，1、2、3、4等都能认得了。

3. 现在大约60岁以上的人（结婚时）没有结婚证，也没有《婚姻法》，现在大约60岁以下的结婚时就有（结婚证和《婚姻法》）了。

杨妙化：你们年轻时咱们这里一般女孩子多大年龄开始找对象？

刑粉莲、罗淑玉：15、16岁订婚，18、19（岁）结婚。订（婚）的时候讲究按女方一岁一石麦，如果四岁订婚就给女方四石麦。

杨妙化：新中国成立前和后有啥差别吗？

罗淑玉：现在大约60岁以上的人（注：估计1950年以前出生的人）（结婚时）没有结婚证，也没有《婚姻法》，现在大约60岁以下的结婚时就有（结婚证和《婚姻法》）了。

杨妙化：新中国成立后，女的是不是在婚姻上比以前多一些自由了？

刑粉莲、罗淑玉：是比以前自由了，比以前稍有发言权。

杨妙化：你们当姑娘那时候，什么样的姑娘好找对象？

刑粉莲、罗淑玉：长得漂亮的、手巧的、五官端正的、教养好的姑娘好找对象。

杨妙化：姑娘们找对象，喜欢什么样的小伙子？

罗淑玉：姑娘喜不喜欢没用，都是父母包办做主，就算男方是个傻子也要过一辈子。当然，父母也会打听男方的背景。

杨妙化：结婚前要彩礼吧？

刑粉莲、罗淑玉：解放前，一般有钱人家彩礼是两三件衣服、大红色活子被（注：指当时一种比较高级的被子，用纯羊毛做成，被面织有宽大条纹），后来也有呢子被；定亲时，会给（女方）麦子，若女孩子小，（一岁）还要不了一石麦，长大后才能向婆婆要得下（一岁一石麦）；结婚的时候，如果婆婆好的话，（新婚夫妻的）炕上给铺席子、油布。解放后，（彩礼是）两捆棉花。

4. 若人家门关着、没有起床来开门，那就趁机会多敲几家门就算拜过了。（新娘拜礼时）手帕上拴个五铃，拜人的时候叮叮当当的。

杨妙化：你结婚时候的婚礼是什么样子的？

罗淑玉：旧社会结婚前都没见过丈夫，不认识，男方不见女眷。有个姑娘结完婚第二天回娘家，她嫂子问她："哪一个是你丈夫？"她说："我也不知道。人家昨（晚）一进门就把灯给吹了，黑乎乎的啥都看不清楚。"结婚几年了她才趁机看清楚丈夫，心里还在感叹："原来他长得那么高！"几年里，她丈夫在外做生意，夫妻见面机会也少。

杨妙化：你们结婚那时候，新郎新娘一般穿什么样的衣服？

罗淑玉：新娘的穿衣打扮，是三尺红布做盖头，头发梳成扎角在头顶上。（新娘）到了婆家门口，进门时，有人会用麻籽、谷草闹着打；（新娘）磕完头要坐炕，坐炕时有方向讲究，有的朝南、有的朝北；然后，丈夫取去盖头，立即放在自己屁股底下，这表示把媳妇给压住了，要不然媳妇就不听话了、跑了。吃完早饭，（新娘）就是<u>拆头</u>（注：指把扎角散开）、梳头、洗脸，不让人看，要关住房门。这洗脸水由（丈夫的）妹妹端进去，水里要放一整根葱和皂角。一整根葱表示聪明、留根生子，皂角是"罩"的谐音，"罩住"的意思。梳头时，要梳成<u>泡泡</u>（注：指发髻），还要戴花，然后拿粉盒抹粉、擦脸、戴凤、披纱，提<u>绿红帽</u>（注：指头上戴的凤冠）出房门给客人拜礼——这是一大看点，用这个来评价新娘的。娘家人会提前（给新娘）教会拜礼。第二天鸡叫<u>三遍时分</u>（注：指黎明时分），新娘开始出发，要在全村挨家挨户地去拜礼，这是必须的一大工程，如果把哪一家没有拜，要被罚磕头，不磕头不准走。有的（新娘）拜礼时，带一小孩，再背一包袱，里面装着跪垫，赶紧磕完头就会早点回家，要赶在天明前磕完。若人家门关着、没有起床来开门，那就趁机会多敲几家门就算拜过了。（新娘拜礼时）手帕上拴个<u>五铃</u>（注：一种装饰用的铃铛，走起路来叮当作响，别人就知道新娘子来了），拜人的时候叮叮当当的。有时，小孩也挡住（新娘）叫（给他）拜礼呢！为了赶时间，（新娘）就拜了。拜礼的时候，女人裤脚必须扎紧，手都不愿让人看。出门时必须在外裤上套一个裙子，不然会被认为不雅，会被人看笑话。大年三十（新娘）也要拜礼。引领拜礼的人必须要已经结婚的，还要有知识的人。解放以后，拜礼变为鞠躬。男方结婚那天，戴舅家给做的<u>金花</u>（注：一种装饰）、搭红（注：指新郎身上要搭一条红布）。

5. 娘家有"叫"有"送"，从娘家回来，婆婆交给一个围裙，就标志着正式成为媳妇了，就要干家务了。

  杨妙化：听说解放前，陕西有的地方有"新媳妇三天不下厨"的习俗，咱们这里有吧？

  罗淑玉：新媳妇就是三天不下厨。娘家有"叫"有"送"，从娘家回来，婆婆交给一个围裙，就标志着正式成为媳妇了，就要干家务了。这下，婆婆就闲下了，不进厨房，就只当婆婆。在家里，婆婆说啥就是啥，嫂子和婆婆一样的，做饭时候有时还要问嫂子答案，婆婆有时叫嫂子做主管家。有种说法是"当个媳妇要成婆，就得三十年磨"。哎，跟现在成鲜明的对比，现在的媳妇就是（过去的）婆婆。

  杨妙化：新媳妇主要干些什么活？

  刑粉莲、罗淑玉：新媳妇每天的家务活有烧炕、（替公婆）倒（小便）盆子、做饭、收拾房子、端水端饭。（刚结婚）第二天早上要给公婆问安，要问婆婆昨晚炕烧得热不热，有没有别的问题，公婆给媳妇一个红包。一般的，一个红包一毛钱。

6. （孕期）不休息，不停地干活，有的生孩子时还烙馍着呢。

  杨妙化：你们那个时候怀孕期能休息不？还下地干活不？

  罗淑玉：不休息，不停地干活，有的生孩子时还烙馍着呢。那你不得不干，你不干没人替你干。干活也没有照顾。

  杨妙化：你生孩子是在家里生的吗？请接生婆吗？

  罗淑玉：自己在屋里生，没有接生婆。难产的话就死了，没有医院住。假如媳妇在婆家比较稀罕的话，才叫接生婆。产后喝点米汤，娘家给拿点红糖。

  杨妙化：你坐月子时，家里和生产队对你有什么特殊照顾不？可以休息多长时间？

  刑粉莲、罗淑玉：没有特殊照顾。生完孩子有的过了100天，也有60天、50天的，就开始干活，一般就是（休息）两个月。

7. 我参加过修水利，当时左小腿底部摔坏了，最后集聚了腰带扎住、固定后才被送回家。

  杨妙化：咱们这里（19）58年搞过大炼钢铁运动吗？

  刑粉莲、罗淑玉：有，当时是给背石头。

  杨妙化：妇女参加炼钢铁吗？

  刑粉莲、罗淑玉：妇女没有参加。

  杨妙化：你五六十年代参加过修水库、水渠、公路之类的工程吗？

  罗淑玉：我参加过修水利，当时左小腿底部摔坏了，最后集聚了腰带扎住、固定后才被送回家。抓的药方里有黄酒做引子。当时，我还在给娃吃奶，说是（我）营养不良，结果抓的药，全都供给奶水了！所以当时就很难恢复。

8. 晚上服侍老妈、照顾娃，还要加班抽空做衣服，准备春夏秋冬的衣服，做饭，第二天上地劳动，忙得不得了。

  杨妙化：五六十年代妇女的家务活主要有哪些？

  罗淑玉：家里有一个<u>老妈</u>（注：指老母亲）、七个娃、几分自留地。晚上服侍老妈、照顾娃，还要加班抽空做衣服，准备春夏秋冬的衣服，做饭，第二天上地劳动，忙得不得了。娃小时候比较好管，长大后就要念书、要毕业、找工作、娶媳妇、嫁人，事情就多了。

  杨妙化：你五六十年代听过妇女解放吗？

  罗淑玉：听过，开会经常说呢。

  杨妙化：你觉得妇女解放是怎么回事？

  罗淑玉：就是妇女可以开会、逛县，妇女一声吼，打红旗、打鼓。还有就是妇女不缠脚了。

  杨妙化：您知道哪些反映当时农村妇女生活的歌谣或故事吗？

  罗淑玉：有个真实的故事——姚莲英诉苦，编了一套顺口溜，我不记得了。姚莲英以前给陈四当过丫鬟，受到过不少折磨；陈四家（业）大，是做生意的，之后被打倒了。解放后姚莲英诉苦，说到好多细节性东西及陈四的生活。

白水县王海荣访谈

采访对象：王海荣，男，1938年生，陕西省白水县纵目乡北彭衙村六组人，兄弟姐妹三人，分别出生于1930、1933、1938年。1957年结婚，先后生育五个子女，分别出生于1960、1962、1967、1970、1973年。20世纪50、60年代的家庭成分为中农。

采 访 人：王亚妮，女，1988年生，陕西理工大学历史学专业2007级学生。

采访时间：2010年2月25日。

说　　明：采访人为采访对象的侄女，采访人称呼采访对象为伯伯。

1. 那种年代，女的地位低下，谁还舍得为女娃花钱？

　　王亚妮（以下简称"妮"）：我的老婆婆，也就是你妈，你还记得是哪一年出生的不？

　　王海荣（以下简称"王"）：那记得么，谁还忘得了自己的妈？她是1909年的人。

　　妮：那新中国成立的时候她多大年纪了？

　　王：唉，说起新中国成立，我虽然心里高兴，但是心里也难受哇！我妈她就没有赶上新中国成立，一天福都没享过，她要是能吃到一口白面馍，她走了，我也不遗憾……

　　妮：你也别难过，那个年代的人都挺苦的。那她念过书没有？

　　王：没有，一天都没上过。那种年代，女的地位低下，谁还舍得为女娃花钱？

2. 那时人结婚，新媳妇下轿光看脚，不管你身体好坏，相貌美丑，只要脚小，人就说是好媳妇。"脚小手巧"，那时候人就是这么说的。

妮：那她缠过脚没？

王：缠过么。

妮：那个时候缠脚是自愿的，还是硬缠的？

王：硬来哩，你不缠还由得了你？把你摁住，叫你动弹不了，这下才收拾你的脚呀！

妮：为啥非得缠脚嘛？

王：不缠，不缠没人要啊，不管你长得亲还是丑。过去那人都结婚早，大概13岁就结婚了，15、16岁（结婚）就叫大亲家，成了大笑话了。那时人结婚，新媳妇下轿光看脚，不管你身体好坏，相貌美丑，只要脚小，人就说是好媳妇。"脚小手巧"，那时候人就是这么说的。还有，有的媳妇的婆婆是瞎子，下轿时婆婆要摸脚，脚小了才让进门。那都成了一种风俗了。

妮：那多小就算小脚？

王：两寸，顶多三寸，就是所谓的小脚。

妮：我的天哪，那么短，怎么缠得出来？

王：那就要早早缠么。女娃长到五六岁，就开始缠，四个小脚趾全在脚底下窝着，只留下个大拇趾在上面，用白布条一层一层地裹，裹得瓷实很，叫你想拆拆不开。再给你做双小鞋套上，你不穿都不得行，走路颤巍巍地叫你难受。要不，上早（注：指以前）那女的咋都死得早，人的脚趾头都是通血管的，那一缠，气血就不通了，所以女的爱得病，再加上那时又看不起医生，死也就死了，活罪难受呀！

3. 妖精要发怪哩，你有啥办法？

王：说起这缠脚，还真有个传奇故事哩。这要提到妲己。

妮：这跟她有什么关系？

王：当然有关系么，缠脚就是她发明的么。当时她变成人，是个好看的女人，但是她是个"狐狸精"啊，身上其他部位都变成人的了，可是，唯独剩下两个后爪子变不成人的脚。她怕大王发现，就用红绸子把爪子包起来。

大王看到她的脚小巧玲珑，就大加赞赏。天下人都知道了妲己得宠是因为她的脚小，于是，后来的女的就想办法把自己的脚弄小，想出了缠这个办法。流传到后来，就成了一种风俗了。

4.（怀娃和坐月子）谁照顾你，看把你美得！过去那人都没人管。……生娃都不管，还坐月子呢！

  妮：那我老婆婆一共有几个娃？

  王：四个娃，我是老三，我上面有哥有姐，下面还有个妹，不过我那妹12岁就死了。

  妮：那她怀娃和坐月子有人照顾不？

  王：照顾？谁照顾你，看把你美得！过去那人都没人管。还是封建，干啥都带压迫式，生娃都不管，还坐月子呢！

  妮：那都不怕出啥事？

  王：上早的人都有好几个老婆，死你一个怕个啥，那根本就不在乎。哪像现在，有个娃就不得了了，全家轰动的。我妈就是坐月子死了的。那时没医生，（即使）有，家里也不请，那时人都认为生娃没啥。她坐月子时血潮，就是现在说的大出血。她生下娃，连个接生的（都）没有，死的时候血都流干了……

  妮：咋会没有接生的？

  王：那时就是没有接生婆，解放跟前才有的。

5. 那一天忙得，一下下都不敢停。

  妮：那你妈那时一天做活不？一天活多不多？

  王：做活那是少不了的，那一天忙得，一下下都不敢停。

  妮：那她都干些啥活呀？

  王：收麦、割麦、织布、纺花、种麦、割草、<u>牵耧</u>（注：是一种农具，前边牵引，后边人扶，可同时完成开沟和下种两项工作。此处指用牵耧开沟下种），家务活都得她经手。上早那媳妇都苦，婆家要求媳妇晚上要纺半斤花，花那东西上<u>称</u>（注：读四声，名词）轻得很，半斤可不少哩，就那也得把花纺完才准睡觉。出门的时候还得穿裙子，年龄大些的人要穿大衫子。纺花的时候，你实在眍了打一个迷糊，再起来继续纺。早上还要早早起，起来给公公倒尿盆、洗净，再就是开始做饭……。她一个忙里忙外，还要（照）管当家老人。

妮：这么多活，还不让人睡觉，那人怎么撑得住啊？

王：那你没办法啊，就那样，稍有点错误，婆家还要打呢。

6.（妇女解放了就）自由了么，能和男人同时管家庭，说话起大作用哩。男的干啥也和女的商商量量，能更好地解决问题。后来还让女的跳舞哩。这一来，她们整天可以心情欢畅呀……

妮：那新中国成立后咱这讲过"妇女解放"没？都讲些啥？

王：讲过，讲过，宣传先放脚，还要剪辫子，就女的挽的那个发髻，嫌那是落后的代表，女的全剪成剪发头了。还有就是耳环带不带都行，反正是不要求早早打耳洞了。

妮：你觉得这些宣传好不？

王：好，好。最起码不缠脚，这一难就逃过去了，这可是大事，人少受些罪么！

妮：那你觉得妇女解放以后是啥样子？

王：自由了么，能和男人同时管家庭，说话起大作用哩。男的干啥也和女的商商量量，能更好地解决问题。后来还让女的跳舞哩。这一来，她们整天可以心情欢畅呀，呵呵……

7.（扫盲班）上过是上过，不过就上了几天。后来咱这办过冬季的夜校，一直在那里面上了一二年。

妮：那我现在不问我老婆婆了，我问我婶子（注：采访对象的妻子），行吧？

王：那有啥问题！我跟她过了一辈子，对她的事也了解。唉，要是她在，你就能来亲口问她了，你没赶上，一个月前她就走了……

妮：唉，我婶子虽然走了，但她也算是享上福了。

王：也对，一辈子她身体不好，也没让她干过啥活，也就算是享福了。

妮：我婶子是哪一年的？

王：她跟我同属，也是（19）38年的。

妮：那你俩哪一年结婚的？

王：我俩是19岁结的婚，（19）57年么。新中国成立了有规定，男人20女18才能结婚么。

妮：那我婶子念过书没？

王：念了，不过念了半截，小学没毕业就回来了。

妮：那为啥不念了？

王：那我不清楚，反正是没毕业。

妮：那新中国成立之后不是办过扫盲班嘛，她上过没？

王：上过是上过，不过就上了几天。后来咱这办过冬季的夜校，一直在那里面上了一二年。

妮：她缠过脚没？

王：那没有，我们出生的时候都不要求缠了。

8. 都是在屋里，用土办法接生，用炕灰（渗血），用自己的剪子（剪脐带）。

妮：我婶子有几个娃？怀娃和坐月子有人照顾没？

王：我们是五个娃。要说照顾，有人照顾么，老人伺候几天，还有就是国家照顾哩。我（家）那时没劳力，在吃粮上是村里的缺粮户，粮食回不来，没啥吃，国家就给补贴钱，叫自己去买粮，给全家人补贴哩。那时日子过得还算差不多。

妮：那她生娃在屋里还是去医院？

王：那时候哪有上医院的条件？都是在屋里，用土办法接生，用炕灰（渗血），用自己的剪子（剪脐带）。普遍都那样，也不是咱一家，关键是没条件啊。

妮：那都不怕出啥事？

王：出事那也只能干瞪眼，后来都好多了。以前一个小小的感冒都要许多人的命哩！小娃因为感冒死的多得很，也只是干心疼，没办法。

9.（活）多么。你想，娃多，还都小。做饭、洗衣服、经管娃，都是她在忙。对了，还要织布哩。

妮：你结婚后，你感觉我婶子一天忙不？一天要做的活多不多？主要是五六十年代的时候。

王：多么。你想，娃多，还都小。做饭、洗衣服、经管娃，都是她在忙。对了，还要织布哩。

妮：都那时候了，还织布呀？

王：咋不织？不织布你一家人穿啥？那时的人么，都是织粗布，自织自用。做衣服的话，街上有染布的，染灰的、染蓝的、染黑的……

妮：没有彩色的染料吗？那女娃要穿花衣服咋办？

王：那还没有那种条件，只有那几种颜色。

妮：那她到地里做活去不？

王：她身体不好，一般都不让她做。去的话，也是做一下下，就坐下不做了。

妮：那时干活男女有啥不同没有？

王：有么。男的主要做些重活，比如拉车车，背、担庄稼。女的活轻，就在地里割麦割草就行。

妮：我婶子参加过修工程没，比如说修水库、修水渠、修公路？

王：那她没有，她身体不好，有啥活都是我出门哩。做工程一家去一个人就行，多了也行，那是记工分哩么，人多了当然能多记些工分了，年底也能给屋里多分些粮。

妮：那离屋里远不？工程队给管饭不？

王：管，但是不怎么能吃饱。六十年代那是普遍都吃不饱，也能接受。

10.人家说"共产党来了变了天"，我看真是天变了，而且还是阴转晴……

妮：你现在来看，你觉得我婶子五六十年代的生活怎么样？

王：叫我说，不好。那时娃娃小，再加上娃多，经管娃本来就很劳人，再加上我经常在外面做活，也给她搭不上一把手。她身体本来就不好，一劳累就更不好了，但还得硬撑着，支起家里这一大摊子的事。

妮：你觉得我婶子这一辈子，解放了有啥好的表现没？

王：有。解放了，人活轻了。解放前，上一辈老人，也就是婆家，老是欺负儿媳，老有婆婆看媳妇不顺眼，一天无事生非，处处刁难。过去那媳妇吃饭都在灶火，吃饭不上桌子，人家打你你就得撑住挨，不准哭，越哭越打得厉害；还不能给<u>儿子</u>（注：指婆婆的儿子）说，说了丈夫还得打一顿，嫌惹自己的妈生气了。你看，这明明是欺负你哩，但是你只能"哑巴吃黄连"。解放前，女的都不能到人前去。比如看戏，婆婆叫你给她端凳子，你才能出去看，不允许就只能在屋做家务。解放后，老人也不敢那样了，女的也活得有颜面了。

妮：看来这真是有变化。

王：那可不是嘛，天大的变化。人家说"共产党来了变了天"，我看真是天变了，而且还是阴转晴，哈哈哈。这些，你们这些娃娃都体会不到的，想起我们经历过的那个年代啊，唉，算了，不说了。还是现在这日子过得有个人样儿……

白水县梁云霞访谈

采访对象： 梁云霞，女，1938年生。1955年结婚，婚前居住地为陕西省白水县北井头乡小卓村，婚后居住地为陕西省白水县雷牙乡卓子村。共生育有三个子女，分别出生于1962、1964、1966年。20世纪50、60年代娘家和夫家的家庭成分均为贫农。

采 访 人： 张姣，女，1989年生，陕西理工大学旅游管理专业2007级学生。

采访时间： 2010年2月16日。

说　　明： 采访对象为采访人的外祖母。

1. 当时就有顺口溜说"婆婆替媳妇去支差，点罢名字跑回来"。

张姣（以下简称"张"）： 外婆，你给我讲讲新中国刚成立的时候咱们这的情况吧。

梁云霞（以下简称"梁"）： 新中国成立的时候，我还很小，具体情况也不是很清楚。那时候农村的交通、信息都不方便，不是像现在的人听广播、看电视都能知道一些消息，只听大人说成立新中国了。那时候农村的孩子也没有现在的孩子见识广，不懂那些事，也不关心那些事。

张： 外婆，那你小时候上过学吗？

梁： 我小的时候家里穷，就和没上过学一样。那时候和我年龄差不多的孩子，有的人家庭富裕一点，还让孩子上学。不过那时候上学的孩子也不是很多，女孩就更少，小一点的女孩还在学校去念几天书，稍微大一点的会干活了，就回家里帮家里干活。那时候的大人也不怎么让孩子念书，不像现在的家长这么重视让孩子接受教育。到后来新社会了，我上过"妇女班"，也上过"夜校"。

张:"妇女班"？什么时候上的？

梁:当时是叫"扫盲"，农闲的时候上课，或者晚上去上课，都是村里一些中青年妇女去学习。

张:那你学到的东西多不？

梁:上课也就是认些字。我年轻的时候识字还多，现在老了，好多都忘了，不过多少还能认些字。

张:你们当时上课的人多不？

梁:人还挺多的。也有人不去，为了干家务活。

张:那上课不点名吗？

梁:点名呢。上课是生产队组织的，要是点名不到的话，在开大会的时候就会受到批评，所以许多没有劳动能力的老人就替自己的儿媳妇或邻居去应付上课。当时就有顺口溜说"婆婆替媳妇去支差，点罢名字跑回来"。

张:那当时上课是学什么呢？

梁:那时候上课有发的识字课本，也学《毛主席语录》。

张:那你们在哪上呢？

梁:学校，晚上学生就放学了，我们就在学校的教室里学。

张:晚上教室有灯吗？

梁:没有。上"夜校"的时候，都是每个人自带一盏煤油灯，在灯下写字，老师讲课也是点一个罩灯。

张:那上完课怎么就能知道有没有"脱盲"？

梁:"扫盲班"上完课后进行考试呢，也就是让认字呢，看学生能不能把老师教的字认完。

2. 你舅、你妈和你姨，我这三个孩子都上过学。

张:哦，那到我妈和我舅他们的时候，上学的人多不？

梁:到他们那时候，上学的孩子多了。你舅、你妈和你姨，我这三个孩子都上过学。那时候家里虽然说没钱，但是想着让孩子识得眼前几个字、会算账，不至于被人骗了。我和你外爷（注：指采访人的外祖父）都咬紧牙关，让三个孩子都上了学了。你舅是高中毕业，你舅那时候念书还可以，到高中的时候他自己不去了。你妈和你姨都是从初中毕业就没上学了。

张：那我舅比我妈大几岁？

梁：你舅、你妈、你姨，一个和一个之间差两岁。

张：我妈是1964出生的，那我舅和我姨就分别是1962、1966年出生的。

梁：我也不知道，我只知道你妈属龙，你舅属虎。

张：当时上学学费贵不？

梁：那时候的孩子上学也花不了多少钱，不像现在的孩子一年上学花几万元。不过那时候的社会，农村人挣不来钱，也没办法让孩子像现在的孩子一样接受教育。

张：那时候有没有大学生？

梁：有呢，不知道上的是什么大学，也是叫上大学。

张：那上大学人多不？大学难考不？

梁：不多，那一个乡镇才能出几个大学生。那有一阵上大学不是像现在这样通过参加考试，学生上学都是进行推荐，家庭成分不好的人家，孩子一般都没办法上高中，更不要说大学。学生老师都是推荐贫农家庭的孩子上学。

3. 到新社会，妇女比旧社会的妇女好多了，不缠脚了，也没有过去那些旧规矩了，结婚、说对象这些都自由了。

张：外婆，你听过妇女解放没？

梁：听过。到新社会，妇女比旧社会的妇女好多了，不缠脚了，也没有过去那些旧规矩了，结婚、说对象这些都自由了。

张：有没有开大会宣传呀？

梁：有，开会学习、宣传妇女解放。

张：有没有口号什么的？

梁：有吧，不过那些标语、口号也不记得了。

4. 那时候的活也不是多重的，就是时间长，有时间规定，活多活少都要去。大多数人也不太好好干，只是熬时间、挣工分，混口饭吃。

张：外婆，当时是不是还分初级、高级农业合作社？有什么区别呀？

梁：那不太清楚。

张：合作社挣工分多不？

梁：妇女下地干活，一天最高工分八分，这是那些身体好、干活快的人能挣到的工分；有的人身体不好，干活干得慢，一天也只能挣五六个工分。

张：都干些什么活？

梁：生产队一年到头像春季就活少，锄地、平地……，等庄稼都种上了就开始锄草、管理棉花等；夏天麦子熟的时候就割麦，收油菜籽，隔不久就掰苞谷、收谷子、收大豆、挖红苕等；秋季就收庄稼；到冬天的时候就剥玉米。那时候的活也不是多重的，就是时间长，有时间规定，活多活少都要去。大多数人也不太好好干，只是熬时间、挣工分，混口饭吃。不是像现在都是自己给自己劳动，人都有心劲。

5. 不过有的人就愿意去"跃进渠"干活，还说在"跃进渠"干活的"十大好"：不用拾柴、不用烧火、不用做饭……

张：外婆，咱们这有没有过大炼钢铁运动？

梁：有。

张：那你去过没？

梁：没有。大炼钢铁运动妇女不去，只有男的去，持续时间也不长，只听过一阵，后来就没了。我去修过"跃进渠"，就是修水渠、打坝。修水渠的时候，有的地方还要打洞。干活的时候也没有什么省力的工具，只能用镢头挖，用铁锹铲土。那么多的土都要处理，当时都是用扁担一担一担地担出去；后来打洞的时候，土太多了就用架子车拉。那时人干的都是出力活。

张：在那干活是不是也挣工分？

梁：是的，"跃进渠"干活和在生产队干活一样，男的一天挣十个工分，女的一天挣八个工分。有的人干得不好，就挣的工分少。

张：工分是怎么算的？

梁：挣的工分在各自的生产队，自己回去按各队标准分粮或分钱。<u>标准高的</u>（注：指效益好的）生产队一个劳动能挣到七八毛钱，（标准）低的生产队一个劳动只能挣到两三毛钱。

张：那你去修渠、打坝，孩子谁管？

梁：我那时到"跃进渠"干活的时候还没有孩子。那时去"跃进渠"干活的人，大多都是家里能走开的、没有小孩子的人。不过也有人带着孩子去，大人干活的时候，孩子就在边上玩。

张：干活能随便回来不？

梁：去"跃进渠"干活，一般不让人自由回去。我那时候在哪干活都行，也没孩子，家里老人生活还能自理。

张：在哪干活比较好？

梁：都一样，都是算工分。不过有的人就愿意去"跃进渠"干活，还说在"跃进渠"干活的"十大好"：不用拾柴、不用烧火、不用做饭……。那时候在"跃进渠"干活人也多，粮食紧张，各生产队都往"跃进渠"送苜蓿。"跃进渠"有专门做饭的人，把送来的苜蓿放在大凹锅里搅搅，就算洗干净了，然后捞出来放在草席上晾一晾；晾得差不多了，就放在<u>大铡子</u>（注：饲养室用来给牲口铡草料的铡刀）上铡碎，然后放到大木笼上蒸熟，蒸出来的就叫作"焖饭"。吃的时候，八个人一组，一组分一笼。吃饭各自给各自盛。有的人吃饭快，也不是很挑，闭着眼睛就吃下去了。有的人吃饭细心，慢慢一口一口吃，从碗里拣出来的羊屎蛋、蚂蚱……，什么东西都能吃出来。就这样的饭，吃得慢的人会吃不饱肚子。

张：那在家里干活，有粮食吃吗？

梁：没有。我在家里也是什么都吃，吃过用棉花的花蒸的焖饭，苦得都咽不下去，就那样硬吃下去，不吃肚子<u>害饥</u>（注：很饿）。那时候甚至把玉米芯都磨成面粉吃，还给它取名字叫"淀粉"。用这"淀粉"就没办法蒸馍，因为这样的面粉没有面筋，都是散的，没办法揉到一块，所以只能用来烙饼子。

6. 那时去地里干活，路上边走边纳鞋底；在地里干活歇气的工夫，手里都拿的是针线活。

张：你们那时候，妇女在家里主要都干些什么活？

梁：那时候的人挣不来钱，手头也紧张。当时一尺布才两毛钱，就这样都买不起。每年棉花收获后，生产队都给各家各户分棉花。分到棉花后，妇女们就开始纺线、织布、染色，最后才一针一线给家里大人和小孩缝衣服。裁剪衣服剩的碎布，还要给家里人做布鞋穿。生产队分到各家的棉花质量不好，纺的线织出来的布也不是很结实，一个冬天就得为孩子准备两身棉衣，平常穿一身，过年的时候再换一身新的。那时候一家老小穿的衣服都是一针一线缝出来的。我母亲去世得早，我结婚后，既要做自己家里的活，还要照顾娘家的父亲和弟弟们，他们的衣服、鞋子都得我一针一针做。那时去地里干活，路上边走边纳鞋底；在地里干活歇气的工夫，手里都拿的是针线活。为纳鞋底，被队长骂了几回，人家说我："你就<u>成</u>（注：这么，这样）爱纳鞋底，爱纳回去纳，在这再纳，看我把你的鞋给你撇到沟里去！"唉，把人骂得伤面子！有时队里晚上开会，我边开会边在月亮底下纳鞋底。别看我这近视眼，月亮底下干的活，不比别人白天做的差。妇女在家里还要蒸馒头、洗衣服，但最多的活就是缝衣服、做鞋。有的时候，（大）年三十晚上都熬通宵，给孩子们缝衣服、做鞋，为了让孩子们在大年初一能穿上新衣新鞋。

7.（旧社会）给孩子介绍对象都是包办的，那时候的人，都是人骗人。

张：外婆，以前那时候的人，结婚是不是特别早？

梁：嗯。那时候家庭条件好一点的人家，女子还能稍微晚一点结婚，不过也就是十八九岁；一般条件的人家，都早早把女子嫁出去了。

张：那对象是自己找，还是别人给介绍？

梁：给孩子介绍对象都是包办的，那时候的人，都是人骗人。比如说有的人家儿子有点问题，托媒人说媒的时候给媒人拿一点好东西，让找个正常人去见女方的父母；直到结婚后，新媳妇才知道自己真正的丈夫是个什么样的人。

张：那知道被骗了怎么办？

梁：那时候即使知道是被骗了，女方也没办法，除非人家男方不愿意了，写一张休书，就把媳妇休了；女人只要是结婚了，即使再不愿意也只得认命。那时候有说的快板："旧社会，王法<u>瞎</u>（注：坏），婚姻不能由自家。秀女年长十七八，她爸给娃把（对）象说，别的事情都不管，一心想卖两石八。贼媒人，把媒说，她在两头图吃喝。吃的八宝甜盘子，酥肉蒸鸡炸丸子。说是女婿家境好，一年吃穿用不了；高门楼，大庭院，家里穿绸又挂缎，屋里睡的钢丝床。还说女婿长得漂，人有力气又能干，他就在兰州做知县，家有几个金货店。"都是说男方家里有多好，直到结婚后，才知道受骗了："他大听着婆家家当好，吃酒席的客人都来到。到婆家是一洒金二洒银，三洒媳妇进了门。到上房先点香,一拜天地二拜堂,揭开盖头把彩亮,红秃颡,亮光光,黄瓢脸,猴儿相。秀女低头泪汪汪,一怨爹二怨娘,三怨媒人你编谎,你把我落了个这下场。过了门,没一年,受下的磨难说不完。公婆二人抽大烟,熬酽茶,把饭端,不对就是耳巴扇。女婿娃,真荒唐,推牌九,打麻将,不劳动,少生产,家里事,他不管。毛主席来了晴了天,上县城,把婚离,秀女心里真欢喜。"旧社会就是这样骗人的。

8. 到五六十年代介绍对象,那基本上都叫娃们见一见。自己只要愿意就能成,不愿意了可另给介绍。

　　张:那一直是这样吗?

　　梁:到后来慢慢就好一点了。到五六十年代介绍对象,那基本上都叫孩子们见一见。自己只要愿意就能成,不愿意了可另给介绍。

　　张:那是不是后来介绍对象还看家庭成分?

　　梁:嗯,看家庭成分都是这新社会的时候了。家庭成分好的孩子就好找对象,地主家的孩子就难找对象。

　　张:那像到我妈她们的时候还看成分不?

　　梁:不了,那只要双方愿意就行。

　　张:那是不是让人介绍呢?

　　梁:嗯,都是亲戚或熟人给介绍。只要男女双方两个娃见面愿意了,就算好事成了。不愿意可以再介绍,不会再强迫孩子们了。

9. 那会儿嫁到男方只要不受婆婆压迫,不受太多的苦就不错了,也不说什么好夫妻,只要日子能顺顺当当过就好了。

　　张:那你是什么时候结婚的?

　　梁:十六七岁,(1955年)当时我姑在邻村,她没有女儿,把我介绍到这,为了让我伺候她方便一点。

　　张:你结婚的时候有彩礼没?

　　梁:可能有,我结婚也小,具体的情况那时候太小,也不懂。

　　张:那彩礼一般是给多钱?

梁：唉，那时候的人哪来的钱呀？给的彩礼都是粮食，用粮换人。孩子订媳妇讲究"一岁一石麦"。

张：那你当时是不是也是给的粮食？

梁：可能就是的，不晓得。你看刚才那电视剧《娘妻》，旧社会的人就是那样，如果家里需要人手干活什么的，即使他们的儿子很小，也给儿子娶个年龄大点的媳妇，以便能早早用人。而穷人家，如果孩子大了还没有媳妇，就给孩子娶个小媳妇，女孩子年龄越小（男方）出的彩礼越少。

张：那女方家长也不反对吗？

梁：唉，反对啥嘛！那时候的人结婚，用一句话形容就是"布袋买猫"，也不看人家家里贫，一些人就是为了钱或粮，糊里糊涂就把自己的女儿嫁了。像你<u>姑婆</u>（注：指采访人父亲或母亲的姑姑）就是那样，她结婚到那男方，家里住个土窑，也没有门，门框上顶个草席，可怜地就那样当了新媳妇。

张：那你刚结婚的时候，是不是家里也很穷？

梁：反正家里不富裕。那时候的院子窄得两个胖人都挤不进去，你那<u>老爷</u>（注：指采访对象丈夫的父亲）是个赌徒，把家里的房产都变卖了。

张：你那时候结婚讲究多不？

梁：我那时候结婚还有些旧社会的讲究，人也不讲究门当户对，婚姻就是别人介绍的。

张：那介绍是不是还是骗人呢？

梁：我那会儿好一点。

张：那你们那会儿找到怎样的人家就是好人家？

梁：那会儿嫁到男方只要不受婆婆压迫，不受太多的苦就不错了，也不说什么好夫妻，只要日子能顺顺当当过就好了。

张：外婆，你结婚的时候是不是像电视上那样坐的轿子？

梁：是的，还盖的盖头。那时候的新郎都是穿黑戴红花、礼帽，新娘穿的红衣服。

10. 那时候说那"做一女子做一官，做一媳妇哭皇天，做一阿家嘴磨干"。

张：那当时刚结婚的新媳妇干活不？

梁：那时候的新媳妇，头一天结婚，第二天回娘家<u>"住十"</u>。（注：当地一种婚俗，新媳妇回娘家小住。名为住十日，实际住不满，有的甚至只住一两日。传统上，民间有"住十住八，两头都发；住十住九，两头都有"的说法。）第三天新郎去看丈母，然后领媳妇回家。回到家，新媳妇"守锅"一天，之后就开始做饭、干家里的活。旧社会，结婚后的媳妇去娘家待的时间由婆婆定，婆婆让你待几天你就待几天，要是回来晚了，就会受到责骂。我那时候还好，家里人挺好的，对我也好。像你姑婆的婆婆就不一样了。有一次，你姑婆回娘家来多待了一天，回去后，她婆婆不理她，也不让她干活，她便主动去纺线；婆婆不高兴了，把她的纺车一脚踢倒，她做的饭也不吃……。那时候说那"做一女子做一官，做一媳妇哭皇天，做一阿家（注：指丈夫的母亲）嘴磨干"。意思是说，做姑娘就像做官，备受家人的呵护；做媳妇要受很多委屈；做婆婆可以对媳妇指手画脚，任意挑剔。现在这婆婆对媳妇都好。

张：你1955年刚结婚那时候，媳妇去地里干活不？

梁：那时候农村的活也不是很多，妇女不常下地。讲究"麦黄、糜黄，绣娘出房"，只有在收庄稼的时候妇女才下地干活，（其他时间）基本上都是在家里干活，做饭、洗衣服、纺线、绣花、缝衣服。媳妇吃饭都是在锅台前，从来上不了饭桌。

11. 那天天都在地里，一年到头都是干活。当时家里只有我和你外公两个人干活，晚上也加班，当时叫"夜战"……

张：那到公社化后你干活不？

梁：那天天都在地里，一年到头都是干活。当时家里只有我和你外公两个人干活，晚上也加班，当时叫"夜战"，平整土地……。就这样干活，还不一定能分够一家人一年的口粮。

张：那粮食还是生产队分吗？

梁：是的。在每年庄稼还没有成熟的时候，生产队先预分粮食。预分的时候，还要给生产队交钱，这样分的时候才能把粮食分够。

张：哦？那你们有钱吗？

梁：当时几乎挣不到钱。人家劳动力多的人，一年能挣个二三百元。一般人，一年到头只能挣几十块钱。不过那时候的钱也值钱；再说，农村人要花钱的地方也不是很多，只要肚子能填饱就行了。

12. 那时候，坐月子的时候，能干的活就自己干。有的情况好的出了满月才下地干活；有的家里缺人，满月里头啥事都得自己干。

张：你怀孕的时候也去地里干活吗？

梁：去呢，怀孕了都照样下地。当时家里只有我和你外公两个人挣工分，我不去干活就没办法维持生活。

张：是不是生产队要求你必须去？

梁：不，生产队不强迫你去干活，但是为了养家，自己就要去干活。

张：那生产队会不会有特殊照顾？

梁：有，多少有点照顾，让孕妇干点省力的活。

张：噢，那还可以。那时候有医院吗？

梁：可能有，谁去呢，人都没钱去医院，生孩子也都是在家里请人接生。

张：那也不害怕出现什么问题？

梁：当时年龄小，也不知道害怕，哪像现在的孕妇这么小心谨慎的。那时候，人们的生活也不好，身体都不行，有的生孩子的时候，孩子、大人一块就没（命）了。

张：那你有孩子了，还去地里不？

梁：那时候，坐月子的时候，能干的活就自己干。有的情况好的出了满月才下地干活；有的家里缺人，满月里头啥事都得自己干。

张：那坐月子吃的什么？

梁：那时候人没啥吃，在大灶上吃饭，一家分一盆苜蓿汤。咱家里四口人，不算小孩子，每人半碗。但为了让孩子有奶水吃，我每次都是吃一碗。吃的有时好一点就是玉米馍，玉米皮磨的面烙成的饼子。有时只有吃红苕叶子、野菜做的焖饭。

西乡县周清国访谈

采访对象：周清国，女，1929年生。1951年结婚，婚后至今居住于今西乡县高川镇薛河村草庙组。20世纪50、60年代娘家的家庭成分为中农，丈夫家的家庭成分为地主。共育有七个子女，三个女儿相继出生于1951、1954、1957年，四个儿子相继出生于1962、1967、1970、1973年。

采 访 人：吕宁，女，陕西理工大学历史学专业2007级学生。
采访时间：2009年8月17日。
说　　明：采访对象为采访人的同村邻居。

1. （土改后）舀水不上锅，饿着肚子干活。相比以前地主成分的（生活）条件，越来越苦，日子难过。

　　吕宁（以下简称"吕"）：你对新中国成立初期的土改有印象吗？

　　周清国（以下简称"周"）：有印象。集体开大会，学习土改内容，婆家（注：指丈夫家）本来是地主，通过土改，土地被没收了，大量土地被分给其他人。

　　吕：土改前和土改后婆家土地有变化吗？

　　周：土改前家里地多，具体亩数记不太清了。土改后原来的土地被没收，按人口划有几亩土地做耕种。

　　吕：妇女参与斗地主吗？

　　周：妇女不参与斗地主，只被要求开大会提意见。

　　吕：土改以后生活比土改前有变化吗？

　　周：舀水不上锅，饿着肚子干活。相比以前地主成分的（生活）条件，越来越苦，日子难过。

2.（入社）乐意也得去，不乐意也得去。不乐意的就算入反动派，最终都必须入社。

　　吕：土改后没过多久就搞合作化了，您还记得咱们这里合作化的情景吗？
　　周：记得，村里年轻人都被要求进行大集体劳动。
　　吕：合作化的时候您家里人乐意入社吗？
　　周：乐意也得去，不乐意也得去。不乐意的就算入反动派，最终都必须入社。
　　吕：入了合作社以后，您家里有几个人挣工分？
　　周：入社后，家里就我自己和丈夫两个人挣工分。
　　吕：家务劳动主要由谁来承担？
　　周：家务劳动多由我自己承担。

3.那时候天天都饿着肚子干活，又苦又累。……热闹是热闹，生产队人多嘛，饿着也能闹起来。

　　吕：人民公社时咱们这里吃食堂吃了多长时间？
　　周：大食堂吃了大概两到三年吧，（19）58、59年……
　　吕：食堂里吃得好不好？
　　周：吃得好啥呀？稀饭，而且根本吃不饱。
　　吕：是不是女性的家务负担因为不用在家做饭而减轻了？
　　周：不用做饭还有很多活要干啦，没有所谓的减轻。
　　吕：你家里的人乐意吃食堂吗？
　　周：不乐意，但没办法，没有地方让（自家）煮（饭），只有在集体大食堂吃。
　　吕：搞了人民公社后，生产队要求女的下地劳动吗？
　　周：没有强行要求，但是你不去干活没吃没喝呀。
　　吕：你家里当时有几个女的下地劳动挣工分？

周：就我一个女的下地挣工分。

　　吕：女的在生产队主要干什么活？

　　周：干的活多得去了，比如锄草、看农田水，天天在坡上干活，吃野菜，累了就睡在坡上。

　　吕：母亲下地干活时，年幼的孩子谁管？

　　周：刚生前几个孩子的时候没人给带孩子，就用背带背着去地里干活，等他们大些就可以大的带小的了。

　　吕：你现在怀念生产队的集体劳动吗？

　　周：过去过的都是苦日子，哪有现在生活好呀？那时候天天都饿着肚子干活，又苦又累。

　　吕：集体劳动是不是很热闹？

　　周：热闹是热闹，生产队人多嘛，饿着也能闹起来。

4.（妇女对扫盲班）也不太积极，主要一天要干的活太多了。

　　吕：五六十年代咱们这里办过扫盲班吗？

　　周：扫盲班？办过。就在我们家旁边一个大房子里上课。

　　吕：到扫盲班去认字的女性多吗？

　　周：女的不多，少得很，也不太积极，主要一天要干的活太多了。

　　吕：你当时对扫盲班兴趣大吗？

　　周：我小的时候在家里念过点书，对这还有些兴趣。

　　吕：咱们这里的扫盲班办了多长时间？

　　周：办了差不多两个多礼拜吧，那时候自家农活多呀，没多少时间去学习，后来也就散了。

　　吕：你认为扫盲班有效吗？

　　周：没多大效果，一些没有文化的人也在上面教。

5.（饥荒时期）没粮食吃，现在好多喂猪吃的东西在那时候都是宝贝呀。

　　吕：你还记得50年代末、60年代初的情况吗？

周：记得。没粮食吃,现在好多喂猪吃的东西在那时候都是宝贝呀。那时候也把身体弄出好多毛病,现在都不见好,苦啊。

　　吕：没有粮食,主要吃什么?

　　周：还是集体吃,现在的细米糠蒸馍吃,那时候连吃碗豆粉的渣渣都要有点关系才吃得到,有时甚至吃苞谷外面的叶子,还有琵琶树的叶子,树干里有一层还可以把它磨细拿来蒸馍。现在谁还吃那呀?

　　吕：什么时候情况好转的?

　　周：直到62年才好一些。

6.(1951年前后找对象)没有啥条件,自己不做主的,全由家长说了算。

　　吕：你是哪一年结的婚?

　　周：1951年结的婚。

　　吕：那个时候时兴自己找对象吗?

　　周：根本不兴自己找对象,我是由我父母、哥哥定的。

　　吕：当时咱们这里大规模地宣传过《婚姻法》吗?

　　周：宣传过《婚姻法》,主要是开会宣传。

　　吕：那个时候年轻人找对象一般有什么条件?

　　周：没有啥条件,自己不做主的,全由家长说了算。

　　吕：什么样的人好找对象?

　　周：当然那些大户人家好找对象嘛。

　　吕：那个时候结婚女方向男方要的彩礼多不多?一般要哪些彩礼?

　　周：那时候我也不懂,好像彩礼也都不多。我当时就一些粗布,做了几件衣服。

7.下地劳动也得等坐完月子才可以。生产队的人没事就会来催人,让下地劳动,但一般没到时间不会强迫你劳动。

　　吕：你有几个孩子?分别是哪一年生的?

　　周：有七个孩子,三个女孩子、四个男孩子,三个女孩分别在(19)51年、54年、57年出生,四个男孩分别出生在(19)62年、67年、70年、73年。

有一个女孩（19）61年意外去世，就是那一年生了一对男孩，得病去世了。

吕：这几个孩子出生都是在家里找的人接生吗？

周：是找人接生的，孩子的衣服、鞋都是自己做的。

吕：妇女月子里主要吃些什么？

周：炒黄豆、炒胡豆这些，没有像现在坐月子这么好，当时都是集体供应吃的，还得按票去领。

吕：妇女生完孩子一般多长时间下地劳动？

周：下地劳动也得等坐完月子才可以。生产队的人没事就会来催人，让下地劳动，但一般没到时间不会强迫你劳动。

8. 那时候有什么休闲娱乐呀？天天活都干不完，还娱乐？

吕：五六十年代主要的休闲娱乐有哪些？

周：那时候有什么休闲娱乐呀？天天活都干不完，还娱乐？干完地里的还得在家里为家里人做穿戴的衣服、绣鞋垫。那时候都买不起，都是自己亲手做出来的，一家人的衣服、鞋都靠这双手。

吕：现在回过头来看上世纪五六十年代的生活，你觉得当时的生活怎么样？总体印象是什么？

周：回头看那时的生活，就是一个"苦"字，当时的生活让我现在落下很多病。现在政策越来越好了，生活好到哪里去了，以前想都不敢想。

西乡县吴业荣访谈

访谈对象：吴业荣，女，1940 年生。1959 年结婚，西乡县高川镇红庙村坑塘组人。共生育有七个子女（六女一男）。20 世纪 50、60 年代娘家、夫家的家庭成分均为中农。

采 访 人：吕宁，女，陕西理工大学历史学专业 2007 级学生。

采访时间：2010 年 1 月 26 日。

说　　明：采访对象为采访人的外祖母。

1. 字我认识几个，都是当时在庙里头那个夜班认识了几个。

　　吕宁（以下简称"吕"）：你什么时候出生的？

　　吴业荣（以下简称"吴"）：我<u>民国 29 年</u>（注：1940 年）生的，比你外爷小五岁，今年都七十咯。

　　吕：新中国成立的时候你还记得吗？

　　吴：新中国成立呀那时候我才八九岁哟，记不得啥子，我们这山沟沟里头的也没啥变化。不过后头五几年国家的政策好嘛，毛主席的领导好嘛。

　　吕：新中国成立后咱们这里的女孩子上学的多不多？

　　吴：女娃娃上学的还多了，为啥子，因为毛主席的领导，要男女平等嘛，都可以去念书。

　　吕：学费贵吗？

　　吴：学费不贵。

　　吕：女娃们想上学不？

　　吴：女娃想去上学，但屋里活路多的话就走不开呀，屋里肯定也会不让去，要留一二个在屋里帮到做活路。

吕：你的几个孩子上过学吗？

吴：你妈她们这几个可都是念了书的，也都去上过学的。那时候不念怎么办啦，出去大字不识一个也不好嘛。

吕：你认识字吗？

吴：字我认识几个，都是当时在庙里头那个夜班（注：指扫盲班）认识了几个。那时办夜班，我也上过的嘛。

吕：去念夜班的妇女多不多？

吴：不多。女的屋里活路一大堆，忙得很，有心也没那个时间去念啦，好多都是在家里干活路。

2.（找对象的）条件是能做活路就好，屋里缺劳力可不得行啦，过不下去。

吕：（你们那个时候）咱们这里一般姑娘多大年龄开始找对象？

吴：当时给婆屋（注：指找对象）都早哟，18岁。"男20，女18，嘻嘻哈哈找婆家"，都这么说的。

吕：姑娘找对象一般有啥条件？

吴：条件是能做活路就好，屋里缺劳力可不得行啦，过不下去。

吕：新中国成立后女孩子是不是在婚姻上比以前多一些自由了？

吴：那是好一些了，主张婚姻自由了，不让包办了嘛，但家里人的意见还是为主的，我们那当时有几家还是包办。

吕：当时什么样的姑娘好找对象？

吴：这话说得，肯定有钱人家的女的好找嘛，我们这都找人介绍个条件差不多的都行了。

吕：那个时代什么样的婚姻是好婚姻？

吴：那时候没选头，结了婚了都下地干活，都这么一辈一辈下来的。电视上都说到嘛，"吵吵闹闹好夫妻，不吵不闹苤（注：差，不好）夫妻"，我和你外爷都是这种嘛，吵吵闹闹一辈子。

吕：你什么时候结婚的？

吴：我（19）59年结的婚，18岁就嫁过来的。

吕：结婚前都要了哪些彩礼？

吴：哪有啥彩礼？给一斤盐、几个饼子馍、面，这些都算好了。

吕：你结婚时候的婚礼是什么样子？你们都穿什么衣服？

吴：那时候那么穷，办啥办？没办过（婚礼），都穿的旧衣裳，洗干净都够了。

吕：你结婚后几天开始干活的？干些什么活？

吴：那都是"今天接（媳妇），明天干（活路）"啦。休息啥？不休息，喂猪、挖地、砍柴……都干。

3. 在家里请的接生婆来，过了留人家吃顿饭都够了。

吕：你有几个孩子？坐月子期间能休息不？

吴：我生了七个娃。坐月那时候不劳动嘛，人家都让休息，不用去干活。

吕：你生孩子时请的接生婆吗？

吴：是嘛，在家里请的接生婆来，过了留人家吃顿饭都够了。我们这都这样。

吕：在家里生不怕发生危险吗？

吴：人家接生的学过技术，还有药箱，不担心啥子。

吕：你坐月时家里和生产队对您有没有啥照顾？可以休息多长时间？

吴：屋里当时也没啥照顾的，好一点的东西能多吃点，要恢复身子嘛。可以休息个把月。生产队有时候派人来看，都想促工，让早点下地干活。

4. 当时细娃都小得很，没人管，都跟到一起耍，每天全身都是灰和水，有时候身上长疮。

吕：当时生产队妇女下地干活一天给几个工分？都干啥活？

吴：一天八分，都干那些农村活路嘛，辛苦啊一天。

吕：咱们这里（19）58年搞过大炼钢铁运动吗？妇女参加吗？都干些什么？

吴：我当时还在娘屋里时候就有大炼钢铁嘛，我还参加了的哟，我就去背矿。

吕：你五六十年代参加过修水库之类的工程吗？

吴：参加过的嘛。去挖后头那个堰塘，全大队都去嘛，那就是天天用筐筐挑堰塘里头的泥巴。

吕：那时候你几个孩子？您去劳动孩子谁照顾？

吴：当时细娃都小得很，没人管，都跟到一起耍，每天全身都是灰和水，有时候身上长疤。

吕：有工分吗？

吴：有工分，一天给八分嘛。都靠工分吃饭呐，能不给工分？

吕：你喜欢参加工程还是喜欢在生产队干农活？

吴：都不喜欢。当时再多再少（的东西）都要（依靠）分到来，没现在好，现在自己挣自己吃，政府好嘛。

吕：五六十年代妇女的家务活主要有哪些？

吴：这都多得很啦，纺棉花、砍柴、喂猪……。每年都喂二三条猪，年尾了卖两个剩一个过年自己吃。

吕：你五六十年代听说过"妇女解放"没？

吴："妇女解放"哪没听说过？天天宣传。就是要提高我们女的的地位嘛，要男女平等这些。

吕：你认为妇女咋样能得到解放？

吴：我说啊，这政策这么好，女娃都能上学读书了，有知识了都好嘛，不用天天挖地了，这还不叫解放啊？

张玉梅的悲剧婚姻

记 述 人：侯乐，女，1988年生，陕西理工大学思想政治教育专业2008级学生。

记述时间：2009年8月。

说　　明：也许是一生波折的缘故，张玉梅老人目前思维不清晰，很难和她深度交流。对她的采访十分困难，但她的人生浓缩了无数20世纪中国农村妇女的故事，值得一记。记述者在采访她的近邻的基础上写成此文，语言力求平直，以叙述为主。

她叫张玉梅，1927年生，三岁与离娘家不远的略阳县徐家坪张家坝人刘三怀定亲。她比刘三怀大三岁，14岁时她嫁入刘家。刘家是当地有名的地主，很有钱，不仅给了她家丰厚的彩礼，而且把婚礼举办得风风光光。在别人眼里她是钓到金龟婿了，从此可以衣食无忧。附近的姑娘都对她羡慕不已。

刘三怀兄弟三个，两个哥哥都念过书，在外当了官。他父母怕第三个儿子读了书也不愿回家守业，就不让他上学。刘三怀那时还小，想读书却没办法，只好在家里哭。婚后，她虽然经常遭到婆婆和丈夫的打骂，但死心塌地服侍丈夫。

张玉梅是个要强的女人，自从她出嫁那天起，就以"夫为妇纲"来要求自己，决定以后以他为生活的全部。公婆不让丈夫读书，她就自己想办法供他。她常常早起晚睡干针线活挣钱，还向亲戚邻里借油20多次、借麦子10多次，为的是换成钱给丈夫凑学费。到后来，她连自己的嫁妆都变卖了，供丈夫求学。她盼着丈夫学成归来，自己的苦能熬到头。

然而，几年后，丈夫"人未归来，一纸休书先到"。她哭了一天一夜之后，不甘心接受被抛弃的现实，带足干粮，骑马找到了刘三怀。这时的刘三怀已在<u>郭镇</u>（注：位于略阳县城西部，离县城约 40 余公里，离徐家坪镇约 50 公里）做了小官，另有了新欢。开始她还好言相劝，可他早已把她的恩情忘得一干二净，决心要休了她；她也不甘示弱，把刘三怀大骂了三天，就含泪离开了。

  人们都以为伤心欲绝的她会去寻死，但她没有。她知道她们那属于解放区，反对妇女受欺压。她就到法院起诉，她要讨回公道！这个案子审判了八次，直到 1951 年才宣判：刘家分给她五亩地、一间房。她什么都没要："人都不要了，要他家东西干啥！要走我也要走得有骨气！"她就这样离开了那个留下她太多辛酸的刘家。

  "嫁出去的女儿泼出去的水。"从起诉离婚那天起，她就无处可去。多亏了姐姐和姐夫收留她。至今，回首往事，她还常念叨："要不是她们，我早就死了，我一直很感激他们。"在此期间，姐姐给她介绍了一个对象。她去男方家里待了几天，不满意。

  后来她认识了一个叫侯德怀的木匠，就跟他在一起生活了。第二次结婚，相信她对未来还有憧憬。她和侯德怀一起回到了他的老家——<u>西淮坝村</u>（注：位于略阳县城西北方向，离徐家坪 30 余公里），生了两个儿子、三个女儿，但生活并不幸福。侯德怀不仅比较懒，不喜欢干活，而且脾气暴躁。家里家外的重担都落在她一个人身上，还经常遭到他的殴打。辛辛苦苦拉扯大的儿女们成家后，也都因为种种原因不能很好地照顾她。

  如今，80 多岁的张玉梅目光呆滞，语无伦次。那一头苍苍的白发里，那一脸深深的皱纹中，埋藏着一位农村妇女 80 多年的沧桑……

后　记

　　从2009年开始做陕西农村妇女1949—1965年生活访谈，到今天已经将近十个年头了。2009—2011年，我们组织学生分头在各自的家乡访谈经历过1949—1965年农村生活的老人。2012年，我们用一整年的时间着手整理访谈文字，完成了逐字记录稿。2013—2014年，我们利用节假日断断续续规范文字稿，先是调整逻辑顺序，接着删减重复的语句，最后加注解。

　　如果说，做访谈是进入"田野"采集资料，那么，整理文字稿是坐在室内理顺资料。"田野"的多样性和丰富性，使得采集资料的过程充满了探求未知的乐趣。室内整理工作，考验的是耐心和毅力。一个小时的录音一般需要六七个小时才能转化成文字，再加上对其中特殊方言用字的琢磨、查阅和注解，没有十个小时是拿不下来的。把几百小时的录音，整理成规范的文字稿，艰辛之余，使我们得以重新审视陕西各地的方言，对它们的生动、形象、简洁与朴拙有了更多认识。

　　2015年下半年，我们尝试联系了两家出版社，它们都不看好这种一问一答的访谈记录，建议我们用书面语把访谈整理成可读性强的自述。我们坚持以原始对话的方式呈现，认为这样能尽量原汁原味地保留访谈的过程、访谈对象的语言特色与思想，使访谈记录更具一手史料的价值。意见不合，再加上忙于手头其他工作，我们便把书稿搁置了两年。2016年，有家出版社愿意按照我们的想法，以对话的方式呈现访谈结果，且签订了出版合同，但因为种种因素未能顺利出版。我们一度产生了放弃出版的念头。2017年下半年，一个偶然的机会，我们联系上了当代中国出版社的编辑王延新女士。她很热情地肯定了书稿的史料价值，此后，不厌其烦地就书稿的细节问题和我们反复讨论，给了我们很多鼓励和帮助。她的敬业和干练利索令人钦佩，与她的合作不仅顺利，而且非常愉快。

　　陕西理工大学汉水文化研究中心和历史文化与旅游学院在出版经费方面的帮助，极大地减少了我们的后顾之忧。汉水文化省级重点学科带头人雷勇博士、汉水文化中心主任张西虎教授、历史文化与旅游学院蔡云辉院长多年来一直关心我们，不仅是我们的同事和领导，更是值得无限感念的朋友和师长。当他们得知书稿筹集出版经费的困难后，竭尽所能地鼓励、支持和帮助我们。

　　从最初的访谈到书稿的最后完成，我们夫妻既是合作者，又互为助手，争抢着分担工作任务，也争抢着承担家务。工作疲惫的时候，我们一起出去游玩，调节身心。我们的儿子虽不能完全理解我们做农村妇女访谈的意义，但一直很懂事、很体贴我们，只要看到我们在工作，就默默地去做自己的事，容忍我们没有更多时间陪他，甚至宽容我们没有时间精心给他做好吃的饭菜。很多节假日，简单的三餐之外，我们一家人在各自的书桌前专心忙自己的事，偶尔起身互相倒一杯水，叮咛一下"别久坐"，就又回到自己桌前。

　　可以说，书稿的出版，既凝聚着王延新女士的鼓励与辛劳，雷勇博士、张西虎教授、蔡云辉院长的帮助，又渗透着家人的关爱与宽容。

　　愿书稿的出版能引起更多人对农民口述史的关注，并有更多人记录农民的声音，为历史的书写留下来自底层的声音。

编　者
2018 年 4 月